# 메타 도구의 시대

**메타 도구의 시대**

지은이 **최윤식**
펴낸이 **임상진**
펴낸곳 **(주)넥서스**

초판 1쇄 발행 2021년 5월 3일
초판 4쇄 발행 2021년 8월 30일

출판신고 1992년 4월 3일 제311-2002-2호
주소 10880 경기도 파주시 지목로 5
전화 (02)330-5500 팩스 (02)330-5555

ISBN 979-11-6683-055-6 03320

가격은 뒤표지에 있습니다.
잘못 만들어진 책은 구입처에서 바꾸어 드립니다.

www.nexusbook.com

# THE AGE OF META TOOL

메타 도구를 쥔 자가 미래 시장을 움직인다

## 메타 도구의 시대

최윤식 지음

넥서스BIZ

"위기는 생각보다 빨리 오고, 기회는 생각보다 늦게 온다."

기회와 위기, 두 가지 모두 현재가 사라지는 변화에서 시작된다. 현재가 사라지거나 달라지는 모든 변화에 시간을 결합한 것을 '미래'라고 부른다. 즉, 미래는 시간에 따라 (현재와 비교해서) 달라지거나 사라지는 변화, 혹은 사라진 자리에 무언가 새로운 것이 채워지는 변화의 결과다.

사라지고, 달라지고, 새로운 것이 채워지는 것. 이 3가지 변화 중에서 사라지는 것과 달라지는 것이 먼저 일어난다. 그래서 위기가 기회보다 먼저 일어난다. 사라지는 것은 도시, 국가, 기업, 개인, 사물이 될 수 있다. 사라지지 않으려면 달라져야 한다. 사라지는 것과 달라지는 것은 고통을 수반하기 때문에 '위기'라고 불린다. 무언가 사라지면, 빈자리에 새로운 것이 채워진다. 이것을 '기회'라고 부른다. 위기는 이미 온 미래이고, 기회는 곧 오는 미래다. 위기와 기회가 점점 커진다는 것은 변화가 거세지고 광범위하게 퍼진다는 의미다. 변화가 거세지고, 광범위하게 퍼지면 점점 피할 곳이 줄어든다. 지금이 바로 이런 시기다.

변화(變化, change)는 왜 일어날까? 자연, 우주, 사회가 운동(運動, move)하기 때문이다. 운동이 변화를 일으킨다. 운동하지 않으면 변화하지 않는다. 운동이 곧 변화다. 지금 세계는 격렬한 운동을 하고 있다. 국제 정세부터 한 개인의 마음속에 이르기까지 극심하고 격렬한 운동이 일어나고 있다. 미국, 유럽, 중국을 비롯해서 국제 질서 전반에서 일어나고 있는 변화, 온라인과 오프라인을 망라하는 거의 모든 시장에서 발생하고 있는 경쟁 구도 변화, 그 누구도 피해갈 수 없게 되어버린 직업의 변화 등이 모두 이런 극렬한 운동의 결과다.

운동을 하려면 힘(force)이 필요하다. 운동을 발생시키는 힘을 동력(動力, power)이라고도 부른다. 동력 중에서도 어떤 움직임의 근본이 되는 힘을 원동력(原動力, driving force)이라 부른다. 동력이든 원동력이든 에너지가 발산되면서 나온다. 에너지가 발산되려면, 에너지를 생산(produce)하는 주체(主體, main agent, subject) 혹은 에너지원(energy源, source)이 있어야 한다. 미래학에서는 힘을 만들어내는 주체 혹은 에너지원을 실체(實體, substance, true nature)라 부른다. 이 실체가 바로 변화를 만들어내는 결정적 요인이다. 미래학에서는 변화를 만들어내는 근본적 실체를 2가지로 나눈다. 하나는 늘 변하지 않고 일정하게 지속하면서 세상과 사물의 근원을 이루는 원자다. 모든 실체는 원자로 수렴하고, 원자는 양자, 중성자, 전자의 조합이다. 다른 하나는 늘 변하고 지속하는 데 한계가 있기 때문에 사물의 근원이 되지 못하는 것이다. 원자의 조합으로 구성된 사람, 동물, 식물의 객체들이다.

변화는 사람, 동물, 식물의 객체들이 어우러진 생태계 안에서 나타나는 특정한 운동의 흔적(힘과 힘의 운동 방향)이다. 운동의 흔적을 흐름(트렌드)이라고 부를 수 있다. 미래 연구는 변화에 대한 연구다. 변화에 대한 연구는 크게 2가지로 나뉜다. 하나는 과거 특정한 시점에서 시작하여 현재까지 진행된 흐름을 추적하고, 그 특성과 패턴을 연구하는 것이다. 과거 변화에 대한 분석이다. 다른 하나는 이런 것들을 바탕으로 새로운 변화 가능성을 예측하는 것이다. 과거의 변화 패턴과 흐름이 미래의 특정한 시점에도 같은 흐름과 성질을 유지할 것인지, 아니면 달라질 것인지를 연구한다. 과거 변화를 분석하려면 정보, 지식, 비판적 사고 등이 필요하다. 미래 변화를 예측하려면 무엇이 필요할까? 상상력이다. 아인슈타인은 미지의 대상과 영역에 대한 과학적 연구에 대해 이런 말을 했다.

"상상력이 지식보다 중요하다."

하지만 오해하지 말라. 아인슈타인은 이 말을 하고 곧바로 이렇게 말을 이어갔다.

"지식은 우리가 지금 알고 이해하는 모든 것에 한정되어 있지만, 상상력은 온 세상을 포용하며 그 모든 것은 우리가 앞으로 알고 이해하는 무언가가 될 것이다."

아인슈타인이 말한 상상력은 지식에 기반을 둔 논리적이고 확률적인 상상력이다. 논리적이고 확률적으로 상상하는 이유는 아직 발견하지 못한 지식을 알아내기 위함이다. 그러기에 철학적 상상력이다. 망상이 아니다. 미래 연구도 지식을 기반으로 한 철학적 상상력이다. 아직 오지 않은 미래를 알아내기 위함이다. 미래 변화 예측도 마찬가지다. 논리적이고 확률적인 상상력이 필요하다. 그래야 아직 발견하지 못한 변화에 대한 지식과 정보를 알아낼 수 있다.

이런 과정을 거쳐 나온 나의 미래 연구에 따르면, 우리는 지금 거대한 미래 변화 속에 이미 진입했다. '이미 온 미래' 속에 들어왔다. 여기저기서 '위기'라는 말이 터져 나오는 것이 증거다. 한국인, 한국 기업, 한국 정부와 국가는 위기 한가운데 놓여 있다. 이 책에서는 '이미 온 미래'가 무엇인지, '곧 뒤따라오는 미래'는 무엇인지 예측해본다. '곧 뒤따라오는 미래'는 위기 뒤에 곧 뒤따라 나오는 기회 영역이다.

나는 현실적 낙관론자다. '스톡데일 패러독스'(Stockdale Paradox)라는 말이 있다. 이는 근거 없는 낙관론이나 맹목적인 비관론과 비교해서 '냉철한 현실인식과 미래에 대한 긍정적 태도'를 일컬을 때 사용되는 말이다. 월남전쟁에서 포로로 잡힌 미군들은 세 부류로 나뉘었다고 한다. 비관론자, 낙관론자, 현실적 낙관론자. 이들 중에서 가장 오래 생존한 사람들은 스톡데일 장군과 같은 현실적 낙관론자들이었다. 단순한 낙관주의자보다 '현실적' 낙관주의자들이 오랜 포로수용소 생활에서 생존할 수 있었던 이유는 무엇이었을까? 낙관주의자는 자신이 지금은 포로로 잡혔지만 특별한 날, 예를 들면 크리스마스, 부활절 등에 사면될지도 모른다는 막연한 감상에 빠져 있었다. 하지만 월남전이 길어지고 미군이 수세에 몰리면서 자신들의 기대와는 다르게 일들이 전개되자 크게 실망하고 좌절하였다. 기대의 무너짐이 반복되자 결국은 스스로 견디지 못하고 죽었다. 반면 현실적 낙관주의자는 자신이 포로에서 풀려나 고향으로 돌아갈 수 있다는 미래에 대한 긍정적 태도를 잃지 않으면서 동시에 현실적 문제들을 직시했다. 이를 바탕으로 논리적이고 확률적인 생존 전략을 마련했다. 끝까지 살아남을 확률이 그만큼 높았다. '이미 온 미래(위기)'와 '곧 뒤따라올 미래(기회)'를 직면하고 있는 우리에게도 필요한 것은 막연히 "할 수 있을 거야!"라는 태도가 아니라 스톡데일 패러독스의 자세다.

이 책을 든 독자는 이미 시작된 위기를 극복하면 곧 뒤따라올 기회를 잡을 수 있다는 미래에 대한 긍정적 태도를 잃지 않으면서 동시에 현실적 문제들을 직시하는 현실적 낙관주의자가 되어야 한다. 나는 이 책을 통해 우리 주위에서 벌어지고 있는 일, 곧 일어날 일들에 대한 시나리오들을 전개할 것이다. 현실적 낙관주의자가 논리적이고 확률적인 미래 생존 전략을 마련하는 것을 돕기 위함이다.

'이미 온 미래' 즉, 위기를 대비할 때는 최악의 상황까지 가정하는 것이 유리하다. 이 책에서 한국인, 한국 기업, 한국 정부의 미래 시나리오를 전개하면서 '최악의 시나리오'를 다루는 이유다. 최악의 미래 시나리오가 무엇이고, 현실화될 가능성은 얼마나 되는지에 대한 철저한 검토, 시뮬레이션, 위기 조기경보 시스템 마련, 대비책 가동을 시작해야 하기 때문이다. 이 책에서 말하는 최악의 미래 시나리오가 닥친다면 우리 회사 혹은 나에게 어떤 영향이 있을지를 신중하게 따져봐야 한다.

'곧 뒤따라오는 미래' 즉, 기회를 생각할 때는 논리적이고 확률적인 상상력에 제한을 두면 안 된다. 진화, 혁신, 도약, 뜻밖의 기회 등을 모두 생각해보는 것이 유리하다. "미래는 불확실성으로 가득 차 있다"는 말이 있다. 맞다. 하지만 불확실성을 '무지' 혹은 '혼돈'으로 생각하면 안 된다. 국어사전에서 불확실성은 '확실하지 아니한 성질이나 상태'를 뜻하지만, 각 학문마다 '불확실성'(uncertainty)의 정의는 조금씩 다르다. 철학에서 불확실성은 '논리적 수학적 확실성이 결여'된 상태를 뜻하고, 경제학에서는 '확률을 전혀 모르는' 상태를 가리킨다. 경제학에서 불확실성이 높다는 의미는 점점 확률을 말하기 힘든 상태, 확률을 모르는 상태로 빠진다는 말이다. 행정학에서는 의사결정에 영향을 미치는 '요인이 가변적'이거나 과거, 현재, 미래에 대한 '확실한 지식이 부족'한 상태를 말한다.

미래학에서 불확실성은 인간이 수집한 정보를 가지고 미래에 일어날 수 있는 현상에 대해서 생각할 때 '생각 혹은 판단의 정확성 정도를 측정'하는 구분 중 하나다. 판단이나 생각의 정확성은 확실성, 위험(risk), 불확실성, 무지(無知)의 4가지 정도로 구분된다. 확실성은 장래에 어떤 일이 일어날지 확정적으로 알고 있는 상태다. 위험은 무엇이 일어날지 확정적으로 알지는 못하지만, 일어날 수 있는 조건과 그것의 확률적 분포도를 알고 있는 상태다. 불확실성은 일어날 수 있는 조건을 알고 있지만, 그것의 확률적 분포를 정확히 알지 못하는 상태다. 마지막으로 무지는 무엇이 일어날지 전혀 예측할 수 없는 상태다.[*]

미래학에서 확실성은 '정해진 미래'로, 무지는 '예측할 수 없는 미래'로 분류한다. 그리고 불확실성은 넓은 뜻의 개념을 사용하여 위험과 불확실성 양자를 모두 포함시킨다. 참고로 경제학에서 위험은 일상적인 일부터 경제학적 이슈에 이르기까지 사용범위가 너무 넓은 개념이기 때문에 오해의 소지가 많다고 여겨 사용을 꺼린다. 대신 경제적 이익 개념에서 불확실성이라는 단어를 즐겨 사용한다. 미래학에서는 '불확실성'을 통제 불가능한 혼돈이나 전혀 예측할 수 없는 무지의 상태로 보지 않는다고 했다. 이

---

[*]    네이버 지식백과, 두산백과, 불확실성.

말은 '불확실성'은 미래 연구와 예측 노력의 여하에 따라서는 일정 수준에서는 통제 가능한 영역으로 끌어올 수 있다는 의미다. 이 책도 마찬가지다. 미래를 한 치의 오차도 없이 정확하게 맞추는 신비한 능력, 예언자적 단정으로 불확실성을 없애버리고자 함이 아니다. 다양한 미래 연구를 통해 '불확실성'을 적절하게 다루고자 함이 목적이다. 왜 불확실성을 적절하게 다루는 노력을 해야 할까?

학문마다 불확실성의 개념에는 차이가 있지만, 암묵적으로 동의하는 바가 있다. 바로 불확실성은 '불안'을 낳는다는 것이다. 불안을 대응하는 방법이 몇 가지 있다. 첫째, 무시다. 무시는 거부(받아들일 수 없음)의 표시다. 둘째, 순응(체념)이다. 셋째, 심리적 대응이다. 불안을 떨치기 위해 긍정적 생각을 하는 것이 대표적이다. 마지막은 불안을 촉발하는 요소가 무엇인지 적극적으로 찾고, 분석하고, 구체적인 대응책을 마련하는 것이다. 내가 위기를 예측하여 시나리오를 발표할 때 나타나는 독자나 청중의 반응은 어떨까? 무시, 순응, 긍정적 생각이 대부분이다. 하지만 한국인, 한국 기업, 한국 정부가 맞닥뜨린 '이미 온 미래(위기)'는 무시, 순응, 긍정적 생각으로 해결이 불가능하다. 이미 시작된 위기는 물론이고 곧 뒤따라오는 기회는 정신적 강인함이나 막연한 긍정의 힘만으로 감당하기 힘든 후폭풍을 몰고 올 수 있다. 유일한 해결책은 불안을 촉발하는 요소가 무엇인지 적극적으로 찾고, 분석하고, 구체적인 대응책을 마련하는 것뿐이다. 동시에, 환상도 구별해내야 한다. 그 첫 발걸음은 변화에 대한 적극적 탐색과 분석이다.

앞으로 5~10년은 한국인, 한국 기업, 한국 정부의 미래 생존과 관련해서 매우 중요한 '절대시간'이 될 것이다. 절대시간(absolute time)은 철학적으로 인간이 인식할 수 있는 상대시간(relative time)과 대응되는 단어다.

절대시간은 외부의 그 어떤 것과 상관없이 그것 자체로 흐르는 수학적이며 진리적인 시간이다. 나는 여기서 이런 철학적 의미로서 절대시간을 사용하려고 하는 것이 아니다. 앞으로 5~10년이 우리 모두에게 아주 중요한 '시간 범위'임을 강조하려는 의도다. 이 책이 우리 모두에게 매우 중요한 앞으로의 5~10년의 시기를 잘 통과하게 해주는 길라잡이가 되었으면 한다.

이 책이 나오기까지 많은 분들의 도움과 격려가 있었다. 먼저, 이 책을 출판해주신 넥서스 출판사 대표님과 편집부에 감사를 드린다. 나와 함께 미래 변화를 고민하고 연구해준 연구원들에게도 심심한 감사를 표한다. 한결같이 옆자리를 지켜준 아내와 4명의 아들, 부모님께도 늘 감사한 마음이다. 마지막으로, 수많은 독자에게 가장 큰 감사를 전한다. 나를 사랑하고 격려하고 날카롭게 조언해주는 독자들은 내가 미래 연구를 계속해 나가는 가장 큰 힘이다. 독자에게 이 책이 부디 도움이 되기를 기대한다.

2021년 2월 코로나19 대위기 속에서도
한국의 '더 나은 미래'를 기대하며
미래학자 최윤식 박사

**차례**

PART

# 1

---

## 이미 온 미래,
## 더 이상 버틸 수 없다

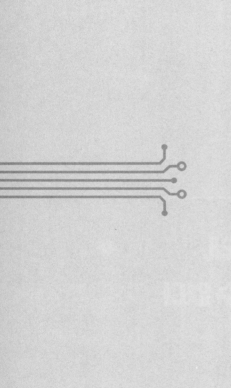

# 우리의 기술은
# 어디쯤 와 있나

## 이미 와 있는 미래

드디어, 미래가 왔다(Future has come)! 위기는 이미 심장을 파고들었고 기회도 눈앞에 실체를 드러냈다. 기회는 내가 오래전부터 예측했던 거대한 미래 시장 경쟁의 막이 오른 것이고, 위기는 한국과 한국 기업의 쇠퇴기 진입이다. 위기와 기회, 둘 다 더 이상 모른 체하고 버틸 수 없다. 미래는 이미 와버렸고, 현재는 사라지기 시작했기 때문이다. 서문의 내용을 다시 생각해보자.

기회와 위기, 두 가지 모두 현재가 사라지는 변화에서 시작된다. 현재가 달라지는 변화 속에서 나온다. 현재가 사라지거나 달라지는 모든 변화에 시간을 결합한 것을 '미래'라고 부른다. 즉, 미래는 시간에 따라 (현재와 비교해서) 달라지거나 사라지는 변화 혹은 사라진 자리에 무언가 새로운 것이 채워지는 변화의 결과다.

사라지고, 달라지고, 새로운 것이 채워지는 것. 이 3가지 변화 중에서 사라지는 일과 달라지는 일이 먼저 일어난다. 그래서 위기가 기회보다 먼저 일어난다. 사라지는 것은 도시, 국가, 기업, 개인, 사물이 될 수 있다. 사라지지 않으려면 달라져야 한다. 사라지는 것과 달라지는 것은 고통을 수반하기 때문에 '위기'라고 불린다. 무언가 사라지면, 빈자리에 새로운 것이 채워진다. 이를 '기회'라고 부른다. 위기는 이미 온 미래이고, 기회는 곧 오는 미래다. 위기와 기회가 점점 커진다는 것은 변화가 거세지고 광범위하게 퍼진다는 의미다. 변화가 거세지고 광범위하게 퍼지면 점점 피할 곳이 줄어든다. 지금이 바로 이런 시기다.

이미 온 위기보다 드디어 실체를 드러낸 기회부터 말해보자. 오래전부터 예고되었던 거대한 미래 시장 경쟁의 막이 드디어 열리면서 하나둘씩 등장하기 시작한 주인공들이다. 나는 지난 저서들에서 미래 신시장이 만들어지는 패턴에 대해서 분석하고 이 패턴에 '신산업이 형성되는 패턴'이라는 이름을 붙였다. 미래 산업 기회가 언제 시작되는지를 통찰하는 데 도움이 되는 단서였다. 새로운 시장 형성은 무작위나 우연으로 만들어지지 않는다. 원리가 있고, 패턴이 있다. 이것을 알면 기업별로 자사의 역량에 맞는 시장 진입 타이밍을 정할 수 있다. 내가 제시한 '신산업이 형성되는 패턴'으로 비춰볼 때, 미래 시장의 기회는 이제 시작된 공연이다. 제1막은 이미 시작되었고, 이 공연은 앞으로 20~30년 정도 계속 진행되면서 세상 모든 것을 바꿀 것이다.

이 시나리오를 처음 접하는 독자를 위해 신기술이 개발된 후부터 신시장이 만들어지기까지 '신산업이 형성되는 패턴'을 한 번 더 소개하겠다. 인공지능, 3D 프린터, 자율주행, 로봇, 바이오, 나노 등 신기술은 발명 즉시 새로운 시장이 형성되지 않는다. 시간도 많이 필요하고, 몇 가지 필수 과정을 거쳐야 새로운 시장 형성으로 이어진다. B.C. 6,000~6,500년경, 바퀴 기술이 발명되었지만 3,000년이 지난 B.C. 3,500년경에야 수메르인이 가축이 *끄는* 수레를 발명하고부터 본격 사용되었다. 증기기관도 1705년 발명되었지만 철도와 철길이 발명된 후에야 비로소 영향력을 미쳤다. 1859년 발명된 내연기관도 독일의 카를 벤츠가 1885년에 3륜 자동차 '3모토르바겐'을 제작하고, 헨리 포드가 자동차의 대량생산 시스템을 구축한 후부터 시장이 본격적으로 형성되었다. 1947년 애니악(ENIA, CElectronic Numerical Integrator And Computer)이 발명되지만, 대중 시장이 열린 때는 1974년 미국에서 알테어 8800(Altair 8800)이라는 최초의 개인용 컴퓨

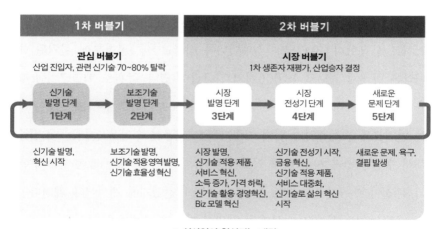

◆ 신사업이 형성되는 패턴

터와 1977년 스티브 잡스가 애플2를 발명한 후부터다. 이처럼 신기술 발명과 신시장 형성까지는 긴 시간과 몇 단계들이 필요하다. 인공지능, 3D 프린터, 자율주행, 바이오, 나노, 로봇, 블록체인, 새로운 에너지나 우주 탐사 기술 등도 마찬가지다. '신산업이 형성되는 패턴'(21쪽 참고)은 전체 총 5단계로 구성되고, 일정한 시간을 주기로 반복된다.

1단계는 신(新)기술 발명 혹은 새로운 혁신의 시작이다. 기존 제품과 서비스, 비즈니스 모델에서 발생한 해결되지 못한 문제, 욕구, 결핍이 과거 방식이나 접근법에서 벗어나 완전히 새로운 관점과 사고나 혁신적 접근방식으로 해결의 실마리가 풀리기 시작하는 시기다. 이 시기에는 신기술로 패러다임 전환이 시작되었다는 평가를 받는다. 패러다임을 바꾸는 신기술이나 혁신은 풀리지 않는 난제를 과거와 전혀 다른 방식, 사고를 시도하는 과정에서 발생한다. 1930~1940년대 철심 위로 전선을 수천 번 감아서 만든 전자계전기(Relay)나 진공관(Vacuum-tube)을 스위치로 사용하는 디지털 컴퓨터가 만들어졌다. 전자계전기에 전류가 흐르면서 생긴 자기장으로 스위치를 작동시키거나 백열전구를 만드는 기술에서 발전시킨 진공관을 전자 스위치로 사용했다. 1947년 펜실베이니아 대학교 전자공학부에 설치된 애니악은 방 3개 규모로 18,000개의 진공관이 있다. 공관도 백열구처럼 평균 20분 정도 지나면 필라멘트가 끊어졌다. 20분마다 컴퓨터를 고쳐야 하는 번거로움을 해결하기 위해 기술자들은 진공관 수명을 늘리는 데 집중해서 수천 시간을 사용할 수 있도록 했다. 이런 것을 '개선'(改善)이라 부른다. 본질이 바뀌지 않고 효율성, 형상 등만 발전했기에 개선이다. 패러다임을 바꾸는 기술혁신은 개선과는 차원이 다르다. 대변혁을 불러오는 전환, 새로운 길, 도약 차원이다. 진공관이 개발되고 20여 년 후, 진공관 수명 문제를 일거에 해결하는 새로운 길이 열렸다. 새로운 해법은 진공관을 버리는 사고의 대전환에서 시작되었다. 1948년 벨 연구소의 월터 브래튼(H.W. Brattain), 윌리엄 쇼클리(W. Schockely), 존 바딘(John Bardeen)이 반도체 소자인 게르마늄을 이용해서 최초의 트랜지스터를 발명했고 트랜지스터는 전자공학의 대변혁을 가져왔다. 진공관 대신 트랜지스터를 사용해 더 싸고, 작고, 성능 좋은 라디오, 컴퓨터, 기타 수많은 전자장치를 개발할 수 있었다. 이런 혁신을 인정받아 1956년 트랜지스터 개발자는 노벨 물리학상을 받았다.

18세기 말, 유럽에 전쟁이 빈번해지면서 말[馬] 가격이 급등하자 새로운 동력에 대한 욕구가 생겨났다. 1901년, 영국에는 325만 필의 말이 사용될 정도로 중요한 생산수단이자 재산이었다.* 1705년, 영국의 토머스 뉴커먼은 16세기부터 시도된 증기기관을 개량해 대기압식 상업용 증기기관을 발명하여 광산에서 석탄을 끌어올리는 데 사용하면서 신기술 혁신을 만들었다. 과거에는 신기술이나 혁신이 수십 년 혹은 백 년에 한두 건 일어났다. 하지만 미래는 다르다. 변화의 속도 자체가 임계점을 넘어 '가속(acceleration) 단계'에 진입했다. (이미 나타난 신기술을 제외하고도) 앞으로 30년 동안 자동차, 컴퓨터, 로봇, 의료 등 다양한 분야에서 신(新)기술의 발명 혹은 새로운 혁신이 계속 등장할 것이다.

2단계는 보조기술 발명 단계다. 신기술이 나온다고 해서 곧바로 세상이 대변화의 시기로 들어가지 않는다. 신기술이 제품과 서비스에 빠른 변화를 불러오지도 않는다. 신기술을 보조할 주변 기술의 발전이 동반되어야

---

* 에릭 브린욜프슨, 앤드루 매카피, 《기계와의 경쟁》, 정지훈, 류현정 역(틔움, 2013), 83.

제품과 서비스의 혁신적 변화가 시작된다. 2단계가 바로 그런 단계다. 2단계에서는 1단계에서 등장한 신기술이 효율성을 높이는 시기로, 신기술을 보조하는 기술이 더불어 발명되는 시기다. 신기술을 적용할 수 있는 영역도 이 단계에서 발명된다. 예를 들어보자. 토머스 뉴커먼이 증기기관을 발명하자마자 산업혁명이 일어나지 않았다. 말이나 소의 동력을 대체할 증기기관 기술은 혁신적이었지만, 시장을 만들고 사람들의 생활에 변화를 줄만큼 성장하기에는 아직 역부족이었다. 더 많은 보조 기술과 신기술이 적용될 영역의 발명이 뒤따라야 했다. 1769년, 제임스 와트(James Watt)가 토머스 뉴커먼의 증기기관 효율성을 3배 높인 발전된 증기기관을 발명했다. 1801년, 영국 웨일스에서 리처드 트레비식(Richard Trevithick)은 제임스 와트가 개선시킨 증기기관을 이용해 최초로 기관차를 만들었다. 1804년, 트레비식이 만든 증기기관차가 화물칸에 철을 싣고 주철레일을 달리는 시운전에 성공했지만 실용화하지는 못했다. 증기기관차가 석탄을 실은 화차를 끌었지만, 승객이 탄 객차는 말이 끌었다. 당시 증기기관차는 주로 광산 지하갱도에서 석탄을 끌어올리는 데 사용했기 때문에 사람이 그 안에 탄다는 것은 우스꽝스런 일이라 치부되었다. 증기기관의 무게도 상당해서 기관차가 나무에 주철을 덧댄 강도가 약한 레일을 달리는 것도 어려웠다. 신기술을 어디에 적용해야 할지 영감을 주는 시도였지만, 말로 화물을 운송하는 것이 여전히 빠르고 안전하고 경제적이었다. 이런 이유들로 트레비식 증기기관은 철로를 달리지 못하고 광산에 옮겨져 고정식 배수장치로 사용되었다. 증기기관차가 드디어 마차를 이기는 일은 10년이 지나서야 일어났다. 1814년, 조지 스티븐슨(George Stephenson)은 마차용 선로 위에서 30t의 화물을 실은 8량의 화차를 끌고 시속 6.5km/h로 오르막길을 오르는 증기기관차를 발명했다. 트레비식의 증기기관차는 증기를 곧바로 내보냈는데, 스티븐슨은 연통을 이용해서 분사하는 증기기관차를 만들었다. 연통을 통해 공기를 수직으로 배출하면 화실과 연통 안에 상승 기류가 발생하면서 동력이 2배 이상 늘어날 수 있었다. 실린더와 바퀴도 직접 연결해서 동력 전달의 효율성도 높였다. 속도가 말보다 빨랐다. 드디어 증기기관차가 마차를 이겼다. 1825년 9월 27일, 조지 스티븐슨이 설계하고 제작한 새로운 방식의 기관차 로코모션 1호가 승객 450명을 태운 26량의 객차, 6량의 화물차, 6량의 석탄차를 끌고 4만 명의 구경꾼들 사이로 첫 기적을 울리며 영국 스톡턴과 달링턴 구간 14km를 65분 만에 내달렸다. 스티븐슨은 선로 설계의 중요성을 간파하고 예전보다 더 단단하고 직진성과 평탄성을 갖춘 현대식 철로도 개발했다.* 증기기관차를 시장으로 이끌어내는 가장 핵심적인 보조 기술들이 발명된 것이다. 이처럼 신기술이 기존 기술을 누르고 상용화 가능성을 보여주기까지는 시간이 필요하다. 자동차 산업도 마찬가지였다. 1769년, 프랑스에서 증기기관을 이용한 최초 자동차가 발명되었다. 3륜 자동차였다. 이는 새로운 혁신이 시작되는 1단계였다. 1859년, 내연기관 발명이 이루어졌다. 1879년, 토머스 에디슨이 탄소 필라멘트를 사용한 백열전구를 발명한 비슷한 시기에 독일의 카를 벤츠는 세계 최초로 가솔린 엔진을 발명했다. 카를 벤츠는 1885년에는 가솔린 엔진을 장착한 3륜 자동차 '모토르바겐'도 제작했다. 1883년, 독일의 고트리프 다임러(Gottlieb Daimler)는 조수인 빌헬름 마이바흐(Wilhelm Maybach)와 함께 가볍고 빠른 연소를 하는 가솔린 기관을 만든다. 2년 후, 가솔린

---

* 프레시안, 2013. 5. 21. 박홍수, "대처 흉내 내는 국토부, 스티븐슨에게 배워라"

기관을 자전거에 부착하여 주행에 성공했고, 1886년에 4륜 자동차를 제작했다. 이 두 회사는 1926년 합병되어 다임러-벤츠사가 되었다. 여기까지가 2단계 보조 기술들의 발명이었다. 빠르면 2단계 후반부 즈음부터 시장의 변화가 시작된다. 새로운 동력을 사용할 분명한 이유인 증기기관차, 내연기관차가 발명되자 급격한 변화가 시작되었다. 1901년 영국에서 325만 필의 말이 일하는 데 사용되었는데, 1924년에는 200만 필로 급감했다.[*] 우리의 귀에 인공지능, 전기자동차, 자율주행 자동차, 로봇, 바이오 시장이라는 말이 익숙해졌다. 여러 가지 시행착오 사례도 축적되었다. 성공하는 비즈니스 모델도 계속 등장하고 있다. 주식시장에서 이런 신기술을 주 무기로 앞세운 회사의 주식 가격이 천정부지로 치솟고 있다. 단순하게 미래 가능성에만 기대어 주식 가격이 상승하는 단계가 아니다. 실제로 매출과 이익을 발생시키면서 미래 가치와 기대를 더욱 키우는 중이다. 즉 이미 인공지능, 전기자동차, 자율주행 자동차, 로봇, 바이오 영역에서 나타난 일부 신기술은 2번째 단계를 지나서 다음 3단계로 진입하기 시작했다는 말이다. 앞서 기회 영역에서 "미래가 왔다"라고 단언한 것은 이미 3단계가 시작되었다는 의미다.


## 2025년, 확실히 구별될 승자와 패자

3단계는 신기술이 주도하는 새로운 시장이 발명되는 단계다. 신기술이 중심

---

[*]    에릭 브린욜프슨, 앤드루 매카피, 《기계와의 경쟁》, 정지훈, 류현정 역(틔움, 2013), 84.

이 되는 시장이 만들어지기 위해서는 신기술이 적용된 제품과 서비스의 가격 혁명이 일어나고, 이를 구입하는 소비자의 소득 규모도 증가해야 한다. 시장 발명 단계에 진입하면, 기업 영역에서는 신기술 활용 경영혁신 및 비즈니스 모델 혁신 동력이 활발해진다. 예를 들어보자. 1908년 10월, 자동차 왕 헨리 포드는 T모델을 개발했다. 1913년에는 컨베이어 벨트를 이용해서 조립 방식도 혁신했다. 컨베이어 벨트는 차대 제작 시간을 12시간에서 1시간 반으로 줄였다. 하지만 헨리 포드가 T모델을 성공시킨 결정적 요인은 다른 데 있었다. 바로 '시장의 발명'이었다. 시장의 발명이란 새로운 제품을 구매할 소비자 군을 창조하는 것을 말한다. 이를 위해서는 대량생산, 소비자 사용편의성 개선, 가격 혁명 등이 필수다. 헨리 포드는 자동차 제작에서 생산성 혁신에 성공하여 대량생산이 가능하게 만들어 대중이 구매할 수 있는 가격 혁명을 이루었다. 가격 혁명도 한 번 시작되면 빠른 속도로 개선된다. 1908년 포드의 T모델 가격은 850달러였다. 1914년에는 490달러, 1921년에는 310달러까지 계속 낮아졌다. 동시에 공장에서 일하는 근로자의 임금도 전격 인상했다. 헨리 포드는 자기 공장에서 일하는 근로자의 소득을 T모델을 살 수 있을 정도로 인상시키면 더 많은 자동차를 팔 수 있을 것이라는 혁신적 생각을 했다. 헨리 포드는 근로자의 하루 임금을 2.34달러에서 5달러로 인상했다.* 불과 6년 후, 1914년 포드 모델 T는 50만 대 이상이 팔리면서 미국 전체 자동차의 반 이상을 장악했다. 엄청난 속도였다.

2020년 코로나19가 전 세계를 강타했다. 역사상 가장 빠른 속도로 신

---

* CCTV 다큐제작팀, 《기업의 시대》(다산북스, 2014)

규 백신 개발에 성공했다. 그동안 선진국에서는 1년 넘도록 경제적 고통을 겪어야 했고 개인 소득도 줄었다. 하지만 1년이 넘는 비대면 환경 때문에 미래 시장 발명과 성장은 최소 3년에서 최대 10년 정도는 빨라졌다. 각국 중앙은행과 정부가 뿌린 엄청난 돈 덕택에 2022년경이면 선진국들은 코로나19 경제 충격에서 대부분 벗어날 가능성이 높다. 움츠렸던 소비가 다시 활력을 찾으면 각종 서비스 산업도 빠른 속도로 정상 궤도로 복귀할 것이다. 당분간 초저금리 상황이 유지되면서 시장 활력도 예상보다 빠르게 되살아날 것이다. 미래 시장은 빨라진 상황에서 소비 심리와 여력이 회복되면 신기술이 중심이 되는 시장도 성장이 빨라진다. 앞으로 3~5년 동안 3단계가 빠르게 전개되는 것을 눈으로 직접 보게 될 것이다. 그리고 2025년 무렵이 되면 미래 시장 전성기가 시작되고 인공지능, 전기자동차, 자율주행 자동차, 로봇, 바이오 시장의 일부 영역에서 1차로 승자와 패자가 확실히 구별될 것이다.

**4단계는 시장 전성기 단계다.** 3단계에서 신기술이 적용된 제품이나 서비스의 성공 사례가 쏟아져 나오면 뒤를 이어 신기술 적용이 빨라지면서 추가로 다양한 제품과 서비스가 출시되는 4단계로 빠르게 넘어간다. 4단계에 진입하면 그야말로 신기술이 과거의 제품과 서비스를 완전히 다른 차원으로 발전시키는 일들이 현실이 된다. 적용 범위도 빠르게 늘어난다. 너도나도 신기술을 적용하여 제품과 서비스 개선이나 완전히 새로운 차원으로 발전시킨다. 이런 상황에서 금융 혁신이 일어나 소비자 구매력에 불을 붙이면 신제품의 판매가 폭발적으로 증가한다. 1918년, 미국에서는 13가정 중 1가정만 자동차를 가지고 있었다. 1919년, GM이 GMAC라는 전속 할부금융사를 설립하여 자동차 할부금융 서비스를 제공했다. 7년 후, 미국 자동차 구매자의 75%가 이 서비스를 이용했고, 1929년에는 미국 가정의 80%가 자동차를 소유하게 되었다.* 가격 혁명, 금융 혁명은 시장 전성기를 여는 데 큰 역할을 한다. 새로운 시장이 전성기에 들어가면 삶의 혁신도 일어난다. 20세기 초반 자동차 시장이 빠르게 성장하면서 대중에게 보급되자 미국인의 삶의 방식도 변화되기 시작했다. 기술이 삶의 변화에까지 침투한다. 자동차는 인류 역사상 인간의 삶을 가장 많이 변화시킨 산업 중 하나로 평가받는다. 앞으로 10~30년 동안 벌어질 지속적인 신기술 발전과 새로운 시장의 창조와 확대는 과거에 자동차가 인류의 삶을 변화시킨 정도를 넘어설 것이다.

마지막으로, 5단계는 신기술이 적용된 제품과 서비스로 인한 새로운 문제, 욕구, 결핍의 발생이다. 시장은 성숙기에 들어간다. 새로운 기술을 적용한 제품과 서비스가 도처에 퍼지면서 삶의 방식이 변화되지만 동시에 과거에는 없었던 새로운 문제, 욕구, 결핍이 발생하며 제품과 서비스에 대한 불만이 고조된다. 불만이 높아질수록 시장은 쇠퇴기에 진입한다. 하지만 인간의 능력은 대단하다. 5단계 후반기가 되면 새로운 문제, 욕구, 결핍을 해결하기 위한 새로운 신기술이 발명되거나 혁신이 일어나면서 다시 1단계로 진입한다. 그리고 2, 3, 4, 5단계가 순환된다.

시간이 흐를수록 '신산업이 형성되는 패턴'의 순환 주기가 빨라지고 있다. 과거에는 신기술 개발에서 삶의 방식 변화까지 이어지는 5단계 패턴의 순환 주기는 천천히 점진적으로 여러 세대에 걸쳐 일어났으나 지금은 빠르게 진행된다. 앞으로는 더 빨리 진행될 것이다. 21세기 안에서도 5단계 패

---

* 　　토니 세바, 《에너지 혁명 2030》, 박영숙 역(교보문고, 2015), 80, 85.

턴의 순환이 여러 번 일어날 수도 있다. 기하급수적으로 정보가 증가하고, 언어 파괴, 경계 파괴로 지식 교류가 빨라지면서 새로운 사고방식, 문제 해결 방식의 시도가 빈번하게 일어나기 때문이다.

## 쫓기는 한국 기업들

내 분석으로는 인공지능, 전기자동차, 자율주행 자동차, 로봇, 바이오 시장의 일부 영역들이 '신산업이 형성되는 패턴' 내에서 2단계 후반이나 3단계에 진입하면서 기회가 눈앞에 실체를 드러냈다. 하지만 대부분의 한국 기업은 머뭇거리며 당황하고만 있다. 그 사이에 한국 기업을 흔들고 넘어뜨리는 위기는 이제 심장까지 파고들고 있다.

나는 수년전부터 한국 수출의 위기를 예측하면서 머뭇거리다가는 중국과 경쟁하는 거의 모든 제품과 서비스에서 최소 50%에서 최대 80%까지 시장을 내줄 수 있다고 경고했다. 본 책에서도 이 부분을 다시 강조하고 싶다. 먼 미래가 아니라, 이미 시작된 미래다. 한 번쯤 생각해볼 가능성이 아니다. 일명 '쫓기는 한국 기업들'은 현실이다.

오래전부터 나는 일본의 예를 들어 '쫓기는 한국 기업들'이라는 미래 위기를 논리적으로 설명했었다. 일본의 조선 산업은 2000년 전까지 세계 1등으로 시장점유율이 40%를 넘었지만, 기술 추격과 임금 경쟁력을 무기삼아 추격한 한국 조선업에 밀려 8%까지 시장점유율을 내주며 추락했다. 일본이 점유한 시장의 80% 가까이를 한국에 빼앗긴 것이다. 조선 산업만이 아니다. 가전 산업, 자동차 산업, 석유 화학, 철강, 건설 등 거의 모든 영역에서 비슷한 일이 일어났다. 그 과정에서 일본은 부동산 버블마저 붕괴되면서 기업과 국가 경제의 혼란과 추락이 가속되었다. 거의 모든 산업 영역에서 일본을 누르고 올라선 지 채 20년이 되기도 전에, 한국 산업이 중국에 거꾸로 당하고 있다. 한국과 중국의 기술 격차는 첨단 디스플레이와 반도체 정도를 제외하고 거의 모든 분야에서 사라졌다. 지난 20년 동안 전열을 재정비한 일본에도 한국 기업은 쫓기고 있다. 중국을 맹렬하게 뒤쫓기 시작한 동남아 일부 국가와 인도가 부상하고 있다. 그들의 직접적인 경쟁 상대는 중국이다. 하지만 그들이 중국을 쫓을수록 한국 기업도 타격을 입는다. 아래 그래프는 2012년 이후 한국 기업의 선박 수주량 시장점유율이 중국에게 추월당했고, 2015년에는 일본의 반격을 맞았고, 2019년에는 중국과 한국이 엎치락뒤치락하는 상황을 보여준다.

내 예측으로는 쫓기는 한국 기업의 도망이 10년 이내에 끝날 수 있다. 2030년경이면 더 이상 도망갈 데가 없을 것이다. 도망의 끝은 결국 낭떠러

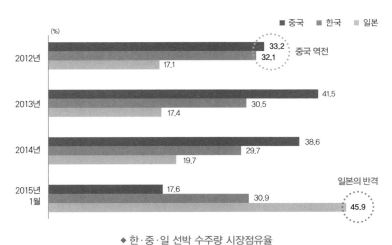

◆ 한·중·일 선박 수주량 시장점유율
출처: 클락슨리서치, 국민일보(2015.02.07) 유성열, "엔저의 힘…일본, 1월 조선 수주량 세계1위"에서 재인용

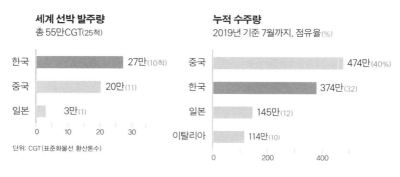

**세계 선박 발주량**
총 55만CGT(25척)

| | |
|---|---|
| 한국 | 27만(10척) |
| 중국 | 20만(11) |
| 일본 | 3만(1) |

단위: CGT(표준화물선 환산톤수)

**누적 수주량**
2019년 기준 7월까지, 점유율(%)

| | |
|---|---|
| 중국 | 474만(40%) |
| 한국 | 374만(32) |
| 일본 | 145만(12) |
| 이탈리아 | 114만(10) |

◆ 주요국 조선 수주량 순위    출처: 클락슨리서치, 연합뉴스(2019.08.13)

지까지 몰리는 상황이기 때문이다. 이미 예정된 한국의 기존 산업의 미래는 글로벌 시장에서 중국을 비롯해서 일본, 동남아 국가, 인도 등에게 최소 50%에서 최대 80%까지 기존 시장을 빼앗기는 일이다. 만약 기술 격차에서 역전되고 임금 경쟁력도 상실하면 80% 정도의 시장을 빼앗길 것이다. 기술 격차는 역전되거나 같더라도 임금 경쟁력을 유지할 수 있다면 50% 시장을 빼앗기는 정도로 끝날 수 있을 것이다. 글로벌 경쟁에서 노동집약적 산업이나 중간재 산업에서는 이런 일이 판박이처럼 반복해서 일어난다.

2007년, LG전자는 냉장고의 미국 시장 점유율 1등이었다. 2~4등까지는 캔모어, 메이택, GE 등 미국회사였다. 3.3%를 점유하는 데 그친 삼성전자는 1등과의 격차가 7배였다. 하지만 빠른 추격자 전략을 구사한 삼성은 2010년에 미국시장 점유율을 30%에 육박하게 끌어올리며 1등에 올라섰다. 최대 피해 기업은 미국 업체였다. 점유율 절반을 잃었다. 스마트폰 시장에서도 비슷한 일이 일어났다. 2007년까지 스마트폰 세계시장 점유율 1위는 49.5%를 장악한 노키아였다. 2007년 한국은 2%에 불과했다. 빠른 추격자 전략을 구사한 한국 기업은 2010년 블랙베리로 유명한 캐나다를 제치고 3위에 올라섰다. 노키아와 블랙베리는 한국 업체에게 시장을 빼앗기면서 추락했다. 2000년대 초반, 한국은 세계에서 가장 빠르고 강력한 추격자였다. 한국 기업의 공격에 미국, 일본, 유럽 기업들이 글로벌 시장의 50~80%를 내주었다.

불과 20년이 못되어 한국 기업의 처지는 정반대가 되었다. 한국보다 더 빠르고 강력한 추격자인 중국에게 수출 분야 전방위에서 공격을 받고 시장을 내주고 있다. 가장 먼저 무너지고 있는 지역은 중국이다. 한국 수출기업은 중국에서 정부의 지원을 든든히 받고 있는 중국 기업에 스마트폰부터 게임, 백색가전, 사무기계, 통신, 철강, 조선, 자동차까지 시장 점유율을 계속 내주고 있다. 그다음은 미국과 유럽시장에서 같은 일이 시작되고 있다. 한국 기업이 중국 시장을 피해 동남아, 동유럽과 남미 등으로 수출경로를 바꾸었지만 얼마 가지 못할 것이다.

2019년 2월 10일, 시장조사업체 IHS 마킷은 2018년 중국 기업의 액정표시장치(LCD) TV 출하량이 지난 13년간 1위를 고수했던 한국 기업을 제치고 선두에 올라섰다고 발표했다. 중국의 점유율은 31.9%, 한국은 30.6%였다. 중저가 제품에서 기술 격차는 없고, 정부 보조금과 상대적으로 저렴한 인건비와 거대 내수시장을 기반으로 가격 경쟁력을 확보한 덕분이다.*
한국은 중국의 대응에 응수하기 위해 고가 프리미엄 시장에 집중하고 있지만, 이 영역에서 중국 제품이 기술 격차를 좁히는 것은 시간문제다. 앞으로도 여전히 정부 보조금, 저렴한 인건비와 거대 내수시장을 기반으로 한 가격 경쟁력 확보가 확실한 상황에서 기술이 좁혀지면 한국 기업은 고가

---

\* 　동아일보, 2019. 2. 11. 황태호, "중국 TV 반값무기로 한국 추월, 기술력도 위협"

프리미엄 시장에서도 글로벌 시장을 내주어야 한다. 삼성과 LG가 앞에 서서 새로운 시장의 확장에 힘을 쏟으면, 중국은 한국 기업 뒤에 서서 바람을 피하면서 시장에 무혈입성할 수 있다. TV 시장 역시 스마트폰과 마찬가지로 어느 정도 기술 수준에 올라서면 소비자는 화면상으로 기술 격차를 분별하지 못한다. 소비자의 눈에 보이는 선택의 기준은 가격이 된다.

중국 정부는 한국 기업이 시장을 장악한 스마트폰용 유기발광다이오드(OLED) 디스플레이도 정조준하고 있다. 2019년 1월 30일, 시장조사 업체 DSCC는 2018년 대형 LCD 패널 시장에서 출하량 세계 1위(점유율 23%), 중국 디스플레이 업계 1위인 BOE가 2018년 4분기에 중소형 OLED 생산 공정 수율을 30% 이상으로 끌어올렸다고 분석했다. 수율이란 불량이 나오지 않는 비율이다. 수율이 개선될수록 양산 비용이 줄어들어 가격 경쟁력을 갖는다. 앞으로 2년간 플렉서블 OLED 공장에 30조 원을 투자하겠다고 발표한 BOE가 삼성 디스플레이의 수율 80%를 따라잡는 것은 시간문제다. BOE는 잉크젯 프린팅 기술을 활용해 55인치 4K OLED 디스플레이를 찍어내는 기술개발에도 성공했다. 2018년 3분기 기준으로, OLED는 스마트폰 디스플레이 패널의 60%를 차지했다. 당분간 OLED는 스마트폰이나 TV는 물론이고 자동차 및 스마트홈 등 폭발적으로 성장할 디스플레이 산업의 주력 제품이다. 당연히 BOE의 한국 추격 전략에는 공장 투자비의 50% 정도를 지원하는 중국 정부의 지원도 한몫을 한다. 중국 정부의 전략은 명확하다. 액정표시장치(LCD)에서 한국 시장을 빼앗아온 것처럼 OLED도 대규모 투자 지원과 대량 생산을 통해 빠르게 가격 경쟁력을 확보하고 자국 시장통제권을 이용해서 한국 기업의 점유율을 빼앗아오겠다는 것이다. 한국 기업은 퀀텀닷(QD) OLED 등 '기술 초격차'로 중국의 추격을 따돌린다는 전략이지만, 미래를 장담하기 힘들다.*

자동차 생산량은 2013년에 이미 중국에게 추월당했다. 2018년 10월 기준, 중국의 조강생산량(강판·봉 등을 만드는 데 쓰이는 강괴 생산량)은 8,255만t을 기록했다. 월간 생산량 기준 역대 최대치다. 반면 한국산 철강 점유율은 계속 하락 중이다. 국내 시장에서 중국산 철강은 2001년 2.7%에서 2017년 20.5%로 점유율을 꾸준히 증가시키고 있지만, 중국 시장에서 한국산 철강은 2016년 17.1%에서 2017년 15.1%로 점유율이 떨어지고 있다. 국내 철강 산업의 연평균 부가가치는 2007~2012년까지는 0.7%씩 증가했지만, 2012부터는 연평균 -1.8%씩 하락했고, 노동 생산성도 10년 연속 마이너스(-2.6%) 증가율을 기록하고 있다. 석유화학 산업도 중국이 자국산 제품을 늘리면서 국내 기업의 중국 내 매출이 줄고 있다. 한국석유화학협회의 예측에 의하면, 중국은 합성원료·합성수지·합성섬유 등의 석유화학 제품의 자급률이 90%까지 상승할 전망이다.**

미래형 산업에서도 중국의 추월이 거세다. 2007년 한국의 PC온라인 게임 산업은 34.5%로 전 세계 1등이었다. 하지만 2012년에는 시장 점유율도 중국에게 1등 자리를 내주었다. 그 이후로 중국과의 격차는 계속 벌어지고 있다.

한국 기업의 전기차 배터리 산업 경쟁력은 세계 1위다. 하지만 이것도 몇 년이나 유지할 수 있을지 장담할 수 없다. 세계 최대 전기자동차 회사 테슬라는 배터리 자체 생산을 천명했다. 2018년부터 전기차용 배터리 시장에서 중국의 장악력이 높아지기 시작했다. 일본은 자기만의 자리를 굳

---

* 　국민일보, 2019. 1. 31. 유성열, "OLED시장, 중국맹추격에 초긴장"
** 　중앙일보, 2019. 1. 21. 김도년, "철강, 디스플레이, 한국 주력산업 중국 장악, 예견된 일"

게 수성하면서 한국 기업이 파고들 여지를 주지 않고 있다. 에너지업계 시장조사기관 SNE리서치에 의하면 2018년 1~11월까지 전 세계 전기차용 배터리 출하량은 전년 대비 73% 증가한 76.9GWh였다. 전 세계 상위 10개 중 일본이 3개, 중국이 5개, 한국이 2개를 차지하고 있다. 1위는 22.9%를 점유한 일본 파나소닉이다. 파나소닉은 테슬라 모델 3에 배터리를 공급하면서 전년 대비 출하량도 113% 늘렸다. 10위 안에 든 일본의 세 회사의 점유율 총합은 29.7%다. 2위는 21%를 점유한 중국 기업 CATL로 16.1GWh의 배터리를 출하했고 전년대비 111% 성장률을 기록하며 1위를 넘보고 있다. 막강한 내수시장을 발판삼아 독일 BMW에 배터리를 공급하는 CATL은 2018년 11월 출하량으로만 따지면 3.0GWh로 파나소닉(2.2GWh)을 앞질렀다. 3위 역시 세계 최고 투자자 워런 버핏이 투자한 중국 기업 BYD로 9.3GWh의 배터리를 출하했다. BYD는 전기차를 직접 제작하고 있어서 언제든지 1위를 넘볼 수 있다. 나머지 중국기업 파라시스(Farasis), 리셴(Lishen), 과오슈안(Guoxuan)은 각각 7, 8, 9위를 차지하며 LG화학과 삼성SDI를 뒤쫓는 형국이다. 10위권에 든 중국 배터리 업체 5개의 점유율 총합은 41.7%로, 일본(29.7%)과 한국(11.5%)을 압도한다. 4위에 LG화학은 6.1GWh의 배터리를 출하했고, 삼성 SDI는 2.7GWh를 출하했지만 출하량 증가율은 각각 42.2%와 26.1%로, 배터리 시장 평균 성장률(73%)을 밑돌았다. 심지어 삼성 SDI의 순위는 일본기업에 밀려 전년보다 한 단계 떨어졌다. 한국 기업의 시장 점유율을 합친 규모도 11.5%로 전년대비 3.2%p 하락했다.[*] 다행히 2018년 전 세계 배터리 시장의 성장세가

---

[*]    중앙일보, 2019. 1. 4. 장정훈, "2018년 전기차 배터리 시장, 중국 장악, 일본 수성, 한국은 후진"

빨라서 (점유율이 하락한다고 해도) 당장 한국 기업들의 매출 규모가 줄지는 않을 듯하다. 하지만 배터리 산업은 초기술 격차를 벌리기 힘든 영역이다. 일정 기술 이상으로 평준화되면 가성비 싸움이 될 것이다. 그렇게 되면 중국, 동남아, 인도 등의 추격자를 이길 수 없다. 한국은 지금, 새로운 판을 만들거나 올라타야 한다. 쫓겨 도망가기에만 급급하면 기업뿐만 아니라 국가 경제 전체가 무너질 수 있다. 위기가 심장까지 파고들고 있다.

## 셋 중 하나는 사라진다

글로벌 시장에서 경쟁하는 수출 기업만 위기에 빠진 것이 아니다. 한국 내수시장에서 활동하는 기업도 위험하기는 마찬가지다. 인구 감소와 경제 성장률 저하로 한국 내수시장의 규모가 축소되거나 시장 성장률이 하락 중이다. 미국이나 중국 등의 글로벌 빅테크 기업들이 한국 내수시장에 역으로 침투해 와서 내수 기업의 심장에 날카로운 칼을 겨누기 시작했다. 한국 내수 기업들도 더 이상 미래 변화와 새로운 경쟁 구도를 무시하면서 버틸 수 있는 상황이 아니다. 예측하건대 머지않아 한국 내수 기업 3곳 중 하나는 무너진다. 수출과 내수가 동시에 심각한 위기에 빠지면 자영업자도 셋 중 하나는 망한다.

인구 구조와 성장 정체라는 충격에서 살아남은 내수 기업도 안심하기는 이르다. 살아남은 2곳 중 1곳은 새로운 미래 도구로 무장한 글로벌 기업이나 신생 경쟁자에게 잡아먹힐 수 있다. 일부 내수시장은 새로운 산업과 미래 도구로 무장한 파괴자들이 기존 시장에 형성된 경계를 파괴하는 과

정에서 완전히 사라질 가능성도 있다. 이렇게 시장 자체가 먹잇감이 되어
버린 곳에서 머뭇거리는 기업은 단 한 곳도 살아남지 못하는 최악의 상황
이 발생할 수도 있다.

나는 오래전부터 2050년경에 이르면 최악의 경우 2010년 대비 한국
내수시장의 실질 규모가 2/3로 줄어들 가능성을 예측하고 경고했다. 한국

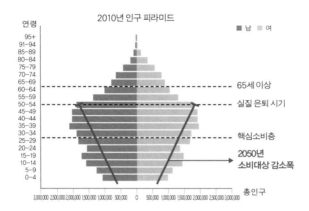

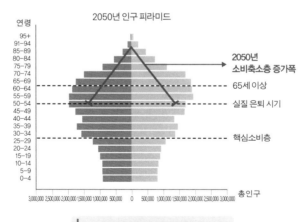

↳ **내수 시장 규모 1/3 감소할 수 있음**

◆ 저출산, 초고령화, 중산층 소비력 감소 그래프

내수시장의 미래와 연관된 여러 변수 중에서 가장 중요한 것은 생산 가능 인구와 중산층의 소비력이다. 생산 가능 인구는 감소 추세로 전환되어 '이미 정해진 미래'다. 한국의 총인구 감소는 아직 시작되지 않았지만, 2022년을 기점으로 55세 이상 은퇴자(기업의 실질 은퇴 연령)가 30~54세의 인구층을 역전하면서 가파르게 증가한다. 2045년에는 55세 이상 은퇴자 숫자가 54세 미만 전체 숫자보다 많아질 것이다.

이론적으로 보면 저출산, 고령화, 평균수명 연장이라는 3대 인구구조 변화는 내수시장에서 소비력 감소에 영향을 주는 변수로 이미 작동하기 시작했다. 하지만 잘 드러나지 않는다. 당장 시장에 별다른 충격도 주지 않는 것처럼 보인다. 이유가 무엇일까? 두 가지다. 하나는 2008년 글로벌 금융위기 이후 경기 하강 상황이 현재 소비 침체의 주 원인으로 보이는 착시 현상 때문이다. 다른 하나는 인구구조가 서서히 변동되고 있었지만 30~54세의 인구도 2000년 1,844만 명에서 2017년 2,059만 명까지 계속 커졌기 때문이다. 즉, 인구구조 변화가 시장에 주는 충격을 주는 속도에 지연 현상이 있기 때문이다. 하지만 인구구조 변화는 정해진 미래다. 시간적으로 충격을 늦게 체감할 뿐이지 충격은 반드시 온다. 지금 당장 시장 규모의 급격한 축소나 경제성장률 감소를 불러오지 않는다고 안심해서는 안 된다. 이런 인구구조 변화가 없었더라면 추가 성장을 더 할 수 있었는데, 그렇지 못하고 있는 '눈에 보이지 않는 충격'이 시장을 지배하고 있는 상황을 통찰할 수 있어야 한다.

머지않은 미래에 눈에 보이지 않는 충격이 눈에 보이는 충격으로 바뀔 것이다. 고령화 문제는 집을 갉아먹는 흰개미에 비유된다. 일본은 초고령화 사회 충격에 직격탄을 맞으며 자동차 내수 판매량이 2004년 585만 대에서 2008년 470만 대로 4년 사이 무려 25%나 감소했다. 고령화를 연구하는 선진국들의 연구 발표를 종합하면, 한 나라의 인구에서 65세 이상이 25%를 차지하면 그 나라의 평균 생활수준이 18% 정도 하락한다. 이는 일본이 잃어버린 10년 동안 날린 돈과 비슷한 규모다. 한국은 2023~2026년경에 전체 인구의 20%가 65세 이상이 되는 초고령 사회에 진입한다. 2030년경이 되면 전체 인구의 24.3%인 1,181만 명이 노인이 되어 노인인구 비율이 일본, 독일, 이탈리아 다음으로 세계 4위가 된다. 2050년에는 65세 이상 노인인구가 46%를 넘는다. 한국 노인들의 소득은 국민 전체 평균소득의 62% 수준에 불과하다. OECD 34개 회원국 평균치 90%와 비교해서 턱없이 낮다. 한국 노인의 절반 정도는 65%보다 낮은 45.6%로 빈곤층이다. 이 역시 OECD 전체 평균 노인 빈곤율 13.5%보다 훨씬 높다. 앞으로 얼마나 더 많은 노인이 빈곤층으로 전락할지도 예측하기 어렵다.

중산층 소비력은 어떻게 될까? 내 분석과 예측에 의하면 중산층 소비력도 감소할 가능성이 크다. 생산 가능 인구의 감소는 시장에 참여하여 소비를 할 절대 숫자의 감소이고, 중산층 소비력 감소는 시장 참여자의 소비능력 감소다.

역사적으로 볼 때, 위기가 발발하면 중산층이 서민층과 상류층에 비해 상대적으로 충격을 더 크게 받았다. 그 이유는 무엇일까? 위기 대비 및 대응 능력이 상대적으로 좋은 상류층은 부의 감소가 미미하거나 오히려 부가 더 증가한다. 위기 시에 값싼 매물로 나오는 자산을 중산층이나 서민층보다 먼저 구매하여 위기가 끝난 후 큰 차익을 남기기 때문이다. 자산이 많지 않은 서민층은 위기를 맞으면 일자리에만 타격을 받는다. 반면에 중산층은 일자리와 자산에 동시에 충격을 받아 상대적으로 가장 큰 충격을 받

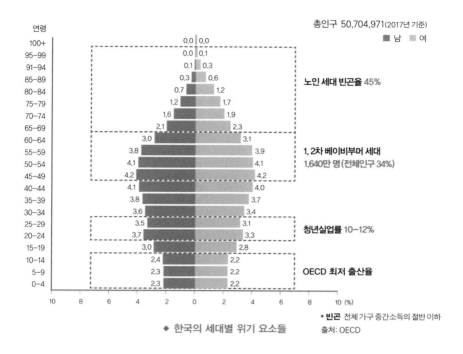

◆ 한국의 세대별 위기 요소들

는 계층이 된다. 2020~2021년을 강타한 코로나19에서도 중산층의 피해가 가장 컸다. 코로나19가 종식되더라도 부동산 버블붕괴나 가계영역발 제2차 금융위기가 발발한다면 중산층의 소득과 자산 그리고 일자리는 더욱 약화될 것이다. 소득 약화와 자산가치 하락은 중산층의 신용에도 영향을 미쳐서 부채를 기반으로 한 소비 잠재력도 감소시킨다. 소득이 늘어나고 부동산이나 주식 등의 자산가치가 상승하면, 이를 담보로 은행에서 부채를 발생시킬 수 있는 규모도 증가하지만, 소득이 줄고 자산가치가 하락하면 정반대 현상이 발생한다. 은퇴 연령이 빨라지고, 초고령사회로 진입하고 있는 상황에서 중산층이 이런 위기 상황에 몰리면 내수 시장의 미래도 불투명해진다. 내수 시장의 성장에 가장 큰 기여를 하는 계층이 중산층이기 때문이다.

65세 이상 노인 인구가 늘어나고 중산층 소비력은 약해지고 젊은이는 부족하고 소비 주체는 줄어들고 높은 인건비에 비해 노동의 질은 저하되는 환경이 만들어지면, 시장의 역동성과 잠재성장률이 하락하여 제대로 된 기업 활동이 힘들어진다. 중산층의 소비력 축소는 시장 약화를 초래하여 기업의 자본 투여를 약화시키는 요인이 된다. 일자리의 숫자뿐만 아니라 질도 나빠질 수 있다는 의미다. GDP 성장률은 '노동 투여 + 자본 투여 + 기술 혁신'으로 만들어진다. 중산층 소비력 감소와 생산 가능 인구의 감소는 제조업 공동화와 맞물리면서 GDP 성장률에 영향을 준다. 제조업 공동화와 기존 산업의 수출 경쟁력 약화는 자본 투여의 약화를 불러온다. 생산 가능 인구의 감소는 노동 투여를 하락시키는 직접적 원인이다. GDP 성장률에 직접 영향을 주는 두 요소(노동 투여, 자본 투여)의 약화만으로도 한국의 미래 경제 성장률은 하락 압력이 커진다.

노동 투여와 자본 투여에 문제가 발생하는 상황에서 GDP 성장률을 높이려면 기술 혁신 지수라도 높여야 한다. GDP 성장률에 관여하는 3번째 요소인 기술 혁신은 예측하기 힘들다. 하지만 분명한 것이 하나 있다. 한국기업이 앞으로도 계속해서 빠른 추격자 전략(벤치마킹 전략)에만 매달린다면 기술 혁신 지수가 과거보다 상승할 가능성은 낮다. 노동 투여와 자본 투여는 낮아질 확률이 높고, 기술 혁신은 최소한 과거보다 상승할 가능성이 낮다면 미래 한국의 경제성장률은 계속해서 낮아질 가능성이 크다. 경제성장률이 낮아지면, 이는 내수시장과 이를 기반으로 한 내수기업의 위기 악화를 고착화시키는 요인으로 다시 작용한다. 이런 미래를 염두에 둔다면 내수 기업도 더 이상 머뭇거릴 겨를이 없다. 한국의 수출기업이든 내

수기업이든 이미 온 미래는 거부할 수 없는 흐름이고, 시장 판도의 대전환
도 시작되었다는 것을 인정해야 한다. 아래 그림은 지금까지 설명한 내용
을 하나의 시스템으로 정리한 것이다.

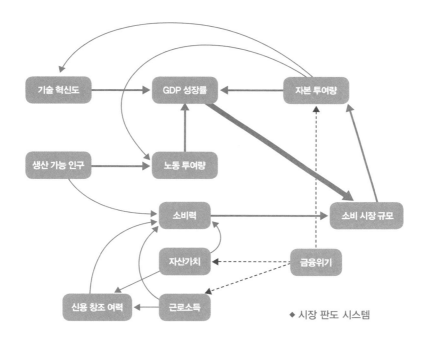

◆ 시장 판도 시스템

## 판은 이미 바뀌었다

새로운 도구는 새로운 시장을 만들어내며 경쟁의 판을 바꾼다. 최초의
인간은 맹수의 추격을 피해 굶어 죽지 않고 어떻게든 살아남는 것이 목표
였다. 자연에서는 약한 동물에 불과했다. 이런 인간의 미래를 바꾼 것은 도
구였다. 처음 사용한 도구는 '뾰족한 돌멩이'였다. 보잘것없는 돌멩이지만
역사를 바꿔 무시할 수 없는 변화를 일으켰다. 두뇌 크기가 원숭이와 별

차이 없었던 '오스트랄로피테쿠스'(Australopithecus)는 새로운 도구를 손에 쥔 후 맹수를 이기고 아프리카 평원의 지배자가 되었다.

오랜 시간이 흐른 후, 또 다른 새로운 도구가 발명되었다. '불'이었다. 한 손에는 나무에 뾰족한 돌멩이를 묶은 석재무기(石材武器)를 들고, 다른 한 손에는 뜨거운 불을 든 '호모 에렉투스'(Homo erectus, 直立人類, 직립인류)는 유럽에서는 독일 하이델베르크, 아시아에서는 중국 베이징과 인도네시아 자바섬을 중심으로 지구 지배자가 되었다. 인간보다 큰 코끼리, 인간보다 날카로운 발톱을 지닌 곰과 사자 같은 맹수를 사냥해 먹었다. 하지만 해결되지 않은 문제가 하나 있었다. 추운 겨울이 와 열매가 떨어지고 사냥감도 없어지면 굶어 죽지 않기 위해 다른 지역으로 이동해야 했다. 이 문제를 해결해준 것도 새로운 도구였다.

기원전 8000년, 호모 사피엔스의 후예[新人]로 지혜롭고 지혜로운 인간이라 불린 '호모 사피엔스 사피엔스'(Home sapience sapience)는 식량을 저장하는 새로운 도구를 발명했다. '토기'였다. 호모 사피엔스 사피엔스는 유형의 도구뿐 아니라 무형의 도구도 사용했다. 이리저리 이동하며 따먹던 열매의 씨앗을 땅에 뿌려 재생산하는 지혜다. 며칠 동안 멀리 초원을 쫓아다니며 잡았던 사냥감을 한곳에 가둬두고 키워내는 지혜다. 호모 사피엔스 사피엔스는 새끼를 많이 낳는 돼지나 닭을 사육했다. 늑대를 잡아 개로 키웠다. 들소를 잡아 농사를 돕는 소로 키웠다. '생각'이라는 새로운 무형의 도구를 사용한 결과는 놀라웠다. 농사를 짓는 데 필요한 유형의 도구들도 '생각'의 힘을 사용해서 한 단계씩 기술 수준을 높였다. 기존의 도구를 변형해서 도끼, 맷돌, 절구 같은 새로운 도구를 만들었다.

새로운 도구의 출현으로, 이동하지 않고 추운 겨울을 이기며 한곳에 정착할 수 있었다. 식량과 거주가 안정되자 인구가 빠르게 늘었다. 인구가 늘자 인간 발명품 중에서 최고로 꼽히는 '사회'가 만들어졌다. 사회의 발명은 혁명이었다. 도구로 무장한 인간이 하나로 뭉쳐 사회를 이루자 그 어떤 맹수도 대항하지 못했다. 사회가 만들어지자 인간은 '생각'이라는 무형의 도구를 더 잘 사용하게 되었다. '문명'은 인간 생각의 총집결체다. 사회를 만들어 생각을 총집결시킨 인간은 '문자'라는 새로운 도구를 개발했다. 파피루스나 점토판처럼 문자를 기록할 수 있는 도구도 개발했다. 이 두 가지는 인간이 발명한 가장 강력한 도구다. 그 무엇보다 뛰어난 도구다. 인간이 가진 생물학적 기억과 경험에 의한 학습의 한계를 뛰어넘게 해주는 놀라운 도구였다. 한 사람의 뛰어난 생각은 문자 기록을 통해 오랫동안 전수되고, 더 멀리 더 빨리 더 많은 사람들에게 공유될 수 있었다. 거대한 문명사회를 건설하는 힘이었다. 메소포타미아, 인더스, 황하 문명이 이렇게 탄생했다. 문자와 기록도구는 기술 발전에 기하급수적 가속도를 붙였다. 감히, 바벨이라는 곳에 하늘에 닿을 만한 거대한 탑을 쌓아 신에게 도전장을 던질 정도로 발전했다. 강력한 도구를 손에 쥔 인간의 경쟁 상대는 이제 맹수도 아니고 자연도 아니었다. 신(God)밖에 없어보였다.

메소포타미아와 소아시아를 거쳐 한 무리가 그리스에 정착했다. 그들은 이전 문명들의 유형의 도구(무기, 문자, 기록도구 등)와 무형의 도구(지혜)를 종합하여 새로운 문명을 건설했다. 그리스 문명이다. 기원전 2000년경, 그리스 남쪽에 있는 크레타섬에서 시작한 이들은 미노스 왕에 이르러 상상을 초월할 정도로 화려하고 거대함을 자랑하며 절정에 이르렀다. 특히, 이들은 무형의 도구(지혜)를 강력한 수준으로 발전시켰다. '철학'(지혜를 사랑함)이라 불린 무형의 도구는 유형의 도구보다 강력했다. 한 발자국도 움직이지 않고 지구 밖 우주를 들여다볼 수 있었고, 과거와 미래를 자유롭게 이동할 수 있게 해주었다. 살아있는 시간은 물론이고 죽음 이후의 세계도 들여다보게 했다.

새로운 도구는 사람과 사람, 사회와 사회, 문명과 문명 간의 운명도 바꾸었다. 철제 무기를 최초로 만들었다고 기록된 히타이트족은 기원전 1274년 이집트를 침공해 한 번의 전투로 파라오 군대 절반을 몰살시켰다. 지금의 터키 중부 아나톨리안 지방에 있는 하투사(Hattusha)에 수도를 둔 히타이트(Hittite)는 인근 황야에서 불어오는 맹렬한 바람을 이용해 용광로에서 높은 온도로 철을 녹여 청동기보다 강하고 '그 무엇으로도 깨뜨릴 수 없는' 강철이라는 새로운 도구를 발명했다. 이들이 만든 새로운 도구는 기원전 1200년경 '바다 민족'이라 불린 해양 민족의 등장으로 전성기를 맞이한다. 다민족 연맹체로만 역사에 기록된 이들은 초창기에는 배를 타고 해안가에 상륙하여 약탈을 일삼는 해적이었다. 하지만 강력한 철제 무기를 손에 쥐고 난 후부터는 달라졌다. 최초로 철을 만들어 강대국에 올라선 히타이트도 이들의 손에 멸망당했다. 바다 민족이 더 강력한 철을 만들고 더 잘 사용했기 때문이다. 더욱 강력한 철기로 무장한 바다 민족은 트로이, 미케네 등을 차례로 무너뜨렸다. 이들과 맞붙은 문명은 이집트와 아시리아를 빼고는 거의 다 전멸했다. 이들 문명의 붕괴는 지중해 연안 무역의 단절로 이어졌다. 무역로가 붕괴되자 청동기 문명의 기틀을 만든 주석의 공급이 끊겼다. 구리가 많이 난다는 뜻을 가진 지중해 동부 키프로스의 알라시아라는 섬에 사는 금속공은 생계를 잃고 말았다. 멸망할 위기에 처한 금속공은 섬 주변에서 흔하게 보이던 붉은색을 띤 돌들을 부숴 새로운 물질을 추출했다. 철이었다. 뜻하지 않은 전쟁과 무역 단절이 대륙에 철의 시대를 연 것이었다. 철은 초신성이 폭발하면서 만들어지며, 용암 속에 들어 있는 물질이다. 철은 지구 내핵의 주요 구성 물질이다. 철이 없으면 대기도 자기장도 생명체도 존재할 수 없다. 그래서 철은 지구 어디에나 존재하지만 청동보다 다루기 어려워서 더 강력한 불이 필요했다. 히타이트족도 우연히 인근 황야에서 불어오는 맹렬한 바람을 이용하는 행운을 얻어 최초로 철기를 만든 민족으로 기록되었다. 하지만 알라시아의 금속공은 오랜 경험과 수많은 시행착오를 거쳐 커다란 풀무에 숯을 넣어 철을 녹일 만한 불을 만드는 기술을 확보했다. 철을 가공하는 기술이 개발되자 구리보다 몇 배는 더 단단한 물질인 철의 시대가 본격적으로 시작되었다. 각종 무기부터 농기구, 다양한 건축물에 이르기까지 인류 문명 전반을 바꿀 새로운 도구가 되었다. 철은 지구 도처에 존재하는 물질이기 때문에 강력한 불을 사용해서 철을 다루는 기술만 전파되면 철기 문명이 세워졌다. 페르시아의 10만 대군과 그리스와 스파르타 연합군의 전쟁도 그리스 최대의 철광산을 놓고 벌어진 전쟁이었다. 자신들보다 300배 이상 넓은 영토를 보유한 페르시아에 맞선 전쟁에서 그리스와 스파르타 연합군이 대승을 거둔 것도 밀집전투대형(phalanx)을 갖춘 중장보병의 손에 최신 철제무기를 쥐어주었기 때문이었다. 새로운 도구 덕택에 위대한 그리스 문명이 오랫동안 유지됐다.

한반도 주변 상황도 비슷했다. 새로운 도구의 발견과 사용 능력이 역사를 갈랐다. 시베리아 반도에서 내려온 구석기인들은 평안남도 석회암 동굴부터 제주도 고산지역까지 널리 거주했다. 기원전 6000년경에는 서울 지역에 신석기인들이 농사를 짓고 가축을 키우며 정착해 살았다. 새로운 도구의 출현과 사용은 한반도와 아시아 지역의 패권 향방도 좌우했다. 한때 중국을 호령했던 고대 왕조 은(殷)나라는 청동기를 잘 사용했다. 진시황의 금속공들도 거푸집에 쇳물을 부어 철기를 만드는 주물 기술을 개발했다. 진시황은 400m 이상을 날고 기존의 활보다 5배나 강력한 철제 석궁과 다양한 철제 무기들을 만들어 강력한 군대를 만들었다. 3명이 한 조가 된 석궁 군대는 엄청난 공포의 대상이었다. 한 명이 발로 활시위를 당겨서 다음 사람에게 넘기면 2번째 병사는 철 화살을 장전하여 다음 사람에게 넘긴다. 마지막 사람은 장전된 석궁을 발사하고 뒤로 빠진다. 곧바로 뒤에 있는 병사가 다음 석궁을 앞으로 날린다. 이런 방식으로 서서히 전진하면서 적의 부대를 고꾸라뜨렸다. 기원전 200년경, 주물 기술을 확보하여 규격화된 강력한 철제 무기들을 대량생산하는 데 성공한 진시황의 군대는 9년 만에 6개 왕국을 무너뜨리고 중국 최초의 통일제국을 완성했다. 진시황제를 이어 중국을 통일하고 400년 동안 중원을 지배했던 한(漢)나라도 강력한 철기 문명 국가였다. 한나라는 종이, 나침반, 시계 등 새로운 도구를 차례로 발명했는데, 유형의 도구만 강력했던 것이 아니었다. 유교, 문자 통일 등 무형의 도구도 강력했다.

한나라 철기군을 무너뜨리고 강력한 제국을 형성한 고구려의 힘도 도구에서 비롯되었다. 기원전 2~3세기경, 압록강 중류에 철기가 보급되었다. 고구려 초기 세력은 새로운 도구를 적극 이용했다. 기원전 1세기 후반, 졸본으로 내려온 동부여 유민은 철로 만든 선진 무기 제조 기술과 농업 기술을 졸본(卒本)에 심었다. 쇠로 만든 망치로 무기를 제작하고 성을 건설했다. 쇠도끼로 땅을 개간하고, 쇠로 만든 낫으로 이삭을 잘랐다. 철제 도구를 잘 사용하는 무리는 발달된 농기구를 사용하면서 더 많은 토지를 개간하여 부를 빠르게 축적하여 돌이나 청동기를 사용하던 이웃 부족을 통합해

가며 급속히 세력을 넓혔다. 그리고 한나라가 약해진 틈을 타 새로운 나라를 건국했다. 고구려는 품질 좋은 철이 생산되는 요동지역을 장악하고 아차산에 거대한 대장간 마을을 두고 개마무사를 발전시켰다. 20kg 기수용 갑옷과 40kg 마갑용 철제 갑옷으로 무장한 개마무사는 당시 한반도 주변에서 가장 강력한 군대로 평가받았다. 한나라, 위진남북조, 수나라, 당나라 등 중원의 강력한 왕조와 투쟁을 벌이며 성장한 고구려는 철제 무기와 철제 농공구류를 군사력과 경제력의 핵심요소로 삼아 동아시아 패권국가로 700년 동안 군림했다.* 청동보다 더 날카롭게 날을 세울 수 있었던 철기 도구는 목재 가공에도 일대 혁신을 이루었다. 나무를 원하는 대로 가공할 수 있는 기술이 가능하자 조선업에 혁신이 왔다. 날렵한 모양의 용골을 만들어 거대한 파도에도 밀리지 않고 항해가 가능한 배를 만들기 시작하면서 인류 대탐험의 시대가 열렸다. 바닷길을 통한 탐험이 활발해지자 문명의 교류가 빈번해졌고, 무역도 활발해지면서 경제 부흥기가 열렸다.** 더 나아가 철근과 콘크리트를 사용하여 현대 도시문명도 이룩했다. 철의 시대는 청동기 시대보다 몇 배는 진보한 문명을 이뤘다. 새로운 도구의 출현은 역사를 바꾼다. 새로운 도구의 사용은 패권의 향방을 바꾼다. 아시아의 역사, 유럽의 역사, 미국의 역사도 그러했다. 그리고 새로운 역사가 시작되면 새로운 기회가 등장한다. 지금도 마찬가지다. 이런 패턴을 따라 경쟁의 판이 바뀌고 새로운 역사가 시작되고 있다.

---

\*     국립문화재연구소, 《고구려의 철기》(국립문화재연구소, 2017), 23.

\*\*    히스토리채널, "인류, 우리 모두의 이야기: 철의 시대"

# 미래를 가져온 3가지 메타 도구

경쟁의 판을 바꾸고 있는 새로운 도구는 무엇일까? 내가 꼽는 새로운 도구는 3개다. 단, 이번에는 과거처럼 철이나 불 같이 새로 발견한 광물이나 물질이 아니다. 앞으로도 땅속에서 새로운 광물을 발견할 수 있지만 역사를 바꿀 만한 파괴력은 없을 것이다. 이미 지구상에 존재하는 광물 대부분이 인간 통제 아래 들어왔기 때문이다. 이 새로운 도구는 석기시대부터 현재까지 인간이 발명한 도구를 재창조하는 도구다. 그래서 이 새로운 도구를 메타 도구(도구를 만드는 도구)라고 이름을 붙였다.

그리스어 μετά에서 유래한 메타(meta)는 '더 높은' '넘어서' '뒤에'(이면에) 등의 뜻을 갖고 있다. 너머(이면)에 있는 무엇, 어떤 매체나 분야가 자신의 범주 스스로에 대해 이야기하는 것을 의미하는 메타를 도구에 붙이면 겉으로 보이는 도구의 이면에 있는 원리나 근원 기술, 나머지 도구들의 범주를 만드는 도구가 된다. 나머지 도구를 변화시키는 도구다. 메타 도구는 한마디로 '근원 기술'이자 동시에 '도구의 도구'다. 21세기를 비즈니스에서부터 인간의 생물학적 존재 방식에 이르기까지 전 분야를 혁명적으로 바꿀 것이라고 예측하는 메타 도구는 3개다.

첫 번째 메타 도구는 '나노'(Nano)다. 이것은 기술이자 동시에 도구다. 나노 단위에서 도구를 만들거나 나노 단위에서 도구적 사용을 가능하게 하는 미시 제조 기술이다. $10^{-9}$를 표현하는 접두어 '나노'는 n을 기호로 사용하여 nm(나노미터: $1nm=10^{-9}m$), ns(나노초: $1ns=10^{-9}s$) 등으로 사용한다. 과거에는 $\mu$(미크론, 마이크로미터: $1\mu=10^{-6}$), m(밀리: $1m=10^{-3}$)를 합쳐 m$\mu$(밀리미크론)으로 $10^{-9}m$를 표현했지만, 지금은 1nm(나노미터)로 대체되었다. 즉, 나노미터는 과거에 사용했던 밀리미크론($m\mu$)과 같은 값이다. 1nm는 1/10억 m다. 이론적으로 나노 기술은 지구상에 현존하는 모든 도구를 나노 단위에서 재생산이 가능하다. 나노 기술은 1/10억m 이하 단위에 있는 모든 공간과 그 속에 있는 물리적·생물학적 개체를 대상으로 도구적 사용을 가능하게 한다. 가히 파괴적 잠재력을 가진 메타 기술이라 할 수 있다. 이 기술 하나만으로 인류의 미래가 어떻게 바뀔지 상상하기 힘들 정도로 강력한 파괴력을 가졌다. 원자 하나하나를 조작하여 제품을 만들고, 생명체를 조작할 수 있는 나노 기술은 제조방식에서부터 생명이란 무엇인가를 묻는 철학적 질문까지 바꾸는 강력한 미래 동력(Driving force)이다. 1999년 빌 클린턴 행정부가 발표한 '국가나노기술전략'(NNI) 설계에 참여했던 마이크로코 미국과학재단(NSF) 과학기술 수석자문위원은 "20년 전만 해도 나노 기술은 낯선 용어였지만 이제는 정보기술, 신경과학, 예술, 농업은 물론 우주개발에 이르기까지 모든 분야에서 쓰이는 도구가 됐다"고 평가했다. 미국은 화학 촉매제 산업의 55%, 반도체 산업의 70%가 나노 기술을 직간접적으로 이용한다.* 2015년 8월, 91세 나이였던 지미 카터 전 미국 대통령은 간과 뇌에 암 세포가 퍼져서 죽음을 목전에 두었지만 머크 샤프 앤드 돔(MSD)이라는 제약회사가 개발한 나노 기술을 접목한 면역항암제 키트루다(keytruda) 치료를 받고 같은 해 12월 6일 완치 판정을 받아 주위 사람들을 놀라게 했다.** 세계 최고의 전기자동차 회사인 테슬라도 나노 기업이다. 테슬라 전기자동차의 기술이 집적된 고성능 배터리, 차체 등에는 나노 기술이 적용되었다. 한국의 효자 산업인 반도체는 이미 나노 기술의 격

---

\* 　한국경제, 2018. 7. 13. 박근태, "20년 전만 해도 낯설었던 나노기술, 이젠 제조방식과 삶의 철학까지 바꿔"
\*\* 　https://ko.wikipedia.org/wiki/키트루다

전지가 되었고, 쇠퇴해 가는 섬유산업도 나노 기술이 접목되면서 새로운 미래 먹거리로 부상 중이다. 이외에도 미래를 바꿀 새로운 소재 개발을 비롯해서 다양한 의학적 발전에 이르기까지 나노 기술은 거침없이 진격 중이다.[*]

참고로 내가 기술로 분류되는 나노 기술을 도구로 지칭한 데는 이유가 있다. 그리스어 'technē'(테크네)에서 유래한 기술의 사전적 의미는 '무엇인가를 만들어내거나 성취하는 방법'을 가리킨다. 좁은 의미로는 '물적 재화(物的財貨)를 생산하는 생산 기술'을 가리키고, 넓은 의미로는 '인간의 욕구나 욕망에 적합하도록 주어진 대상을 변화시키는 모든 인간적 행위'까지 포함한다.[**] 기술 개념을 최초로 정의한 아리스토텔레스는 과학은 인간 정신의 일부이지만, 기술은 인간 정신 바깥에 있는 것이라고 보았다. 하지만 19세기 산업혁명이 일어난 후 기술은 주로 물적 재화를 생산하는 좁은 의미로 사용되었고, 인공물로서 기술·지식으로서 기술·활동으로서의 기술로 나누기도 한다. 이에 반해 도구는 '생산을 할 때 사용하는 인공물체'를 가리킨다. 기술로 만든 결과물이 도구다. 돌도끼와 컴퓨터는 도구다. 돌도끼나 컴퓨터를 만드는 지식, 지식을 활용하는 방법은 기술이다. 엄밀히 말하면 나노 단위에서 지식을 활용하는 행위는 기술이다. 그래서 나노 기술이라는 표현이 상식적이다. 하지만 도구의 넓은 의미를 '인간의 손에 들려 무언가를 생산하는 수단'으로 본다면 나노 기술은 나노 단위에서 적용되는 모든 지식과 그 지식을 활용하는 행위 자체를 수단으로 새로운 생산과 변화를 결과물로 직접 만들어내는 도구적 성격도 갖는다. 즉, 나노 기술은

---

[*]    한국경제, 2018. 7. 13. 박근태, "병든 세포만 치료, 미세한 환경오염 감시, 나노기술이 여는 신세계"
[**]   네이버, 지식백과, 두산백과, 기술.

**52**                    ▶**1부** | 이미 온 미래, 더 이상 버틸 수 없다

기술과 도구의 성격을 모두 가지고 있다. 그래서 본 책에서는 나노 기술을 기술과 도구 양쪽을 맥락에 따라 번갈아 사용함을 밝혀둔다.

**두 번째 메타 도구는 '인공지능'(Artificial Intelligence)이다.** 이것도 기술이자 동시에 도구다. 특별히, 지능 도구다. 인공지능을 메타 도구로 분류한 이유는 명확하다. 미래는 지능을 가진 도구와 그렇지 않은 도구로 구분될 것이기 때문이다. 지능을 가진 스피커와 지능이 없는 스피커, 지능을 가진 기계와 지능이 없는 기계, 지능을 가진 자동차와 지능이 없는 자동차, 지능이 있는 집과 지능이 없는 집 등 모든 분류는 지능 유무로 나뉠 것이다. 인공지능 기술은 도구의 범주 스스로에 대해 이야기하는 기술이기 때문이다. 한마디로 인공지능 기술은 도구의 도구다. 내가 인공지능을 메타 도구로 분류한 또 다른 이유는 인공지능 기술은 생각의 힘을 강력하게 만들 '새로운 생각 도구'이기 때문이다. 인공지능은 생각이 없는 사물에게 생각 능력을 부여하는 도구이면서, 동시에 생각이라는 무형 도구를 사용하는 인간에게 도움을 주는 생각 도구다. 즉, '생각 도구를 위한 생각 도구'다. 심리학에서 '생각에 대한 생각'을 메타인지라 부른다. 자신의 인지과정에 대해 생각하여 자신이 아는 것과 모르는 것을 자각하는 것과 스스로 문제점을 찾아내고 해결하며 자신의 학습과정을 조절할 줄 아는 지능과 관련된 인식을 가리킨다. 대표적 메타인지는 '성찰'이다. 비록 당분간 인공지능이 성찰 능력을 갖지는 못하지만, 인간을 대신하여 문제를 해결하고, 인간의 생각을 확장하고, 인간의 학습과정을 조절할 수 있다. 인공지능이 강력한 이유는 인간을 넘어서는 경우의 수를 탐색하는 능력 때문이다. 인간이 경우의 수를 탐색하려면 고비용이 발생한다. 실패의 수는 곧 비용이기 때문이다. 하지만 인공지능은 인간과 비교되지 않는 속도와 횟수로 거의 비용을 들이지 않고도 인간이 탐색하지 못한 새로운 경우의 수를 탐색해준다. 인간은 인공지능이 발견한 새로운 길을 연구하여 자기 것으로 만들 수 있다. 바둑의 경우가 가장 대표적인 실례다. 인공지능으로 인해 과거에 금기시되던 수들이 모두 깨지고, 포석과 정석에서 새로운 지평이 열리고 있다. 바둑의 새로운 진보가 일어나고 있다. 앞으로 인공지능은 사물에게 지능을 부여하는 수준을 넘어, 인간이 가진 생각의 힘을 확장하고 수십 수백 배 강력하게 만들, 생각을 위한 생각의 도구가 될 것이다. 인공지능은 지금까지 인간이 개발한 도구에 새로운 생명력을 불어넣어 새로운 형태의 대리자 역할을 할 것이다. 인간은 가축을 기르기 시작할 때부터 인간을 대신해서 생산 활동을 할 대리자를 생각했다. 식량을 목적으로 가축을 기르기도 했지만 개, 소, 말, 낙타 등을 기를 때에는 생산 활동의 대리자를 목적으로 했다. 기계 동력을 발명한 후에는 생산 활동의 대리자가 동물에서 기계로 바뀌었다. 이제 메타 도구 인공지능이 이런 기계 대리자를 '자율 도구'로 재탄생시키며 인간 대리자 역사를 다시 쓰게 할 것이다.

마지막 메타 도구는 '3D 프린터'(3D Printer)다. 3D 프린터는 나노 도구와 비교한다면 거시 제조 도구다. 3D 프린터는 미래에 일으킬 파괴력에 비해서 중요성이 간과된 도구다. 한때 3D 프린터에 대한 기대감이 아주 컸지만 시간이 지나면서 열기가 식었고, 현재는 오히려 과소평가되고 있다. 흥미로운 장난감으로 치부하거나 문서를 인쇄하는 가정용 프린터 정도로 영향력을 축소한다. 그러나 이러한 생각은 크나큰 실수다. 내 예측으로는 3D 프린터는 여전히 파괴력을 가진 강력한 미래 도구다. 3D 프린터 하나만으로도 산업혁명을 일으키고 남는다. 인간의 삶을 완전히 바꾼 '기계 창조'와 비교해도 손색이 없다. 3D 프린터를 장기적으로 과소평가하는 이유는 늦은

출력 시간, 출력 품질의 한계, 높은 가격 등등 때문이다. 거꾸로 생각하면 이 3가지 문제만 해결되면 3D 프린터는 지구상에 존재하는 거의 모든 물리적 제품은 물론이고, 살아있는 장기까지 만들어낼 강력한 제조 도구가 된다. 출력 시간, 출력 품질, 가격이라는 3가지 문제가 해결되는 것은 시간 문제다. 예를 들어 MIT는 3D 프린터 속도를 10배 개선시킨 기술을 개발했고, 나사는 3D 프린터로 로켓엔진용 부품을 만드는 실험에 성공했고, GM은 3D 프린터로 자동차 부품을 만드는 실험을 진행 중이다.[*] 곧 우리는 3D 프린팅 기술이 수천 년간의 제조방식을 근본적으로 바꾸는 새로운 미래를 보게 될 것이다.

이 3가지 메타 도구는 기존 소재와 도구를 새롭게 변형하여 비즈니스에서부터 인간의 생물학적 존재 방식까지 수많은 분야에서 놀랍고 경이로운 혁신을 촉진할 것이다. 가장 먼저 생산 활동(산업)의 변화를 일으킬 것이다. 생산에 투여되는 (지구상에 광물질로 존재하지 않은) 새로운 재료를 만들어주고, 기존의 제품이나 도구를 새롭게 변형시켜 생산의 개념을 바꿀 것이다. 재료나 제품의 사용 방식을 바꾸어 신(新)제조방식과 신(新)노동방식의 출현을 이끌 것이다. 신제조방식과 신노동방식의 출현으로 기존 제품과 서비스의 획기적 변형이 일어나 시장 구조를 개편할 것이다. 부의 질(質)과 방식, 경제와 사회의 질(質)과 운영 방식도 변화시킬 것이다. 거기서 끝나지 않는다. 최종적으로 인간의 삶의 수준과 활동 범위와 존재 방식을 바꾸는 데까지 나갈 것이다. 기업의 생사가 뒤바뀌는 것은 당연하다. 기업이나 국가의 운영방식과 주체도 변화될 것이다. 명예와 권력도 바뀔 것이다.

---

[*]    ZDNet Korea, 2018. 5. 4. 김승민, "GM, 3D프린팅, AI로 자동차 부품 만든다"

산 자와 죽은 자, 하락하는 자와 새로 부상하는 자의 변동이 나타날 것이다. 선택의 여지가 없다. 고민할 필요가 없다. 할 수 있다면 이 3가지 도구의 절대강자가 되려고 노력해야 한다. 그렇지 않으면 3가지 도구 활용에서 절대강자가 되려는 노력을 해야 한다. 이 도구를 지배하는 기업이 부와 세상을 지배할 것이기 때문이다.


## 버티지 말고, 승부수를 던져라

생존의 길은 정해져 있다. 버티지 말고 미래 흐름에 몸을 맡겨야 한다. 그리고 승부수를 던져야 한다. 역사적으로 새로운 도구가 출현한 후 인간은 새로운 도구와 일체가 되었다. 아니, 일체를 이룬 무리가 도구 혁명의 최대 수혜자가 되어 부와 세상을 지배했다. 이번에도 마찬가지다. 미래 시장에서 승자가 되려면 새로운 도구의 출현과 발전을 주도해야 한다. 주도할 수 없다면, 새로운 도구와 최대한 빨리 통합을 이뤄라. 주도권 싸움은 이미 시작되었다. 이 싸움과 경쟁이 만들어낼 미래의 단면 하나를 미리 들여다보자.

클라우스 슈밥(Klaus Schwab)과 제러미 리프킨(Jeremy Rifkin)은 서로 다른 관점에서 비슷한 미래 가능성을 예측했다. 두 사람의 예측은 크게 다르지 않은데, 한국에서만 정치적 이익에 따라 다르게 사용되었다. 이명박 정부에서는 녹색성장이라는 목표 하에 제러미 리프킨의 제3차 산업혁명이란 구호가 유행했고, 박근혜 정부에서는 클라우스 슈밥이 부상하면서 제4차 산업혁명이 부상했다. 그 이후로 지금까지 한국 사회에서는 제

4차 산업혁명이 미래를 대변하는 대표 개념이 되었다. "어떻게 산업혁명이 불과 몇 년 만에 3차에서 4차로 전환될 수 있을까?"라는 의문을 품은 독자가 있을 것이다. 어떤 전문가는 "제4차 산업혁명은 실체 없는 유령이다"라고 평가한다. 4차 산업혁명이란 말은 아무것도 없이 대중을 기만하는 사기나 유령일까? 아니면 실체가 분명한 새로운 산업혁명일까? 내 대답은 이렇다. "둘 다 맞다."

산업혁명 시기를 평가하는 관점은 크게 둘로 나뉜다. 하나는 혁명적 기술을 기준으로 한다. 이 관점에서는 인공지능, 로봇기술, 생명과학기술을 기준으로 현재를 제4차 산업혁명 시기로 분류한다. 다보스포럼이라 불리는 세계경제포럼(WEF)에서 클라우스 슈밥이 주장한 기준이다. 클라우스 슈밥은 1차 산업혁명은 영국에서 시작된 증기기관기술 혁명이고, 2차 산업혁명은 1870년 전기를 이용한 대량생산과 자동화 시스템 구축이 본격화된 시기라 했다. 3차 산업혁명은 1969년 인터넷이 이끈 컴퓨터 정보화 기술의 혁명이 거의 모든 산업과 결합되는 시대를 가리킨다. 클라우스 슈밥이 주장하는 4차 산업혁명은 인공지능과 로봇, IoT, 빅데이터 기술의 혁명을 통해 실재와 가상이 통합되고, 사물을 자동적·지능적으로 제어할 수 있는 가상 물리 시스템 구축이 기대되고, 생산기기와 생산품 간 상호 소통 체계가 구축되면서 중앙 집중화된 시스템의 통제에서 벗어나 각 기기가 개별 공정에 알맞은 것을 스스로 판단하고 실행하면서, 전체 생산 과정이 역사상 가장 놀라운 수준으로 최적화되는 산업상의 거대한 변화가 일어나는 시기다.[*]

---

[*] 네이버 지식백과, 4차 산업혁명 [Fourth Industrial Revolution, 四次 産業革命] (시사상식사전, 박문각), 네이버 지식백과, 한경 경제용어사전, 4차 산업혁명.

산업혁명 시기를 구분하는 또 다른 기준이 있다. 펜실베이니아대학교 와튼스쿨 교수이자 미래 사회 변화의 새로운 패러다임을 제안해온 제러미 리프킨은 《3차 산업혁명》에서 기준을 제시했다. 그가 제시한 기준은 에너지와 에너지 사용 기관이다. 부수적으로 네트워크도 거론했다. 1차 산업혁명은 석탄 에너지와 이를 사용한 증기기관, 철도망(철도 커뮤니케이션)을 통한 산업의 혁명적 변화다.* 2차 산업혁명은 석유 에너지와 1890년대에 발명된 석유를 사용하는 내연기관이 기준이다. 부수적으로 전기 커뮤니케이션(Electric Communication)이 석유 동력 내연기관과 연결되면서 대량생산 시대를 가속화시켰다. 제러미 리프킨은 1990년대 중반부터 3차 산업혁명이 시작되었고 지금도 지속 중이라고 주장한다. 3차 산업혁명은 재생 가능한 에너지와 이를 생산하고 사용하는 다양한 지능형 동력 장치, 인터넷 커뮤니케이션의 결합에서 시작된다. 제러미 리프킨은 시간이 갈수록 가정, 사무실, 공장에서 자신만의 재생 가능한 에너지를 생산할 것이며, 모든 건물이 재생 가능 에너지를 생산하는 미니 발전소와 저장소로 변형되고, '지능형 에너지 네트워크' 기술로 전 세계 모든 사람이 에너지를 교환하고 매매하게 될 것이라 예측했다. 이런 변화는 인간과 인간의 관계, 사회 전반을 근본적으로 재정립하고 자녀교육부터 산업과 비즈니스 전반에 영향을 미칠 것이라 예측했다.**

제러미 리프킨은 1, 2차 산업혁명이 중앙집권적이고 엘리트주의적 에너지 체제였다면, 3차 산업혁명은 분산과 수평적 방식 혁명이 될 것이라

---

\*     제러미 리프킨, 《한계비용제로 사회》, 안진환 역(민음사, 2014), 71–72.
\*\*    제러미 리프킨, 《3차 산업혁명》, 안진환 역(민음사, 2012), 10.

예측했다.* 지능적 분산 에너지 기술로 에너지 효율성이 극대화되고, 에너지를 생산하는 데 필요한 초기 설치 비용을 제외하면 에너지 비용도 대부분 공짜로 이용할 수 있는 사회가 되어서 제임스 와트에서 시작된 위대한 산업혁명의 최종 단계가 될 것이라고 예측했다. 3차 산업혁명이 인류의 마지막 산업혁명이라는 말이다. 이런 새로운 에너지 체계와 운영방식(분산, 협업, 공유방식)은 산업 전반으로 파급되고, 공동의 이익과 노력을 가능케 하여, 3D 프린터 등을 활용한 디지털 생산방식과 융합되면서 높은 수준에서의 지속 가능한 새로운 경제 상황을 만들어줄 것이라고 예측했다.** 클라우스 슈밥과 제레미 리프킨의 주장에 동의하든 반대하든 이들이 말하는 기술이나 변화의 일부는 이미 현실이 되었다. 주변에서 쉽게 발견할 수 있을 정도로 보편화되고 있다.

이런 관점에서 본다면 클라우스 슈밥과 제레미 리프킨은 같은 미래를 서로 다르게 규정했을 뿐 중요한 것은 두 사람이 주장한 현재 변화와 다가오는 미래 모습에서 공통적으로 등장하는 것이 있다는 사실이다. 바로 '도구 혁명'이다. 새로운 도구가 출현하고, 새로운 도구로 제품과 서비스에 변화가 일어나고, 시간이 지나면서 비즈니스와 사회 전반에 그 변화가 파급될 것이고, 최종으로 인간이 변화될 것이라는 예측은 두 사람이 동일했다. 두 사람의 미래 전망이 일치하는 영역이 하나 더 있다. '한계비용 제로 사회'(The Zero Marginal Cost Society) 가능성이다. 이는 미래 변화에 대해 진보적인 생각을 가진 미래학자들의 상당수가 동의하는 견해다. 나도 21세기 말쯤 도구 혁명의 종착지, 미래 시장의 완성된 모습으로 '한계비용 제

---

*     같은 책, 15, 26, 28, 32, 57, 59, 79.
**    같은 책, 170, 173-174.

로 사회'가 출현할 가능성에 주목하고 있다.

제러미 리프킨은 제3차 산업혁명이 절정에 도달하면 커뮤니케이션과 에너지 체계에서 소요되는 거래 비용이 제로에 가까워지면서 이윤(profit) 발생이 어려워지는 상황에 이르게 된다고 예측했다.* 예를 들어 CD 음반으로 음악을 제공하던 음반 산업은 인터넷과 디지털이라는 새로운 도구의 출현으로 변화가 일어났다. 음반 생산자의 원가 책정에서 CD 혹은 LP라는 하드웨어 제조비용을 없앴다. 하드웨어 제조가 사라지면서 유통 비용 개념도 바뀌었다. 음악 한 곡이 작곡자에서 판매자를 거쳐 최종 소비자에게 오는 과정도 단축되었고 비용도 급격히 하락했다. 한계 비용이 줄어들고 있다. 미래에 3D 프린터, IoT, 인공지능 기술이 결합되면 생산자의 제조원가에서 하드웨어 제조비용, 유통비용 등이 제로에 가까워지고 아이디어 비용, 디지털 정보 비용 등만 남게 될 가능성이 크다. 생산자 목록이 간단해질수록 이윤을 발생시키는 단계도 축소된다. 광고를 매개로 아이디어 비용이나 디지털 정보 비용을 제로로 낮추어 제품과 서비스를 제공하게 될 수도 있다. 그만큼 소비자 가격은 하락한다. 소비자 가격이 하락하는 만큼 공급자 간의 경쟁은 심해진다. 기업 입장에서는 미래에는 규모를 더 크게 해야 살아남거나 완벽하게 독창적이어야 살아남는다는 계산이 나온다. 여기에 글로벌 협업과 기술 경쟁이 가속화되면 '극단적 생산성'의 단계에 이르는 일이 현실이 될 수 있다. 인간이 생존하는 데 필요한 최소한의 환경, 제품과 서비스가 최초에 발생하는 고정비용을 제외하고는 전반적으로 가격 제로에 이르러 최적의 복지가 이루어지는 시나리오를 상상할 수 있다.**

---

*     같은 책, 315.
**    제러미 리프킨, 《한계비용 제로 사회》, 안진환 역(민음사, 2014), 11, 115–119.

이런 상태가 '한계비용 제로 사회'다. 아래는 이런 미래를 통찰한 제러미 리프킨의 말이다.

원료 값이나 시간 비용, 컴퓨팅 및 온라인 비용 등 기타 최초의 고정비용을 제외하고 재화나 서비스를 한 단위 더 생산하는 데 들어가는 추가 비용을 뜻하는 한계비용(marginal cost)이 제로 수준이 되어 상품의 가격을 거의 공짜로 만드는 상황이 발생한다.*

아직은 먼 미래다. 하지만 내가 예측한 도구 혁명은 이런 사회가 현실이 될 가능성을 높여줄 것이다. 새로운 도구들은 소유의 개념을 약화시키고 공유나 부분 접속이라는 새로운 경제활동 방식을 촉진시킬 것이다.** 제품과 서비스는 과거의 비슷한 모양(실체)을 갖지만 가격, 소유방식, 사용방식이나 운용방식 등은 새로운 도구들로 인해 다르게 변할 것이다. 시장(market)과 교역(trading)은 지리적 제약을 받지 않는 3차원 사이버 무선 네트워크 중심으로 전환될 것이고, 이런 새로운 시장에 20세기보다 2배 이상 많은 이들이 참여하게 될 것이다. 과거 방식의 경제활동은 움츠러들고 탈(脫)물질화가 가속화될 것이다. 정보, 지식, 눈에 안 보이는 힘, 관계 등이 기반이 되는 '무게 없는 경제 활동'으로 힘의 중심이 전환될 것이다.*** 이 모든 것이 새로운 도구의 출현에서 시작된다. 새로운 도구는 이런 미래를 여는 문이다. 이를 빠르게 간파한 기업이 미래 시장을 선점하는 이득을

---

\* 같은 책, 12.
\*\* 같은 책, 14. 제러미 리프킨, 《소유의 종말》, 이희재 역(민음사, 2001), 11.
\*\*\* 같은 책, 28~29, 48.

얼을 것이다.

내가 제시한 3가지 새로운 도구는 과거에 없던 것을 새롭게 만들어내기보다는 기존에 있었던 것들을 새롭게 하는 일을 주(主) 역할로 삼을 것이다. 그래서 새로 만들어지는 시장에서 승리하는 길을 찾으려면 '도구 혁명'부터 시작해야 한다. 실제 시장도 도구 시장이 먼저 열린다. 신기술이 만들어내는 새로운 시장은 크게 3가지로 나눌 수 있다. 하나는 '새로운 도구 시장'이다. 도구 시장은 다시 2가지로 나뉜다. 원천기술 시장과 응용기술 시장이다. 이것은 새로운 시장의 가능성을 열어준다. 지금은 새로운 도구 시장이 형성되고 경쟁 중이다. 다른 하나는 '새로운 도구로 만들어낸 제품과 서비스 시장'이다. 마지막 하나는 그것들을 유통시키는 '채널 시장'이다. 대기업 입장에서는 새로운 도구 시장을 선점하면 그다음 시장(새로운 도구로 만들어낸 제품과 서비스 시장)에서 승자가 될 가능성이 커진다. 반대로, 새로운 도구 시장에서 밀리거나 새로운 도구를 간과하면 현재 가지고 있는 수출 기업이든 내수 기업이든 시장 지위를 잃는다. 시장 지위를 잃으면 새로운 도구에 강자로 등장한 기업의 하청업체로 전락하거나 국내 혹은 글로벌 시장에서 퇴출 1순위가 된다.

## 테슬라와 미래 파괴자들

2020년 12월 21일, 테슬라가 S&P500지수에 편입되었다. 수많은 의혹과 허황된 비전이라는 평가절하를 극복하고 미국과 전 세계 투자시장에서 우량 기업이라는 공식적 평가를 얻은 사건이다. 미래를 연구하다 보니 이런 질문을 많이 받는다.

"테슬라의 미래는 어떤 모습일까요?"

"테슬라의 주식 가치는 어떻게 될까요?"

먼저 테슬라의 미래에 대한 긍정적 분석을 해보자. 블룸버그(Bloomberg L.P.)는 2020년 신차 출시에서 전기차가 차지하는 비중이 2.7% 정도이지만, 2025년에는 10%를 넘어설 것으로 예측했다. 당연히 테슬라가 가장 큰 수혜를 받는다. 테슬라는 3년 이내에 배터리 가격을 절반 이상으로 낮춘다는 비전도 제시했다. 전기자동차 가격의 상당을 차지하는 배터리의 생산 가격을 낮추면 시장 성장은 더욱 빨라진다. 일론 머스크는 2020년 9월 배터리데이 행사에서 3년 안에 2만 5,000달러 전기차를 만들겠다는 계획을 내놓았다. 코로나19가 전 세계를 강타했던 2020년 상반기 자동차 회사별 비교에서 테슬라만 유일하게 판매량이 증가했다. 곧 자율주행 트럭도 판매한다. 매월 일정 금액을 내고 위성지도와 실시간 교통정보, 오디오·비디오 스트리밍 서비스와 인터넷 서핑 등 각종 편의기능을 이용할 수 있는 프리미엄 커넥티비티라는 구독서비스도 진행 중이다. 눈여겨볼 사항이 하나 더 있다. 2020년 테슬라의 순이익 분포에서 탄소배출권이 차지하는 비중이 매우 높다는 사실이다. 내연기관 자동차 회사는 탄소배출권을 구매해야 하기 때문에 비용이 발생한다. 하지만 전기차만 판매하는 테슬라에게는 탄소배출권이 이익을 내는 비즈니스 모델이다. 당분간 전기차 판매가 늘어날수록 테슬라의 탄소배출권 이익도 늘어날 가능성이 높다. 나는 코로나19 이후 환경 분야 뉴노멀은 '기후 공포 시대'와 '전염병 일상화 시대'라고 예측한다. 코로나19로 중요도가 가려져 있지만, 앞으로 20~30년 동안은 평균기온 1℃ 상승으로 인해 발생하는 다양한 기후 공포가 인류의 삶을 위협할 것이다. 코로나19 바이러스 창궐도 큰 틀에서 보면 평균기온 상승으로 인한 환경파괴와 오염의 결과다.

2020년 미국 캘리포니아 샌프란시스코 인근에 대형 산불이 일어나면서 온 천지가 빨갛게 변한 일이 일어났다. 이 광경을 본 수많은 사람이 지구 종말이 이런 모습이 아닐까 생각했다. 같은 시기, 미국 덴버에서는 기상이변을 넘어 기상 괴변(怪變)이 일어났다. 하루 만에 35℃를 기록하는 '폭염' 날씨에서 15cm '폭설'이 내리는 날씨로 돌변했다. 비슷한 시기에 한국에서도 한 번도 경험하지 못한 새로운 여름을 맞이했다. 6월의 평균 기온은 평년보다 1~5℃ 높았고, 7월의 기온은 평균보다 거꾸로 1~5℃ 낮았다. 8월에는 다시 평균 기온보다 높아졌다. 가장 길고 많은 비가 내린 장마도 이례적이었다. 중부지방(54일)과 제주(49일)의 장마 기간은 역대 최장기록을 경신했다. 장마철 전국 강수일수(28.3일)도 역대 1위를 기록했다. 장마철 중부지방 강수량(851.7mm)도 역대 1위였고, 전국 강수량(686.9mm)은 1973년 이후 역대 2위였다.

앞으로 평균기온 1℃ 상승이 유지되면 전 세계에 걸쳐서 '더 뜨겁고, 더 추운' 기온 현상이 자주 발생할 것이다. '더 강하고, 더 파괴적인' 허리케인, 태풍, 집중호우, 대형 산불의 횟수가 늘어날 것이다. 미친 기온 때문에 물부족 국가도 증가할 것이다. 앞으로 20~30년 내 평균기온 1℃ 상승이 지속되면, 안데스 산맥의 작은 빙하가 녹아서 5천만 명이 물 부족에 처할 것이다. 매년 30만 명이 말라리아 등 기후 관련 질병으로 추가 사망할 것이다. 영구 동토층이 녹아 러시아와 캐나다의 건물과 도로 손상이 커질 것이다. 북극 바다의 얼음이 영원히 사라질 가능성에도 직면하게 될 것이다. 세계 대부분의 바다에서 산호가 사라지고, 지구 생물의 10%가 멸종 위기에 처하게 된다. 이런 엄청난 재앙을 막는 유일한 방법은 이산화탄소 배출을 줄이는 등 다양한 방법으로 환경을 보호하고 재건하는 것이다.

테슬라의 탄소배출권 사업은 이런 기후 공포 시대에 잘 어울리는 비즈니스 모델이다. 기후 공포 시대에는 기후변화 예측, 에너지 비용 효율화, 비화석 에너지, 물 산업 등이 성장한다. 테슬라는 태양광 회사, 전기 배터리 사업, 인공지능 기술 등을 보유하고 있다. 기후 공포 시대에 인류의 위기를 막는 데 필수적인 산업에서 두각을 나타낼 가능성이 높다. 이 정도만 예측해도 테슬라의 미래 성장 가능성을 높게 평가할 수 있다. 하지만 아직 테슬라의 최대 장점을 다루지도 않았다. 테슬라 자동차의 최대 장점은 애플처럼 소프트웨어와 하드웨어를 직접 설계하고 관리하는 것이다. 그만큼 빠르고 최적화된 사용자경험(UX)을 제공할 수 있다. 나는 오래전부터 미래 자동차는 움직이는 공간 사업이 될 것이라고 예측했다. 미래 자동차 회사는 강력한 이동 플랫폼 회사가 될 것이며, 애플이나 구글, 넷플릭스처럼 자동차 안에서 사용하는 다양한 애플리케이션 및 미디어 콘텐츠 회사로 변모할 것이다. 플랫폼 회사로 안착에 성공하면 블록체인과 페이 충전 혹은 자체 암호화폐 기술을 결합하여 '카 페이'(Car Pay) 서비스도 결합이 가능하다. 금융 비즈니스도 가능하다는 말이다. 여기에 일론 머스크가 운영하는 스타링크 위성 서비스와 연결하면 서비스 차별화는 극대화된다. 테슬라는 자동차 관련 인공지능 기술에서도 세계 최고다. 통합 제어 소프트웨어, 인공신경망과 시스템온칩(SoC)을 기반으로 한 테슬라의 자율주행 기술은 모든 운전자의 주행 정보를 수집·분석한 후 지속적으로 소프트웨어를 업데이트해 주면서 운전자의 주행 경험을 향상시킨다. 애플의 스마트폰 기술 향상 방식과 비슷하다. 당연히 자동차 주행 및 운전자 관련 빅데이터도 세계 최고다. 미래의 공유 자동차는 인공지능이 운전하는 무인 자동차가 될 가능성이 높다. 10년 후, 테슬라는 자사 자동차를 소비자들에게 무료로 공급할 수도 있다. 소비자가 무료로 테슬라 자동차를 인수하면, 필요할 때만 타고 다니고 나머지 시간에는 테슬라가 관리하면서 공유 자동차 비즈니스를 하면 된다. 공유 자동차 운영으로 얻는 수익을 테슬라가 가지면 소비자와 테슬라 모두 윈윈(Win-Win) 할 수 있다. 그 반대도 가능하다. 소비자가 테슬라 자동차를 25,000달러에 구매하고, 회사에서 일하는 시간에 테슬라 자동차를 인공지능이 운행하면서 돈을 벌어오게 할 수도 있다. 하루에 7~8시간만 자동차가 스스로 나가서 우버처럼 승객을 실어 나르는 영업을 하고 오면 자동차 할부금을 내고도 남는다. 테슬라가 지금은 배터리 자체 생산에 집중하고 있지만, 미래 자동차에 들어가는 인공지능 프로세서, 이미지 센서 등 다양한 핵심 부품을 자체 생산하여 판매하는 비즈니스 모델을 가질 수도 있다. 딥러닝 훈련 노하우나 자율자동차 관련 클라우드 사업에도 뛰어들 수 있다. 인공지능 기술과 자율주행에서 얻어진 빅데이터를 기반으로 자동차 보험업 진출도 가능하다. 앞으로 자체 급속 충전기인 '슈퍼차저'의 유료화도 단계적으로 추진 중이다. 테슬라는 미래이동수단 중 하나로 꼽히는 하이퍼루프(Hyperloop) 기술도 가지고 있다. 마음먹기에 따라서는 자율주행 자동차 기술을 기반으로 하늘을 나는 자동차 사업으로도 확장 가능하다. 일론 머스크는 스페이스X라는 세계 최고의 민간 우주산업 회사를 가지고 있다. 앞으로 5년 이내에 화성에 최초로 인간을 보낼 수 있다고 호언장담한다. 우주탐사 기술과 자율주행 기술은 달이나 화성에서 자원 채취 산업으로 확장이 가능하고, 지구 내에서는 무인 전투기를 비롯해서 우주 군대에 필요한 우주 전투기 등 다양한 군수장비 생산에도 활용될 수 있다. 이처럼 테슬라의 미래 비즈니스 모델들은 산업 전방위로 문어발 확장이 가능하다. 단, 테슬라의 미래를 너무 낙관적으로 보는 것은 조심해야 한다.

테슬라는 영화 〈아이언맨〉 주인공의 모델로 불릴 만큼 혁신적 기업가이자 천재 엔지니어로 추앙받는 인물이 기업을 이끌고 있고, 인공지능과 전기 에너지를 기반으로 한 미래 자동차 분야에서 세계 최고의 기술을 보유하고 있으며, 변화를 선도하고 생존력을 높이기 위해 핵심 기술을 제외한 나머지 분야는 외부 인수합병 전략을 통해 자기 것으로 만드는 탁월한 능력을 지녔다. 현재 매출이나 영업 이익도 미래 자동차 경쟁자들보다 훨씬 낫다. 그렇다고 해서 테슬라의 미래가 마냥 순탄한 것만은 아니다.

2001년 닷컴버블 붕괴 전, (현재의 테슬라처럼) 시스코(Cisco)라는 회사는 투자자들에게 '인류가 만든 최고의 회사'라는 찬사를 받았다. 기업 경영 전략도 뛰어났다. 변화를 선도하고 생존의 속도를 높이기 위해 핵심 기술을 제외한 나머지 필요한 부문을 외부 인수 합병 전략을 통해 자기 것으로 만드는 탁월한 능력도 보여주었다. 시스코는 인터넷 연결에 필수 장비를 세계 최고 기술로 생산하는 능력을 가지고 있었다. 시스코 주가는 2000년에는 상장가의 1,029배까지 상승했다. (참고로 테슬라 주가는 상장 후 최근까지 100~130배 수준을 오가는 중이다.) 하지만 기술버블 붕괴가 일어나자 시스코 주가는 88% 대폭락했다.

테슬라의 미래에 이런 일이 일어날 가능성은 충분하다. 자동차 산업은 소비시장에서는 '애국 상품군'에 속하는 특성을 가진다. 현재는 전기자동차를 판매하는 회사가 적고 테슬라의 기술이 독보적이기 때문에 판매량이 높지만, 앞으로 10년 동안 주요 선진국 자동차 회사들이 본격적으로 전기차와 자율주행차를 판매하면 테슬라가 지금처럼 시장을 독점하기 힘들다. 자동차 산업은 직접 고용은 물론이고 산업과 일자리 파급력이 크기 때문에 선진국 정치인이나 정부가 무역장벽을 높일 가능성도 충분하다. 앞서 예측한 테슬라의 미래 비즈니스 모델들이 얼마나 현실화 되느냐도 관건이다. 종합해서 테슬라의 미래에 대한 몇 가지 '개인적 생각과 예측'을 정리해보겠다.

첫째, 테슬라는 주가 대폭락 사건을 경험하더라도 닷컴버블 붕괴 이후 사라진 기업처럼 될 가능성은 낮다. 즉, 테슬라는 단기간에 없어질 기업은 아니다. 마이크로소프트, 애플, 아마존 등처럼 앞으로도 오래 살아남을 가능성이 높은 기업이다.

둘째, 현재 주당 500달러 부근까지 상승한 테슬라 주가는 (중간에 몇 번의 조정을 거치겠지만) 상승할 여력이 더 있다. 상승 규모는 정확하게 예측할 수 없지만, 지금 당장 대붕괴할 상황은 아니다.

셋째, (추가 상승 여력이 있음에도) 테슬라 주가가 70~80%가량 대폭락하는 날은 한 번은 올 가능성이 매우 높다.

넷째, (이 부분이 가장 중요하다!) 내 예측으로는 (미래 주식 가격 수준과 상관없이) 테슬라는 과거 산업 및 비즈니스 패러다임을 무너뜨릴 무서운 파괴자가 될 것이다.

추가로 하나만 더 예측해보자. 앞으로 10년, 과거 산업이나 기존 비즈니스 패러다임을 완전히 무너뜨릴 무서운 파괴자는 테슬라만이 아니다. 역사는 반복된다. 새로운 도구와 새로운 원자재가 출현하면 비즈니스 경쟁 판도가 완전히 달라진다. 새로운 도구와 원자재를 절묘하게 이용하는 새로운 파괴자들이 등장하기 때문이다. 테슬라는 앞으로 계속 나타날 무서운 파괴자들이 어떤 모습일지를 미리 보여주는 '미래 징후'다. 앞으로 속속 등장할 새로운 파괴자는 IT, 통신, 유통, 금융투자 영역에서 나올 것이다. 이미 잘 알고 있는 기업이 더욱 강력한 파괴자로 변신할 수도 있고, 완전히 새로운 파괴자가 등장할 수도 있다. 아니, 몇몇은 이미 등장했다. 테슬라를 비롯한 미래 파괴자들도 '이미 온 미래'다.


## 시장 파괴, 이미 시작되었다

앞에서 설명한 철제 무기 출현과 패권 판도의 변화를 상기해보자. '그 무엇으로도 깨뜨릴 수 없는' 강철이라는 새로운 도구를 최초로 만든 히타이트(Hittite) 족은 이집트를 침공해 한 번의 전투로 파라오 군대 절반을 몰살시켰다. 약탈이나 일삼던 해적에 불과했던 바다 민족(sea people)이 순식간에 최강대국 히타이트를 멸망시키고, 오리엔트 문명, 그리스, 이집트를 공격해 막대한 피해를 입힐 정도로 강력했던 것도 새로운 도구(철기)를 손에 쥐었기 때문이었다. 그리스와 스파르타 연합군이 자신들보다 300배 넓은 영토를 보유한 페르시아에 맞서 전쟁에 승리한 것도 최신 철제 무기를 손에 쥐었기 때문이다. 진시황제의 군대가 9년 만에 6개 왕국을 무너뜨리고 아시아 지역 패권을 일거에 거머쥐었던 것도 기존의 활보다 5배나 강력한 철제 석궁과 다양한 철제 무기로 무장했기 때문이었다. 거의 모든 전쟁의 역사에서 새로운 도구를 손에 넣은 국가는 기존 질서를 무너뜨리는 새로운 파괴자로 부상했다.

동일한 일은 비즈니스 전쟁에서도 일어났다. 짧은 시간 안에 대규모 선단을 보유할 정도로 뛰어난 사업 수완을 드러내며 성공한 해운 사업가였던 밴더빌트(Vanderbilt)는 미 대륙 횡단 철도가 완성되면 화물과 승객 운송 시간이 혁신적으로 단축되고, 운송비도 저렴해지고, 물류 효율성도 증가하여, 미국을 새로운 번영과 발전의 시대로 이끌 것이라고 통찰했다. 새로운 시대 전환을 예측한 밴더빌트는 주력 사업이었던 해운업을 과감하게 팔아버리고 떠오르는 신산업(新産業, New Industry)이었던 철도에 일생일대 승부를 걸었다. 승부수는 적중했고, 철도 산업에 새로운 질서를 만들었다. 1865년 남북전쟁이 끝나자 순자산만 당시 금액으로 6,800만 달러에 이르는 미국 최고 부자로 등극한다. 60년 후인 1920년대 포드 T모델 자동차 한 대 가격이 300달러인 것을 감안하면 그의 재산은 현재 금액으로 750억 달러 이상이었다. 새로운 운송 도구 철도 산업을 장악한 세계 최고의 철도왕은 이렇게 탄생했다.* 철도왕 밴더빌트를 비롯해서 석탄과 등유가 상식이던 시대에 쓸모없는 부산물로 여겨졌던 가솔린의 가능성을 본 석유왕 록펠러(Rockefeller), 마차 시대를 무너뜨리고 자동차의 시대가 올 것을 꿰뚫어본 자동차왕 포드(Ford), 에디슨이 발명한 전구와 전기라는 새로운 도구가 가져올 미래 혁명을 통찰한 금융제왕 J. P. 모건(Morgan), 미래 산업과 미래 도시의 기초가 될 철강의 가능성을 간파했던 철강왕 카네기(Carnegie) 등의 공통점은 새로운 기술, 새로운 산업, 새로운 원자재를 가장 빨리 손에 쥐고 기존 질서를 무너뜨린 인물들이라는 점이다. 번영의 전쟁 역사는 이들을 앙트레프레너(Entrepreneur)라 불렀다.

새로운 도구를 먼저 손에 쥔 자가 기존 패권을 무너뜨리는 새로운 파괴

---

*　　History Channel, The Men who built America: A new war begins

자가 된다는 법칙은 국가 단위 경제에서도 유효하다. 포르투갈이 스페인을 제치고 유럽에서 가장 먼저 해양 대국이 된 것은 항해왕이라 불린 엔리케 왕자가 항해 연구소를 세우고 항해사, 지도 제작자, 천문학자 등을 모아 다양한 항해도구와 탐험선을 가장 먼저 개발했기 때문이다. 가난한 야만족에 불과했던 섬나라 영국이 유럽과 아메리카, 아프리카, 아시아, 오세아니아에 이르는 방대한 영토를 가진 스페인의 무적함대를 무너뜨리고 유럽의 해양 패권 국가로 부상한 것도 마찬가지였다. 영국은 옛 스페인어로 '위대하고 가장 행운이 있는 함대'(Grande y Felicísima Armada)라는 뜻을 지닌 아르마다 무적함대(Armada Invencible)의 주력 전함은 노를 젓는 방식을 사용했다. 하지만 영국은 노를 젓는 기존의 시스템을 버리고 바람을 사용하는 범선을 선택했다. 갈레온선(galeon)이라 불리는 대형 범선은 평상시에는 무역함으로 사용했기에 전함으로 사용될 때에는 화물을 싣는 갑판에 장전식 대포를 장착할 수 있는 장점이 있었다. 영국은 함대에 싣는 대포에서도 새로운 것을 선택했다. 16세기에 대포는 주로 청동으로 만들었다. 새로 나온 주철 대포가 청동 대포 제작비용의 1/4밖에 되지 않았지만 쉽게 폭발해서 포병들이 죽거나 큰 부상을 당하는 위험이 있었다. 하지만 오랫동안 기술이 축적되고 안정성을 가진 청동 대포는 폭발해도 부서지지 않아서 스페인을 비롯한 부자 국가들은 청동 대포를 사용했다. 청동 제련 기술이 떨어지고 가난했던 영국은 새로운 도구에 모험을 걸어야 했다. 엘리자베스 1세의 아버지인 헨리 8세는 프랑스의 대포 제작자들과 영국의 제철 장인을 고용해 성능이 뛰어난 주철 대포를 제작하기 시작했다. 1588년, 영국은 성능이 좋고 믿을 만한 주철 대포를 만드는 유일한 나라가 되었다.[*] 유럽의 해양 패권을 한 번에 바꾼 1588년 칼레(Calais) 전투에서 영국이 스페인을 격침시킨 데에는 이런 새로운 도구들이 한몫했다. 이뿐만 아니다. 영국이 산업혁명의 중심이 된 것도 방적기나 증기기관 등 새로운 도구를 가장 먼저 개발하여 사용했던 덕분 아니었던가! 영국의 기업가 매튜 볼턴(Matthew Boulton)은 제임스 와트의 새로운 기술에 큰 관심을 가졌다. 제임스 와트는 보일러의 증기력을 이용하여 토머스 뉴커먼(Thomas Newcomen)의 대기압식 증기기관을 획기적으로 개량했다. 새로운 변화 가능성을 통찰했던 매튜 볼턴은 제임스 와트의 신기술에서 미래 운송수단의 핵심 동력기관이 되고, 산업 패러다임의 변화를 예감했다.[**]

21세기, 우리 앞에 새로운 도구와 새로운 원자재가 출현했다. 새로운 도구는 3가지 메타 도구이고, 새로운 원자재는 21세기 원유라 불리는 데이터다. 나는 테슬라를 새로운 도구와 새로운 원자재를 양손에 쥔 강력한 파괴자로 규정했다. 테슬라는 이미 온 미래다. 하지만 테슬라가 유일한 미래 파괴자는 아니다. 앞으로 더 많은 미래 파괴자 군단이 속속 출현할 것이다. IT, 통신, 유통, 금융투자 영역에서 이미 잘 알고 있는 기업이 더욱 강력한 파괴자로 변신할 수도 있다. 의외의 영역에서 새로운 파괴자가 등장할 수도 있다.

미래 파괴자들은 공통점이 있다. 이들은 데이터 강자일 것이다. 새로운 도구에 민첩할 것이다. 새로운 미래를 꿰뚫어보는 통찰력이 뛰어날 것이다. 이들은 데이터(원자재)와 인공지능 기술을 확보한 후 새로운 시장 플랫폼을 구축하고 미래 발권력(블록체인, 암호화폐)을 이용하여 강력한 시장 파괴자

---

\*    위키피디아, 스페인 제국
\*\*   네이버 지식백과, 과학기술의 개척자들, 볼턴과의 만남

로 부상할 것이다. SNS, 검색, 동영상 플랫폼 등을 운영하는 IT 기업은 생각 흐름 데이터에 강점이 있다. 통신 기업은 위치 흐름 데이터에 강점이 있다. 유통 기업은 소비 흐름 데이터에 강점이 있다. 금융 기업은 돈 흐름 데이터에 강점이 있다. 이들은 인공지능 사용에 민첩하다. 미국 투자은행인 골드만삭스는 신규 직원 채용의 절반을 인공지능, 플랫폼 운용, 데이터 분석 및 IT 서비스 개발 등 정보기술(IT) 인력 모집에 집중한다.* 골드만삭스는 월가의 구글이라는 평가를 받고 있다. 머지않은 미래에 빅데이터와 인공지능 기술로 '뱅크'는 사라지고 '뱅킹'만 남을 것이라는 두려움이 금융시장을 강타하고 있다. 금융감독원 발표에 의하면 2017년 9월 말 기준으로 국내 시중·지방·특수 은행 19곳의 영업점포(지점·출장소)가 1년 만에 282곳 감소하면서 7,000개 선이 무너졌다. 2017년 말 기준으로 인터넷뱅킹 등록 고객은 1억 3,505만 명(중복 합산)이다. 모바일뱅킹 고객은 전년 대비 16.0% 증가했다. 한국씨티은행은 지난 1년 동안 국내 지점·출장소를 133곳에서 44곳으로 줄였다. 몇 가지 간단한 인증 절차만 거치면 800가지 은행 업무를 볼 수 있는 인터넷뱅킹 서비스를 제공한다. 하나금융경영연구소에 따르면 2017년 6월 말 기준으로 미국에서도 '비대면 채널'을 활용한 금융거래 증가로 은행영업점포가 1년 만에 1,765개 감소했다. 2008년 글로벌 금융위기 이후 최대다.** 앞으로 블록체인 기술이 금융투자업에 접목되면 비대면 채널 활용 거래는 더 늘어날 것이다. 그렇게 되면 영업점포만 없어지는 것이 아니라 은행원이나 투자 상담가 숫자도 크게 줄어들 수 있다. 금융회사의 이런 변화는 아직은 생존이 목표다. 하지만 변화 과정에서 다

---

\*     한국경제, 2017. 9. 28. 추가영, "골드만삭스는 월가의 구글? 채용인원 절반은 IT 전문가 몫"
\*\*    국민일보, 2017. 3. 2. 홍석호, "뱅크는 가고 뱅킹만 남는다. 은행점포 작년 280곳 폐쇄"

져진 경험과 데이터, 축적한 기술 노하우를 기반으로 머지않은 미래에 다른 비즈니스 영역을 거침없이 집어삼키는 강력한 시장 파괴자가 될 것이다. 인터넷 시대가 되면서 인터넷을 기반으로 한 구글, 네이버, 아마존 등이 광고, 신문, 미디어, 영상, 유통, 쇼핑 등을 포획할 줄을 누가 알았겠는가?

# 시장을 흔드는 강력한
# 파괴자의 전략

미래 파괴자의 전략

2018년 6월, 아마존(Amazon)의 시가 총액이 9,000억 달러(약 1,017조원)를 넘어선 날, 영국 파이낸셜타임스(FT)는 이런 기사를 냈다.

구글이 당신의 관심사가 무엇인지를 알고 있고
페이스북이 당신이 누구인지를 알고 있다면
아마존은 당신이 무엇을 구매하는지를 알고 있다.

아마존의 빅데이터 역량을 평가한 찬사다. 아마존은 2018년 6월 18일 '프라임 데이'라는 특별 판매일 하루에 1억 개의 제품을 팔았다. 세계 최고 기업 마이크로소프트(MS)와 구글 지주회사 알파벳의 시총을 뛰어넘었고,

1995년 7월에 아마존을 창업한 제프 베이조스(Jeff Bezos)는 13년 만에 재산 1,500억 달러(약 169조 원)를 기록하며 빌 게이츠와 워런 버핏을 제치고 역사상 가장 큰 부자에 이름을 올렸다. 2017년 7월 미국에서 열린 미국인터넷협회 연례 자선행사장에서 사회자는 제프 베이조스에게 이런 질문을 던졌다.[*]

"아마존은 도대체 무슨 기업입니까?"

13년 전, 제프 베이조스가 주문받은 책을 우체국으로 직접 부치러 갔을 만큼 초라한 규모에서 시작한 아마존은 2년 만에 세계 최대 온라인 서점이 되었고 현재는 물류, 클라우드 컴퓨팅, 동영상 스트리밍 서비스, 빅데이터, 전자 단말기(킨들), 식료품, 의료, 로봇, 인공지능, 우주산업 등으로 시장을 빠르게 잠식해 가고 있는 거대한 공룡이 되었다. 아마존은 앞으로 더 큰 공룡이 될 것이고, 새로운 미래 도구를 손에 쥐고 자본주의 시장 전체를 흔드는 강력한 파괴자가 될 것이다.

또 하나의 강력한 시장 파괴자로 꼽는 기업은 애플이다. 애플의 성장은 여기가 끝이 아닐 것이다. 21세기 애플은 아마존과 더불어 더욱 강력한 시장 파괴자로 거듭날 것이다. 애플은 휴대폰 사용자가 누구이고, 어디에 있고, 어디를 가고, 무엇을 검색하고, 무엇을 원하는지를 다 알 수 있는 정보를 가지고 있다. 애플 결제 시스템으로 돈의 흐름과 결제 데이터까지 장악함으로 막강한 잠재력을 가진 데이터 기업이 되었다. 앞으로는 거래가 이루어지면 대금 결제 과정에서 발생하는 비용의 일부를 수수료로 가져가는 것을 포기하거나 소비자에게 되돌려주고, 대신 거래 과정에서 발생하

[*]   동아일보, 2018. 7. 20. 홍수영, "베이조스 세계 최고 부자로 만든 아마존의 혁신과 변신"

는 모든 정보를 얻는 전략을 구가할 가능성이 크다. 이를 기반으로 새로운 예측 정보를 생산하여 기업들에게 팔아 막대한 이익을 얻을 수 있기 때문이다. 여기에 사용자의 바이오헬스 데이터까지 접근하면 더욱 막강해질 것이다. 이런 잠재력을 가지고 있기에 미래에도 수많은 애플리케이션 개발자나 기업들이 애플에 충성을 바치게 될 것이다. 암호화폐까지 장착하면 애플은 전 세계에 화폐 발행력을 가진 중앙은행 역할도 하게 된다. 만약 미래에 휴대폰이 사라지면 애플의 생태계가 무너진다. 그래서 애플은 휴대폰을 대체할 미래 통신과 디스플레이 장치에 사활을 걸 것이다. 움직이는 거대 디바이스인 미래 자동차, 몸에서 가장 근접성을 가진 스마트 글라스, 움직이지 않는 거대 디바이스인 스마트 건물(회사, 집) 등이다. 애플은 인간의 몸에서 나오는 생체정보도 관리하게 되어 인간의 본질적 욕망인 지능, 자율, 영생(338쪽 참고) 모두를 장악하는 기업이 될 것이다.

구글의 별명이 무엇인가? '갓 구글'(God Google)이다. 필요한 모든 정보를 구글에 물어보면 바로 알 수 있기 때문이다. 구글 때문에 이제는 암기가 인재 평가에서 필요 없는 역량이 되었다. 구글은 전 세계 검색시장의 90.3%를 장악했다. 여기가 끝이 아니다. 사물인터넷(IoT), 인공지능, 동영상 플랫폼(유튜브), 소셜네트워크서비스(SNS)까지 진격 중이다.

구글에는 하루에 12억 개의 사진이 업로드되고 있으며, 유튜브 시청은 하루 평균 10억 시간이며, 구글 지도는 하루 10억km 이상의 길을 알려준다. 구글은 자율주행 자동차 기술에서 세계 최고다.* 로봇과 우주산업도 구글이 호시탐탐 노리는 산업이다. 미래에도 구글 의존도는 더 커질 것이

---

*   서울경제, 2018. 7. 21. 양철민, "구글, 혁신 창조자인가, 빅브라더인가"

다. 우리가 구글에 의존할수록 구글은 누가 어디서 무엇에 관심을 두고 있는지를 가장 잘 아는 기업이 된다.

생각 흐름, 위치 흐름, 소비 흐름, 돈 흐름 데이터는 부의 기반이다. 아마존, 애플, 구글은 이것을 잘 안다. IT, 통신, 유통, 금융투자 영역에서 이미 나타나고 앞으로 새로 출현할 파괴자는 당신이 숨쉬며 만드는 생각, 위치, 소비, 돈 흐름 데이터를 실시간으로 소유하는 데 사활을 걸 것이다. 그들은 이런 데이터들을 종합하고 인공지능 기술을 사용해 분석하고 예측하여 가상의 당신을 복제할 것이다. 미래에는 데이터가 '가상의 자아'다. 데이터의 흐름은 '화폐'다. 데이터의 가치는 당신이 가진 모든 자산 중에서 가장 클 것이다. 이런 가치를 가진 데이터를 공짜로 소유한 기업은 당신의 마음을 읽을 수 있고, 소비 방향도 통제할 수 있다. 일상을 감시할 수 있다. 심지어 생각까지 조종할 수 있게 될 것이다. 그리고 이런 정보를 필요로 하는 회사들에 영향력을 행사해 자기 밑으로 줄 세울 수 있다. 새로운 파괴자는 소비자, 데이터, 공급자를 하나로 묶어 시장의 틀, 규격, 표준을 주도하는 플랫폼 전략을 구사할 것이다. 플랫폼을 만들면 시장을 운영하는 힘을 얻게 된다. 자기가 만든 땅에서 소비자와 공급자가 거래를 하도록 강제하면 다양한 이익과 권력을 얻게 된다.

플랫폼(Platform)의 사전적 의미는 다음과 같다.


1. 기차역의 플랫폼
2. 사람들이 딛고 설 수 있는 단, 연단
3. 장비 등을 올려놓는 대(臺)
4. 산업 영역에서는 틀, 규격, 표준, 골격

## 5. 컴퓨터에서는 시스템의 기반이 되는 운영체제(OS)

플랫폼의 어원은 'plat'(구획된 땅)과 'form'(형태)의 합성어로 '구획된 땅의 형태'라는 뜻을 갖는다. 비즈니스에서 플랫폼이라는 말을 유행시킨 주역인 IT 업계는 이런 모든 의미를 종합해서 사용한다. 구획된 가상의 땅에 어떤 사물이나 사람이라도 마음대로 목적하는 곳으로 가는 기차를 탈 수 있는 승강장 같은 무대를 만들어준다는 뜻으로 플랫폼을 사용한다.

비즈니스맨들은 플랫폼 위에서 IT 서비스와 기기, 그 위에서 사용되는 콘텐츠를 포괄하는 생태계를 만드는 것을 목표로 한다.[*] 비즈니스 생태계 관점에서 플랫폼을 생각한다면, 생태계의 범위가 넓어질수록 플랫폼의 수준이 높아진다. 플랫폼의 수준이 높아질수록 더욱 많은 사람이 모이고 소통과 정보 교류의 빈도가 높아진다. 그럴수록 플랫폼의 영향력이 커지면서 부(富)의 허브가 된다. 사람들이 북적거리는 광장이 된다. 사람이 북적일수록 플랫폼의 가치가 커지고, 플랫폼의 가치가 커질수록 플랫폼을 독점한 회사의 권력과 이익이 커진다.

물론 플랫폼은 하나가 아니다. 계속해서 새로운 플랫폼이 나타나고, 경쟁하고, 사라진다. 플랫폼은 같은 관심을 가진 사람들의 모임인 동호회와 다르다. 사용자, 고객, 파트너, 벤더, 개발자, 다양한 커뮤니티와 디바이스 간에 상호 이익을 주고받으면서 공생할 수 있도록 만드는 "강력한 기술과 그 기술의 효과적인 사용"[**]이 결합되어야 플랫폼으로 발전할 수 있다.[***] 여

---

[*]   네이버 지식백과, platform (교양영어사전 2, 2013. 12. 3, 인물과사상사)
[**]  필 사이먼, 《플랫폼의 시대》, 장현희 역(제이펍, 2013), 73.
[***] 같은 책 74.

기에 독점 데이터까지 확보하면 막강해진다. 세계 최고 부자에 오른 제프 베이조스가 창업한 아마존의 성공 기반도 플랫폼 전략이다. 애플의 성공을 지속 가능하도록 만든 것도 플랫폼 전략이다. 애플은 컴퓨터를 파는 회사에서 자사의 운영체제(iOS), 스마트 기기, 컴퓨터 등을 기반으로 플랫폼을 만들어 애플 사용자, 고객, 파트너, 벤더, 개발자, 커뮤니티 등을 엮어 거대한 부의 생태계를 만들었다. 페이스북도 플랫폼 전략으로 SNS의 황제가되었고, 단순한 SNS 서비스 회사를 넘어 인공지능에서 미래 자동차까지 자신의 비즈니스 모델을 플러그인할 수 있는 길을 열었다. 구글은 말할 나위 없이 검색에서 시작해 스마트폰, 자율주행 자동차를 넘어 우주 산업에까지 진출할 길을 열었다. 골드만삭스가 IT 인력을 늘리는 목적도 마찬가지다. 지금은 자동차 산업, 조선 산업, 철강 산업, 정보통신 산업처럼 생산하는 제품으로 시장을 구분하거나 제조, 물류, 유통, 재처리 등 제품과 서비스의 라이프사이클을 중심으로 시장을 나눈다. 하지만 미래는 플랫폼이시장을 구분하는 중요한 기준이 될 것이다. 앞서 예측했듯이 미래에는 제조업도 플랫폼으로 묶일 것이기 때문이다.

플랫폼 전략론 전문가 안드레이 학주(Andrei Hagiu)와 히라노 아쓰시칼(Carl Atsushi Hirano)은 플랫폼은 네트워크 효과를 창출하고 신사업을계속 만들어낼 수 있는 힘이 있기 때문에 모든 기업에 필수적인 미래전략요소라고 평가한다. 미래에는 자신의 제품이나 서비스에 플랫폼 전략을 적용하지 못하면 시장을 빼앗기거나 플랫폼 기업에 협력업체로 전락할 수 있다는 말이 된다. 한때 세계 최고의 MP3 플레이어를 만든 기업들이 하드웨어에만 집중하다가 플랫폼 전략으로 무장한 애플이나 구글에 시장을 다

내주거나 생태계 구성의 일부로 전락했던 것을 기억하라.*

## 발권력을 확보한다는 것

플랫폼을 확보한 새로운 파괴자는 강력한 무기 하나를 더 장착할 것이다. 통화 발권력이다. 새로운 파괴자들이 발권력을 확보하는 순간, 파괴 전쟁은 가속된다.

역사적으로 통화 발권력은 하나의 시장뿐만 아니라 국가 경제 흐름 전체를 장악하는 강력한 수단이었다. 미국이 세계 시장에 영향력을 행사하는 결정적 이유도 달러 발권력 덕택이지 않은가! IT, 통신, 유통, 금융투자 영역에서 출현하는 새로운 파괴자들이 독점 데이터(원자재)와 인공지능 기술을 확보한 후 새로운 시장 플랫폼을 구축하고서 미래 통화 발권력까지 확보하면 파괴 전쟁은 시작될 것이다. 이들이 통화 발권력을 갖게 되는 결정적 이유는 블록체인과 암호화폐 기술의 출현이다.

블록체인 아이디어는 1997년 닉 서보(Nick Szabo)가 발표한 「신의 프로토콜」(The God Protocol)이라는 짧은 논문에서 시작되었다. 닉 서보는 프로토콜이 지명한 '신뢰받는 제3자'를 모든 거래의 중심에 두자는 제안을 했다.** 모든 거래에서 중개자 없이 경제적 활동이 가능하도록 만드는 신뢰받는 제3자는 가상 컴퓨터 안에 존재하는 '수학적으로 신뢰할 만한 프로토콜'이다. 프로토콜 참여자는 다른 사람의 거래 세부 내용은 볼 수 없지

---

\*    네이버 지식백과, 플랫폼 [《인간과 컴퓨터의 어울림》(커뮤니케이션북스, 2014)]

\*\*   돈 탭스코트, 알렉스 탭스콧, 《블록체인 혁명》, 박지훈 역(을유문화사, 2017), 24-25.

만 거래가 일어날 때 발생하는 로그 기록과 숫자의 계산이 정확하고 서로 일치하는지 등 무결성을 감시하는 주체가 되어서 탄탄한 평판 시스템 기반(The Basis for Solid Reputation System) 구축에 일조한다.* 2008년, 닉 서보의 아이디어는 나카모토 사토시(Nakamoto Satoshi)라는 가명을 사용하는 인물에 의해서 현실화되었다. 나카모토 사토시는 닉 서보가 제안한 '분산 계산 방식' 아이디어를 가지고 은행을 거치지 않고 개인 대 개인 간 전자 결제가 가능한 새로운 프로토콜을 개발했다. 나카모토 사토시가 만든 수학적으로 신뢰할 만한 프로토콜(통신 규약)은 비트코인이라는 암호화폐(cryptocurrency)를 얻기 위해 자발적으로 모인 엄청난 개수의 분산 디바이스들 위에 거래 기록이 담긴 '분산 원장'(distributed ledger)을 블록체인 방식으로 구축한다.

블록체인이란 매 10분마다 네트워크 안의 모든 거래가 참여자의 디바이스에서 동시에 검증되고 계산한 내용을 하나의 블록에 저장하고, 이 블록을 네트워크에 참여하는 모든 개인 컴퓨터에 동시에 복사하여 저장하고, 이 컴퓨터들을 병렬 사슬(체인)로 묶는 것이다. 네트워크 안에서 매 10분마다 계속해서 새로 만들어진 블록은 이전 블록과 직렬로 연결되어 긴 체인을 계속 형성한다. 거래의 모든 역사를 하나로 묶어 직렬 사슬(체인)을 형성한다. 이렇게 정보가 직렬과 병렬로 촘촘히 묶이면 해킹 방어 능력도 높아지고, 정보 신뢰성을 감사(監査, audit)해줄 제3자(중재자)의 개입 없이도 '장부'(기록)의 신뢰성을 확보할 수 있다. 블록체인을 해킹하려면 10분 이내에 네트워크 상에 분산된 원장 전체를 동시에 해킹해야 하고, 거래 역

---

\*    https://nakamotoinstitute.org/the-god-protocols/

사도 완전히 조작해야 한다. 시공간 전체를 해킹해야 하는 원리다. 이런 구조 하에서 해킹 가능성은 특정 블록체인 안에 참여하는 구성원의 숫자에 달려 있다. 참여 숫자가 많아 긴 체인을 만들수록 해킹 가능성은 하락한다. 반대로 참여 숫자가 적어 체인이 짧을수록 해킹 가능성은 상승한다. 이 것이 수학적 암호화, 분산(병렬), 블록(직렬)으로 만든 '분산형 신뢰 프로토 콜 네트워크'(Distributed Trust Protocol Network) 기술이다.* 그리고 이런 시스템을 만들 때, 공짜로 개인 컴퓨터를 블록체인의 분산 서버처럼 사용하도록 강제할 수 없기에 보상으로 주는 유인책으로 탄생한 것이 암호화폐다. 2008년 8월 18일 도메인(bitcoin.org)이 등록되고, 2009년 1월 3일 그리니치 표준시 18시 15분 05초에 최초의 블록(거래기록 묶음)이 생성되면서 시작된 최초의 P2P기반 디지털 암호화폐는 비트코인이다.

《블록체인 혁명》의 저자 돈 탭스콧(Don Tapscott)은 블록체인은 복식부기 발명과 같은 역사적 사건이며, 복식부기가 자본주의와 국민국가 성장에 큰 기여를 했듯이 코드화하여 디지털로 기록할 수 있는 모든 것에 적용되는 블록체인도 인류 문명 발전에 크게 기여할 아이디어라고 평가한다.** 미래에는 분산원장과 블록체인 방식이 양자암호체계와 결합되어 정보조작 방지가 강화되면서 자율주행 자동차, 바이오생명공학, 생체보안, 나노 분야에서도 사용될 수 있을 정도로 더욱 강력한 디지털 보안 시스템으로 발전할 가능성이 크다. 여기에 기존의 네트워크나 디바이스 자체에 적용한 보안 기술도 발전하여 결합되면 보안의 새로운 역사가 시작될 것이다.

새로운 시장 파괴자는 자신의 플랫폼 신뢰성과 보안성을 확보하기 위

---

* 돈 탭스코트, 알렉스 탭스콧, 《블록체인 혁명》, 박지훈 역(을유문화사, 2017), 25–26.
** 같은 책, 29.

해 블록체인 기술을 사용할 것이다. 그리고 제3자(중재자)의 개입 없이 장부(기록)의 신뢰성을 확보하는 블록체인의 장점을 이용하여 소비자가 믿고 사용할 수 있는 새로운 화폐를 발권하는 시도를 할 것이다. 플랫폼으로 시장을 확보하고 거래의 기준을 만들고, 화폐를 발행하여 시장 경제를 조절하는 권력을 가지려는 전략을 구사할 것이다. 자신이 만든 시장(플랫폼)에서 사용되는 기축 화폐를 발권하여 얻는 세뇨리지(Seigniorage) 효과는 덤이다. 세뇨리지 효과는 돈을 거래하는 데서 발생하는 명목 교환가치에서 돈을 발행하는 데 드는 실제 발행비용을 뺀 만큼의 이익이다. 이는 기업의 새로운 이윤 영역이 된다. 이런 이익은 플랫폼에 참여하는 숫자가 많을수록 커진다. 세뇨리지 효과가 커질수록 새로운 파괴자의 힘도 커진다. 힘이 커질수록 시장 파괴력은 더 커지는 순환효과가 일어난다. 즉, 시간이 갈수록 새로운 시장 파괴자의 힘은 커질 것이다.

참고로 블록체인 기술이 완벽하다는 생각은 시기상조다. 블록체인 기술이 뛰어나고 미래 잠재력도 크지만 환상을 가지면 안 된다. 블록체인도 단점이 있다. 블록체인은 '기록된 평판'과 '기록된 데이터'의 정확성만 보장한다. 신용 전체를 보장하는 기술이 아니다. 개인 자체의 신용이나 기록되지 않은 평판, 물건 자체의 품질을 보장하는 기술이 아니다. 중재자 혹은 중개인의 사기를 피하고, 이들에 의해 발생하는 비용을 없애주는 기술이다. 기록에 대한 신뢰성이 필요한 곳에서는 모두 사용할 수 있는 기술이지만, 실물 자체를 속이면 조작된 실물에서 얻어낸 기록 자체가 오염되기에 '장부(기록)의 신뢰성'이 의미가 없어진다.

블록체인은 중재자나 중개인을 없애고, 보안 기술을 향상시키고, 데이터 관리와 감시 기술을 향상시켜 새로운 비즈니스 모델을 만들어내지만,

시장 자체를 확장하는 기술은 아니다. 보안, 금융, 보험, 부동산, 자산관리, 투자, 무역, 유통, 환경, 농축산물 거래, 법, 저작권 등에서 이미 존재하는 기존 시장의 지배자를 교체하는 기술이다. 모든 거래에 들어가는 비용을 줄여 개인의 소비 여력을 향상시켜주는 기술이다. 인터넷처럼 특수한 집단의 경제적 이익을 개인에게 분산시켜주는 기술이다. 중재자, 중개인, 대리인의 힘을 약화시키거나 역할을 없애고 소비와 거래의 주체인 개인의 영향력을 향상시켜주는 기술이다. 경제에서부터 정치에 이르기까지 각종 거래나 의사결정 과정에서 개인의 직접 참여를 높여주는 기술이다.

중재자, 중개인, 대리인이 계속 유지되더라도 그들을 감시하는 기능을 강화시켜주는 기술이다. 그들이 갖던 독점권을 약화시켜 지불 비용을 낮춰주는 기술이다. 중재자, 중개인, 대리인의 권력을 낮춰 개인과 동등하게 만들어주는 기술이다. 물론, 이런 긍정적 변화를 위해 지불하는 새로운 비용도 발생한다. 예를 들어 30억 달러 가치의 비트코인을 보호하고 처리하는 데 필요한 장비를 유지하기 위해 지불해야 하는 1년 전기료는 1억 달러가 넘고 엄청난 분량의 탄소 배출이 추가로 발생한다. 하지만 중재자, 중개인, 대리인을 없애거나 축소하여 지불비용을 낮춘 대가를 에너지 비용으로 부담하는 격이다.*

---

\*     같은 책, 463.

# 파괴자의 무기, 암호화폐

이쯤에서 암호화폐의 미래를 예측해볼 필요가 있다. 암호화폐 거래소가 해킹 공격을 받았다는 기사가 종종 나온다. 비트코인과 같은 암호화폐는 마구잡이로 돈을 찍어내는 현재의 화폐공급 시스템을 공격하면서 대안화폐라 주장한다. 하지만 2013년 기준으로 비트코인 절반을 937명이 소유하고 있다. 달러 화폐 시장에서 달러의 불균형 분배보다 더 불공평하고 독점적인 화폐 소유 구조다.* 워런 버핏, 조지 소로스, 누리엘 루비니 등 저명한 투자자나 경제학자가 비트코인을 비롯한 대부분의 암호화폐 가치가 제로(0)로 떨어질 것이라 예측한다. 과연 암호화폐는 대안 화폐가 될 수 있을까?

미래 암호화폐의 최종 모습은 3가지로 예측할 수 있다. 1국가 2통화, 1국가 1통화 그리고 일부 시장에서 민간통화로 사용될 가능성이다. 화폐의 미래를 예측할 때, 먼저 생각해야 할 것은 변하지 않을 미래다. 미래에도 화폐의 3가지 속성은 변하지 않는다. 교환의 매개, 가치 측정 척도, 가치 저장 수단이다. 3가지 변하지 않을 속성을 기준으로 암호화폐의 미래를 예측하면 분명한 미래 한 가지를 통찰할 수 있다. 암호화폐가 3가지 속성을 갖추면 살아남고, 그렇지 않으면 사라진다. 수백 가지가 넘는 암호화폐 중에서 3가지 속성을 갖추지 못한 것은 모두 없어져 가치가 제로(0)로 떨어진다. 현재 통용되고 투자 대상이 되는 거의 대부분의 암호화폐는 물건을 구매하거나 서비스를 교환하는 매개로 사용되지 않고 있다. 비트코인조차도

---

\* 　같은 책, 33.

물건이나 서비스로 교환해주는 장소는 많지만 교환 매개로 사용되는 횟수가 적다. 대부분의 암호화폐는 교환 매개로 사용되는 횟수가 제로다. 암호화폐 자체 가격이 변동성이 심하기 때문에 가치 측정 척도로 사용하기도 힘들다. 척도(尺度)를 재는 수단이 되려면 변동성이 없어야 한다. 변동성이 심하면 가치 저장 수단도 될 수 없다. 암호화폐의 단위당 가격에 거품이 심해서 변동 규모는 크고 주기가 빠르다. 화폐 가치 변동이 크고 빈번하면 화폐 안정성이 떨어져 사기 도구로 이용되기 쉽다. 오늘 100원 하던 코인 하나가 자고 나면 1원이 된다고 해보자. 당신의 자산이 하루아침에 1/100로 줄어든 셈이다.

원화나 달러를 발행하는 중앙은행, 원화를 달러로 교환하는 환전거래소는 보안 기술도 뛰어나지만 정부가 공권력으로 보호한다. 하지만 암호화폐를 사고파는 거래소는 민간이 운영하고 기술적 안정성이 낮다. 암호화폐를 만들 때 사용하는 블록체인 기술은 보안성이 높고 해킹 방어 능력이 뛰어나다. 즉, 내 암호화폐 자체를 왜곡시킬 수 없다. 그래서 북한 등에서 활동하는 해커는 블록체인 자체를 공격하지 않는다. 상대적으로 공격이 쉬운 암호화폐 거래소나 전자지갑을 해킹한다. 암호화폐 거래소는 거래가 편리하도록 투자자의 전자지갑을 서버에 저장한다. 투자자의 전자지갑에는 자신의 암호화폐를 다른 사람에게 보내는 데 사용하는 개인정보가 보관되어 있다. 해커가 노리는 것이 바로 이것이다. 해커는 피싱 사이트를 만들거나 이메일이나 보이스 피싱을 통해 사용자 ID와 패스워드를 빼내거나 OTP(일회용 비밀번호 생성기)를 탈취한다. 그리고 개인 컴퓨터나 모바일 기기를 직접 해킹하여 코인 채굴기 설치를 유도하거나 암호화폐 채굴회사의 전자지갑을 직접 해킹하기도 한다. 2017년 12월 나이스해시(NiceHash)

는 비트코인 전자지갑을 해킹당해 약 6,000만 달러(한화 약 655억)의 피해를 입었고, 2017년 11월 21일에는 가상화폐 테더(tether)가 해킹 공격으로 3,000만 달러(한화 약 338억 원) 상당의 디지털 토큰을 도난당했다. 비트코인 거래소 야피존(Yapizon, 현재 유빗)은 거래소에 보관 중인 코인지갑 4개를 해킹당해 3,831BTC를 도난당했다. 2016년에는 홍콩 비트코인 거래소 비트피넥스(Bitfinex)가 당시 금액으로 6,500만 달러(약 725억 원) 피해를 입었고, 2015년에는 슬로베니아 가상화폐 비트코인 거래소 비트스탬프(BitStamp)가 1만 8,866BTC를 도난당했다. 2014년 마운트 곡스(Mt. Gox)는 해킹 피해로 파산하여 2만 명의 피해자가 발생했다. 한국의 암호화폐 거래소들도 해킹 피해가 끊이지 않고 있다. 이런 문제들을 해결하지 않으면 암호화폐는 달러를 대체하는 기축통화가 될 수 없다. 각국의 법정 통화를 대체하는 대안 통화도 될 수 없다.

이런 문제를 해결하는 방법이 있다. 첫째, 안전한 거래소가 있으면 된다. 암호화폐 거래소는 외화 환전(환율) 시장과 같다. 이를 위해서는 현재 민간 거래소가 기술적 안정성을 확보하고 피해액 전체를 보상할 수 있는 보험에 가입하면 된다. 민간 회사가 이런 역량을 갖추지 못한다면 정부나 금융당국 등 제3 기관이 이를 수행하면 된다. 둘째, 화폐의 3가지 속성(교환의 매개, 가치 측정 척도, 가치 저장 수단)을 확보하면 된다. 이 3가지 속성을 확보하는 데 핵심은 가격 안정성이다. 암호화폐가 가격 안정성을 가지려면 같은 가격을 가진 실물과 연동되어야 한다. 과거에 금화 1파운드는 1파운드 무게의 금이었다. 실물과 정확하게 연동되어 있기 때문에 시간이 지나도 가격이 변하지 않았다. 은행권을 금으로 교환하는 금태환을 포기한 달러가 그나마 가치 안정성을 가진 이유는 미국 경제라는 현실과 연동되어 있기 때문이다. 달러 가치에 대해서 미국 정부가 보장을 해주기 때문이다. 암호화폐도 마찬가지다. 실물에 연동되어 있거나 가장 신뢰할 만한 기관이 가치를 보장해주는 암호화폐만 살아남을 것이다. 셋째, 시장 참여자가 많아야 한다. 현실 세계의 화폐도 참여자의 규모가 해당 화폐의 가치(신뢰성)를 형성한다.

이런 원리를 기반으로 미래 암호화폐의 최종 모습은 1국가 2통화, 1국가 1통화, 일부 시장에서의 민간통화다. 1국가 2통화란 한 국가 내에서 정부가 인정하는 법정통화(法貨)가 2개가 된다는 의미다. 한국으로 비유하자면, 원화가 하나의 법정통화로 계속 사용되고 정부가 인정하거나 직접 발행하는 암호화폐 하나가 추가로 신규 법정통화로 인정받아 살아남는 시나리오다. 국가가 나서서 암호화폐를 발행하는 이유는 무엇일까? 현재의 국제통화시스템에서는 원화, 루피화, 페소화 등 대부분 나라의 실물 법정통화는 자국 내에서만 사용된다. 그만큼 화폐 세뇨리지 효과가 적다. 제1 기축통화인 달러나 제2 기축통화인 유로화는 자국 경계를 넘어 세계 시장 곳곳에서 사용된다. 그만큼 화폐 세뇨리지 효과가 크다. 기축통화로 사용되지 못한 국가는 암호화폐를 이용해서 자국 내에서만 사용되는 화폐의 한계를 넘어서고 싶어할 것이다. 이런 이유로 어떤 특정 나라는 정부가 발행하거나 공인한 암호화폐 한 가지를 법정통화로 전격 지정할 수도 있다. 예를 들어 정부는 지하경제나 세금징수를 위해 현금을 없애기 원한다. 미래 어느 날에 암호화폐를 사용할 수 있는 디바이스를 국민 모두에게 공짜로 나눠주거나 개인 코드로 부여하여 몸에 장착할 수 있는 기술과 연결하면 현금, 각종 수표와 신용카드 등이 사라지고 그 자리를 암호화폐가 대신하게 하는 화폐개혁을 단행할 수 있다. 1국가 1통화 체제에서 암호화폐 하나가 유일한 법정통화로 사용되는 시나리오다. 마지막은 시장에서 민간이 유통하는 암호화폐다. 국가는 2통화나 1통화를 사용하더라도 민간 시장에서 실물에 연동되어 있거나 가장 신뢰할 만한 민간 기관이 가치를 보장해주는 소수의 암호화폐들이 살아남는 시나리오다. 민간이 발행한 암호화폐 중에서 살아남을 가능성이 높은 것은 기존에 있던 화폐 기능을 가지고 유통되었던 것들이다. 예를 들어 회사채권, 신용카드, 상품권, 게임머니, 할인쿠폰, 은행 및 유통회사나 항공회사가 발행한 포인트 등이다. 이런 회사들은 자사의 블록체인 위에서 기존의 준화폐 성격을 가졌던 것들을 암호화폐로 재발행하여 자사 회원들에게 제공하여 화폐처럼 사용하게 할 것이다. 암호화폐 채굴 방식도 사용하면 글로벌 확장성을 노릴 수도 있다. 미래 파괴자들이 데이터(원자재)와 인공지능 기술을 확보한 후 새로운 시장 플랫폼을 구축하고 자사의 실물이나 회사 가치에 연동된 암호화폐를 발행하는 전략을 사용할 가능성이 아주 높다.

## 비트코인의 미래

가까운 미래든 먼 미래든, 비트코인이나 이더리움을 비롯한 현재 통용되는 대부분의 암호화폐가 달러, 위안화, 원화 등 현재 사용되는 법정화폐를 대체할 가능성은 여전히 낮을 것이다. 이들은 파생상품 거래나 ETF(Exchange Traded Fund, 상장지수펀드) 구성 대상으로 인정받으면서도 인플레이션에 대한 위험 회피용 투자 대상이나 짧은 시기에 큰돈을 버는 투기 수단 혹은 세금납부를 회피하거나 음성 거래를 위한 유용한 도구로 안착하는 데 성공했다. 하지만 대부분의 고액 자산가들에게는 금이나 부동산 혹은 달러 같은 법정화폐처럼 장기적이고 안정적이고 지배적인 자산보유 수단으로 안착하는 데 성공하지 못하고 있다. 일부에서는 시간이 지나면 부자들의 지배적 자산보유 수단에도 안착하는 데 성공할 것이라 전망한다. 하지만 내 예측은 다르다. 그런 미래는 올 가능성이 낮다. 오히려 시간이 갈수록 현재 거래되는 암호화폐 대부분이 투자(혹은 투기) 대상으로서의 가치마저 잃게 될 가능성이 크다. (이 예측이 암호화폐 전체의 몰락과 비효용성을 말하는 것이 아니라는 것을 주목해야 한다.) 비트코인이나 이더리움 등 현재 존재하는 암호화폐의 시대가 끝나고 그 자리를 각국 정부(중앙은행)나 글로벌 기업이나 각국의 대기업 등이 제공하는 안정적인 자산에 페그(peg, 고정, 연결)되어 변동성이 적고 예측 가능한 가격을 유지하는 새로운 암호화폐로 대체될 가능성이 높다는 말이다. 이것이 암호화폐의 정해진 미래다.

그렇다면 한 가지 의문이 들 수 있다. "이런 '정해진 미래'가 있는데도 불구하고 아직도 비트코인이나 이더리움 등 기존의 암호화폐 가격이 계속 폭등하면서 생명력을 유지하는 이유는 무엇일까?" 가장 큰 이유는 정부가 투기적 가격을 단속할 타이밍을 놓쳤기 때문이라고 생각한다. 이 말은 당분간은 현재 거래되는 암호화폐 상당이 투기시장에서 추가로 가격이 상승하면서 존재감을 뽐낼 가능성은 충분하다는 것이다. 이런 상황이 유지되는 동안은 비트코인이 개당 10만 달러를 넘는 일이 일어나는 것이 불가능하지 않다. 문제는 그다음이다. 10만 달러 혹은 일부에서 예상하듯이 40만 달러까지 상승한 후에 얼마나 그 가격을 유지할 수 있느냐다. 그 이후에도 수십 년 동안 그 가격을 유지하면 지배적 자산보유 수단으로 인정받겠지만, 그렇지 않다면 17세기 네덜란드에서 발생했던 튤립 버블과 동일한 운명을 걷게 된다.

　나는 비트코인 등 암호화폐 가격 상승이 작물 산업의 초호황과 동인도 회사 등에 기댄 엄청난 유동성에 힘입어 천정부지로 치솟았던 튤립의 알 뿌리 가격과 매우 닮았다고 평가한다. 당시에도 희소한 품종의 튤립 알뿌리에 투자하면 엄청난 돈을 벌 수 있다는 소문이 유럽 전역을 강타하면서 군중심리에 의한 투기 광풍이 불었다. 튤립 버블은 튤립이라도 있었지만 현재 거래되는 암호화폐는 아무것도 없다. 그럼에도 불구하고 1590년대 말에 시작되어 1600년대 초반까지 꽤 오랜 시간 동안 귀족이나 대상인 사이에 크게 유행했던 튤립 버블 국면 양상을 생각하면, 비트코인 가격이 투자가들 사이에서 개당 수천만 원을 호가하는 상황이 충분히 이해가 되고, 이런 비이성적인 투자 광풍이 생각보다 오래 갈 수도 있겠다 싶다. 이에 따라 당장 혹은 아주 가까운 미래에 비트코인이나 이더리움 등의 암호화폐 자산의 대폭락과 몰락이 들이닥칠 것이라고 예측하지는 않는다.

　비트코인이든 부동산 가격이든 투기 거품이 크게 일어나고 있을 때는 정부가 손을 대서 해결할 수 없다. 정부가 뒤늦게 강도 높은 규제를 단행해서 강제로 퇴출시키려고 하면 투자자들의 대규모 반발에 직면해 정치적 부담이 커진다. 규제 시점을 놓쳤기 때문에 이제는 시장에 맡겨서 시장이 스스로 거품을 해결하도록 놔둬야 한다. 그렇지 않으면 시장 혼란과 왜곡 현상만 심해진다. 시장이 거품을 해결하는 방법은 자연적 버블 붕괴와 부채 디레버리징(Deleveraging, 부채 축소)이다. 달러, 위안화, 유로화, 원화 등 각국의 법화(法貨)가 가치를 가지는 것은 정부 신뢰에 기반을 두기 때문이다. 비트코인 옹호자들은 정부가 법화 유동성에 대한 신뢰를 훼손시켜서 대체재가 필요하다고 주장한다. 암호화폐는 기술적 신뢰와 중앙 집중에서 벗어난 발행 구조를 기반으로 하기 때문에 가장 확실한 대체재라고 주장한다. 하지만 암호화폐가 아무리 중앙 집중에서 벗어나 있고 기술적 신뢰를 기반으로 해도 실제로는 아무나 새로운 암호화폐를 자기가 원하는 대로 발행할 수 있다. 비트코인처럼 발행 물량을 제한하는 것도 새로운 부작용을 만들어낸다. 공급 물량이 엄격하게 제한된 비트코인은 가격 안정성이 무너지면 소수의 초기 선점자와 거래소만 돈을 벌게 만든다. 실제로 투기 욕구가 강한 상황에서 비트코인의 절대적 숫자가 적고 제한되자 하루에도 몇천 달러씩 가격이 폭등하거나 폭락하는 등 가격 변동성이 극대화되고 있다. 우리 같은 일반인들이 뒤늦게 비트코인을 구매하려면 말도 안 되는 엄청난 가격을 지불해야 한다. 비트코인은 2019년 5월 12일 4년 주기 반감기를 지나면서 채굴자에게 주어지는 보상이 블록당 12.5BTC에서 6.25BTC로 감소했다. 그만큼 신규 채굴량도 이전의 절반으로 줄었다. 공급량 감소가 계속되는 와중에 투기적 욕구는 커지는 상황이 연출되는 가운데, 비트코인 투자 합법화로 기관투자자 편입이 늘어났다. 덩달아 개인 매수 주문이 늘면서 거래시장에서 비트코인의 매도 물량이 마르면서 가격만 폭등하고 있다. 무분별한 화폐 유동성 공급 부작용을 막기 위해 공급량 제한 정책을 고수했는데, 그것이 오히려 더 큰 문제를 만들어낸 셈이다. 정부나 기업의 통제를 벗어난 자유로운 발행권이라는 특징이 더욱 심한 유동성 불신과 투기적 가격과 위험한 거래를 낳는 모순된 상황을 만들고 있다. 하지만 어느 누구도 비트코인의 기술만 찬사하지 가격이 수만 배 오른 정당한 이유를 설명하지 않는다. 심지어 막을 방법도 없고 그럴 마음도 없다. 가격만 계속 상승하면서 언제 터질지 모르는 폭탄을 돌리는 위험한 파티를 즐길 뿐이다.

실물 연동이 없는 상태에서 신뢰가 무너지면 암호화폐의 가치는 0과 1의 비트(bit)로 수렴한다. 즉, 0원이 된다. 실물에 안정된 가격으로 연동되지 못한 암호화폐는 그 어떤 것도 각국의 중앙은행과 미래 파괴자들이 안정적 실물에 페그시켜 발행하는 암호화폐를 이길 수 없다. 이기지 못하면 결국 시장에서 퇴출당한다. 기업 가치를 잃어 상장 폐지된 주식과 같은 길을 가는 것이다. 참고로 블록체인과 암호화폐를 혼동하면 안 된다. 블록체인은 암호화 기술이고, 암호화폐는 그 기술을 사용하도록 유도하는 도구 중 하나다. 그렇기 때문에 기존 암호화폐 거래 가격의 붕괴가 곧 블록체인 기술의 몰락을 의미하지 않는다. 암호화폐가 구조적으로 투명하고 신뢰성이 있다고 주장하는 근거도 블록체인 기술의 특성에 기대어 있다. 미래에 암호화폐들의 흥망성쇠가 달라지는 것은 블록체인 기술의 문제가 아니다. 시간이 갈수록 블록체인 기술은 대중화 속도가 빨라질 것이다. 미국 가트너 사의 분석에 따르면 2025년이면 블록체인 기술 기반 글로벌 비즈니스 시장 규모가 1,760억 달러에 이를 것으로 전망된다. 블록체인 기술 기반 비즈니스 시장 규모가 커질수록 암호화폐의 활용도 늘어날 것이다. 하지만 그만큼 화폐 가치에 대한 안정성 기준도 높아질 것이다. 하루에도 수백만 원씩 가치가 오르락내리락하는 화폐를 가지고 물건을 사고팔고 비즈니스 계약을 하는 등의 일상적인 금융거래를 하기는 쉽지 않다.

비트코인도 이런 정해진 미래에서 자유롭지 않다. 비트코인의 미래는 2가지로 예측해볼 수 있다. 하나는 투기 자산으로만 살아남는 미래다. 일부에서는 비트코인을 금과 같은 안전자산으로 평가하려는 움직임이 있지만 터무니없는 일이다. 금은 유형의 실물이지만 비트코인은 '그냥 디지털

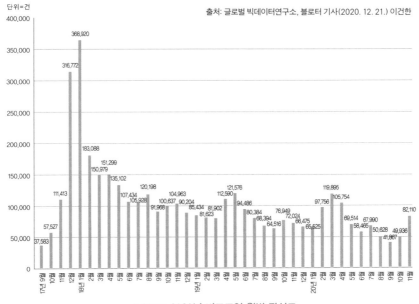

출처: 글로벌 빅데이터연구소, 블로터 기사(2020. 12. 21.) 이건한

**◆ 2017~2020년 비트코인 월별 관심도**
(뉴스 제외 11개 채널 21만 개 사이트, 2017년 9월~2020년 11월)

숫자'이다. 시카고상품거래소(CME)에서 정식 거래가 허용되자 인터컨티넨털 익스체인지(ICE)·피델리티·SBI·노무라 등의 금융회사가 비트코인 서비스 제공을 시작했다. 미국에서는 크라켄 파이낸셜이라는 회사가 가상자산 은행 면허를 받는 데 성공했다. 하지만 모두 투자자산(혹은 투기자산) 인정이다. 페이팔 등 유명한 테크핀 회사가 비트코인 매매·보관 서비스를 시작했지만 법정화폐 인정도 아니고, 안전자산으로 평가한 것도 아니다. 게임의 판도가 달라진 것은 없다. 음성적 투기 자산에서 양성적 투기 자산으로의 인정일 뿐이다. 최근 비트코인에 대한 일반 대중 관심도도 오히려 줄어들고 있다. 2020년 12월 21일, 한 온라인 신문에 글로벌 빅데이터연구소에서 비트코인에 대한 대중 관심도를 분석한 내용이 실렸다. 글로벌 빅데

이터연구소는 지난 39개월(2017년 9월~2020년 11월) 동안 21만 개 사이트에 등장한 비트코인에 대한 정보를 월 단위로 분석했다. 결과는 어땠을까? 2020년 12월 기준으로 비트코인에 대한 온라인 관심도는 2018년 1월 대비 4분의 1 수준으로 줄었다. 결정적인 계기는 비트코인 가격이 대폭락했던 2018년 1월이었다. 비트코인 관련 정보 368,920건이 새로 기록된 후 급강하했다.

비트코인의 또 다른 미래는 정부나 대기업이 주도하는 법정 디지털 화폐가 전 세계에 안착되면서 기존에 있던 암호화폐 버블이 붕괴되면 가격이 1달러로 폭락할 가능성이다. 중국은 이미 디지털 위안화 시범 사업에 돌입했다. 미국의 재무장관뿐 아니라 유럽중앙은행(ECB) 총재 크리스틴 라가르드(Christine Lagarde)도 비트코인을 비롯한 현재 유통되는 대부분의 암호화폐는 투기자산이며 통제에서 벗어나 있기 때문에, 자금세탁 범죄에 악용되는 사례가 늘어나기 때문에, 세계 각국이 동일한 규제를 가지고 대응해야 한다고 주장했다. 그러면서 암호화폐의 가치와 유용성은 인정하기 때문에, 디지털 유로를 최대한 빨리 출시하겠다고 말했다. 국제자금세탁방지기구(FATF)가 2019년 6월에 발표한 가상자산 이동 추적과 금융 당국이 요구할 때 가상자산 내역 및 거래 정보 제공을 의무화하는 일명 '트래블 룰'(Travel Rule)도 2021년 6월부터 시행된다. 정부가 암호화폐 거래를 들여다보기 시작하면, 정부 감시를 피해 이주해온 불법자금들이 다른 은신처를 찾아 떠나게 된다. 페이스북이 자체 스테이블 코인을 발행했다는 기사를 들었을 것이다. 2020년 10월 27일, 글로벌 투자은행 JP모건은 블록체인 기반 글로벌 B2B 결제 솔루션에 이용되는 자체 스테이블 코인 'JPM'을 공식 상용화한다고 발표했다.* 앞으로 정부와 대기업 등 빅플레이어들이 기업 간 거래는 물론이고 개인 간 결제에도 좀 더 안정적인 화폐 가치를 가진 디지털 코인들을 계속 출시할 것이다. 한동안 이런 움직임들은 비트코인이나 이더리움 등 기존 암호화폐 거래에 희소식으로 해석될 것이다. 하지만 시간이 지나면서 암호화폐를 사용해야 하는 사람들은 투기적 대상과 안정적 금융거래 대상을 구별하기 시작할 것이다. 둘은 목적과 사용 방식이 분명하게 다르기 때문이다. 현재 거래되는 가상자산들이 그마나 투기적 가치라도 인정받으면 살아남지만, 그렇지 못하면 몰락을 피하기 힘들어질 것이다. 만약 정부가 경제 전반을 직접 통제하는 중국 같은 나라에서 정부가 인정하는 몇몇 암호화폐를 제외하고 모든 것들이 불법이라고 선언이라도 하는 '뜻밖의 미래'가 일어난다면 몰락의 시간은 더 빨라질 수 있다.

역사에는 수많은 투기 대상이 존재했다. 역사가 말해주는 진실은 이렇다. "모든 투자 상품의 거품 가격은 본래 자산 가치로 회귀한다." 본래 자산 가치가 조금이라도 있으면 생존은 한다. 하지만 본래 자산 가치가 전혀 없으면 사라진다. 꽃값은 꽃값으로, 상품은 상품의 본래 가치로 회귀한다. 비트코인도 마찬가지다. 비트코인 가격이 1달러로 폭락하는 이유는 간단하다. 투기적 거래가 일어나기 전인 2010년 비트코인 가격은 10센트였다. 2009년 10월 5일 'New Liberty Standard'라는 닉네임을 가진 비트코인 수집가가 달러 대비 비트코인 환율을 최초 공시할 때 1BTC은 0.0008달러였다. 2010년 5월 22일 35만BTC을 소유한 'laszlo'라는 닉네임을 사용한 사람이 1만BTC으로 닉네임 'jercos'라는 사람에게 피자 2판을 구입했

---

* 파이낸셜뉴스, 2020. 10. 28. 이구순, "JP모건 스테이블코인 'JPM' 상용화 개시"

다. 2011년 2월 9일 1비트코인이 1달러로 등가에 도달했다. 이 시점이 비트코인 가격이 시장 질서에 의해서 자연적으로 생성된 이성적 가격이었다. 아이러니하게도 비트코인은 이 당시 가격으로 되돌아가야 오래 살아남는 길이 열린다.

비트코인이 살아남으려면 3가지 조건을 갖추어야 한다고 분석해볼 수 있다. 첫째, 가격이 1달러로 회귀하여 안정 구간에서 움직여야 한다. 정상적 통화의 환율은 금이나 달러에 고정하거나 국가의 경제력을 포함한 다양한 국가역량이 반영되어 달러나 상대국 통화를 기준으로 상대적 가치가 평가된다. 비트코인이 최소한 현재 가격보다 100~1,000달러 정도의 낮고 적정한 가격 근처에서 가격 안정이 되어야 금이나 달러 등과 연동하여 환율시장에서 거래될 수 있다. 둘째, 가격이 정상으로 회귀된 후에도 사용자 이탈이 적어야 한다. 사용자 숫자가 유일한 장부 가치다. 비트코인이 실물에 연동되지도 않고, 신뢰할 만한 민간기관이나 정부가 화폐에 대한 보증을 서주지 않아도 지금까지 살아남을 수 있었던 것도 가장 많은 사용자를 확보하고 있기 때문이다. 비트코인 가격이 이성적 수준까지 하락한 후, 사용자가 대규모 이탈을 하면 가격은 더욱 하락하고 금이나 다른 실물 통화와 연동하여 거래하기 힘들어진다. 결국 장부가치가 제로가 되거나 자본잠식된 회사 주식이나 부도난 국가의 채권처럼 거래정지나 퇴출 대상이 되고 만다. 마지막으로 비트코인을 대규모로 보유한 주체들이 채굴이익을 크게 바라지 않고 화폐의 3가지 속성(교환의 매개, 가치 측정 척도, 가치 저장 수단)에 관련된 서비스를 제공하는 인프라스트럭처(Infrastructure, 사회적 생산기반)를 유지하는 데 중점을 두면 거래 시스템 붕괴를 막을 수 있어 생존할 수 있다. 비트코인이 아닌 다른 암호화폐들도 이 조건들을 갖추면 시장의 일정 부분에서 살아남을 수 있다.

　참고로 미래에 기업이나 특정 기관이 발행한 암호화폐 중에 살아남는 것들은 7가지 특징을 가질 것이다. 가상, 분권화, 오픈 소스 기반의 자생성, 익명성, 네트워크, 탈국경, 탈국가 화폐다. '분권화'는 기존 화폐와 달리 중앙은행처럼 통제적 권력이나 통제적 금융 기관의 개입을 받지 않고 화폐 주조 및 발행, 유통, 관리 등이 서로 분리된 권한을 갖는 민간 주체들이나 참여자들 모두에 의해서 행해진다. '오픈 소스 기반의 자생적 화폐'는 미래에 살아남아 사용되는 암호화폐는 화폐 주조 및 관리 소스들이 오픈 소스로 공개되고, 이를 기반으로 많은 사람들이 자발적 참여와 관리를 하면서 신뢰성을 높인다. '익명성'이란 현금을 사용할 때처럼 미래 화폐는 익명성 보장이 강화된다. 네트워크 화폐라는 것은 P2P(peer-to-peer) 기반의 수평적 네트워크에서 수학적 알고리즘을 바탕으로 화폐 주조 및 발행, 유통, 관리 등이 운영된다는 말이다. '탈국경'이란 금융기관을 거치지도 않고 국가 통제도 받지 않아서 화폐를 사용하는 회원들 간에는 환율 수수료 없이 이메일이나 SNS 문자를 보내듯이 국경을 자유롭게 넘나들면서 전 세계 어느 곳에서나 통용될 수 있다는 말이다. 마지막으로 먼 미래에는 현실 국가보다 가상 공동체 중심 연합체가 자신들이 지향하는 사회 및 경제 철학에 따라 운용되는 다양한 암호화폐를 사용할 수도 있다.

가장 먼저 온
미래

# 인공지능의
# 가능성

## 인공지능, 슈퍼 사이클

중국의 무서운 추격, 일본의 반격, 미국의 견제, 인도와 동남아 국가들의 도전으로 글로벌 시장 점유율 중 50~80%를 내어줄 처지에 놓인 위기를 어떻게 극복해야 할까? 코로나19 위기가 끝나고 나면 글로벌 시장에서 한국 기업이 처한 위기의 실체가 좀 더 선명하게 드러날 것이다. 코로나19가 시장을 강타한 2020년과 2021년, 미래 파괴자의 움직임은 더욱 빠르고 강하고 민첩해졌다. 미래 파괴자들의 전략에 어떻게 대응해야 할까? 단기적 해법은 인건비 경쟁력을 확보할 수 있는 나라로 제조 공장을 이전하는 것이다. 하지만 이 방법도 10년을 넘기지 못한다. 바이든 시대에도 미국이 중국 기업을 견제하면 한국 기업은 중국의 추격에 대비할 추가 시간이 생긴다. 하지만 추가 시간 역시 단기적 해법이다. 원가 혁신이나 플랫폼에 잠시 올라타는 것도 근본적 해법이 아니다.

근본적 해법은 무엇일까? 미래 제조업의 패러다임 변화에 답이 있다. 미래 산업, 미래 제품, 미래 기술로 전면 전환해야 한다. 과거 산업과 과거 제품을 버리고 미래 산업과 미래 제품 생산으로 무게 중심을 옮겨야 한다. 혹은 과거 산업이나 제품에 미래 기술을 적극 접목해서 새로운 경쟁력을 확보하거나 기존 산업의 경계를 파괴하는 주체가 되어야 한다. 이런 방향으로 나가려면 미래 기술 중에서 가장 먼저 서둘러 확보해야 하는 것이 인공지능이다. 인공지능의 시대는 이미 왔고, 앞으로 10~20년은 인공지능 슈퍼 사이클이 일어나면서 인공지능 황금기가 펼쳐질 것이다. 인공지능 슈퍼 사이클이 일어나면 모든 제품과 서비스는 인공지능과 연결되어서 특정 기능이나 영역에서 인간보다 뛰어난 성능을 발휘하게 될 것이다. 인공지능 기술을 직접 사용하거나 인공지능 기술과 연결되지 않는 제품과 서비스는 '엔틱'(antique) 혹은 '레트로'(retro) 감성이라는 명분에 기대서만 살아남게 된다. 피할 수 없는 미래이고, 가장 먼저 온 미래다.

중국을 비롯한 글로벌 기업과 경쟁에서 한국 제조업이 살아남으려면 기술 경쟁력과 소비 강제력이 필요하다. 기술 경쟁력은 중국과 한국 제품의 기술 초격차를 유지하거나 최소한 기술 동등성은 유지해야 한다. 소비 강제력은 소비자가 한국 제품을 살 수밖에 없는 상황을 만드는 힘이다. 소비자가 한국 제품을 강제로 구매하도록 만들려면 크게 2가지 조건이 필요하다. 하나는 '신성함'이고 다른 하나는 '끼워팔기'다. 전자는 적극적 요소이고, 후자는 소극적 요소다.

신성함은 브랜드를 넘어선다. 애플, 구글, 테슬라 등은 고객이 이들의 제품이나 서비스를 구매하고 사용할 때 자신의 구매결정을 신성한 행위로 인식하게 한다. 기업이 신성함을 얻으려면 차별화, 선견지명 있는 투자, 고객 지배력이 필요하다. 애플과 테슬라는 스티브 잡스나 일론 머스크라는 강력한 스토리를 가진 경영자를 중심으로 소비자의 생각을 뛰어넘는 혁신과 예술성을 기반으로 차별화를 이루어 신성함을 얻었다. 구글은 선견지명 있는 투자와 강력한 고객 지배력으로 '구글 신'이라는 신성함을 얻었다. 기업의 고객 지배력의 핵심은 '고객 개개인을 얼마나 자세히 아느냐?'다. 고객 입장에서는 1:1 맞춤기술이지만, 기업 입장에서는 이것을 '고객 지배력'이라 부를 수 있다. 고객의 기업 지배력이 클수록 제품이나 기업의 생존력은 줄어든다. 반대로 기업의 고객 지배력이 클수록 제품과 기업 생존력은 길고 확장력도 커진다. 구글, 페이스북, 애플, 아마존, 테슬라는 강한 고객 지배력을 가지고 있다. 이들 기업은 고객 자신보다 고객의 과거와 현재를 더 잘 아는 무서운 회사다. 심지어 고객 본인도 모르는 고객의 미래까지 안다. 이들은 어떻게 고객 당사자보다 그들의 과거, 현재, 미래를 잘 알고 있을까? 바로 빅데이터를 기반으로 한 인공지능 기술 덕택이다. 한국 기업이 중국 기업과 경쟁력에서 승리하려면, 이들처럼 고객 지배력을 갖추려면, 인공지능 기술이 필수다. 인공지능은 지능이고, 지능의 혁명을 이루는 강력한 도구다. 기업의 생존을 좌우하는 기술 개발과 비즈니스 혁신은 지능에서 나온다. 지능은 곧 속도다. 속도도 기업 생존에 필수 요소다. 인공지능은 정보검색(텍스트, 이미지 등)에 영향을 주는 것을 시작으로 현재 유통과 물류 산업의 구조를 바꾸고 있다. 곧 제조업의 구조를 바꿀 것이다.

강력한 인공지능 기술을 확보하면 '끼워팔기'도 가능해진다. 비록 한국 제품이 중국 제품과 비교해서 가격 경쟁력이 떨어지더라도 자신의 삶을 혁신적으로 변화시킬 강력한 인공지능 기능을 사용하기 위해 소비자는 한국 제품을 구매할 것이다. 2018년 3분기 기준, 글로벌 태블릿PC 시장에서 애플의 점유율은 26.6%로 삼성전자(14.6%)와 화웨이(8.9%)를 합한 규모보다 크다. 하지만 내 관심을 끈 것은 애플의 점유율이 아니었다. 태블릿PC와 별로 관련이 없을 것으로 보이는 글로벌 IT 기업인 아마존이었다. 같은 시기, 아마존은 글로벌 태블릿PC 시장에서 점유율 12%를 올리며 화웨이를 제치고 세계 3위에 올랐다. 삼성과도 불과 2.6% 차이밖에 나지 않았다. 삼성이 중국 기업에 시장 점유율을 더 빼앗기면 아마존이 2위로 올라설 가능성도 있다. 이런 일이 어떻게 가능했을까? 이유는 간단하다. 아마존의 전자책 서비스를 이용하려면 아마존 태블릿PC를 구매해야 한다. 아마존의 태블릿PC 킨들은 애플, 삼성, 화웨이 등의 태블릿PC와 비교할 때 기술 격차가 심하다. 반응 속도나 화질 등에서 모두 사양이 낮지만 아마존의 전자책 콘텐츠에 최적화되어 있다. 소비자 입장에서는 아마존의 태블릿PC를 구매할 수밖에 없다. 아마존은 탁상용 스피커 시장에서도 강자다. 아마존이 서비스하는 인공지능 알렉사에 끼워팔기 때문이다. 이것이 끼워팔기의 힘이다. 인공지능 슈퍼 사이클이 펼쳐지면 거의 모든 제품에 인공지능이 탑재되는 현상이 일어난다. 중국과 한국의 제품은 거의 모든 분야에서 기술이 비슷해졌다. 앞으로 10년, 두 나라 제품의 차이는 인공지능 성능에서 판가름 날 것이다.

어느 회사든 인공지능 성능과 영향력을 가지면 모든 제품의 지배력을 확보하게 된다. 당장 가장 큰 영향을 받을 제조업은 전자와 자동차다. 즉, 삼성전자와 현대기아차다. 인공지능의 특성에 비춰본다면 인공지능 경쟁력에서 세계 3위 안에 들지 못하면 기존 제품은 중국에게 빼앗기고, 미래 제품은 하청 업체로 전락할 수 있다. 심지어 바이오헬스케어 산업에 뛰어들어도 복제약 시장을 벗어나지 못한다. 바이오헬스케어 산업의 미래 시장은 아주 크지만, 신약 분야에서 카르텔과 후발주자의 한계로 한국 기업은 복제약 시장 이상을 넘기 힘들다. 그것마저도 다른 기업들과 치열한 경쟁을 해야 한다. 중국과 인도 기업도 곧 추격해올 것이다.

바이오 분야에서도 인공지능 성능이 점점 중요해지고 있다. 2020년에 발발한 코로나19는 미래 의료와 바이오 산업을 최대 화두로 부각시켰다. 미래 의료를 말할 때, 4P가 자주 거론된다. Precision(정밀), Predictive(예측), Preventive(예방), Participatory(참여)다. 4P에 인공지능은 핵심 도구다. 캐나다 인공지능 의료 플랫폼 회사 블루닷(BlueDot)은 인공지능 알고리즘으로 코로나19 발병을 WHO보다 빨리 감지했다. 블루닷은 데이터마이닝 알고리즘으로 행정 정보(인구수, 지리적 위치)나 사람의 실시간 이동 정보 등을 분석하고, 생물정보학 시퀀스 데이터를 분석하는 소프트웨어를 사용해서 각종 바이러스 특징(유전자 분석, 감염 방식, 잠복기)을 파악해 감염병 발병 예측 및 확산 모델을 만들었다.[*] 알리바바의 인공지능은 20초 만에 감염자의 흉부 CT를 판독해서 96% 확률로 코로나19 확진자를 파악했다.[**] 구글은 단백질 접힘 문제를 해결하기 위해 개발한 '알파 폴드'를 코로나19 치료법 개발에 투입했다. 코로나19 백신 개발이 인류 역사상 가장 짧은 시간에 성공한 것도 인공지능 기술이 한몫했다. 인공지능이라는 새로운 도구에 대한 경쟁력을 갖추지 못하면 로봇 산업도 껍데기만 갖게 될 수 있다. 글로벌 유통, 물류는 물론이고 선박 제조, 군수 산업 등 거의 모든 영역에서 인공지능 기술이 빠르게 접목되고 있다. 인공지능 슈퍼 사이클은

---

[*]   IBS, 2020. 3. 12. 차미영, 코로나19 과학 리포트, "인공지능으로 바이러스 진단, 예측"
[**]  머니투데이, 2020. 4. 6. 조성훈, "코로나와 싸우는 AI, 자가격리자 문진하고 치료제도 찾고"

피할 수 없는 물결이다. 피할 수 없다면, 경쟁력 확보를 위한 핵심 전략으로 수용해야 한다.

## 인간 지능 증강

인공지능 슈퍼 사이클이 일어나서 거의 모든 영역에 인공지능 기술이 접목되고 활용되면, 개인도 이런 변화에 민첩하게 대응해야 한다. 인공지능이라는 새로운 도구를 잘 활용하지 못하면 개인 경쟁력도 하락한다. 앞으로 10~20년, 인공지능 슈퍼 사이클 시기에는 사람도 2가지 부류로 구별될 것이다. 인공지능을 잘 활용하는 인간과 그렇지 못한 인간이다. 기업에서 인재를 구별하는 방식도 무엇을 전공했느냐 혹은 어느 대학을 나왔느냐 라는 과거 기준보다 인공지능을 얼마나 잘 활용할 수 있느냐가 최우선 기준이 될 것이다. 인공지능이라는 새로운 도구의 활용이 그 사람의 지능 수준, 업무 수준, 성과 수준 등을 판가름하는 결정적 도구가 될 것이기 때문이다.

인류 역사를 살펴보면, 지능의 발전은 문명의 발전을 가져왔다. 문명 발전은 다시 지능의 발전을 가져왔다. 수천 년 동안 인간 지능은 이런 선순환으로 계속 증강되었다. 예나 지금이나 지능을 평가하는 핵심 기준은 문제해결능력이다. 지난 수천 년 동안 인간은 문제해결능력을 높이기 위해서 방대한 지식을 뇌 안에 축적(암기)해두어야 했다. 지식은 학교에서 배운 지식과 현장 실무에서 경험으로 배운 지식을 모두 포함한다. 미래에도 문제해결능력이 지능을 평가하는 핵심 기준이 된다. 문제해결능력을 높이려면 방대한 지식이 필수다. 하지만 달라지는 것이 있다. 미래에는 지식의 습득이나 축적 방식이 달라진다. 인간의 생물학적 뇌 속에 지식을 축적(암기)하는 방식에만 의존하지 않고 인공지능을 사용한다. 인공지능과 수많은 인간 두뇌가 상호연결된 클라우드 뇌를 사용한다. 인공지능 슈퍼 사이클이 시작되면 인공지능은 인간 전체의 문제해결능력을 뛰어넘는 잠재력을 드러낼 것이다. 인공지능은 지난 수천 년보다 더 빠른 속도로 인류 문명을 발전시킬 수 있는 잠재력을 가졌다. 만약 인간이 이런 잠재력을 가진 인공지능 연결된다면 어떤 일이 벌어질까? 인간지능의 엄청난 증강(augmentation)이 일어날 것이다. 문제해결능력이 급격하게 발전하면 인류 문명도 도약한다. 태초부터 지금까지 축적된 인간 지능 발전 전체를 뛰어넘는 '인간 지능 증강'(Human Intelligence Augmentation)이 일어날 것이다. 인공지능의 이런 잠재력을 생각한다면 인공지능이라는 새로운 도구를 활용할 수 있느냐 없느냐 혹은 활용 능력의 차이가 그 사람의 지능 수준, 업무 수준, 성과 수준 등을 판가름하는 결정적 도구가 된다는 것은 충분히 예측 가능하다.

인공지능은 인간의 지능을 어떻게 증강시켜줄까? 지능을 뜻하는 단어 'Ingelligence'는 '이해'를 가리키는 라틴어 'Intelligentia'에서 나왔다. 지능의 사전적 의미는 '문제해결 및 인지적 반응을 나타내는 개체의 총체적 능력'이다. 하지만 지능을 어떻게 설명하고 규정하느냐는 다양한 의견이 있다. 미국의 심리학자이며 35년간 천재아(天才兒)에 대한 연구로 유명했던 L. M. 터먼(Lewis Madison Terman)은 지능을 "추상적 사상을 다루는 능력"이라고 정의했다. 루마니아 출신의 미국 심리학자로 웩슬러 지능검사(Wechsler Scale of Intelligence)를 개발한 D. 웩슬러(David Wechsler)는 "유목적적으로 행동하고, 합리적으로 사고하고, 환경을 효과적으로 다루

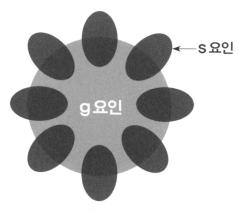

◆ 스피어만의 g 요인과 s 요인

는 개인의 종합적 능력"이라고 규정한다. 지능이 어떻게 구성되는지에 대한 주장도 다양하다.

1904년, C. E. 스피어만(Charles Edward Spearman)은 지능은 일반 요인(general factor)과 특수요인(special factor)으로 구성된다는 2요인설 (二要因說, two factory theory of Intelligence)을 주장했다. s 요인(specific factor), 즉 특수지능은 수 개념, 수학적 추리, 단어지식, 언어 추리, 기억 등의 특정 영역의 문제를 해결하는 데 사용하는 능력이다. 이에 반해 g 요인 (general factor), 즉 일반지능은 언어, 수, 기억 등의 영역에서 문제 유형이나 지적 활동의 종류를 초월해서 모든 지적 과제 수행에 공통적으로 영향을 미치는 능력을 가리킨다.

1994년에 개발된 웩슬러(Wechsler)의 지능검사는 C. E. 스피어만의 군집요인(group factor)에 영향을 받아서 이 검사의 전체 IQ 점수는 일반요인을 나타내고, 11개의 하위검사는 특수요인을 나타내고, 언어 IQ와 수행 IQ는 군집요인을 나타낸다. 1997년, 미국의 심리학자 커텔(James

Mckeen Cattell) 박사는 일반요인을 결정성 지능(結晶知能, crystallized intelligence)과 유동성 지능(流動知能, fluid intelligence)으로 나누었다. 전자는 어휘, 일반 상식, 언어 이해, 판단력 등 교육·문화적 경험에 의해 습득되고 축적되는 특징을 갖는다. 정보를 습득하고, 기술을 배우고, 지혜를 기르면서 학습과 관찰을 통해 사물에 대해 학습하면서 얻어진 지식이다. 예를 들면 한 아이가 다른 사람이 하는 것을 보거나 어떻게 해야 하는지 그 과정에 대한 설명을 들은 후에야 특정 게임을 하는 방법을 배울 수 있는 지능이다. 즉, 교육을 통해서 발달시키는 지능이다.* 이런 특성으로 전 생애에 걸쳐서 특히 성인 초기와 중기에 증가하고 결정화된 지능이라고도 한다.

후자는 문화적 경험으로부터 영향을 받지 않는 추리, 연산, 반응력, 기억력처럼 생득적 특징을 갖는다. 새로운 환경이나 사건에 적응을 요구하는 과제해결과 관계가 있는 이 지능은 선천적·유전적으로 주어진다. 생리학적 뇌기능과 중추신경계의 성숙도에 의해 발달과 쇠퇴가 비례한다.** 유동지능은 청년기를 기점으로 뇌기능과 중추신경계가 쇠퇴하는 것과 비례해서 서서히 감소한다. 새로운 것을 배우고 빠르게 문제를 해결하는 데 사용되는 유동성 지능은 20~30대 젊은 시절에 최고에 달한 후 쇠퇴한다. 반면, 인생 전반에 걸쳐 계속해서 향상될 수 있는 결정성 지능은 나이가 들수록 높아진다.

21세기 전반에는 인공지능 도구의 도움을 받아 직접적으로 인간의 결정 지능의 무한한 확장이 가능해진다. 간접적으로는 인공지능이 인간 유

---

\*    네이버 지식백과, 결정적 지능 [結晶的 知能, crystalized intelligence] (교육심리학용어사전, 2000. 1. 10. 학지사)
\*\*   네이버 지식백과, 유동 지능 (사회복지학사전, 2009. 8. 15. Blue Fish)

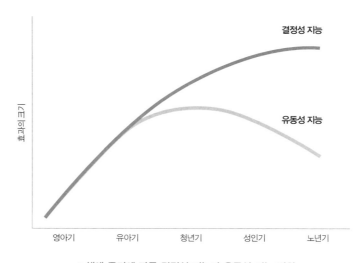

◆ 생애 주기에 따른 결정성 지능과 유동성 지능 변화

출처: https://www.sciencedirect.com/topics/computer-science/crystallized-intelligence

동지능의 생물학적 한계도 보완해준다. 21세기 후반이 되면, 바이오 및 나노 공학 기술이 인간의 생체 안에 접목되면서 인간의 생리학적 뇌기능과 중추신경계의 성숙도와 연관된 유동지능을 향상시키거나 쇠퇴를 늦추는 일도 가능해질 것이다.

지능에 대한 또 다른 관점도 있다. 1938년, L. L. 서스톤(L. L. Thurstone)은 지능은 언어이해, 수, 공간시각, 지각속도, 기억, 추리, 단어 유창성이라는 7개의 독립적인 요인으로 구성된다는 다요인설을 주장을 했다. 미국의 심리학자 J. P. 길포드(J. P. Guilford)는 서스톤의 주장을 발전시켜 지적 능력의 활용 방식으로 6개의 조작·지적 활동이 5개의 내용 영역과 작용하여 나타나는 6개의 결과 형태 등을 기준으로 지능이 120개의 요소로 구성되어 있다는 지능 구조 모델(Structure of Intellect Model)을 제안했다.

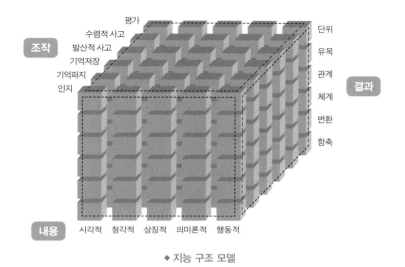

조작

평가
수렴적 사고
발산적 사고
기억저장
기억파지
인지

내용

시각적  청각적  상징적  의미론적  행동적

결과

단위
유목
관계
체계
변환
함축

◆ 지능 구조 모델

하워드 가드너(Howard Gardner)의 다중지능이론(theory of multiple intelligence)도 다요인설에 속하지만, 하나의 지능 모형을 모든 연령이나 계층에 동일하게 적용하지 않고 한 개인이 처한 다양한 사회·문화적 맥락을 반영한다. 특히 전통적인 지능이론이 언어, 논리–수학적 능력을 지나치게 강조하는 것을 경계했다. 다중지능이론은 인간의 지능은 단일하지 않고 다수의 요인으로 형성되지만, 그 요인들은 중요성이 같으며 각 개인도 각기 다른 인지능력과 유형을 가지고 태어나고 문화와 상황에 의존적이다. 그렇기 때문에 개인의 특성이나 개인이 처한 사회나 문화 맥락에 따라 각기 다른 장점들이 드러날 수 있도록 교육해야 한다. 인공지능은 기본적으로 논리–수학적 능력에서 탁월함을 발휘한다. 하지만 인공지능이 계속 발전하면 언어 지능, 공간 지능, 신체운동 지능 등에도 직간접적으로 영향을 줄 수 있다.

스턴버그(Sternberg)도 지능에 대한 흥미로운 기준을 제시했다. 스턴버그는 기존 지능검사는 사고의 속도나 수행의 정확성만을 검사한다고 비판하며 지능의 주요소를 분석적 능력, 경험적 능력, 맥락적 능력이라는 3가지로 구성했다. 분석적 능력은 새로운 지식을 습득하여 논리적 과제해결에 적용하는 힘이다. 한마디로 비판적 사고다. 이 능력이 높은 사람은 일반적으로 지능검사 점수가 높으며, 논쟁을 잘한다. 경험적 능력은 사고나 문제해결 과정에서 중요하고 필요한 정보에 관심을 기울이는 '선택적 부호화', 처음에는 서로 관련이 없는 요소들을 연결하여 새로운 것을 만들어내는 '선택적 결합', 이미 있는 것을 새로운 관점에서 보고 새로운 것을 유추하는 '선택적 비교능력'을 발휘하는 힘이다. 한마디로 통찰력(insight)을 가리킨다. 이 요소가 발달되면 새롭고 익숙하지 않은 일에 쉽게 도전하고 몰두할수 있다. 맥락적 능력이란 현실 상황에서 발휘되는 적응력, 사회적 유능성, 실용적 문제해결력이다. 한마디로 현실 적응력이다. 스턴버그는 이 능력은 전통적인 지능검사에서 얻은 점수나 학업성적과는 무관하고 일상의 경험에서 획득되고 발달하는 능력이라고 보았다. 이 능력이 뛰어난 사람은 환경에 대처를 잘 하고 상황 판단이 빠르다. 스턴버그가 주장한 지능의 3가지 능력(분석적 능력, 경험적 능력, 맥락적 능력)도 21세기 안에 인공지능의 영역으로 들어갈 수 있다.

# 인공지능 미래 전쟁

## 인공지능 비서의 장악력

기업과 개인, 더 나아가 국가의 미래가 걸린 인공지능 전쟁은 의외로 엉뚱한 곳에서 시작되었다. 바로 탁자 위에 올려진 '작은 스피커'다. 많은 사람이 인공지능이 탑재된 스피커를 이용하고 있을 것이다. 나도 얼마 전 아마존이 판매하는 인공지능 탑재 스피커 '에코'(echo)를 구매했다. 음성인식 기반 가상 비서 서비스 '알렉사'(alexa)를 사용해보고 싶었기 때문이다. 인공지능 가상 비서 서비스가 탑재된 스피커 시장은 이미 치열한 전쟁이 진행 중이다. 이 시장에서 일어나는 일들을 눈여겨보면 미래 시장 변화의 단면을 예측할 수 있다. 예를 들어 탁상용 스피커는 인공지능 비서 서비스 이전에도 있었다. 스피커를 사고파는 행위는 새롭지 않다. 미래에도 스피커를 사고파는 시장은 계속 존재할 것이다. 하지만 인공지능이 탑재되지 않은 스피커는 팔리지 않는다. 더 나아가 최고의 인공지능이 탑재된 스피커만 팔린다. 인공지능을 탑재하지 않고 스피커를 팔려면 엔틱 혹은 레트로 감성이라는 명분에 호소해야 한다. 스피커에 인공지능이 탑재되면서 스피커 판매 시장도 빠르게 확대되고 있다. 과거에 스피커는 음악 마니아 혹은 강력한 사운드를 즐기는 게이머 정도만 관심을 가졌다. 이제는 1가정 1스피커가 트렌드가 되었다. 앞으로는 각 방에 한 개의 인공지능 탑재 스피커가 놓일 수 있다. 인공지능 비서 서비스는 스피커에만 탑재되지 않는다. 스마트폰, 테블릿, 컴퓨터, TV, 자동차 등 수많은 디바이스에 탑재되고 있다. 인공지능 음성 비서 선두주자인 아마존 알렉사가 설치된 디바이스 판매량은 1억 대를 넘어섰다. 뉴스를 읽어주거나 잡담을 나누거나 아이에게 영어로 대화 상대가 되어주거나 요리 레시피를 찾아 읽어주는 등 다양한 활동 영역으로 인공지능 비서 서비스도 확대되고 있다. 벌써 승자 독식 가능성이 높아지고 있다. 한 번 밀리면 끝이기 때문에 인공지능 비서 서비스 시장은 당분간 치열한 경쟁 분야가 될 것이다. 경쟁이 치열하기 때문에 음성 인식과 표현, 기계 학습을 통한 분석과 예측 등 관련 기술도 덩달아 빨리 발전할 것이다. 나는 인공지능 비서 서비스를 장악하는 기업이 새로운 구글이 될 것이라는 예측을 누누이 했었다. 컴퓨터, 스마트폰, 포털, 검색엔진, SNS 다음은 인공지능 비서 서비스로 부와 권력이 이동할 것이다. 인공지능 슈퍼 사이클이 시작되면 인간이 직접 키보드를 타이핑하여 정보를 검색하는 시대는 끝이 난다. 인간은 명령하고, 인공지능이 검색한다. 인공지능 비서 서비스를 장악하는 기업이 검색시장을 장악한다. 검색시장을 장악하면 광고시장은 고스란히 따라온다. 인공지능 슈퍼 사이클이 시작되면 인간은 질문하고, 인공지능이 답을 한다. 인공지능 비서 서비스를 장악하면 (인간에게 물건을 팔고 싶은) 유통 기업을 한 손에 쥐고 통제할 수 있다. 만약 당신이 아마존의 인공지능 비서 알렉사보다 뛰어난 인공지능을 개발하면 모든 유통기업이 당신을 찾아올 것이다. 인공지능 비서 서비스를 가볍게 여기지 말라. 미래 시장을 휘어잡을 중요한 키(key)다. 미래 산업 전쟁에서 승리 가능성을 높이는 교두보다. 2018년 2월 1일, 아마존 재무 담당최고이사 브라이언 올사브스키는 투자자들에게 연간 실적을 보고하는 자리에서 이런 말을 했다.

> 알렉사에 관한 실적과 통계는 정말 고무적입니다. 우리도 깜짝 놀랄 만한 좋은 결과가 나왔습니다. 에코는 판매량에서 신기록을 세웠습니다. 무엇보다 소비자들이 알렉사의 음성 인식 기술을 아주 적극적으로 이용하고 있습니다. (원래 쓰임새대로) 물건을 사는 것은 물론이고, 음악을 듣고 스트리밍 서비스인 아마존 파이어 TV에서 원하는 동영상을 찾습니다. 지난 연말에는 음악 재생 횟수가 평소보다 3배 늘었고, 아마존 파이어 TV 이용은 지난해 같은 기간보다 9배 늘어났습니다.*

아마존 에코의 엄청난 성공은 아마존의 주가에 반영되었고, 미래 시장변화의 낌새를 눈치 챈 구글, 마이크로소프트, 애플이 각자의 인공지능 비서 서비스에 엄청난 투자를 시작했다. 삼성, 네이버, 카카오, 통신 3사들도경쟁에 뛰어들었다. 일본의 최대 자동차 기업 도요타는 아마존과 제휴를맺고 알렉사가 내장된 자동차를 선보이겠다는 계획을 발표했다. 아마존 에

---

코를 사용하는 고객은 아마존 쇼핑몰에서 연간 평균 1,700달러를 쓴다. 이는 아마존 회원 간을 비교해도 큰 수치다. 빠른 배송을 위해 연회비 119달러를 내는 아마존 프라임 회원이 아마존 쇼핑몰에서 연간 사용하는 비용이 1,300달러다. 미국 내 아마존 회원 전체 연간 평균 지출이 1,000달러 정도다. 아마존이 알렉사 프로젝트에만 5천 명 넘는 직원을 투입시키고 전력을 기울이는 이유다. 아마존 에코는 2017년 12월 기준으로 33개국에서 공식적으로 사용이 가능하다. 아마존 에코의 음성인식 기술과 통번역 기술이 일반인 수준을 넘어서면 세계 시장 전역에서 상위 20%의 우수고객의 마음과 소비를 사로잡게 된다. 2021년 현재 인공지능 기술의 발전 속도를 감안하면 빠르면 3년, 늦어도 5년이면 가능하다. 여기에 아마존이 글로벌 배송 속도와 비용에 혁신 서비스를 만들면 한국 시장을 비롯해서 세계 거의 모든 나라에서 시장 파괴가 일어난다. 알렉사 같은 인공지능 비서 서비스는 이미 다양한 일을 한다. 날씨, 뉴스, 쇼핑, 배달 서비스는 물론이고 다양한 주제를 가지고 수다를 떠는 일, 타이머, 알람, 음악과 영화 추천 서비스, 운동 코치도 가능하다. 이렇게 말이다.

아침 햇살이 비추자, 아마존 인공지능 알렉사는 내가 가장 좋아하는 방탄소년단(BTS)의 최신 곡을 틀어 기상시간을 알린다. 흥겨운 댄스 음악에 잠을 깬 나는 눈을 비비고 이렇게 묻는다.

"알렉사, 지금 몇 시야?"

책상 위에 놓여 있는 '에코(Echo)'에 파란 불빛이 들어오면서 이렇게 대답한다.

"아침 7시입니다!"

나는 다시 질문을 계속한다.

"오늘 날씨는 어때?"

"아침 출근길 교통상황은 어때?"

"알렉사, 오늘 뉴스 알려줘."

알렉사는 오늘 날씨와 교통상황은 물론이고 지난밤 사이에 일어난 전 세계 주요 뉴스를 요약하여 알려준다. 내가 알렉사와 수다를 떠는 동안 네스트 랩스(Nest Labs)의 온도조절장치가 집 안 온도를 활동하기 좋은 적당한 온도로 조절한다. 2014년 구글에 인수된 스마트홈 전문 기업 네스트 랩스(Nest Labs)는 스마트홈 시스템 '홈어웨이 어시스트'(Home Away Assist)를 발표했다. 홈어웨어 어시스트를 통해 네스트는 출입문을 자동으로 잠그고, 집 안에 아무도 없다는 것을 센서로 감지 한 후에 자동으로 온도 조절을 할 수 있다.* 기계 학습으로 무장한 네스트는 지난 몇 달 동안 나의 전기사 용 및 선호하는 온도 등을 학습하여 가장 만족할 만한 운용방식을 찾아내고 스스로 온도 조절을 한다.* 아침 식사를 마치고 출근하기 전, 나는 이번 주말에 읽을 책을 한 권 사려고 휴대폰을 켜고 애플의 시리(siri)에게 적당한 책이 무엇이 있겠는지 묻자, 휴대폰 속 인공지능 비서 시리는 아마존 인공지능 추천 시스템 'A9'과 연동하여 내 구매 정보와 패턴을 분석하여 좋아할 만한 몇 가지 책들을 제안한다. 아마존 자체 분석에 의하면 자사 매출의 35% 정도는 인공지능 추천 시스템에서 발생한다.**

---

*　　IT News, 2016. 3. 13, 이강민, "구글 네스트, 스마트홈 시스템 구축을 위한 기능 확대"

**　　장동인, 《빅데이터로 일하는 기술》(한빛미디어, 2014), 184, 188.

## 돈 버는 방식을 바꾸고 있다

인공지능으로 인한 기존 시장과 미래 시장을 둘러싸고 벌이는 산업 경계 파괴, 경쟁 방식이나 구도의 재구성 전쟁은 가장 먼저 온 미래의 일부다. 이런 것들이 바뀌면 돈 버는 방식도 바뀐다. 아마존은 이런 변화를 선두에서 이끌고 있는 회사다. 코로나19가 발발하기 전인 2018년에 아마존은 미국 내 이커머스 시장에서 49.1%라는 경이적인 판매점유율을 기록했다. 아마존의 뒤를 이어 2위에 오른 이베이의 6.6%와 3위인 애플의 3.9%와의 격차는 엄청났다. 2020년 코로나19가 발발하자, 아마존의 점유율은 더욱 상승했다. 2019년 평균 1,800달러 대였던 주가도 3,200달러 대로 폭등했다.

초창기부터 아마존의 돈 버는 방식은 간단하고 일관적이었다. 아마존은 2가지에 집중했다. 하나는 '소비자 편의성 향상'이고, 다른 하나는 '시대 변화를 빠르게 반영하는 비즈니스 모델 개발'이었다. 아마존 신화를 만든 제프 베이조스는 뉴욕 월가의 투자 은행에서 근무하던 1994년에 인터넷의 미래 가능성을 통찰하고 인터넷 서점을 창업했다. 시작부터가 시대 변화를 읽고 탄생한 회사다. 창업 초기인 1997년, 제프 베이조스는 중요한 특허 하나를 냈다. '통신망을 통해 구매 주문을 하는 방법과 시스템'(Method And System For Placing A Purchase Order Via A Communications Network)이라는 제목을 단 '원클릭 결제'라는 비즈니스 방법에 관한 특허(Business Method Patent)였다. 이 특허(US 5960411*)의 핵심은 고객이 아마존에서 구매할 제품을 선택하여 인터넷 통신망으로 구매 요청을 보내면 아마존은 해당 고객이 과거에 구매했던 카드 정보, 배송 기록을 찾아서 장바구니 주문이라는 추가 행위를 하지 않고도 결제를 완료할 수 있는 기술이다.* 지금은 아주 상식적인 기술이지만 1997년에는 소비자 입장에서 볼 때 결제 편의성을 대폭 향상시킨 대단히 혁신적인 발상이었다. 창업 초기부터 아마존이 집중했던 '소비자 편의성'과 '시대 변화를 빠르게 반영하는 비즈니스 모델 개발'은 2021년 현재도 계속 진행 중이다. 하지만 문제는 소비자 편의성을 증진시키는 혁신과 시대 변화를 빠르게 반영하여 경쟁자보다 먼저 새로운 비즈니스 모델을 개발하고 작동시키는 데는 엄청난 투자가 필요하다는 점이다. 많은 회사가 혁신적인 발상을 한다. 하지만 발상을 행동으로 옮기는 것은 주저한다. 엄청난 투자비용 때문이다. 혁신적 발상이 매출과 이윤 증대로 이어지지 않으면 매몰 비용이 된다. 설령 매출 증대로 이어지더라도 투자비용 대비 이익 회수가 늦어지거나 매출이 늘어날수록 이익은커녕 손실이 늘어나는 경우도 있다. 경쟁자보다 무언가를 먼저 하는 데는 이런 위험이 늘 따른다. 아마존도 예외가 아니었다. 회사를 창업하고 7년째가 되던 2000년에 아마존 연매출은 28억 달러에 달했지만, 손실도 14억 달러로 커졌다. 1994년 인터넷 서점을 시작하면서 신간이나 베스트셀러 서적을 최대 40%까지 싸게 팔았고, 사이트 구축, 배송 신기술 개발, 일일 100만 권 배송이 가능한 물류 시스템 구축 등에 엄청난 투자를 했다. 가격 파괴와 투자 규모와 금액이 엄청나서 물건을 팔수록 손실이 눈덩이처럼 늘어났다. 월가(Wall Street)에서도 아마존이 혁신을 추구하고 시장을 선도하는 비즈니스 모델을 구동하는 것은 좋지만 손실이 눈덩이로 커지면 생존이 불가능하다고 우려를 보냈다. 그래서 아마존은 돈을 벌기 위해 또 다른 전략을 추가했다. 규모의 경제를 통한 성장 선순환

---

\*     조선일보, 2020.1.13. "아마존은 어떻게 돈을 버는가?"

을 이끌어내는 '플라이휠'(flywheel) 전략이다.

비행기나 자동차 엔진 등에 사용되는 묵직한 회전판(flywheel)을 정지 상태에서 움직이게 하려면 처음에는 매우 큰 힘이 필요하다. 연료 소모도 크다. 하지만 한번 속도가 붙기 시작하면 거대하고 묵직한 회전판이라도 관성의 법칙이 작용하면서 적은 힘과 연료로도 빠르고 힘차게 계속 돌아간다. 2000년, 제프 베이조스는 1년을 버티기 어렵다는 월가의 의심어린 시각에 맞서 플라이휠 전략을 언급했다. 가격을 낮추고 사용 편의성을 높여 고객을 모으면 매출이 커지고, 매출이 커지면 고정비용은 낮아지고 비즈니스 효율성은 높아진다. 그러면 가격을 더 낮추고 소비자 편의성을 높이고 시대를 앞서가는 새로운 비즈니스 모델을 계속 구사할 수 있다.* 플라이휠 전략의 핵심은 단순히 규모를 키워 언젠가 날 수익을 기다리는 것이 아니다. 규모를 키워 경쟁자를 무너뜨리고 시장을 장악한 후 제품 가격을 높여서 손실을 만회하는 행위는 고객의 불만을 사게 되고, 그 틈을 비집고 등장하는 새로운 경쟁자에게 발목을 잡히게 된다. 그래서 아마존이 구사한 플라이휠 전략의 핵심은 규모를 키운 후 기존 제품 가격을 높여서 손실을 만회하는 것이 아니라 규모의 경제로 얻은 고객들에게 새로운 비즈니스 모델이나 새로운 제품과 서비스를 계속 론칭하여 새로운 수익 모델을 만드는 것이다. 엄청난 손실을 감수하고 도서 판매시장을 장악한 아마존은 소소하게는 자사가 판매하는 전자책을 읽을 수 있는 테블릿 디바이스 '킨들'(Kindle)을 팔아 단숨에 전 세계 테블릿 시장 점유율 3위에 올랐다. 엄청난 고객군, 광범위하게 구축한 물류 인프라, 혁신적으로 증진시킨 소비

---

* 중앙SUNDAY, 2019. 12. 7. 김창우, "규모의 경제로 성장 선순환 '플라이휠 전략' 아마존, 새벽 배송도 넘봐"

자 편의성 등을 기반으로 전자상거래도 진출해서 미국 전자상거래 시장 1위에 올라섰다. 코로나19 발발 이전인 2018년 아마존의 미국 내 전자상거래 시장 점유율은 38%로, 2위 이베이(7.8%)나 3위 월마트(2.8%)를 압도했다. 2017년에는 유기농식품 체인점 홀푸드(Whole Food)를 137억 달러에 인수하여 오프라인 유통과 온라인 신선식품 배송에도 뛰어들었다. 데이터 분석업체 타소스에 따르면 아마존이 홀푸드를 인수하고 단 일주일 만에 월마트 고객의 24%를 빼앗은 것으로 추정된다.* 2020년 발발한 코로나19는 아마존의 신선식품 배송 사업에 날개를 달아주었다. 코스트코 같은 경쟁업체들도 신선식품 배달을 하지만, 온라인 구매 인터페이스부터 배송과 반품 프로세스에 이르기까지 소비자 편리성과 비즈니스 모델에서 아마존을 따라가는 데 역부족이었다. 주문한 신선식품을 2시간 이내에 배송 완료하는 프라임 나우 서비스 모델부터 연회비 119달러를 내면 무료 배송을 비롯해서 전자책·음악·영화 제공 등 다양한 디지털 콘텐츠 소비 혜택을 주는 아마존 프라임 서비스는 업계 최강이다. 2020년 1월 기준, 전 세계 아마존 프라임 회원 수는 1억 5천만 명이 넘었다. 아마존 페이 사용자도 2,200만 명에 이른다. 전자상거래 시장을 장악하자 화장지나 주방용품 등 자사가 직접 만든 생활필수품도 저렴한 가격에 팔기 시작했다.

지금까지 설명한 것처럼 아마존은 강력한 온라인 서비스와 오프라인 물류 시스템을 바탕으로 플라이휠 전략을 구사했다. 하지만 앞으로 아마존의 플라이휠 전략의 핵심은 인공지능이다. 아마존은 오래전부터 인공지능 연구와 인공지능 활용 비즈니스 모델 개발에 많은 돈을 투자했다. 앞

---

* 같은 기사

서 소개한 인공지능 음성 비서 선두주자인 알렉사도 5천 명 넘는 개발 직원이 투입된 아마존 기술이다. 알렉사가 설치된 디바이스 판매량은 1억 대를 넘어섰다. 아마존이 운영하는 무인 슈퍼마켓 '아마존 고'(Amazone Go)는 이미지 센서를 이용한 딥러닝(Deep Learning) 기술을 중심으로 한 인공지능 기술이 운영의 핵심이다. 당연히 플라이휠 전략을 따라 기존에 전자상거래에서 사용되었던 가상 쇼핑 카트, 전자 영수증, 간편 결제, 클라우드 기술도 사용된다. 기존 온라인 고객 빅데이터와 오프라인 매장인 아마존 고에서 수집된 고객의 동선, 상품구매 패턴, 선호도, 결제 금액 등 수많은 데이터들이 통합되어 인공지능 역량을 강화시킨다.

아마존의 인공지능이 방대하게 쏟아져 나오는 실시간 온오프라인 빅데이터를 학습하는 과정을 계속할수록 플라이휠 효과는 강력해진다. 가격을 낮추고 사용 편의성을 높여 온오프라인 고객을 모으면 빅데이터 규모는 커지고, 빅데이터 규모가 커지면 인공지능 역량은 향상되고, 인공지능 역량이 향상될수록 고정비용은 낮아지고 서비스 혁신과 비즈니스 효율성은 높아진다. 그러면 가격을 더 낮추고 소비자 편의성을 높이고 시대를 앞서가는 새로운 비즈니스 모델을 계속 구사하면서 시장을 선도해갈 수 있다. 시장을 선도하고 매출 규모가 커질수록 더 많은 투자금을 유치할 수 있고, 주가도 상승할 수 있다. 이미 아마존 인공지능 알렉사 서비스 스피커를 비롯한 각종 디바이스에 연결되어 세계 곳곳에서 요리, 날씨, 뉴스, 쇼핑 등 각종 1:1 맞춤형 검색 서비스는 물론이고 다양한 주제를 가지고 사용자와 수다를 떠는 일, 음악과 영화 추천 서비스, 운동 코치 역할도 한다. 아마존은 인공지능 기술을 개인 비서 역할에만 국한하지 않는다. 코로나19로 전 세계적으로 배달시장 성장이 빨라졌다. 아마존은 드론을 활용한 배송 서비스 선두주자다. 동시에 인공지능이 탑재된 로봇 개나 자율주행 카트나 소형 운송장치 등을 이용한 배달로봇 기술도 연구 중이다. 아마존의 인공지능은 물류 창고에서 인간을 대신해서 일하는 로봇 안에 탑재되는 것은 기본이고 오프라인 매장을 돌아다니면서 각종 제품들이 진열대에 정확하게 배치되어 있는지, 수시로 변동되는 가격표는 잘 붙어 있는지를 관리하는 로봇, 고객의 질문에 응대하고 고객이 찾는 물건이 진열대에 없다면 직원에게 재빠르게 알려줘서 즉각 재고를 채울 수 있게 돕는 기능을 가진 로봇에까지 탑재가 가능하다. 아마존이 인수합병한 자율주행 자동차 개발 스타트업 죽스(Zoox)는 4인승 로봇택시도 발표했다. 2020년 12월 15일에 발표된 죽스의 로봇택시는 최대 속도가 시속 120km이고, 한 번 충전으로 16시간을 주행한다. 아마존은 죽스가 개발한 로봇택시를 이용한 승차 공유 서비스를 샌프란시스코와 라스베이거스 등에서 시범 실시할 계획을 발표했다. 이런 미래형 서비스들은 보여주기나 재미에만 그치지 않는다. 시간이 지날수록 시장과 경쟁의 표준을 만들어낸다. 그리고 결국은 모두 다 돈 버는 일로 귀결된다. 잊지 말라. 미래가 바뀌면, 돈 버는 방식도 바뀐다.

## 데이터의 신들이 등장하고 있다

2008년 금융위기가 발발했다. 스타벅스(Starbucks)도 매장 일부를 정리해야 하는 위기에 빠졌다. 당시 스타벅스 회장이었던 하워드 슐츠(Howard Schultz)는 위기 극복을 위한 새로운 전략이 필요했다. 커피 사업에서 가장 중요한 것 중 하나는 매장 입지다. 하워드 슐츠는 매장 위치에 대한 평가와 선택에 대한 의사결정을 사람의 경험에 의존하던 방식을 버리고 빅데이터를 기반으로 한 과학적 분석과 평가 전략으로 바꾸었다.

2008년 금융위기 이전에도 스타벅스는 빅데이터를 활용했다. 하지만 대부분의 기업처럼 사람의 경험과 생각을 부수적으로 돕는 수준이었다. 이제는 빅데이터 중심의 의사 결정 시스템을 전략의 중심에 두고 '빅데이터 퍼스트'를 선언했다. 빅데이터를 통해 학습한 인공지능이 매장 후보 지역의 인구, 소득 수준, 문화 환경, 교통, 경쟁사 위치 등에 맞는 신규 매장 위치와 향후 매출, 이익 등을 예측하여 의사결정을 제안한다. 스타벅스가 훈련시키는 인공지능은 전 세계 3만 개가 넘는 매장에서 주당 1억 건씩 발생하는 빅데이터를 분석해서 고객의 문제, 욕구, 결핍을 찾아내서 새로운 고객 서비스 및 프로모션 아이디어나 비즈니스 모델을 실험하고 전 세계 매장 내에 있는 모든 장비를 실시간으로 모니터링하고 관리하는 일도 맡는다. 예를 들어 스타벅스는 1,600만 명이 회원으로 등록된 로열티 프로그램을 운영 중이다. 고객이 로열티 프로그램에 가입하면 스타벅스는 빅데이터와 인공지능을 활용해서 고객의 선호도와 구매 방식 패턴을 찾아내 개인화된 다양한 추가 제안들을 자동화한다. 인공지능이 고객의 까다롭고 다양해진 취향을 미리 파악해서 원하는 메뉴를 추천하고, 아주 간단하고 빠르게 주문하고, 고객이 원하는 시간에 가져갈 수 있게 했다. 전 세계 스타벅스 매장에서 매일 발생하는 매출의 절반 이상이 이런 로열티 프로그램 고객에서 일어난다. 2017년부터는 인공지능을 기반으로 한 디지털 플라이 휠(Digital Flywheel)을 운영하면서 1:1 맞춤형 신제품 제안도 한다. 가정용 커피 시장 진출도 빅데이터 분석을 통해 내린 결론이었다. 단순히 가정용 커피 시장에 뛰어들어야겠다는 판단만 한 것이 아니다. 스타벅스는 매장에서 발생하는 고객 데이터를 분석해 집에서 커피나 음료를 마시는 소비자에게 가정용 무설탕 음료를 제안하거나 우유가 들어가지 않은 음료 등 가정이라는 특화된 환경과 상황에 맞는 서비스를 제공한다. 2018년부터는 전 세계 매장에서 현지 날씨나 소비 환경 변화를 실시간으로 분석하여 제품 판매를 조절하는 작업도 시작했다. 커피 매장에서 커피 머신 등 각종 장비를 관리하는 일은 매우 중요하다. 기계가 고장 나면 고객 서비스는 물론이고 주문 처리량과 속도에 중요한 영향을 받는다. 스타벅스는 빅데이터 분석과 인공지능 예측 기술을 활용해서 기계에서 일어나는 문제를 미리 예상하고 원격으로 장애 진단을 하거나 엔지니어를 가장 빠른 시간에 투입하여 대응한다. 스타벅스처럼 데이터를 장악하는 능력이 있는 기업이 인공지능 기술을 보유하면 데이터의 신으로 변신하면서 제조업부터 서비스업까지 시장 전반에 걸쳐서 무서운 파괴자가 된다.[*]

알리바바(Alibaba) 창업자로 잘 알려진 마윈(馬雲, Jack Ma)이 미래 제조업조차도 빅데이터, 인공지능, 사물인터넷 등 미래 기술로 B2C(기업과 소비자 간 거래) 모델에서 C2B(소비자 대 기업 거래) 모델로 패러다임이 바뀔 것이라고 예측했다. 특히 미래의 공장은 빅데이터를 기반으로 인공지능이 실시간 트렌드를 분석해 소비자 맞춤형으로 제품을 생산하는 디지털 공장으로 전환될 것이라고 예측했다. 마윈의 이런 예측들은 결코 헛소리나 환상이 아니다. 알리바바가 3년간의 연구 개발을 통해 완성한 항저우에 있는 디지털 의류 공장 '쉰시'(迅犀, 빠른 코뿔소)에는 인플루언서가 진행하는 라이브 커머스에서 예약 주문이 들어온 수천 건의 각기 다른 옷을 다음 날

---

[*] Bloter, 2020.2.26. 황치규, "스타벅스가 '데이터 비즈니스의 신'이 되기까지"

곧바로 제작에 들어갈 수 있는 시스템이 구비되어 있다. 알리바바 자체 분석에 따르면 쉰시 공장 시스템 덕택에 신상품 출시 주기는 60%, 납품 시간은 75%, 재고율은 30% 정도 줄었다.*

물론 모든 기업이 스타벅스처럼 데이터의 신으로 변신해야만 살아남을 수 있다는 말은 아니다. 내가 강조하는 핵심은 이미 온 미래를 빠르게 통찰하고 경쟁자보다 먼저 변신하는 능력이다. 이런 능력은 지금처럼 변화의 속도가 빠를 때 더욱 중요하다. 한때 스타벅스는 커피를 파는 것이 아니라 수다를 떨며 소통하는 경험과 공간과 문화를 파는 곳이라는 개념을 팔았다. 이는 당시 신선한 충격이었다. 스타벅스 신화를 만든 하워드 슐츠는 이탈리아 여행 중에 사람들이 커피바에서 내려준 커피를 가게 안에 앉아서 마시는 모습을 보고 미국에 도입하기로 결정했다. 그 이전의 미국 사람들은 원두를 사서 집에서 스스로 내려마셨다. 한국에 스타벅스가 상륙한 것은 1999년 7월이었다. 이화여대점이 한국 1호점이었다. 한국에는 스타벅스가 상륙하기 오래전부터 카페 문화가 있었다. 한국의 다방도 스타벅스처럼 소통의 공간이었다. 그런데 한국 커피 산업은 왜 스타벅스에 한국 시장의 주도권을 내주고, 스타벅스처럼 글로벌 기업으로 성장하는 신화를 만들지 못했을까? '시대 변화의 옷'을 입는 데 느렸기 때문이다.

시대 변화를 빠르게 따라가는 스타벅스의 능력은 놀랍다. 스타벅스는 모바일 앱이라는 새로운 시대적 흐름을 커피 업계 최초로 도입한 회사다. 간편결제 시스템도 커피 업계에서 가장 먼저 도입했다. 2018년 기준, 스타벅스 페이는 전 세계 2,340만 명이 사용하고 미국에만 선불카드 예치금

---

* 한국경제, 2020.9.26. 조아라, "메이드 인 인터넷 시대 실현, '꿈의 공장' 만든 알리바바"

이 2조가 쌓여 있다. 같은 시기의 아마존 페이 사용자는 2,200만 명, 구글 페이 1,110만 명, 삼성페이 990만 명을 뛰어넘는다. 스타벅스가 시대 변화를 빠르게 받아들이는 능력은 여기서 그치지 않는다. 하워드 슐츠는 스타벅스 페이에 쌓인 예치금을 암호화폐로 바꿔서 전 세계 어디서나 환전 없이 결제하고, 이를 기반으로 투자, 예금, 대출 등 금융업무도 가능하게 하는 계획을 발표했다. 실제로 최근에는 남미 아르헨티나에 현지 은행과 제휴하여 커피뱅크라는 오프라인 은행도 개설했다. 하워드 슐츠의 후임으로 CEO 자리에 오른 IBM과 MS 출신 IT전문가 케빈 존슨(Kevin Johnson)은 딥브루(Deep Brew)라는 인공지능 서비스를 론칭하면서 10년 이내에 최고 기술 기업들과 같은 수준의 인공지능 역량 축적을 선언했다.


## 중국 정부를 두렵게 만드는 것


인터넷 홈페이지나 블로그가 마케팅의 필수이던 시절, 구글 검색 결과에서 하위로 처지거나 빠지면 회사가 망하는 일이 벌어졌다. 지금은 앱스토어나 SNS, 동영상 플랫폼이 마케팅의 핵심이 되었다. 특히 앱은 회사의 홈페이지를 대체하거나 게임이나 특정한 업무가 이루어지는 공간이 되는 것은 물론이고 수많은 소비자를 모으고 묶고 관리하고 소통하고 각종 제품과 서비스 거래를 하게 만들면서 빅데이터를 수집하는 등 하나의 플랫폼 역할을 한다. 앱스토어는 이런 앱을 판매하는 시장 역할을 하기 때문에 앱 개발자, 기업, 판매자, 소비자 등을 하나로 묶는 힘을 가진다. 한마디로 앱스토어는 플랫폼 위에 존재하는 슈퍼 플랫폼이다. 글로벌 IT 시장에서

갑 중의 갑 위치에 있다. 전 세계 앱스토어 시장을 양분하는 기업은 안드로이드 진영의 구글과 iOS 진영의 애플이다. 구글이나 애플이 슈퍼 플랫폼을 운영하면서 앱 판매 수수료나 앱인 결제 수수료 등 각종 통행료 징수로 얻는 수익은 엄청나다. 구글이나 애플의 앱스토어에서 장사를 하는 기업들은 30%에 이르는 높은 수수료 체계에 불만을 갖지만 맞서서 싸우기가 쉽지 않다. 앱스토어에서 배제되는 순간 매출이 곤두박질치기 때문이다. 하지만 슈퍼 갑 행세를 하는 천하의 애플이나 구글도 위챗(WeChat) 같은 중국의 몇몇 대형 플랫폼 기업에는 쩔쩔맨다. 텐센트(tencent)가 만든 위챗은 중국 14억 인구 중 12억 명이 사용하는 앱이다. 위챗은 단순한 SNS 기능만 가진 앱이 아니다. 앱 안에 자체로 운영하는 앱스토어까지 탑재하고 있다. 위챗 안에 자체 내장된 앱스토어에서는 위챗 사용자들이 금융, 부동산, 교육, 게임, 각종 행정 서비스 등 다양한 앱들을 추가로 다운로드할 수 있다. 위챗은 위챗 페이도 가지고 있어서 애플이나 구글의 페이 시스템을 사용하지 않아도 된다. 애플이나 구글의 입장에서 보면 자신들의 통행료 수익을 가로채는 모델처럼 보인다. 당연히 제재 대상이다. 하지만 구글이나 애플은 위챗을 자사 앱스토어나 하드웨어 생태계에서 빼거나 기능을 제한시킬 수 없었다. 12억 명에 달하는 중국의 소비자들이 애플의 아이폰이나 구글 서비스에서 위챗을 사용하지 못하거나 제대로 작동하지 않는다면 곧바로 중국 내 다른 스마트폰이나 모바일 서비스 등의 대체재로 빠져나갈 가능성이 컸기 때문이었다. 단적으로 트럼프 행정부도 중국 회사라는 이유로 틱톡을 강력하게 제재했지만, 위챗은 섣불리 고강도 제재를 하지 못했다. 위챗을 제재하여 미국 내 사용을 금지하거나 중국 사용자들에게 불이익을 줄 경우 애플 스마트폰 판매량이 20~30% 급감하면서 미국

의 출혈이 훨씬 커질 것을 우려했기 때문이다.[*]

텐센트가 만든 위챗의 위력은 애플이나 구글처럼 글로벌 빅테크 기업이나 미국 트럼프 행정부만 두렵게 만든 것이 아니다. 무소불위의 권력을 가진 시진핑 정부도 두려움을 갖게 하는 위력이 있다. 텐센트가 만든 위챗은 수십만의 기업 회원과 12억 개인 유저를 보유하고 출생신고에서 길거리 음식값 결제, 기업의 대내외 업무 활동에 이르기까지 중국 국민과 기업의 생활과 비즈니스 전반에 영향을 미친다. 이런 영향력을 가진 기업이 하나 더 있다. 알리바바다. 전 세계 플랫폼 시장을 구글과 애플이 양분한다면, 중국 내 플랫폼 시장은 텐센트와 알리바바가 양분하고 있다. 텐센트가 위챗이라는 SNS 앱서비스를 중심으로 거대한 생태계를 구축했다면, 알리바바는 아마존과 겨루어도 손색이 없는 전자상거래를 중심으로 거대한 생태계를 만들고 있다. 2019년 기준, 알리바바가 운영하는 알리페이는 중국 디지털 결제 시장의 55%를 장악하고 있으며(위챗페이는 38.9%를 점유) 10억 명의 중국인이 사용한다. 개인 대출도 5억 명, 중소기업 대출은 2천만 개 회사가 이용 중이다.[**] 알리바바와 텐센트, 이 두 회사도 아마존이나 스타벅스처럼 빅데이터로 실시간 학습하는 인공지능을 기반으로 한 디지털 플라이휠 전략을 구사한다는 공통점을 가지고 있다. 참고로 텐센트가 개발하는 인공지능 바둑 프로그램은 이세돌과 대결을 펼쳤던 알파고 리(AlphaGo Lee)를 넘어 세계 최고 수준이다. 이 두 기업이 운영하는 인공지능은 중국 14억 인구가 쏟아내는 방대한 온오프라인 빅데이터를 실시간으로 학습하면서 강력한 플라이휠 효과를 만들어내면서 중국 시장 전체를

---

[*]   EBR 비즈니스 리뷰 114회, 2020. 12. 8. 윤재웅, "미국 사과를 무릎 꿇린 중국의 이것"
[**]  한겨레, 2020. 12. 8. 박민희, "마윈, 빅데이터로 국가에 맞선 돈키호테?"

장악해 가고 있다. 중국 기업과 중국인의 마음과 일상생활도 사로잡고 있다. 앞으로 빅데이터 규모가 커질수록 이들이 훈련시키는 인공지능 역량은 더욱 향상되고, 인공지능 역량이 향상될수록 서비스 혁신과 비즈니스 효율성만 높아지는 것이 아니라 시장 영향력과 국가 장악력도 높아진다. 중국 정부가 무서워하는 것이 바로 이것이다. 한여름에 전력 사용량이 치솟으며 블랙아웃이 일어나면 도시 하나가 멈춘다. 엄청난 경제 손실도 발생한다. 하지만 위챗과 알리바바 서비스가 멈춘다면 중국 전체가 멈추는 초유의 사태가 벌어질 수 있다. 중국 정부 입장에서 본다면, 홍콩이나 신장 등에서 일어나는 반정부 시위보다 더 무서운 상황일 수 있다. 당연히 중국 정부는 이런 힘과 영향력을 가진 거대 플랫폼 기업이 공산당 통제에서 벗어나면 무슨 일이 일어날지 모른다고 생각할 수밖에 없다.

2020년 10월 24일 상하이에서 열린 한 금융 서밋에서, 마윈은 이강(易綱) 인민은행장을 비롯한 중국 당국자들을 앞에서 중국 금융 시스템에 대한 불만을 공개적으로 드러냈다.

"중국 금융에는 시스템 리스크가 없다. 시스템 자체가 없으니까."
"오늘날 중국 은행은 압류와 담보로 버티는 전당포의 연속일 뿐이다. 빅데이터를 바탕으로 한 신용체계로 바뀌어야 한다."
"미래는 창의력 경쟁이지, 감독 기술 경쟁이 아니다."
"기차역 감독하던 방식으로 공항을 감독할 수는 없다."

인공지능과 빅데이터 시대에 맞게 새로운 금융 시스템이 필요하다는 것을 역설하는 과정에서 한 말들이지만 듣기에 따라서는 중국 정부에 정면으로 도전하는 언행이었다.* 이례적으로 중국 정부는 즉각 군기잡기에 들어갔다. 중국 최고지도부는 상하이 홍콩 증시에서 사상 최대 규모의 기업공개(IPO)를 불과 이틀 앞둔 앤트그룹 상장을 전격 중단시켰다. 마윈과 앤트그룹 경영진도 소환했다. 중국 금융감독당국은 '플랫폼 경제 영역 반독점 지침' 초안을 발표했다. 온라인 소액대출 기업의 자기자본 확충 강화, 1인당 대출금액 제한 등 강력한 규제책도 일사천리로 발표했다. 결코 중국 정부의 충동적 행동이나 우연한 사건이 아니다. 국가 권력 기관을 능가할 정도로 영향력이 커지는 거대한 플랫폼 기업에 대한 사전 견제의 일환이자 주도권 전쟁의 선전포고다. 오래전부터 계획된 행동이다. 본격적인 길들이기다. 2020년 9월에 열린 당 중앙위원회 연설에서 시진핑 주석은 민간 기업가들이 중화민족의 위대한 부흥을 위해 사회주의 통일전선에 적극 나서라고 압박했다. 중국 경제 발전은 국유경제가 주도적 역할을 하는 '국가 자본주의'라는 점을 재확인시켰다. 중국을 전방위로 압박하는 미국 못지 않게 중국 내 거대한 플랫폼 기업들도 공산당에게는 매우 위험한 대상이라는 점을 스스로 드러낸 말과 행동이다.

---

* 　조선일보, 2020. 11. 16. 최유식, "앤트그룹 사태 뒤엔, 마윈과 중국 은행의 16년 전쟁"

# 삶을 바꾸는
# 인공지능

## 보이지 않는 손, 지능 알고리즘

유튜브(YouTube)가 대세다. 동영상 검색으로 정보와 지식을 습득하는 일부터 쇼핑에 이르기까지 유튜브는 구글이나 네이버 등 기존의 검색엔진을 대체하고 있다. 유튜브 영상을 보고 있자면, 알고리즘이 추천하는 영상을 보는 일이 흔하다. 유튜브 알고리즘이 추천해주는 동영상을 직접 키보드를 쳐서 검색해서 시청한 사람은 적다. 알고리즘이 추천해주지 않았다면 시청이 불가능한 영상들이다. 유튜브에는 1분에 400시간 분량의 동영상이 생겨난다. 하루에 576,000시간 분량이고, 1년이면 210,240,000시간이다. 사람이 스스로 찾아서 보기 힘든 양이다. 알고리즘의 도움이 절대적이다. 동영상 콘텐츠 규모만 폭발적으로 증가하는 것이 아니다. 현재 매일 2ZB(제타바이트)가 넘는 디지털 데이터가 인터넷에 업로드된다. 1ZB는 미국 전역에 있는 학술도서관에 소장된 도서 정보량의 50만 배에 해당하는 단위다.

인공지능 알고리즘은 동영상 추천을 비롯해 쇼핑, 금융, 교육, 물류, 운송, 제조, 서비스, 채용 면접 등 수많은 분야에서 '보이지 않는 손'이 되어 우리의 주위에 있다. 프로그래밍된 알고리즘이든 기계학습되는 알고리즘이든 알고리즘이 사용되지 않는 분야가 거의 없는 상황이다. 심지어 자신이 주도적으로 내렸다고 확신하는 의사결정이나 무심결에 취한 행동의 상당 부분도 누군가 설계한 인공지능 알고리즘에 영향을 받았을 수도 있다. 알고리즘이 개선될 때마다 의사결정이나 행동의 상당 부분이 달라진다. 알고리즘이 진보할 때마다 세상이 달라진다고 해도 과언이 아니다. 알고리즘이 보이지 않는 손이 되어 세상을 지배하는 사회는 '이미 온 미래'다.

지금까지 우리가 컴퓨터의 '계산' 알고리즘을 의지하는 삶을 살았다면, 앞으로는 컴퓨터의 '지능' 알고리즘에 의지하는 삶을 살고, 컴퓨터의 '지능' 알고리즘에 도움을 받아 비즈니스를 하는 시대를 살게 된다. 피할 수 없는 미래이자 이미 온 미래다. 컴퓨터가 계산만 잘하는 시대에도 파급력은 컸다. 컴퓨터가 지능을 갖는 시대는 파괴력이 기하급수적으로 증가한다. 최근 몇 십 년 동안 컴퓨터의 계산 알고리즘에 도움을 받지 않으면 경쟁에서 뒤처지거나 불리한 조건에 처했다. 앞으로는 컴퓨터의 지능적 알고리즘에 의지하지 않으면 조금 뒤처지거나 약간의 불리함을 당하는 정도가 아니라 경쟁의 격차가 기하급수적으로 늘어날 것이다. 시장 점유율이 적은 수준이 아니라 시장에서 퇴출당한다.

컴퓨터가 지능을 갖게 된 때를 언제부터라고 해야 할까? 이 질문은 인공지능 이전과 이후를 구별하는 기준이 무엇인가에 대한 것이다. 나는 2가지 기준을 가진다. **하나는 컴퓨터 프로그래밍 관점이다.** 이 관점에서 인공지능 이전과 이후를 구분하는 기준은 목적한 계산 결과를 산출하는 '전 과정'을 프로그래밍하느냐, 아니면 목적한 계산결과를 산출하는 '기본 방법'만 프로그래밍하느냐. 인공지능 이전은 목적한 계산 결과를 산출하는 전 과정을 프로그래밍했다. 인공지능 시대는 '기본 방법'만 프로그래밍하거나 인간이 '전혀' 프로그래밍하지 않게 된다.

'프로그램'(program)은 라틴어 '미리 쓰다'라는 단어에서 나왔다. 프로그래밍(programing)은 컴퓨터가 이해할 수 있는 상태로 '알고리즘'(algorithm, 문제를 해결하는 절차)을 만드는 것이다. 알고리즘의 어원은 9세기 이슬람 최고의 수학자이자 천문학자였던 아부 압둘라 무함마드 이븐 무사 알콰리즈미(A.D.780~850)의 이름에서 유래했다. 알콰리즈미는 바그다드의 알 마문 도서관과 천문대에서 일하면서 그리스와 인도 수학을 조화시키면서 페르시아 최초의 수학책을 만들었고, 인도의 아라비아 숫자를 이용하여 최초로 사칙연산(덧셈, 뺄셈, 곱셈, 나눗셈)을 만들었고, 0을 사용했고, '대수학'(al-jabr, algebra) 등과 같은 수학 체계를 완성했다. 아라비아 숫자를 사용하여 연산을 수행하는 수순이라는 뜻을 가진 알고리즘은 알콰리즈미의 명저 《인도 수학에 의한 계산법》(*Algoritmi de numero Indorum*)이라는 책의 제목에서 유래했다. 이 책은 500년 동안 유럽의 수학 교과서로 사용되면서 인도-아라비아 숫자와 계산법을 유럽에 전파했다. 당시에는 알고리즘이 아라비아 숫자를 사용해서 연산을 행하는 순서를 가리켰다. 현대에 와서는 좁게는 컴퓨터를 사용해 문제를 단계별로 해결하는 것부터 사람의 손으로 수학적 혹은 비수학적으로 문제를 해결하는 것까지 모두를 포함한다.*

　컴퓨터 공학에서 사용되는 대표적 알고리즘은 데이터를 일정한 규칙에 따라 재배열하는 '정렬 알고리즘'(sort algorithm, 특정 데이터를 재배열하는 일련의 절차), 어떤 조건이나 성질을 만족하는 데이터를 찾는 '탐색 알고리즘'(search algorithm, 특정 데이터를 탐색하는 일련의 절차), 재귀 호출(임의의 함수가 자신을 호출하는 것)을 이용하는 '재귀 알고리즘'(recursive algorithm, 특정 데이터를 재귀하는 일련의 절차) 등이 있다.** 컴퓨터 프로그램은 알고리즘들을 복잡하게 연결하여 만든 더 큰 절차다. 컴퓨터는 미리 쓰인 프로그램(절차들의 집합)에 따라 행동하는 계산기다. 1957년, '알고리즘'은 웹스터(Webster) 사전에 실렸는데, "어떤 문제를 해결하기 위해 명확히 정의된(well-defined) 유한 개의 규칙(규제)과 절차(명령)의 모임(집합)"으로 정의되었다. 그래서 좋은 알고리즘은 일련의 절차가 문제 해결에 적합한가? 효과적인가? 등으로 결정된다.*** 종합하면, 알고리즘은 '잘 정의된 논리적 규칙을 적용하여 문제의 정답을 이끌어내는 데 적합한 최선의 세부 절차'다.

　인공지능 이전의 프로그램은 프로그래머가 문제를 해결하기 위해 잘 정의된 논리적 규칙을 적용하여 미리 써놓은 최선의 세부 계산 절차를 한 치의 오차도 없이 아주 빠른 속도로 수행한다. 문제풀이 알고리즘 수행을 인간보다 정교하고 빠르게 하면서도 지치지 않는다. 인간의 행위, 작동, 정보를 다루는 것에 대한 명령과 행위 절차도 2진수로 바꿔 0과 1의 숫자로 계산하면서 수학적으로 처리를 한다. 그럼에도 불구하고 인공지능 이전의

---

＊　　노승영, 《만물의 공식》(반니, 2014), 12.

＊＊　오다카 토모히로, 《인공지능을 이용한 빅데이터 처리 입문》, 김성재 역(길벗, 2014), 31–116.

＊＊＊ 미와 요시코, 《가장 쉬운 알고리즘 책》 김대희, 장재호 역(비제이퍼블릭, 2014), 20.

컴퓨터 프로그램은 전 과정을 미리 쓰인 대로만 수행하기 때문에 스스로 생각하지도 않고 판단하지도 않는 계산기다. 이에 반해 인공지능은 프로그래머가 전 과정을 미리 쓰지 않는다. 기계가 데이터를 통해 학습하는 '기본 절차'만 미리 써놓는다.* 이를 '기계 학습 알고리즘'(Machine Learning Algorithm)이라 부른다.

　　**인공지능 이전과 이후를 구별하는 다른 하나의 관점은 '자율 학습'이다.** "자율성을 가지고 스스로 학습할 수 있느냐 없느냐"가 인공지능 이전과 이후를 구분한다. (프로그래머가 미리 써놓지 않은) 무언가를 스스로 해야 하는 인공지능은 태생적으로 자율성을 갖는다. 스스로 자율성을 갖고 미지의 행동, 새로운 행동을 하나씩 하면서 시행착오를 거쳐 목적한 계산 결과 혹은 목적하지 않았던 계산 결과를 산출한다. 이것은 결과를 산출하는 과정임과 동시에 학습 과정이 된다. 작동의 전 과정을 미리 써놓은 프로그램은 과정 전체가 결과 산출을 목표로만 한다. 프로그램이 무엇을 새로 배우지 않는다. 학습이 이루어지지 않는다는 말이다. 하지만 인공지능은 작동의 전 과정이 결과 산출이자 동시에 학습을 통한 자기능력 향상을 목표로 갖는다. 학습을 하지 않는 (작동의 전 과정을 미리 써놓은) 프로그램은 무한반복해서 작동을 시켜도 성능이 자동으로 향상되지 않는다. 하지만 학습을 하는 프로그램은 반복시킬수록 프로그램 성능이 스스로 향상된다. 처음에는 작동의 전 과정을 미리 써놓은 프로그램보다 성능이 낮다. 인간이 직접 하는 것보다 결과가 형편없어 웃음거리가 되기 쉽다. 최초에 나타난 결과만 보면 이것으로 인간을 능가한다는 예측이 거짓말처럼 들린다. 가능한 모든 시행착

---

\*　　피터 해링턴, 《머신러닝 인 액션》, 김영진 역(제이펍, 2013), 11, 12.

오 과정을 거쳐야 하기 때문에 비효율적이다. 하지만 반복 횟수를 늘릴수록 성능 개선이 일어난다. 그리고 컴퓨터의 최고 장점인 '지치지 않고 무한으로 반복할 수 있는' 역량을 사용하면 결국 인간 역량을 넘어선다.

세상은 해결해야 할 문제가 무한대다. 인간이 알지 못하고 발견하지 못한 문제도 무한하다. 문제는 무한대지만, 프로그래밍은 무한대로 할 수 없다. 문제마다 인간이 알고리즘을 모두 짤 수 없다. 어떤 문제는 단일 문제지만, 아주 복잡하다. 이런 상황을 해결하는 방법은 컴퓨터가 알고리즘을 스스로 무한하게 짜서 무한하게 수행하도록 하는 것이다. 말도 안 되는 접근이지만, 컴퓨터의 계산 속도가 향상되면서 이 방법이 효과를 발휘하기 시작했다. 인공지능의 사용 범위가 넓어지는 이유가 하나 더 있다. 특정 문제를 풀기 위해 필요한 데이터도 무한에 가깝게 증가 중이기 때문이다. 인간의 수집 속도보다 빠르게 증가하는 데이터를 인간이 직접 수집해서 프로그래밍된 소프트웨어 장치에 넣어주는 일은 불가능하다. 해법은 무엇일까? 인간보다 빠르게 작동하면서 지치지 않는 인공지능이 데이터도 자율성을 가지고 스스로 수집하면 된다. 미래의 어느 날에 인간이 컴퓨터(인공지능 소프트웨어 장치)에게 스스로 진화하는 방법까지 프로그래밍해주면 인공지능의 성능개선 속도는 더 빨라질 것이다. 지금은 인간이 명령한 문제만 스스로 풀지만, 미래에 진화한 인공지능은 문제 자체도 스스로 찾게 될 것이다. 이런 과정을 거쳐서 인공지능 스스로가 자율성을 가지고 알고리즘을 짜고, 필요한 데이터도 수집하는 소프트웨어 장치를 가진 수준까지 발전해갈 것이다. 인간이 감지하지 못한 문제, 인간이 간과한 문제 등을 스스로 찾고, 스스로 알고리즘을 짜고, 스스로 데이터를 수집·가공·저장하여 문제를 해결하는 능력을 갖춘 컴퓨터가 되어갈 것이다. 이 수준이 되면 인간은 컴퓨터를 절대 이길 수 없다.

그러면 지금 당장 모든 문제, 모든 비즈니스, 모든 영역에 자율학습 능력을 가진 인공지능을 도입하는 것이 옳을까? 아니다. 현재 사용되는 인공지능은 완벽하지 않다. 문제를 해결하는 데 있어서 인간이 직접 수행하거나 인간이 전 과정을 프로그래밍해서 작동시키는 방식에 비해 시간과 비용에서 탁월한 효율성을 발휘하는 분야가 적다. 즉 모든 영역에 인공지능을 적용시킬 수 있지만, 비효율적인 영역이 훨씬 많다는 말이다. 문제와 결괏값이 분명하고 단순한 문제는 전 과정을 프로그래밍하는 방식이 여전히 효과적이다. 그렇기 때문에 당분간은 인간이 프로그래밍한 알고리즘과 인공지능이 스스로 자율성을 가지고 성능을 개선해가는 알고리즘이 공존할 것이고, 이 두 가지 방식을 적절하게 활용하는 개인과 기업이 경쟁 우위를 갖는다. 완전한 인공지능은 먼 미래다. 하지만 인간이 철저하게 프로그래밍한 대로 움직이는 계산 알고리즘과 스스로 학습하는 지능 알고리즘을 적절하게 사용하여 파괴적 혁신을 만들어내는 것은 '이미 온 미래' 혹은 인공지능 시대에 '가장 먼저 온 미래'다.


## 약한 인공지능의 힘


비효율성이나 알고리즘 구조의 한계를 가진 인공지능을 '약한 인공지능'이라고도 부른다. 하지만 '약한'이라는 수식어가 붙는 바람에 큰 오해가 하나 생겼다. "아직 별것 아니다!"라는 오해다. 이런 오해에 사로잡혀 있다면 큰 오산이다. 약한 인공지능도 산업 전 분야를 바꾸는 게임 체인저가 될 능력은 충분하다.

약한 인공지능은 분류, 군집, 회귀 기술만 사용하는 약한 수준의 학습 능력을 갖추고, 약한 수준의 자율성을 발휘해서 탐색과 예측에서 제한된 합리적 행위만 하는 알고리즘이다. 약한 인공지능에 학습을 시키려면 빅데이터와 분명하고 단순한 목표(정답이나 가치)가 있어야 한다. 이 두 가지가 없으면 학습 자체가 불가능하다. 약한 인공지능은 기계학습 성능 자체에 결정적 영향을 주는 '목표 판단'(정답 혹은 좋고 나쁨 등 가치 결정)도 스스로 하지 못한다. 목표를 인간이 정해주더라도 복잡하고 난해하고 예술적 수준이면 학습이 불가능하거나 성능이 급격하게 저하된다. 복잡하고 난해한 목표(예술적 목표)를 연산이 가능하도록 스스로 '세밀하게 쪼개서' 단순화시켜 '0과 1로 전환'하는 능력이 없다. 이런 일들은 인간 전문가에게 의존해야 한다. 인간 최고의 바둑 기사 이세돌을 이겼던 알파고도 바둑의 목표를 복잡하고 난해한 예술적 목표가 아니라 무조건 승리(집 숫자 우위)하면 된다는 단순하고 명쾌한 목표(최종 기댓값 하나)로 좁혔기 때문에 놀라운 성능 발휘가 가능했다.

인간은 바둑의 승패를 넘어 대세관, 기풍, 귀, 변, 중앙, 전투, 수비 등의 효율, 예술성 등 복잡하고 난해한 기댓값을 목표로 설정하고 평가하고 성취할 수 있다. 미래에 인공지능이 이런 능력들까지 갖춘다면 비로소 '강한 인공지능'이라고 평가받을 수 있을 것이다. 현재의 약한 인공지능은 데이터가 많고, 목표가 단순하고, 명쾌한 영역, 기계학습 비용이 낮은 영역에서만 인간을 대체할 수 있다. 문제 해결도 분류, 군집, 회귀 기술 안에서만 가능하다. 일치 판단, 확률적 연결, 다음 수 예측 등은 인간 지능의 핵심 행위(behavior)다. 현재 약한 인공지능은 이런 낮은 수준의 지적 사고 능력 구현만 가능하다. 심지어 이런 낮은 수준의 지적 사고 능력 발휘에도 한계가 있다. 알파고 사례로 볼 때, 깊이 있게 검색(분류, 군집)하고 확률적으로 예측(회귀)하는 능력은 단순하게 설정된 한 가지 목적(무조건 집을 많이 차지하여 승리하라)에 따른 행동에서만 엄청난 성능을 보인다. 약한 인공지능이 단순하고 낮은 수준이고 한계가 분명한 지적 사고 능력을 가졌지만, 산업 혹은 비즈니스 전반에 걸쳐서 강력한 파괴력을 발휘할 수 있는 이유는 무엇일까? 그 수준만 필요로 하는 영역에서는 인간 전문가를 넘어섰기 때문이다.

예를 들어 약한 인공지능은 생명체의 고유 능력인 보고, 듣고, 말하고, 느끼는 영역에서 '같으냐, 다르냐?' 같은 확률적 일치 여부를 판별하는 능력이 인간을 넘어섰다. 확률적 일치를 '분류'하는 능력은 단순한 기능이지만 비즈니스에서 적용할 범위는 무수히 많다. '같으냐, 다르냐?' 'Yes or No' 같은 확률적 일치 판별 기능도 일치되는 데이터 간의 확률적 연결(군집)로 가면 한 단계 더 발전한 능력이 된다. 판별(분류)이나 연결(군집) 다음 단계는 '다음에 무엇이 나올지'를 예측(회귀)하는 능력이다. 예측 능력도 다음 한 수 예측부터 수십 수 예측에 이르기까지 수준이 천차만별이다. 알파고가 보여준 능력을 통해 볼 때, 약한 인공지능은 경우의 수 조합과 가장 가능성이 높거나 효과적인 경우의 수에 대한 확률적 판단에서 인간 수준을 넘어섰다. 인간이 일상생활이나 근로 현장에서 하는 일, 인간이 만든 제품과 서비스 기능 중에서 경우의 수를 검색하고 그중에서 가장 확률적으로 좋은 것이 무엇인지를 판단하는 상황은 아주 흔하다. 약한 인공지능을 사용하면 좋은 영역이 매우 많다는 말이다.

# 교육시장을 점령한 인공지능과 데이터 과학

약한 인공지능이 가장 활발하게 적용되고 변화를 만들어내는 곳 중 하나는 교육시장이다. 교육 분야가 가장 느리게 변화한다는 말은 옛말이다. 선진국 교육시장은 인공지능과 데이터 과학이 점령하는 최첨단 테크놀로지 경쟁 영역으로 변해가고 있다. 에듀테크(edutech)가 가장 뜨거운 화두가 될 정도로 교육 분야는 인공지능, 빅데이터, 가상현실, 홀로그램 등 각종 미래 신기술이 가장 광범위하고 빠르게 적용되는 영역이 되면서 혁신기업들의 치열한 경쟁터이자 가장 빠른 성장세를 보이는 분야가 되고 있다.

영국은 에듀테크 혁신 기업이 1,000개가 넘는다. 중국은 전 세계 에듀테크 유니콘 기업 절반을 보유하고 있고, 투자금액도 세계 1위다. 미국은 2019년 한 해에만 에듀테크 분야에 16억 6천만 달러 규모의 투자금이 흘러들어갔다.[*] 미국에서는 오프라인 교육시장이 2009년에 전체 교육시장의 77%였다. 하지만 마이크로 러닝, 이러닝, 버추얼 클래스룸, 인공지능 앱 등 에듀테크 서비스가 빠르게 시장을 잠식하면서 2019년에는 오프라인 교육시장이 32%로 줄었다.[**] 2020년 발발한 코로나19 팬데믹 사태로 디지털 플랫폼, 가상현실 등을 활용한 교육, 인공지능 교육 서비스 등의 확장이 더욱 빨라지고 있다.

미국 스타트업 스터디풀(Studypool)은 빅데이터와 인공지능 기술을 이용해서 실시간으로 수학, 회계, 글쓰기 등에서 학생이 어려워하는 문제 해결을 도와주는 서비스를 제공 중이다. 미국 내 1,500만 명의 회원

---

[*] 전자신문, 2020. 12. 8. 박소라, "내 책상에 들어온 AI, 다채로워진 AI 교육기술"
[**] 중앙일보, 2020. 8. 7. "코로나 이후 교육의 미래는? '에듀테크'가 가져온 3가지 큰 변화"

을 보유한 드림박스 러닝(DreamBox Learning)이라는 회사는 인공지능과 게임을 결합하여 수학 학습 서비스를 제공한다. 국내에서도 매스프레소(Mathpresso)가 기계학습 인공지능 기술로 개발한 수학 문제풀이 콴다앱 서비스도 한국, 베트남, 일본, 인도네시아, 타이 등 여러 국가에서 한 달 사용자가 500만 명을 넘을 정도로 빠르게 성장 중이다. 산타토익으로 알려진 뤼이드(riiid)라는 국내 스타트업도 인공지능이 학습자의 오답 분석, 점수 예측, 문제·강의 추천, 동기 부여 등에서 좋은 성과를 내면서 누적 다운로드 50만 돌파와 수백억 원의 투자를 받을 정도로 급성장하고 있다. 마블러스(Marvelous)라는 에듀테크 스타트업이 인공지능 기반 음성 인식과 가상현실(VR) 기술을 결합하여 만든 영어 교육 서비스도 출시되었다. 인공지능과 가상현실이 결합되면 학습자가 마치 뉴욕의 가게에서 미국인 점원과 영어로 실제 대화하는 듯한 환경을 만들어내면서 몰입감을 높일 수 있다.* 미국 샌프란시스코에 본사를 둔 음성 인식 기술 전문 스타트업 스픽이지랩스(Speakeasy Labs)는 '발화'에 초점을 둔 인공지능이 학습자의 영어 스피킹 연습, 실전 대화 훈련을 돕는 서비스를 아시아 최초로 한국에서 출시했다. 2019년 출시 첫 해에는 10만 다운로드였지만, 2020년에는 입소문을 타고 100만 다운로드를 돌파했다. 월 매출도 평균 30%씩 증가하고 있다. 청소년 어학 에듀테크 선두주자인 청담러닝도 지난 10년 동안 모은 청소년들의 말(발화)을 빅데이터로 모아 교육용 AI를 만들었다. 청소년의 발화 데이터를 고성능 STT(Speech to Text, 음성을 문자로 옮기는 기술)와 결합

---

＊ 시사iN, 2020. 10. 29. 전혜원, "인공지능이 교육 불평등을 해소할까" 한경비즈니스, 2020. 9. 9. 이현주, "'산타 토익 돌풍' 장영준 뤼이드 대표 '기술 DNA없는 교육시장, 데이터 과학으로 점령했죠'" 중앙일보, 2020. 8. 11. "뉴욕 가게에서 점원 만난 듯이 영어 공부...'VR교육은 30대보다 50대가 더 만족'"

하면 어떤 일이 벌어질까? 청소년들 사이에서 주로 사용하는 단어나 문장, 자주 틀리는 문장이나 대화가 빅데이터로 쌓이면서 챗봇에서 인공지능이 나누는 대화가 또래의 대화처럼 자연스러워진다. 이런 기술을 얼굴 인식과 홍채추적(아이트래킹) 기술과 결합시키면 청소년의 태도 및 학습률을 강사에게 알리는 시스템을 만들어낼 수 있다. 오프라인 교실에서는 교사의 시선을 피할 수 있는 사각지대가 있지만 온라인에서 학생들의 태도나 얼마나 말을 많이 했는지 등을 빅데이터로 학습된 인공지능이 곧바로 파악해내어 선생님에게 통보해줄 수 있다.[*]

미국의 명문 공대 조지아텍은 IBM 왓슨의 기능을 활용한 인공지능 조교 '질 왓슨'(Jill Watson)을 개발하고 온라인 교과과정에서 매년 학생들의 질문 1만 건 이상에 자동 응답하는 시스템을 운영 중이다. 한국에서는 아이스크림 에듀(i-Scream edu)라는 회사가 매일 1,500만 건씩 쌓이는 학습 정보(요일별 학습 과목, 시간, 학습 수행률 등)로 기계학습시킨 인공지능이 탑재된 '인공지능 생활기록부' 서비스를 1,000명의 교사들이 사용 중이다. 일본에서는 '쿠베나'라는 인공지능이 학습 내용을 이해시키고 암기하게 돕는 역할을 담당하고 인간 교사는 학습 코칭에 집중하는 실험을 진행 중이다. 세계 최고 수준의 안면인식 기술을 보유한 중국에서는 각종 과목 수업에서 학생의 표정과 행동을 인공지능이 실시간으로 모니터링하면서 흥미나 몰입 수준을 평가하여 수업 주제를 바꾸는 서비스가 인기 높다. 인도의 한 에듀테크 스타트업은 영국 런던칼리지와 공동으로 온라인 수업 10만 시간 분량 동영상을 가지고 딥러닝 인공지능 교사 훈련을 시키고 있다.

---

[*]　중앙일보, 2020.7.20. 유재연, "비대면시대는 새로운 교육의 출발점"

영어 수업을 하면서 발음, 억양 등을 분석하고 실시간 대화 연습을 제공하는 것이나 인공지능 알고리즘이 학생의 학습 태도, 시험 성적, 문제 풀이 습관이나 학업 성취도 등을 분석하고 예측하여 개인 맞춤형 학습 시스템을 설계해주거나 학생의 취약점을 정확하게 분석하여 부족한 부분을 보완해주는 맞춤형 콘텐츠를 제공하는 기술은 이제 흔한 서비스가 되었다. 조만간 인공지능 조교나 교수가 등장해서 시공간을 초월하여 24시간 원하는 시간과 장소에서 학생들의 학사 조언, 학습 멘토링, 각종 시험 관리, 수행평가 조언, 맞춤형 보충 지도 등 다양한 교수학습 영역을 대체하게 될 것이다.* 인공지능을 로봇과 연결시켜 교육 분야에 응용하는 연구와 시도들도 빠르게 늘어나고 있다. 노르웨이 비영리재단 '노르웨이 컴퓨팅센터'는 오슬로 그로루드(Grorud) 지역에 사는 이민자들 중에서 노르웨이어를 제대로 구사하지 못하는 취학 전 아이들에게 인공지능이 탑재된 휴머노이드 로봇인 '나오'(Nao)로 노르웨이어 교육을 실시하여 좋은 성과를 냈다. 연구팀은 앞으로 자폐아 대상의 교육 프로그램, 다른 외국어 학습 프로그램 등에도 인공지능 소셜 로봇을 적용하려는 계획도 발표했다.**

인공지능을 활용한 공교육이나 사교육 시장이 보편화되는 일은 이미 시작된 미래다. 각국의 스타트업 회사만 에듀테크 시장에 뛰어든 것이 아니다. 구글, MS, 애플, 페이스북 등 글로벌 빅테크 기업과 각국의 통신사들도 자사 인공지능을 적극 활용하여 교육 플랫폼 시장에 뛰어들 준비를 하고 있다. 페이스북이 만든 인공지능 챗봇인 '너디파이 봇'(Nerdify Bot)은

---

\* 　전자신문, 2020. 12. 8. 박소라, "내 책상에 들어온 AI, 다채로워진 AI 교육기술"

\*\*　로봇신문, 2020. 11. 12. 장길수, "소셜 로봇, 취학 전 아동 언어발달에 긍정적 영향" 시사IN, 2020. 10. 29. 전혜원, "인공지능이 교육 불평등을 해소할까"

수학과 과학에서 완벽에 가까운 채팅 응답률을 보이고 있다. 코로나19 시기에 백신 개발에 큰돈을 투자했던 빌게이츠도 인공지능을 활용한 맞춤형 학습에 1억 달러 이상을 투자해서 교육 격차와 불평등을 해소하는 프로젝트를 진행 중이다. 이들의 노력 덕택에 인공지능과 결합된 새로운 교육 서비스는 더 이상 우리에게서 멀리 있지 않게 되었다. 인공지능 비서 서비스는 스피커에 탑재가 되든 TV나 스마트폰 등 다른 디바이스에 장착이 되든 코로나19 정국에서 지루한 일상에서 빠져나오고 싶은 소비자들의 호기심을 자극했다. 특히 자연어 처리 능력이 향상되면서 외국어 학습에 이용하는 비율이 높아지고 있다. 집에 있는 시간이 많아지면서 '슬기로운 시간 보내는 방법'이 주목받는다. 슬기로운 시간 보내기의 단연 1위는 자기계발이다. 원어민과 대화하는 듯한 수준의 발음과 대화 능력을 보여주는 인공지능 스피커는 실제 원어민과 대화할 기회가 적거나 만나더라도 영어 울렁증을 보이는 사람들에게 안성맞춤이다. 집 안에서 자기 마음대로 큰 소리로 엉망진창 영어를 구사해도 무안함이나 창피함이 없어 영어 훈련에 큰 도움이 된다. 코로나19로 대면 수업이 줄어들면서 매출에 큰 타격을 입는 민간 교육 업체들도 인공지능 스피커를 활용하는 교육서비스 출시를 늘리고 있다. 정부나 공교육 기관들도 앞다투어 인공지능이 미래 교육의 중요한 도구라고 선전하는 바람에 소비자들의 거부감도 많이 줄어든 상태다.

에듀테크 시장에 글로벌 빅테크 기업과 세계적인 기업가들이 관심을 가지고 참전을 준비하는 이유는 무엇일까? 여러 가지 이유가 있지만 핵심은 3가지다. 첫째, 교육시장은 황금알을 낳는 거위다. 시장조사업체 홀론IQ는 2025년 전 세계 교육시장 규모가 7조 8천억 달러에 이를 것으로 추정한다. 그중에서 인공지능, 빅데이터, 각종 VR 기술 등을 활용한 에듀테크 시장은 매년 12%씩 성장하여 2025년이면 3,420억 달러 규모까지 성장할 것으로 전망된다.* 한국에서도 초등학생 대상 비대면 교육시장 규모가 2,500억 원 정도로 추정되고, 매년 25%씩 급성장하고 있는 것으로 분석된다.** 에듀테크 시장이나 초등학생 대상 비대면 교육시장의 연간 성장률 12~25%는 국내 검색엔진 광고와 쇼핑몰을 합친 비즈니스 플랫폼 시장 연간 성장률 14~15%대와 비교해도 손색이 없다. 이처럼 미국, 중국, 한국을 포함한 주요 선진국에서 에듀테크가 교육 분야에서도 가장 빠른 성장세를 보이는 영역이다. 둘째, 사람이 아닌 기술 기반으로 시장 진입이 가능해졌다. 교육시장은 황금알을 낳는 거위지만 과거에는 일타 강사처럼 오랫동안 노하우를 축적한 교육 전문가에 대한 의존도가 매우 높았다. 하지만 이제는 빅데이터와 인공지능 기술의 발달로 진입장벽이 낮아졌다. 셋째, (이것이 가장 중요한 이유일지도 모른다) 현재 빠르게 성장 중인 에듀테크 스타트업들이 언젠가는 강력한 플랫폼 기업으로 성장하여 자신들을 위협하는 위치에 오를지 모른다는 위기감이다. 21세기는 평생교육의 시대다. 어린아이부터 노인에 이르기까지 끊임없이 학습하고 새로운 것을 익혀야 생존할 수 있다. 교육산업의 대상이 전 연령층으로 확대되어 서비스 이용자가 폭발적으로 증가하면 이 시장을 장악하는 기업은 강력한 플랫폼 기업이 되고, 그 힘을 가지고 쇼핑에서부터 게임이나 디지털 화폐에 이르기까지 거의 모든 미래 시장에 진입할 능력을 얻게 된다. 한마디로 에듀테크는 또 다른 시장 파괴자로 변신할 수 있는 강력한 디딤돌인 셈이다.

---

\* 　전자신문, 2020. 12. 8. 박소라, "교사당 수십 명 학생 '비효율' 숙제, 교육의 지능화로 푼다" 조선비즈, 2020. 11. 7. 류현정, "100만 다운 스픽 CEO '한국에서 성공하면 세계에서 성공'"
\*\* 　한국경제, 2020. 2. 11. 김정은, "웅진씽크빅 '학습지 탈피, 에듀테크 선도, 3년 내에 매출 1조"

참고로 캘리포니아대학(UCLA) 심리학 교수 패트리샤 그린필드(Patricia Greenfield)는 디지털기기가 시각 능력은 촉진하지만 체계적 지식 습득, 논리적 추론, 비판적 사고, 자유로운 상상력, 깊은 성찰을 해친다고 지적한다. 나이가 어릴수록 이런 부작용은 커진다. 캘 리포니아대학 매리언 울프(Maryanne Wolf) 교수는 디지털 매체가 아이의 독서능력을 영구히 손상시킬 수 있다고 경고한다. 디지털 기기가 깊은 이해와 집중이 필요한 독서에는 부적합하다는 결론이다.* 이런 이유들로 인공지능을 기반으로 한 에듀테크의 발전과 도입에 부정적인 사람들이 많다. 이들의 우려를 충분히 이해하고 지적하는 부작용에도 동의하지만 대세는 대세다. 피할 수 없다면 변화를 받아들이면서 부작용을 극복할 대안을 찾아야 한다.

---

\*    오마이뉴스, 2020.7.14. 강인규, "실리콘밸리 경영진 자녀들이 다니는 최고급학교의 비밀"

# 뜻밖의 미래, 준비를 마쳤다

## 앞당겨진 미래 시장

2020~2021년 전 세계를 강타한 코로나19는 많은 상처와 고통을 주었지만, 동시에 미래를 앞당기는 역할도 했다. 코로나19 팬데믹 사태가 일어나지 않았다면 인공지능을 중심으로 만들어질 미래 시장은 최소 3~5년, 최대 10년 정도는 시간이 더 필요했을 것이다. 코로나19로 인해 지난 2년 동안 전 세계는 강제로 기존의 국가 운영방식, 기업 경영 및 근무 방식을 바꿔야 했다. 심지어 투자시장의 흐름도 바꾸었다. 개인도 자기계발부터 의식주에 이르기까지 오랫동안 익숙했던 대부분의 생활방식을 바꿔야 했다. 서양과 동양, 부자 국가와 가난한 국가, 남녀노소 예외 없이, 대면에서 비대면, 오프라인에서 온라인, 인간 중심에서 기술 중심으로 대이동을 강제 받았다.

2020~2021년 주식시장은 미래 산업과 시장을 두고 벌이는 치열한 전쟁이 아주 가까이에 왔다는 것을 가장 먼저 알았다. 코로나19라는 최악의 위기 속에서 미래 기술의 강자, 미래 산업의 선두에 선 기업은 미래 상품의 매출 규모와 상관없이 주가가 폭발적으로 상승했다. 코로나19에 대응하는 중앙은행과 정부의 막대한 구제금융과 지원책에 힘입어 주식시장이 빠르게 반등했지만 기존 산업은 반등에 한계를 드러냈다. 하지만 테슬라를 선두로 미래 자동차, 바이오 및 미래의료, 인공지능, 자율주행 로봇, 미래 에너지, 미래 금융 등 미래 산업은 버블 논쟁에도 불구하고 승승장구하며 투자금이 몰렸다. 2020년 상반기에만 언택트 기술을 기반으로 한 미래 기술 기업들은 시총이 30% 상승했다. 골드만삭스는 기술 버블 논란에도 불구하고 돈이 몰리는 아마존의 목표 주가를 한 번에 28% 상향했다. 일부에서는 아마존 주가가 5천 달러에 이를 것이란 전망도 나왔다. 아마존을 단순하게 인터넷 쇼핑몰 회사가 아니라 아마존웹서비스(AWS)나 인공지능 기술 등을 장착한 빅테크(Big Tech) 기업으로 평가했기 때문이다.[*]

코로나19 경제 위기를 극복하고, 국가의 미래 운명을 건 각국 정부의 뉴딜정책에도 중심은 미래 기술과 미래 산업이었다. 한국 정부가 발표한 뉴딜 10대 간판사업은 데이터 댐, 인공지능 정부, 스마트 의료 인프라, 그린 리모델링, 그린 에너지, 친환경 미래 모빌리티, 그린 스마트스쿨, 디지털 트윈, SOC 디지털화, 스마트 그린산단이다. 전부 미래 기술과 미래 산업에 방점이 찍힌다.

위기 극복에 노하우가 있고, 미래를 준비하는 데 앞서 있는 글로벌 기

---

[*]    한국경제, 2020.7.21. 노정동, "아마존이 나스닥 삼켰다"

업도 코로나19 이후를 대비하는 유일한 길로 미래 먹거리 투자 가속화를 선택했다. 코로나19로 안전을 위한 자동화 기술 요구 목소리가 커지면서 인공지능, 자율주행, 로봇, 드론, 바이오 헬스케어 등 미래기술과 산업에 대한 투자 압박이 커지는 것을 피부로 느끼고 있기 때문이다. 소비자의 욕구가 커지고, 정부와 기업의 투자가 늘어나면 미래 기술 발전에도 도약이 일어난다. 시간 단축이 일어난다. 그만큼 미래 전쟁도 격해지고, 시장도 앞당겨지고, 승자와 패자의 결정도 빨라진다. 예를 들어 삼정KPMG는 글로벌 자율주행차 시장 규모를 2020년 8조 5,000억 원에서 2035년 1,334조 원으로 약 150배 증가할 것으로 전망했다. 국내 시장 규모는 2020년 1,509억 원에서 2035년 26조 1,794억 원으로 연평균 40% 성장할 것으로 예측했다.[*] 이미 연평균 40%씩 성장하기 시작한 미래 시장을 지켜보기만 할 수는 없는 노릇이 아닌가! 2020년 7월 21일, 미국 방위산업업체 록히드 마틴(Lockhead Martin)의 제임스 테이클릿(James Taiclet) 신임 CEO는 미래 군용 차량의 최대 2/3는 자율주행으로 구동하는 시대가 올 것으로 전망했다.[**] 2020년 5월 5일, 보잉사는 호주 공군에 '로열윙맨'이란 이름의 '자율운행 모드'가 탑재된 무인 전투기를 공급했다.[***] 러시아는 2025년까지 로봇 전투부대 창설을 계획 중이고, 미국에서는 전투 비행단 전체를 1대의 유인 전투기가 조종할 수 있는 기술, 인공지능이 탑재된 무인 탱크 등을 개발 중이다.[****] 코로나19 이후, 군수시장에서도 미래 기술 경쟁이 가속화될 가능성

[*]     한국경제, 2020. 7. 7. 오세성, "테슬라 이것 때문에 900만 원 더 써도 1년 기다려 산다"
[**]    조선비즈, 2020. 7. 22. 이용성, "록히드 마틴, 군용차량 3분의 2가 자율주행하는 시대 온다"
[***]   아시아경제, 2020. 5. 10. "코로나19로 신병 대신 '로봇' 무인무기 개발 박차"
[****]  조선일보, 2020. 7. 27. 김성민, 우수민, "어머, 아파트 공사장에 로봇 댕댕이가 나타났어요"

이 높다.

코로나19로 자율주행 배달로봇이 등장하고, 산업 현장에 로봇 개가 투입되면서 자율주행 로봇을 둘러싼 미래 시장도 더 이상 신기루가 아니라 코앞에 닥친 현실이 되었다. 산업이나 상업 영역에서 자율주행 로봇이 움직이기 시작하면 그동안 소강기를 보내고 있던 가정용이나 전문 서비스용 인공지능 로봇 시장도 기지개를 펼 가능성이 높다. 최근 국제로봇협회는 2022년 가정용 인공지능 로봇의 시장 규모를 기존 97억 달러에서 115억 달러로 상향 조정했다. 시장조사업체 스트래티지 애널리틱스도 2019년에 310억 달러에 머무렀던 서비스 로봇 시장 규모가 2024년경에는 1,220억 달러로 4배나 성장할 것이라는 전망을 내놓았다.

코로나19 이후 '언택트'라는 화두는 텍스트와 이미지로 된 2D 플랫폼 경쟁을 인공지능을 중심에 두고 가상현실, 동영상 미디어, 5G 실시간 모바일 등이 복합적으로 버무려진 차세대 플랫폼 경쟁이라는 화두로 자연스럽게 넘어갈 것이다. 팬데믹 전염병이 다시 돌아오는 미래를 대비해서, 아마존은 인공지능과 3차원 가상 기술이 중심이 된 차세대 플랫폼을 구축해놓고 바이러스 감염 걱정 없이 안전하게 물건을 만져보고, 세균이 묻어 있지 않은 디지털 화폐로 결제하게 할 수 있다. 주문한 물건은 아마존이 운영하는 자동 물류센터를 나와 로봇이 내 집 앞까지 배달해줄 것이다. 내 집 가까이에서 무인 운영되는 아마존 편의점은 바이러스를 비롯한 각종 유해 세균 방역을 자동으로 하며, 매장 문 앞에 서면 최소한의 건강 체크를 하여 출입자를 규제하고, 내가 주문한 물건을 나만 만질 수 있도록 자동으로 분류해놓을 것이다. 코로나19가 극성을 떨칠 때에도 아마존 같은 언택트 기업들은 안전하게 물건을 사고 업무를 보고 사회적 관계를 유지하도록 해주었다. 이런 경험을 한 수많은 소비자들은 이런 상상을 했을 것이다. "아마존이 다음 번 전염병 때에도 나의 안전을 지켜주겠지!" 아마존은 소비자의 이런 환상을 정확하게 알고 있을 것이다. 그리고 한발 앞서서 미래 준비를 시작했을 것이다.

코로나19가 부각시킨 최대 화두는 의료와 바이오 산업의 미래다. 미래 의료를 말할 때, 4P를 자주 거론한다. Precision(정밀), Predictive(예측), Preventive(예방), Participatory(참여)다. 4P를 현실화시키는 것은 미래 기술이다. 코로나19는 4P가 먼 미래 일이 아니라는 확신을 주었다. 캐나다 인공지능 의료 플랫폼 회사 블루닷(BlueDot)은 인공지능 알고리즘으로 코로나19 발병을 WHO보다 빨리 감지했다. 블루닷은 데이터마이닝 알고리즘으로 행정정보(인구수, 지리적 위치)나 사람의 실시간 이동 정보 등을 분석하고, 생물정보학 시퀀스 데이터를 분석하는 소프트웨어를 사용해서 각종 바이러스 특징(유전자 분석, 감염 방식, 잠복기)을 파악해 감염병 발병 예측 및 확산모델을 만들었다.[*] 알리바바의 인공지능은 20초 만에 감염자의 흉부 CT를 판독해서 96% 확률로 코로나19 확진자를 파악했다.[**] 코로나19는 원격 진료의 필요성을 전 세계적으로 부각시켰다. 미국처럼 민간 의료비용이 비싼 곳에서는 디지털 기술을 활용해서 의료 서비스 비용을 낮추어야 한다는 목소리도 만들어냈다. 스마트폰을 비롯해서 각종 웨어러블 첨단기기와 로봇 등을 사용해서 개인 건강과 안전을 관리하고자 하는 욕구와 의지도 커졌다. 중국에서는 코로나19가 확산되면서 의료 로봇 사용이 빠르게 증가했다. 청두에서는 공무원들이 '스마트 헬멧'을 착용하고 거

---

[*]    IBS, 2020. 3. 12. 차미영, 코로나19 과학 리포트, "인공지능으로 바이러스 진단, 예측"
[**]    머니투데이, 2020. 4. 6. 조성훈, "코로나와 싸우는 AI, 자가격리자 문진하고 치료제도 찾고"

리 순찰을 하며 보행자의 체온을 측정했다. 원격 폐렴 진단, 화상 의료 상담, 로봇을 활용한 거리 및 건물 소독 등 미래 의료 기술이 적극 도입되었다.* 중국이 미래 의료 산업을 주도하기 시작하면 미국을 비롯한 선진국들도 계획과 투자를 앞당겨야 한다. 실리콘 벨리에서는 이미 시작된 미래다. 알파고로 유명해진 구글은 단백질 접힘 문제를 해결하기 위해 개발한 '알파 폴드'(AlphaFold)를 코로나19 치료법 개발에 투입했다.

인공지능 기술은 코로나19 바이러스와 싸움에도 큰 도움을 주었다. 2020년 중국 상하이 보건국은 코로나19 의심환자 조사에 AI 음성 비서 기술을 이용했다. AI 음성 비서가 감염 의심자 개인의 신원과 건강 상태를 질문해 정보를 수집하고, 답변 여부에 따라 자가격리나 검역소 안내를 했다. 인간 조사관이 200명에게 전화를 걸어서 역학조사 과정을 처리하려면 2~3시간이 걸리지만 AI 음성 비서는 단 5분 만에 끝낸다. 그만큼 방역에 속도를 낼 수 있었다.** 코로나19 사망자를 줄이거나 종식 시간을 앞당기는 데 필요한 치료제나 백신 개발에도 인공지능의 활약은 눈부시다. 현재까지 백신 개발 세계 신기록인 4년을 능가하는 속도로 백신이 개발된 것은 각국 정부가 역사적으로 유래를 찾아보기 힘든 수준으로 지원한 덕택도 있지만, 인공지능 기술이 결정적이다. 인공지능은 2020년 한 해에 코로나19 확산 예측부터 자가격리자 문진, 역학 조사, 방역, 환자 진단, 치료제 개발 등 다양한 분야에서 활발한 활동을 했다. 코로나19 이후에도 인공지능의 의료 분야 활약은 계속될 것이다. 코로나19 치료제와 백신 개발에서 얻은 인공지능 활용 노하우가 다양한 건강 서비스와 의료 서비스에 접목될

---

*   신동아, 2020.4.15. 송화선, "중국발, 언택트 기술 혁명, 코로나19가 준 선물?"
**  머니투데이, 2020.4.6. 조성훈, "코로나와 싸우는 AI, 자가격리자 문진하고 치료제도 찾고"

것이다. 보험회사는 비대면 건강관리 인공지능 서비스를 출시하여 고객의 건강상태 분석, 운동 및 식생활 코칭, 신체·심리 전문상담 등을 하여 빅데이터 수집 및 서비스 차별화에 박차를 가할 것이다. 정부나 의료기관은 집집마다 하나씩 비치된 인공지능 스피커나 스마트폰을 이용해서 노인들의 건강을 관리하는 서비스를 활성화할 수 있다. 2020년 6월 29일, 한국마이크로소프트(MS)는 연세대 간호대학과 서울시립 마포노인종합복지관, AI 스타트업 비알프레임과 함께 노인 맞춤형 돌봄 서비스 실증 사업을 시작했다. 웨어러블 디바이스, AI 스피커, 빅데이터 기술이 결합된 서비스다. 각종 디바이스에서 수집된 데이터를 인공지능이 분석하여 노인의 동작 정보(눕기, 일어서기, 앉기, 식사, 수면 등)를 분석하여 사회적 고립 차단, 우울증 여부 판단, 원격 생체신호 점검 등 각종 맞춤형 돌봄 및 의료 서비스를 제공한다.[*] 고려대학교 연구팀에 의하면, 인공지능은 고령층의 삶의 질 개선은 물론이고 사회적 약자들의 감정을 돌보는 데도 유용하다.[**] 구글은 UC샌프란시스코(UCSF) 컴퓨터의료과학(computational health sciences) 연구진과 함께 인공지능이 강점을 보이는 이상신호 탐지 능력을 약처방 오류 포착에 응용하는 연구도 진행하고 있다.[***] 2020년 6월에는 중국 베이징에 본사를 둔 우한링리(鲮鲤) 정보시스템유한회사는 자사의 약국용 의료시스템 '즈후이롄'(智慧脸)을 사용하는 1,000여 개 약국에 '샤오즈'(小智)라는 인공지능을 추가 탑재했다. 샤오즈는 회원 약국이 처한 경영 상황을 분석하여 약품 선정, 주문, 가격 결정과 마케팅에 필요한 경영 의사결정에 조언한다. 예를

---

[*]    한국일보, 2020.6.29. 곽주현, "몇 시간 누워있었는지, 손님은 방문했는지, 노인 우울증 챙기는 AI"
[**]   아시아경제, 2020.7.3. 김홍순, "AI스피커, 사회적 약자층과 감정 나누는데 효과"
[***]  블로터, 2020.4.4. 이재운, "신용카드 이상거래탐지처럼, 구글 AI로 처방 오류 잡는다"

들어 약국의 영업 상황이 좋지 않으면 증정 쿠폰을 사용하거나 특가 혹은 할인 등의 능동적 마케팅을 하라는 조언을 준다. 약사들은 샤오즈 로봇 덕에 재구매율이 60% 높아졌고 매출도 25% 늘어났다고 호평했다.* 2020년 8월 3일, 서울대 의대 심진아, 김영애 박사와 국립암센터 윤영호 교수 연구팀은 폐암 환자들의 데이터(생활습관 및 삶의 질 정보)를 학습시킨 인공지능으로 5년 후 암 생존자 사망을 정확하게 예측하는 모델을 개발했다.**

금융업에서도 디지털 중심 대전환과 인공지능 경쟁이 빨라지고 있다. 코로나19로 은행 창구에서도 비대면 업무는 더욱 증가했다. 정부 지원금이나 특별 대출을 받기 위해 길게 늘어선 줄을 보면서 소비자들은 "기술발달이 얼마나 빠른데, 전염병이 창궐한 상황에서도 은행 앞에서 길게 줄을 늘어서야 하고, 은행 창구 안에서도 사람과 사람을 대면하면서 금융 업무를 처리해야 하는가?" 하는 생각을 했을 것이다. 코로나19를 지나면서 소비자는 전통 은행은 하루 빨리 혁신되어야 할 구시대의 산물이라는 판단에 확신을 얻었을 것이다. 전통적 은행 시스템의 불편함을 혁신하겠다는 기치를 들고 일어선 전 세계 1만 개가 넘는 핀테크 기업에 관심을 더 많이 기울이게 될 것이다. 그럴수록 인공지능 기술을 앞세운 새로운 경쟁자의 입지는 넓어진다.

이외에도 인공지능 기술은 증권사에서 애널리스트를 돕는 리서치 전문 인공지능, 주소만 넣으면 부동산 시세를 분석하고 예측해주는 서비스, 인공지능이 운영하는 주차장, 인공지능이 작성하는 뉴스 기사와 보도, 범죄 탐색 및 예측, 각종 법률 서비스 등 적용과 응용 범위를 빠르게 확대하

---

*   로봇신문, 2020. 6. 12. "중국, 약국 경영위한 인공지능 로봇 '샤오즈' 등장"
**  헬스조선, 2020. 8. 3. 유대형, "암환자 진단에 인공지능 더하니, '사망 시기'까지 예측"

고 있다. 예를 들어 법조계에서는 게임이론을 기반으로 한 의사결정 알고리즘을 장착한 인공지능이 고객 불만, 환불, 구매 취소, 교환 등의 지침을 고려해서 온라인 마켓에서 구매자와 판매자 간의 경미한 분쟁을 조정하는 역할을 담당하기 시작했다. 분쟁 관련 자료를 수집하고, 사례를 분석하고, 고소인의 주관적 사항을 고려한 의사결정을 제안한다. 경우에 따라서는 자동 시행을 하기도 한다. 소송 과정에서 원고와 피고 모두 사건과 관련해서 상대방이 제시한 엄청난 문서를 인공지능이 대신해서 검토한다. 예를 들어 마이크로소프트사는 독점금지법 위반 관련 재판에서 2,500만 쪽 자료를 제출했다. 변호사나 법무사가 단시간에 검토하기 어려운 양이다. 하지만 인공지능이면 가능하다. 변호사가 전체 내용의 대표적 특성을 가진 문서들을 골라 학습 데이터와 평가 기준을 만들어주면, 인공지능이 학습을 한 후 나머지 분량을 처리하면 된다. 법조계에서는 이런 시장을 'e-디스커버리 서비스'라고 부른다. 기계 학습을 통해 재판 결과를 예측하는 서비스도 시작되었다. 현재 대법원 판사들의 결정을 70% 확률로 예측해낼 수 있다. 인공지능의 이런 능력은 법 그 자체를 형식적으로 연구하고, 추론하고, 설명하고, 적용하는 데까지 사용될 수 있다. 실리콘밸리 벤처기업 블랙스톤 디스커버리사는 150만 건의 법률서류를 분석할 수 있는 소프트웨어를 개발했다. 이 소프트웨어의 가격은 10만 달러로 변호사 1명의 연봉에 불과하다.*

이외에도 화석연료 사용으로 인한 지구 환경파괴가 코로나19 같은 신종 전염병을 반복적으로 출현시킬 것이라는 두려움이 커지는 만큼 인공지

---

＊   박영숙, 제롬 글렌, 테드 고든, 엘리자베스 플로레스큐, 《유엔미래보고서 2030》(교보문고, 2013), 89, 90.

능 기술을 기반으로 한 에너지 절약 기술 등도 다시 주목을 받을 것이다. 스스로 관리하는 스마트 빌딩과 주택을 비롯해서, 코로나19로 강제 자택 격리를 당하면서 자급자족의 동경과 필요성도 일어났다. 도시농업, 인공지능과 3D 프린터를 비롯한 다양한 디지털 생산도구 등을 활용한 미래형 자급자족에 대한 환상이 부각될 것이다. 앞으로 이런 추세와 환상은 더욱 빠르게 확대되고 커질 것이다.

2019년까지는 기존 산업 침체 속도가 느렸기 때문에 이런 미래가 올 것이라는 말을 들었어도 잠시 여유를 부릴 수 있었다. 하지만 2020년 코로나19로 기존 산업에 막대한 피해가 생기면서 상황이 급변했다. 코로나19 이후에도 몇 년 동안 기존 산업의 회복은 더딜 것으로 예측된다. 회복되어도 성장이 멈추거나 동력이 약해질 것이다. 시간이 갈수록 생존 고민만 커질 것이다. 미래 기술과 미래 산업에서 신성장 동력을 찾지 않으면 곧바로 한계 기업으로 전락할 수 있다. 이미 한계 기업으로 전락했다면, 곧 망하게 된다. 코로나19 대유행 정국에도 삼성은 인공지능 로봇 '볼리'를 만든 세바스찬 승(Sebastian Seung) 미국 프린스턴대 교수에게 삼성리서치 소장직을 맡기고, 애플 출신의 인공지능 반도체 전문가 영입을 타진하고, 차세대 통신기술로 주목받는 6G 시장 선점을 위해 선행 기술 개발을 시작했다. LG전자는 로봇의 아버지라 불리는 로드니 브룩스(Rodney Allen Brooks) 박사 등 미래 기술 분야에서 세계적인 석학들을 모시고 '이노베이션 카운실'(Innovation Council)을 발족하고, 정의선 현대자동차 그룹 수석부회장을 비롯한 4대 그룹 총수들이 잇단 회동을 하고, 현대차와 LG가 미래차를 중심으로 벌어진 공간 혁신에 손을 잡았다. 국내 주요 대기업들이 인공지능 기술을 중심으로 긴급하게 합종연횡을 시도하는 데도 이런 변화와 위기 상황이 배경으로 깔려 있다.

물론 코로나19가 종식되면 대면 환경, 오프라인 활동, 인간 중심으로 되돌아갈 것이다. 기존 산업도 시장 회복을 빠르게 할 것이다. 하지만 변화와 적응을 강요받은 코로나19 정국 2년의 시간은 매우 길고 큰 전환을 발휘하기에 충분한 시간이었다. 아무리 거대하고 웅장한 장벽이라도 한번 균열이 일어나고 틈새가 벌어지기 시작하면, 완전히 무너지는 것은 시간문제다. 2년간의 새로운 환경과 기술에 대한 강제적 경험과 적응은 새로운 국가 운영방식, 미래형 기업 경영 및 근무 방식, 개개인이 새로운 미래 기술과 서비스를 익히거나 받아들일 때 나타나는 거대한 장벽과 저항을 무너뜨리기에 충분하다. 인간은 본능적으로 새로운 것에 대한 수많은 선입견이나 공포감을 갖는다. 이런 것들은 최초의 경험, 최초 한 번의 선택에 많은 고민과 시간을 들이게 만든다. 하지만 인간의 본능은 이상하다. 새롭고 신기한 맛을 한번 보고 나면 호기심, 욕망과 탐닉이 순식간에 폭증한다. 이런 인간의 본능이 미래 시장을 앞당기는 결정적 요인이 된다. 그리고 그 중심에 인공지능이 있다. 소비자에게서 새로운 미래, 새로운 기술, 새로운 제품과 서비스에 대한 호기심, 욕망, 탐닉 등이 복잡하게 어우러져서 폭발하면, 이런 표현들이 자주 나타난다. 그리고 이런 소비자의 말은 기업을 바짝 긴장시키고, 변화에 뒤처진 기업을 곤혹스럽게 만들 것이다.

"세상이 변했다. 이런 서비스도 못하나?"

"지금이 어떤 세상인데, 이런 기능도 없나?"

# 물류유통, 제2차 전쟁의 시작

물류와 유통 분야는 인공지능 기술 도입 경쟁을 넘어 창조적 인공지능 활용 방식 개발 경쟁에 들어섰다. 코로나19는 물류유통 기업들 간의 제2차 생존전쟁을 불렀다. 제1차 전쟁이 온라인 서비스 도입이라면, 제2차 전쟁은 인공지능(AI) 중심의 디지털 트랜스포메이션과 창의적인 인공지능 활용 아이디어 경쟁이다. 2020년 문재인 대통령은 취임 3주년 연설에서 의료·교육·유통 등 비대면 사업을 집중 육성하겠다는 의지를 피력했다. 미국 나스닥 상장으로 막대한 자금을 추가 조달에 성공한 쿠팡은 한국 내 물류와 유통 분야의 변화를 선도하는 메기다. 쿠팡의 머신러닝 AI는 물류 단계에서는 소비자의 기존 주문 데이터를 분석해서 소비자가 주문을 하기도 전에 주문 예상량을 결정하고, 전국 쿠팡 풀필먼트 센터에 위치별로 나눠서 미리 상품을 준비하고, 주문 즉시 출고하는 속도를 높이기 위해 진열과 물류 동선까지 전반을 관리 감독 운용한다. 쿠팡의 머신러닝 AI는 유통 단계에서도 모바일 사이트에 물건 배치와 가격 결정부터 접속한 소비자가 상품을 주문하면 다양한 추천 상품을 제시, 제품 포장지와 포장 방법 결정, 물류 트럭의 자리배치와 배달기사를 선정, 배송이 최종 완료되어 고객에게 피드백을 받는 단계까지 모든 과정을 결정한다. 이런 쿠팡의 인공지능 활용 능력을 따라잡으려면 후발 주자들도 인공지능을 물류유통의 전 과정에 전면 배치하지 않으면 안 된다. 후발주자는 두 그룹으로 나뉜다. 한 그룹은 인터넷 비즈니스에 노하우를 가진 포털과 SNS 기업이다. 네이버는 자사가 보유한 여러 서비스에서 오랫동안 소비자들이 쌓아둔 행동 이력을 활용한 AI 기반 맞춤형 상품 추천과 검색 시스템이 최고의 강점이다.

카카오는 자사 회원들의 SNS 활동에서 쌓인 좀 더 일상친화적인 소셜 빅데이터를 기반으로 사용자가 원하는 상품에 빠르고 정확하게 접근하게 하는 능력과 카카오톡 선물하기, 카카오스타일, 쇼핑하우 등 큐레이션에 추천 기술이 강점이다.[*] 다른 한 그룹은 전통적인 오프라인 중심 물류유통 기업이다. 대형마트, 백화점, 편의점 등을 거대한 오프라인 매장 체인을 보유한 기업들은 물리적으로 훨씬 더 촘촘한 소비자 접근성을 최대 장점으로 갖는다. 이처럼 선두주자를 뒤쫓는 후발주자들은 기존 분야에서 각기 쌓아두었던 노하우를 최대한 살리면서 여러 분야에서 성공사례를 만든 각종 인공지능 서비스 기술 고도화를 접목할 가능성이 높다. 이것이 끝이 아니다. 물류유통 분야는 미래 기술을 중심으로 새로운 전선 확대가 아주 빨라질 것이다.

참고로 유통 및 물류 산업에서 창조적 인공지능 활용 아이디어 전쟁 다음으로 벌어질 기술 싸움은 증강현실(AR), 가상현실(VR), 혼합현실(MR) 등 3~4차원 가상현실 기술 영역일 가능성이 높다. 소비자의 손 안의 디지털 매장에서는 인공지능 싸움이 펼쳐지고, 오프라인 매장 안에서 혹은 오프라인 매장을 방문하지 않아도 현장을 느끼게 해주는 소비자 눈 안의 가상현실 매장에서는 증강현실, 가상현실, 혼합현실 등 3~4차원 가상현실 기술 싸움이 펼쳐질 것이다. 이런 과정에서 물류유통 산업은 한 단계 더 진화할 것이다.

3~4차원 가상현실 기술을 접목한 일명 '가상 쇼핑' 시장은 2021년 한 해의 화두로 떠오를 요소가 충분하다. 우선 2020년 코로나19 제1차 대유

---

[*]    ZDNetKorea, 2020.5.29. 안희정. "앞당겨진 비대면 유통 시대, AI 없이 혁신도 없다"

행 비대면 환경을 계기로 중국에서 3~4차원 가상 쇼핑 바람이 일기 시작했다. 소비자 원하는 위치에 서서 360도 원하는 각도로 제품을 입체적으로 둘러볼 수 있는 3차원 서비스, 여기에 촉감이나 냄새, 진동을 통한 움직임 감지 등을 넣은 4차원 서비스는 비대면 환경에서 제품 확인이나 자기 몸이나 집안 환경의 매칭 등 시뮬레이션 체험으로 소비자 만족도를 높여줄 본능적 요소다. 특히 가상현실 기술은 미국 등 선진국에서 확장되고 있는 5G 서비스와 맞물리면서 새로운 마케팅 전략이 될 여지도 충분하다. 중국 쳰잔산업연구원은 중국 내에서 VR과 AR 산업 시장 규모가 매년 40%의 높은 성장률이 기대되는 분야라고 평가했다.[*]

2020년 7월 9일, 글로벌 시장조사업체 스트래티지 애널리틱스(SA)도 'AR과 VR에 미치는 코로나19의 영향'(COVID-19 Impact onAR and VR) 보고서에 2021년부터 VR, AR을 포함한 XR(확장현실) 기술 시장이 성장세를 다시 재가동할 것이라고 예측했다. 스트래티지 애널리틱스는 VR·AR 관련 하드웨어 매출액은 2025년까지 2,700억 달러(한화 약 324조 7,020억 원) 규모 성장하고, 관련 장비 출하량도 2020년 대비 6배 성장할 것으로 전망했다. 코로나19 대유행과 재확산의 반복으로 게임, 재택근무, 온라인 수업, 가상 군사 훈련, 온라인 공연, 기업의 가상 교육과 훈련 등 언택트 도입이 가속화되면서 차세대 미디어 플랫폼인 VR과 AR이 큰 수혜를 볼 가능성이 높다는 분석이다.[**] 2021년에는 애플을 비롯한 글로벌 IT기업과 스타트업 등에서 저렴하고 가벼운 AR글라스나 VR헤드셋 등 관련 제품을 출시할 예정이다. 2020년 4월 애플은 언택트 스포츠 중계에 강점을 가

---

[*]　ZDNetKorea, 2020. 5. 29. 유효정. "알리바바, '3D 쇼핑' 개시, 포스트 코로나 신쇼핑법"
[**]　시사위크, 2020. 7. 10. 박설민, "언택트 사회 가속화, VR AR 시장 탄력받나"

진 VR콘텐츠 제작 기업 넥스트VR을 1억 달러(한화 1,230억 원)에 인수했다. 애플은 2021년에는 VR헤드셋 'N301', 2022~2023년에는 AR글라스를 출시할 계획을 가지고 있다. 2020년 7월 맥루머스, 기즈모차이나 등 정보기술(IT) 매체들은 애플의 최대 협력업체인 대만 폭스콘이 애플 AR글라스 핵심 부품인 반투명 렌즈 시험 생산을 시작했다고 보도했다. 애플은 2018년에 AR 안경용 디스플레이 생산 전문회사 아코니아 홀로그래픽스를 인수하고 폭스콘에 렌즈를 생산 개발을 맡겼다. 이런 속도라면 완제품 대량 생산은 최소 1~2년 후면 가능해진다. 스마트폰, 에어팟 등에서 신시장 개척과 확대를 이끌었던 애플이 VR헤드셋과 AR글라스 시장에 본격 뛰어들면 큰 변화가 일어날 가능성은 그만큼 높아질 것으로 업계는 예측한다.[*] 2020년 초, 페이스북 CEO 마크 저커버그도 "2020년대는 스마트폰 대신 증강현실(AR)글라스가 보편화된 스마트 기기로 자리 잡을 것"이라고 견해를 밝혔다. VR기술을 보유한 오큘러스를 인수합병한 페이스북은 이탈리아 안경업체 룩소티카와 새로운 AR 선글라스 '오리온'을 개발하고 있다. AR글라스의 최대 단점은 무게였다. 하지만 최근 반도체 미세공정이 5nm까지 줄어들면서 AR글라스도 기존 안경만큼 가볍고 작아지는 추세다. 애플이나 페이스북 이외에도 구글, 마이크로소프트, 매직리프, 삼성전자, LG전자 등이 제품 개발을 시작하거나 다양한 특허를 출원하면서 2021~2022년 시장 확대를 주목하고 있다.[**]

국내의 움직임도 빠르다. 2020년 7월 9일, SK텔레콤은 24회 부천국제판타스틱영화제에서 '감독과의 대화'를 5G통신과 VR기술이 도입된 '점

---

[*]  디지털데일리, 2020.7.13. 이안나, "애플, AR글라스 개발 착작, 반투명 렌즈 시험 생산"
[**]  전자신문, 2020.6.16. "성큼 다가온 'AR글라스' 손대면 닿을 듯 '비대면 필수템'"

프VR'이라는 가상공간 소셜룸에서 진행했다. 2020년 8월, KT와 LG유플러스는 각사가 보유한 스포츠·레저·헬스 관련 5G용 가상현실 콘텐츠를 맞교환하여 소비자에게 제공한다는 결정을 내렸다. 더 나아가 K팝 아이돌 분야를 비롯해서 유명 지식재산권(IP)을 활용한 VR 콘텐츠 공동 개발도 검토하고 있다. 2021년 증강현실, 가상현실, 혼합현실 등 3~4차원 가상현실 시장 확대 트렌드를 주도하고자 하는 목적이다. LG유플러스가 보유한 영화·공연·스포츠·게임·웹툰 등 고품질 3D VR 콘텐츠는 2,000개가 넘는다. 〈태양의 서커스〉와 〈Why?〉 시리즈 등 인기 IP를 VR로 독점 제작했다. LG유플러스는 5G 콘텐츠와 유·무선 복합기술 개발에 5년간 2조 6,000억 원 규모 투자 계획도 가지고 있다. KT는 VR 플랫폼인 '슈퍼VR'을 기반으로 국내외 스타트업 100여 곳과 협업하여 VR 콘텐츠 1만여 편을 확보했다. LG유플러스는 2020년 여름, AR글래스 전문기업인 '엔리얼'의 AR글래스 '엔리얼 라이트'(Nreal light)를 국내에 독점 출시했다.* 정부도 디지털 뉴딜 정책에 VR·AR 등 XR 분야 '실감콘텐츠 신시장 창출 프로젝트'를 추진하기 위해 VR·AR기술을 활용한 교육훈련, 의료, 원격회의 및 협업, 교육, 전시 등 각종 프로젝트에 200억 원을 투입한다. VR·AR 규제혁신 로드맵을 발표하면서 35개의 규제도 풀었다. 정부는 2023년 이후에는 증강현실(AR), 가상현실(VR), 혼합현실(MR) 등 3~4차원 가상현실 기술이 문화, 교육, 제조, 교통, 의료, 공공 등 대부분의 분야에서 상용화가 활발해질 것이라고 예측한다.** 하지만 증강현실(AR), 가상현실(VR), 혼합현실(MR) 등

---

* 매일경제, 2020.8.2. 임영신, 이용익, "구현모 하현회 의기투합, VR 콘텐츠 맞교환한다"
** 동아사이언스, 2020.8.3. 조승한, "'VR, AR은 게임 아니고 산업', 정부 틀 깬다" 시사위크, 2020. 7. 10. 박설민, "언택트 사회 가속화, VR AR 시장 탄력받나"

3~4차원 가상현실 기술이 가장 활발하고 치열하게 사용될 유력한 분야는 유통산업일 듯하다.


## 3~4차원 가상현실

2020년 7월 7일, 대만 타이베이의 쑹산국제공항에서 기이한 일이 일어났다. 코로나19로 해외여행이 불가능해지자 '가상 해외여행 체험 이벤트'가 열린 것이다. 탑승권 발급, 수하물과 여권 확인 등 출입국 절차, 공항 로비에서 특별 쇼핑, 비행기 탑승까지는 진행하지만, 비행기는 뜨지 않는다. 순전히 항공기 체험뿐이다. 그런데 이 행사 신청자가 무려 3만 명이었다. 이벤트에 당첨된 180명은 탑승구 근처 식당에서 식사를 마치고 빈 가방을 들고 비행기에 올랐다.[*] 코로나19로 여행을 가지 못하고 집에 발이 묶인 생활이 길어지면서 나타난 기이한 이벤트와 반응이었다. 코로나19가 지속된다면, 국내외 여행지를 마음대로 돌아다니고 싶은 사람들의 심리는 더욱 간절해질 것이다. 여행뿐일까? 앞으로, 3~4차원 가상현실로 현실을 대리 만족하려는 심리가 많은 영역으로 확대될 것이다.

소비자의 이런 욕구 강화는 서비스 공급자에게도 중요한 자극이 되어 가상현실 서비스를 확대하게 하는 선순환을 만든다. 2020년 5월 27일, 예금보험공사는 VR기술을 활용한 공매 부동산 정보 제공 서비스를 강화할 계획을 밝혔다.[**] 2019년 5월, 롯데홈쇼핑도 AR·VR 기술을 활용해 상품을

---

[*]   국민일보, 2020. 7. 11. 권중혁, "코로나 시대의 '가상 여행' 대만, '뜨지 않는 비행기'에 3만 명 몰려"
[**]   매일경제, 2020. 5. 27. "예보, Vr공매정보 AI챗봇 등 디지털 서비스 강화 추진"

체험하고 구매하는 AR·VR 서비스 전문관 '핑거쇼핑'을 출시했다. 호주 멜버른에 위치한 일본인 커뮤니티 단체 멜미트(MELMEET)는 회상회의 시스템을 이용해서 실시간으로 멜버른 여행을 중계하며 현지에서 온라인 가상 여행 서비스를 제공한다. 멜미트가 제공하는 실시간 가상 여행은 5개 팀을 동시에 접속시켜 현지 가이드와 실시간 대화를 즐기면서 시내 거리 산책, 트램 승차 체험, 시장 탐방, 카페 휴식 등 약 1시간 반 정도 소요된다. 단체로 참가하면 1인당 5,000엔(5만 6,000원), 단독으로 참가하면 7,500엔(8만 4,000원)이다.[*]

2020년 7월 28일 SK텔레콤은 문화재청과 구글코리아와 협력하여 '창덕ARirang'이라는 5G AR 서비스를 전 세계에 출시했다. 증강현실 캐릭터인 해치가 창덕궁 곳곳을 해설하면서 역사 체험 투어를 진행한다. 오프라인 투어에서는 문화재 보존을 이유로 출입이 통제된 희정당과 후원 내부 등도 고화질 360도 가상현실로 둘러볼 수 있다. 낙선재 안마당에서는 궁중무용 '춘앵무'를 3차원 입체 화면으로 관람할 수 있다. 인정전 앞마당에서는 AR 캐릭터인 왕과 왕비가 화면에 등장해 가상투어 관광객과 함께 사진 촬영을 해준다.[**] 국립문화재연구소는 경주 황룡사를 증강현실 기술로 복원해서 서비스를 한다. 해외에서는 이집트 관광유물부(Ministry of Tourism and Antiquities)가 메레산크III 무덤(Tomb of MeresankhIII), 붉은 수도원(Red Monastery), 모세기념회당(Ben Ezra Synagogue), 술탄 하싼 모스크(Mosque-Madrassa of Sultan Barquq), 네크로폴리스 메나 무덤(Tomb of Menna in the Theban Necropolis) 등 5개 고대 이집트 유적을

---

[*]   이데일리, 2020.7.17. 양지윤, "온라인 가상해외여행부터 도농 교류상품등이 뜬다"
[**]   국민일보, 2020.7.28. 김성훈, "'나를 따라오시게' AR VR로 보는 조선왕궁"

여행할 수 있는 3D 가상 투어 프로그램을 출시했다.[*]

　여행뿐만 아니라 문화계도 가상 기술 활용을 적극 검토할 가능성이 높다. 코로나19 대유행으로 일상이 멈추면서 문화 산업도 함께 추락했다. 그나마 비대면 환경이 좋아지면서 클래식, 대중음악, 뮤지컬, 연극 등 문화계도 온라인에서 무료 공연을 했다. 하지만 제작비용과 인건비 등 지출은 발생하는데 단기간에 광고나 슈퍼챗(실시간 후원)으로 수익을 발생시키는 데는 시간도 오래 걸리고 어렵다. 단순하게 유튜브 등에 녹화 영상이나 생방송 송출만 해서는 현장 공연에 비해 감동도 매우 떨어진다. 유료화는 어떤가. 공짜로 송출할 때는 오랜 집콕 생활에 지쳐 있는 소비자에게 호응을 얻을 수 있다. 하지만 유료로 전환하면 말이 달라진다. 특별하지 않으면, 소비자의 원성을 사서 역풍을 맞고 이미지만 실추될 수 있다. 따라서 온라인에서만 줄 수 있는 증강현실, 가상현실, 혼합현실 등 다양한 신기술 접목이 필요하다. 성공 사례가 있다. 2020년 코로나19 제1차 대유행기간에 SK텔레콤과 SM엔터테인먼트가 손잡고 130분짜리 슈퍼주니어 온라인 콘서트를 열면서 3D 혼합현실 공연을 선보였다. 온라인 전용 유료 콘서트 '비욘드 라이브'(Beyond LIVE)도 세계 최초 온라인 전용 유료 콘서트였고, 전 세계에서 접속한 온라인 관객 수가 12만 3,000여 명에 달해 큰 성공을 거뒀다. SK텔레콤은 혼합현실 제작소 점프 스튜디오에서 106대 카메라로 슈퍼주니어 최시원 씨를 1시간 동안 촬영하고, 3D 모델링, AR·VR 기술, 기타 애니메이션 기술을 활용해 하루 만에 12m 크기의 고해상도 3D 혼합현실 콘텐츠를 완성했다.[**] 2020년 7월에는 대만의 인터넷 동영상 서비스(OTT)

[*] 　TechRecipe, 2020.7.24. 이원영, "3D 가상 투어로 만나는 고대 이집트 유적"
[**] 　전자신문, 2020.6.1. 박지성, "SK텔레콤, SM엔터네인먼트, 3D 혼합현실 공연 선봬"

플랫폼 '프라이데이'(friDay)가 한국 영화 〈신과 함께 VR-지옥탈출〉, VR 툰 〈조의 영역〉(원작 네이버 웹툰 '조의 영역') 1, 2편 서비스를 시작했다.* 코로나19가 종식된 후에도 공연, 영화, 드라마 등 다양한 엔터테인먼트 영역에서 가상현실 기술의 활발한 적용은 늘어날 가능성이 높다.

온라인(가상세계) 유료화 시장에 관심을 갖는 것은 문화계만이 아니다. 기업이나 개인들을 대상으로 하는 각종 강연 산업도 뛰어들고 있다. 코로나19로 강연계 전체도 멈췄다. 비공식적으로 40만이 넘는 강사들의 매출이 99%로 급감했다. 한 번의 강연으로 수백만 원 강연비를 받는 초특급 강연자도 예외가 아니다. 이들도 새로운 돌파구를 찾아야 했다. 결국, 가상세계를 기반으로 한 언텍트 플랫폼에 참여하는 것이 유일한 길이다. 여기에 디지털 페이 시스템을 갖춘 네이버와 카카오 등도 온라인 공연 및 강연 플랫폼 시장을 선점할 기회로 여기고 움직이고 있다. 이처럼 가상현실 기술을 이용한 새로운 시장 개척 움직임도 빨라질 것으로 예측된다.

공교육에서도 가상현실 적용이 시작되었다. 2020년 가을, 동서울대는 VR 게임을 제작하는 서틴스 플로어와 협력하여 '드론 코딩' 과목을 듣는 학생들에게 가상현실(VR)을 기반으로 한 확장현실(XR, Extended Reality) 비대면 온라인 강의를 제공했다. HMD(Head Mounted Display)를 착용한 뒤 테이저건을 들고 VR 사격 훈련도 하고 3D XR사운드 기술이 적용된 가상환경에서 고음질 인터넷 전화(VoIP)를 기반으로 실시간 대화도 가능했다.** 가상현실 기술을 이용하면 비대면 의료진 수술 시연과 교육도 가능하다. 2020년 7월 3일, 분당서울대병원 흉부외과는 VR 영상 콘텐츠 국내 기

* 블로터, 2020.7.20. 채성오, "'신과 함께' 제작사 덱스터, VR 콘텐츠로 대만 공략"
** 매일경제, 2020.6.19. 이용익, "VR로 '자세 좋아요' 실습수업도 원격 되네"

업인 서틴스 플로어(Thirteenth floor)와 협력해서 '아시아심장혈관흉부외
과학회(ASCVTS) · 아시아흉강경수술교육단(ATEP) 교육프로그램'에서 최
대 43명까지 동시 접속 가능한 'XR CLASS'라 불리는 가상현실 아바타 플
랫폼 기술을 활용해 실시간으로 폐암 수술 상황을 공유하는 데 성공했다.
일본, 싱가포르, 태국, 영국 등 8개국 의사들은 HMD를 착용하고, 강사나
교육생 등 각자 맡은 역할대로 아바타를 설정하고 가상의 강의실과 수술
실에 입장해 360도 3D 화면으로 강의와 토론을 진행했다.[*]

　산업계에서도 가상현실 적용이 빨라질 것이다. 2020년 3월, 미국 반도
체 기업 인텔은 독일에서 애리조나주 공장으로 신규 장비 설치를 위해 파
견될 엔지니어가 국경 봉쇄로 발이 묶이자 인공지능(AI)과 연결된 증강현
실(AR) 기술을 사용해서 위기를 넘겼다. 독일과 애리조나를 가상현실(VR)
로 연결하고 신규 장비의 설비 점검 방법에 대한 교육을 받고 기계를 돌렸
다. 이를 계기로 인텔은 설비 점검 업무에 증강현실(AR) 기술을 상시적으
로 도입하기로 결정했다. 세계 최대 반도체 장비 업체 네덜란드 ASML사도
코로나19로 국경이 봉쇄되자 2020년 3월 중순부터 AR과 VR을 섞은 융
합현실(MR) 기술을 구현하는 홀로렌즈를 착용하고 고객사 공장에 납품한
장비의 유지 · 보수를 지원하기 시작했다. 2020년 4월에는 포르쉐 미국 딜
러 매장이 AR 글라스를 착용하고 자동차 수리 업무를 처리하기 시작했다.
영국 보건당국은 코로나19 위험에서 의료진을 보호하고 병원 내 집단감염
가능성을 줄이기 위해 런던 주요 병원에 홀로그램을 도입했다.[**]

　가상현실 서비스는 사무직 근무 형태에도 영향을 줄 것이다. 재택근무

---

[*]　　조선비즈, 2020.7.6. 장윤서, "가상 강의실에서 '아바타'로 접속해 의사들 수술 교육"
[**]　　매일경제, 2020.6.19. 임영신, "인텔, VR 활용해 장비보수, 포르쉐, AR글라스 쓰고 자동차 수리

나 원격회의가 많은 회사는 가상의 나를 구현하는 '아바타'로 VR 속에서 회의를 하는 서비스도 도입할 수 있다. 2020년 최고의 히트작이었던 줌 화상회의 서비스가 가진 한계점을 돌파하려는 시도다. 가상 아바타와 가상 현실 환경을 결합하면 원격회의 중에도 상대방의 존재를 느끼면서 유대감을 끊임없이 주고받으며 발표 자료의 현실성을 높여 소통의 효율을 높일 수 있다.*

## 인공지능의 다음 단계 전쟁

인공지능의 다음 단계 전쟁은 인공지능과 로봇의 결합이다. 기업의 입장에서는 인공지능 전쟁 다음으로 준비해야 하는 또 다른 전쟁으로, 인공지능과 물리적 기계의 결합이다. 자율주행 자동차보다 더 빠르게 시작되는 시장이 인공지능 자율주행 로봇이다. 2020년 7월 중국요리협회(中國烹飪協會)가 발간한 '2019년도 중국 요식 기업 톱100 및 톱500 매장 분석 보고서'에서는 요식업의 인건비 압박 상승, 코로나19 유행으로 인한 매출 감소 문제를 해결하기 위해 서빙 로봇의 현장 투입이 증가하고 있다고 분석했다. 2020년 상반기, 중국 내에서 요식업은 코로나19가 한창이던 1월부터 4월까지 매출이 전년 동기 대비 41.2% 감소했다. 중국 요식업계가 코로나19 위기 극복과 원가 구조 최적화를 위해 꺼내든 카드는 디지털화, 스마트 서빙 로봇 등을 통한 인력 효율화였다. 예를 들어, 메이투완(Meituan, 美

---

\*    매일경제, 2020.6.19. 홍성용. "난 서울, 상대는 뉴욕, 3D 가상 회의실에서 진짜처럼 '콘택트'"

团)과 차이나쉐프클럽(chinacehfclub, 中饭协)이 함께 오픈한 '언택트 식당'은 '킨온'(keenon, 擎朗智能)이라는 서빙 로봇이 판매와 홀 서빙을 담당한다. 인건비도 절감하고 코로나19로 안전이 최우선이 된 상황에서 고객과 대면 접촉을 줄여 다른 직원들의 안전도 확보했다. 중국 언론 커촹스는 최근 중국 내에서 서빙 로봇을 도입한 식당이 5,000개를 넘었다고 보도했다. 앞으로는 자리 안내 로봇, 서빙 로봇, 그릇 수거 로봇 등 다양한 기술이 요식업 현장에 투입될 것이란 전망도 했다.*

앞서 설명했듯이 조만간 인공지능의 성능은 한 단계 업그레이드되고 적용 범위도 확산될 것이다. 인공지능의 성능이 향상되는 속도는 인간이 학습하고 실력을 끌어올리는 것과 비교되지 않을 정도다. 불과 얼마 전까지만 해도 인공지능이 인간의 감정을 읽는 것은 불가능한 영역이라고 생각했다. 하지만 지금은 그런 말을 하기가 힘들다. IP소프트라는 회사가 만든 디지털 직원(digital employee) 어밀리아(Amelia)는 30초 안에 300페이지 매뉴얼을 숙지할 수 있고 영어 등 20개 언어를 구사한다. 수천 통의 전화 통화도 동시에 처리한다. 고객의 이전 통화 내용도 기억하고 있어서 고객이 자기 문제를 다시 설명하지 않아도 된다. 심지어 어밀리아는 딥러닝 기술로 사람들의 분노나 기쁨 등의 감정까지 읽어서 기분에 맞춰 대화하는 능력도 갖췄다. 스스로 학습하는 알고리즘을 갖췄기 때문에 일을 해 나가면서 업무 실력도 점점 향상된다. 어밀리아는 주로 글로벌 보험사들이 콜센터 직원으로 채용되거나 회계 관리자 등 총 12가지 업무를 할 수 있다. 어밀리아는 인공지능 챗봇이지만, 정장 차림의 금발 백인 여성 모습을 하고

---

* 로봇신문, 2020. 6. 10. "중국 외식업계, 코로나19 위기에 로봇으로 대응"

24시간 근무하고 월급은 1,800달러만 받는다.[*]

앞으로 이런 능력을 가진 인공지능이 물리적 기계와 결합하여 오프라인 현장 곳곳을 누비는 일이 늘어날 가능성이 높다. 인공지능의 발전이 아무리 빠르다고 해도 성인 수준의 지능을 발휘하지는 않는다. 어밀리아의 경우도 (회사 자체 분석에 의하면) 여섯 살 아이 수준의 IQ를 가진다. 그래서 인공지능의 활용을 주저하는 이들이 많다. 하지만 코로나19가 이런 분위기를 바꾸고 있다. 코로나19 이전에는 인공지능이 좀 더 사람의 지능 수준과 비슷한 수준에 이르면 고용을 생각해보겠다는 분위기였다. 하지만 코로나19 이후에는 '당장 급하니' 현재 인공지능 수준에 맞춰서 업무를 쪼개서 분배하여 일을 시키자는 분위기로 바뀌고 있다. 2021년부터는 인공지능 사무직원, 로봇과 결합한 현장 노동직원 채용이 확대될 가능성이 높다. 심지어 코로나19 바이러스를 연구하는 과학 연구직원도 인공지능 로봇으로 대체될 수 있다.

2020년 7월 8일, 국제 학술지 〈네이처〉에 영국 리버풀대 화학과의 앤드루 쿠퍼 교수 연구진의 실험 논문 결과가 실렸다. 175cm에 무게가 400kg이고 팔 하나가 달린 인공지능 로봇이 인간 연구자들이 퇴근하고 텅 빈 대학 실험실에 혼자 남아 스스로 실험 결과를 분석하고 다음에 필요한 실험이 무엇인지 판단하면서 새로운 물질 합성에 성공했다. 인공지능 로봇이기에 바이러스 노출에 대한 위험도 없고, 24시간 근무할 수 있다. 리버풀대에서 탄생한 인공지능 로봇 과학자는 실험실 이곳저곳을 혼자 돌아다니며 인간 연구자가 쓰는 실험 장비로 고체 무게를 재고, 액체를 용기에

---

[*]    조선위클리비즈, 2020.5.15. 안별, "어밀리아, 30초에 300쪽 매뉴얼 암기, 20개 국어 구사"

따르고, 공기를 제거하고, 촉매 반응을 일으키고, 실험 결과를 정량적으로 분석도 했다. 인간 장비를 함께 쓸 수 있어서 인간과 함께 공동으로 연구하기가 훨씬 수월해졌다. 리버풀대의 인공지능 로봇 과학자는 8일 동안 172시간에 688가지 실험을 했다. 하루 평균 21.5시간 일을 했다. 나머지는 충전 시간이었다. 리버풀대 연구진에 따르면, 인공지능 로봇 과학자는 9,800만 가지의 실험을 동시에 검토하는 능력을 발휘해서 사람보다 1,000배 빨리 실험을 하고, 다른 연구자의 도움 없이 6배나 뛰어난 촉매를 개발했다고 한다. 과학연구의 자동화도 먼 미래의 일이 아닌 듯싶다.[*]

우리가 일상생활에 빠져 있는 동안에도 인공지능과 로봇의 발전은 지속되었다. 코로나19로 인간의 활동에 제약이 발생하자 인공지능 로봇이 서서히 인간이 가지 못하는 자리에, 인간을 대신해야 할 자리에, 인간을 내보내야 하는 자리에 들어오기 시작했다. 앞으로 이런 일들을 우리의 일상에서 쉽게 보게 될 것이다. 코로나19가 계속되면 인간을 대신해서 건물이나 도로 곳곳을 누비면서 방제를 위한 소독과 검사를 대신하는 인공지능 로봇을 만나게 될 것이다. 2020년 7월, 중국 베이징(北京)의 펑타이구는 코로나19 소독 작업을 위해 중국 국영기업인 중국항천과공집단(CASIC)이 개발한 인공지능 로봇 2대를 배치했다. 탱크처럼 무한궤도를 장착하고 울퉁불퉁한 지형도 시속 5km 이상으로 이동하면서 360도 회전하는 분무기를 장착하고 시간당 $1만m^2$를 소독한다. 베이징 시장산 지역에 있는 코로나19 검역 호텔은 후베이(湖北)성 우한(武漢)에 투입됐던 무인 로봇을 채용했다. 이 인공지능 로봇은 직원과 투숙객의 신원을 확인하고, 음성 안내를 한다.

---

*    조선일보, 2020.7.9. 이영완, "코로나로 사람 떠난 연구실에 로봇 과학자가 왔다"

식사와 약, 의료 자료를 격리 구역에 전달한다. 중국에서는 코로나19 환자들의 쓰레기를 처리하고, 핵산 검사를 지원하는 로봇도 나왔다.* 글로벌 기업 DHL도 최근에 애비드봇(Avidbots)사의 청소 로봇 네오(Neo) 수백 대를 구매해서 전 세계 자사 물류창고, 허브, 터미널에 배치를 시작했다. 인공지능 청소 로봇 네오는 바닥 소독 능력이 탁월한 것으로 알려져 있다. 와이파이와 4G통신으로 클라우드에 연결되어 있어서 실시간 모니터링과 기능 업데이트가 가능한 네오는 물류창고 등 시설물 지도제작(매핑) 과정을 실시한 후 애비드봇의 독자 소프트웨어, 3D 센서, 카메라 등을 사용해 자율적으로 시설물 바닥을 청소한다.** 아마존 등을 중심으로 배달 로봇의 인기도 높아지고 있다. 매장을 돌아다니면서 상품이 제대로 진열되었는지, 가격표는 잘 붙어 있는지, 고객이 찾는 물건이 없다면 직원에게 알려 재고를 빨리 채울 수 있게 돕는 기능을 가진 슈퍼마켓용 로봇도 활동을 시작했다.*** 코로나19 제1차 대유행기에 미국 아마존의 활약은 눈부셨다. 하지만 아마존의 물류 및 배송 활약에도 불구하고 상당히 오랜 기간 육류 구매가 힘들었다. 육류 공장에서 대규모 감염자가 발생했기 때문이다. 미국의 대표적인 다국적 축산 기업 타이슨푸드(타이슨)는 직원 12만 2,000명이 직접 칼과 톱 모양 도구를 이용해 고기를 손질한다. 2020년 7월 9일 미국 중서부 조사센터(The Midwest Center for Investigative Reporting)에 따르면 타이슨의 코로나 바이러스 누적 확진자수가 8,900명에 달했다. 이런 상황에 이르자, 육류 공장에서 감염자를 대신해서 일할 노동자를 구하기는 더

---

\*　　연합뉴스, 2020.7.7. "코로나19 접촉, 이젠 안심… 스마트 AI로봇 나섰다"

\*\*　　로봇신문, 2020.4.30. 이성원, "DHL, 애비드봇의 자율형 청소로봇 '네오' 대거 도입"

\*\*\*　　로봇신문, 2020.4.13. 장길수, "유통 분야 혁신을 주도하는 로봇 5종"

욱 힘들어졌다. 결국 타이슨푸드(Tyson Foods)는 해결책으로 사람 손으로 하던 고기 손질 공정을 로봇으로 대체해 나가고 있다.*

일본은 세계 최고 고령화 사회다. 노인을 물론이고 1인 가정도 많다. 코로나19는 더 많은 사람을 집 안에 머무르게 했고, 지루함과 고독함을 증가시켰다. 이런 상황과 맞물려 일본에서는 자율형 대화 로봇의 개발과 사용이 활발하다. 일본 '믹시'(Mixi)사가 판매하는 대화형 로봇 '로미'(Romi)는 사람과 자연스럽게 대화를 나눈다. 기존의 대화형 로봇은 대화 내용을 미리 입력해놓는 경우가 많았다. 하지만 로미는 인공지능 기술로 수천만 건에 달하는 일본어 데이터를 학습했고, 사람의 목소리도 훈련해서 사람처럼 자연스러운 대화가 가능하다. 단순한 대화 몇 번에 그치는 것도 아니다. 상대와 상호 작용하면서 대화를 오래 이어갈 수 있다.** 코로나19로 사회적 거리두기가 강화되자 미국에서는 골퍼를 졸졸 따라다니는 인공지능 캐디 로봇도 등장했다. 햄버거 체인은 미소 로보틱스의 햄버거 만드는 로봇 '플리피'(Flippy)를 도입했고, 피자를 만드는 로봇 셰프도 활동 중이다.

이런 움직임은 국내에서도 일어나고 있다. LG전자는 2020년 말까지 총 900개 사무직 업무에 로봇 자동화 기술을 도입해 반복 업무에 대한 효율을 높이는 작업을 시작했다. LG전자는 2018년부터 회계, 인사, 영업, 마케팅 등 사무직의 단순 반복 업무 500개에 '로봇 프로세스 자동화'(RPA) 기술을 적용했다. 이번에는 주요 국가의 거래선의 유사도를 비교·분석하거나 인공지능 이미지 인식 기술을 이용해서 영수증에서 필요한 정보만을 추출하여 처리하는 등 한층 고차원적인 업무로 적용 범위를 넓히기 위해

---

\*    조선일보, 2020. 7. 10. 김윤주, "코로나 확진자 8900명 나온 타이슨, 결국 사람 대신 로봇 쓴다"

\*\*    로봇신문, 2020. 6. 11. 장길수, "일본 '믹시', 자율형 대화 로봇 '로미' 판매"

인공지능, 데이터 분석 등을 결합한 '지능형 RPA'를 도입한 것이다.[*] 2020년 7월, GS건설은 라이다(LIDAR) 장비, 360도 카메라, 사물인터넷(IoT) 센서 등을 장착한 4족 보행 로봇 '스팟'(SPOT)을 국내 최초로 성남의 아파트 공사현장과 서울의 공연장 공사 현장에 배치했다. 배달의민족, 도미노 피자도 배달로봇 '달리'와 배달 드론 '도미에어'를 시범 운행 중이다. 이 정도 움직임이라면, 인공지능 로봇 산업의 미래 전쟁의 서막이 시작된다고 봐도 무방하지 않을까? 참고로 최근 국제로봇협회는 2022년 가정용 인공지능 로봇의 시장 규모를 기존 97억 달러에서 115억 달러로 상향 조정했다. 시장조사업체 스트래티지애널리틱스도 2019년에 310억 달러에 머물렀던 서비스 로봇 시장 규모가 2024년경에는 1,220억 달러로 4배나 성장할 것이라는 전망을 내놓았다.


## 인공지능 빅테크 팽창


오프라인 소매업이 종말 위기를 맞았다는 말이 많다. 코로나19로 소매업에 내린 대재앙을 목격하고 나온 말이다. 제조업은 무사할까? 곧 전통 제조업의 종말 위기 경고가 나올 것이다. 사실, 초점은 소매업 혹은 제조업의 종말이 아니다. '오프라인'의 종말이다. 최고급 이미지 고수와 서비스 품질 등의 이유를 대면서 오프라인 매장을 고집했던 명품 브랜드도 슬그머니 온라인 매장을 열었다. 에르메스, 까르띠에, 프라다는 자체 공식 온라인

---

[*]  블로터, 2020.4.16. 이기범, "LG전자, 900개 사무직 업무에 로봇 기술 도입"

몰을 열었고, 샤넬은 카카오톡과 손을 잡았고 구찌는 네이버와 손을 잡고 온라인 브랜드 스토어를 오픈했다.* 그들이 얼마나 오랫동안 온라인 매장에 투자하겠느냐는 시각도 있다. 코로나19 확산에 따른 비대면 트렌드에 대응하는 임시 조치라고 볼 수도 있다. 하지만 미래를 내다보고 명품도 결국 밀레니얼 세대나 Z세대, A세대의 소비성향을 고려해 온라인 트렌드를 거스를 수 없는 현상으로 받아들인 것이다. (A세대는 내가 Z세대 다음으로 태어날 미래 세대를 지칭하는 용어다. 앞으로 태어날 미래 세대는 인공지능 Artificial Intelligence과 가상현실 Artificial World과 함께 태어나고 자란다. 이들의 핵심 특징인 인공지능과 가상현실의 알파벳 첫 글자를 따서 A세대라 지칭한다.)

더 이상 오프라인 소매 판매만으로는 명품조차 살아남기 힘들다. 누가 오프라인 소매업을 죽였을까? 빅테크 기업이다. 빅테크(Big Tech)는 대형 정보기술(IT) 기업을 가리키는 말이다. 좀 더 정확하게 말하면, 정보기술을 무기로 온라인과 오프라인을 통합한 모바일 플랫폼 구축에 성공한 기업이다. 구글, 아마존, 애플, 페이스북, 네이버, 카카오, 바이두, 알리바바 등이다. 월가의 골드만삭스, 전통적 소매업 강자로 알려졌던 월마트, 자동차라는 거대한 하드웨어를 판다고 생각했던 테슬라, 커피를 파는 스타벅스는 은밀하게 온라인과 오프라인을 통합해서 새로운 빅테크 기업이 되고 있다. 나는 이런 기업을 '스텔스 빅테크 기업'이라 부른다. 마이크로소프트, IBM, 삼성, 화웨이, 샤오미 등은 아직 '반쪽 빅테크 기업'이다. 빅테크 기업, 스텔스 빅테그 기업, 반쪽 빅테크 기업 등이 오프라인 소매업을 통째로 삼키려 하고 있다. 이들은 오프라인 소매업만 먹어치우지 않는다. 오프라인

---

* 아시아경제, 2020.7.18. 이선애, "'온라인' 코웃음치던 까르띠에, 에르메스, '1천만 원 가방, 3천만 원 시계 잘 팔리더라'"

**178**　　　　　　　　　　　　　　　▶ **2부** | 가장 먼저 온 미래

금융투자업도 집어삼키기 시작했다. 아직은 규제가 많은 은행업은 천천히, 그러나 상대적으로 잡아먹기 쉬운 보험, 증권, 자산 관리업은 이미 한입 크게 베어 물었다. 빅테크 기업, 스텔스 빅테크 기업, 반쪽 빅테크 기업은 수천만 혹은 수억 명의 사용자 네트워크와 그들의 빅데이터, 전자상거래 및 정보 플랫폼, 생태계 플랫폼이라는 강력한 무기를 가지고 금융, 쇼핑, 정보와 지식, 제조까지 아우르는 결합 비즈니스 모델을 잇달아 가동하면서 시장 재편 전쟁을 시작했다. 당연히 이런 엄청난 변화를 만드는 정보기술 중심에는 인공지능이 있다.

2020년 7월, 아마존은 2019년 1월에 공개한 바퀴 6개 달린 배달 로봇 '스카우트'(Scout)의 테스트 무대를 미국 내 더 많은 주로 확대 운행하겠다고 발표했다.* 코로나19로 인해 테스트 무대가 자연스럽게 넓어졌기 때문이다. 테슬라를 이끄는 일론 머스크는 앞으로 1~2년 안에 5단계 자율주행차 기본 기술 확보에 성공할 수 있다고 포부를 밝혔다. 테슬라는 명실상부 실제 도로에서 작동하는 세계최고의 자율주행 기술을 가진 회사다. 테슬라의 자동차에 탑재된 오토파일럿(Autopilot) 시뮬레이션 거리는 구글 '웨이모' 대비 100배가 넘는다. 실제 도로에서 얻은 자율주행 빅데이터를 세계에서 가장 많이 가진 기업이란 의미다. 이런저런 사고로 구설수에 오르내리지만, 주행 거리는 300만mile당 충돌사고 1건을 기록한다. 충돌사고 발생 가능성이 자율주행차 산업 평균(50만mile)의 1/6에 불과하다. 자율주행 자동차로서 세계에서 가장 안전하다는 의미다.**

국내 빅테크 기업도 비슷한 움직임을 펼치고 있다. 네이버는 브랜드 스

---

* 로봇신문, 2020. 7. 26. 이성원, "아마존, '스카우트' 로봇 배송 시험 확대"
** 블로터, 2020. 7. 10. 이일호, "일론 머스크 '올해 내 5단계 자율주행 기본기능 완성된다'"

토어에 LG생활건강 등 대형 브랜드를 입점시켰고, 홈플러스와 GS프레쉬와 손을 잡고 신선식품 배송도 시작했다. 네이버 플러스 멤버십을 출시하면서 구독서비스도 시작했다. 금융업의 빗장이 풀리는 틈을 놓치지 않고, 네이버 페이를 앞세워 핀테크 서비스는 물론이고 카드사처럼 후불 결제 서비스도 가능해졌다. 예금과 대출업무를 제외한 급여이체, 송금업에도 뛰어들었다. 미래에셋대우와 손을 잡고 종합자산관리(CMA) 계좌 판매도 시작했다. 네이버 자회사인 네이버 파이낸셜은 보험 전문 자회사도 만들었다. 2020년 7월 14일 '한국판 뉴딜 국민보고대회'에서 네이버는 머리와 본체를 5G로 연결한 로봇도 선보였다. 네이버 랩스(NAVER LABS)는 성남시와 협약을 맺고 판교도로에서 자율주행 로봇 시험 주행도 한다. 네이버는 한화건설과 손을 잡고 스마트 홈 사업에도 뛰어들었다. 안 하는 사업이 없다. 네이버와 경쟁하는 카카오도 상황은 비슷하다. 당연히 이들에게 기존 은행과 카드사 들과 경쟁할 수 있는 강력한 원동력을 제공한 것은 인공지능이다.

2020년 초, 폴크스바겐 최고경영자였던 헤르베르트 디스(Herbert Diess)는 "지금 상태가 계속되면, 독일의 전통적 자동차 기업은 또 하나의 노키아가 될 것"이라고 두려움을 드러냈다. 독일 앙겔라 메르켈(Angela Merke) 총리도 "하드웨어 제품만 팔고 있다가는 설 자리가 없어진다"고 위기감을 토로했다. 모두 강력한 인공지능 기술을 앞세운 빅테크 기업을 상대로 두고 하는 말이다. 제조업 최고의 국가 중 하나인 독일조차도 기계 제작, 화학 업종까지 빅테크 기업에게 잡아먹힐 수 있다고 염려한다. 미국과 중국이 지적재산권이라는 명분을 두고 치열하게 벌이는 무역전쟁도 빅테크가 핵심이다. 빅테크에서 밀리면 미래를 내주어야 한다는 절박감이 도처에서 나온다. 미국 컬럼비아대 알렉시스 위초스키(Alexis Wichowski) 교수는 빅테크 기업이 물리적으로 보이는 국경의 통제를 받지 않고 디지털 네트워크 안에서 주권·영토·국민이라는 전통적 국가 개념과 비슷한 모양새를 띤 '네트국가'(Net States)가 되었다고 평가한다.* 오히려 애플, 아마존, 페이스북, 마이크로소프트, 구글 등 네트국가는 현실 속에 있는 웬만한 현실 국가들을 넘어서는 막대한 영향력을 가진다. 네트국가라고 불리며 현실 국가를 넘어서는 힘을 가진 빅테크 기업이 현실 세계에서만 큰 덩치를 자랑하는 오프라인 기업을 무서워할까? 코로나19라는 짙은 안개가 걷히면 이들이 기존 산업을 얼마나 크게 베어 물었는지, 그들이 몸집을 얼마나 불렸는지 실체가 드러날 것이다. 빅테크 팽창은 이들에게 먹히기 시작했던 전통 산업들의 더딘 회복, 정체, 몰락의 가속화가 드러나면서 더욱 강렬하게 대비될 것이다. 현재 빅테크 기업, 스텔스 빅테크 기업, 반쪽 빅테크 기업은 새로운 시장에 진입하기 위해 금융, 소매, 제조 분야에서 기존 강자들과 손을 잡았다. 하지만 몇 년 안에 본색을 드러낼 것이다. 빅테크 기업들의 전략적 협력은 생각보다 아주 짧게 끝날 것이다. 그들이 내미는 검은 손을 덥석 잡은 기존 기업들은 조심해야 한다. 스스로 인공지능 기술을 중심에 둔 빅테크 기업으로 빠르게 변신하지 않으면, 완전히 잡아먹히거나 단물을 다 빨아먹히고 나서 더 이상 필요가 없어지는 때가 되면 한순간에 내팽겨질 것이다.

---

\* 　중앙일보, 2020.7.3. 김동호, "미중패권 전쟁도, 한국 경제 운명도 빅테크에 달렸다"

# 인공지능 전쟁의 승리

인공지능이라는 새로운 도구 개발 경쟁에서 승리하는 길은 무엇일까? 의외로 간단하다. 인공지능도 지능이기 때문에, 경쟁자보다 1%라도 더 똑똑한 인공지능이면 승리한다. 놀랍게도 인공지능 경쟁에서는 1% 차이만으로 시장을 평정할 수 있다. 사람들이 원하는 인공지능은 완벽한 인공지능이다. 하지만 완벽한 인공지능의 출현은 앞으로 수십 년 혹은 그 이상의 시간이 필요하다. 지금 당장 시장에서 승리를 가져다주는 인공지능은 1% 더 똑똑한 인공지능이면 된다. 기업에서 강의를 하고 자문을 하다보면 이 부분을 놓치는 경우를 종종 본다.

'인공지능이 시장에서 어떤 파괴력을 만들까'를 치열하게 토론할 때, 일부 기술자는 인공지능이 과대평가되었다고 말한다. '완벽하지 않음'을 강조하며 인간의 능력을 뛰어넘으려면 수백 년이 걸릴지도 모른다고 역설한다. 사람들이 원하는 것은 완벽한 인공지능이기 때문에 우리 회사 제품에 인공지능을 넣으면 얼마 못 가서 웃음거리만 될 것이라고 말한다. 맞다. 저잣거리에 흘러다니는 인공지능 이야기에는 먼 미래의 이야기와 현재 이야기가 뒤죽박죽 섞여 있다. 세간의 이목을 끌고 있는 기계 학습의 최신 기술 딥러닝(deep learning)도 지적 능력이 부족하다. 회귀, 분류, 군집화뿐이다. 인공지능 로봇 페퍼도 몇 단계 깊이 있는 대화로 들어가면 엉뚱한 소리를 한다. 홍콩의 인공지능 로봇 제조 회사 핸슨 로보틱스(Hanson Robotics)가 개발한 '소피아'(Sophia)도 세계를 돌아다니며 인간과 토론을 하며 놀라움을 주고 있지만 심층 대화로 들어가면 엉뚱한 소리를 한다. 사우디아라비아에서 로봇 최초로 시민권을 받고, 한국에도 와서 국회의원과 토론까지 하며 큰 관심을 끌었지만, 전문가의 눈으로 보면 한 편의 사기극처럼 보인다. 과대평가되었다는 말이다. 겉으로는 곧 인간의 지능을 뛰어넘을 것처럼 보이지만, 기술의 실체를 들여다보면 초보 단계에 불과하다. 영화에서 보듯 사람과 한 집에서 살며 인생을 이야기하고, 집안일을 능숙하게 관리하고, 기업이 필요로 하는 탁월한 의사결정을 내릴 수 있는 완벽한 인공지능이 아니다. 사람을 닮은 인공지능을 만들려면 수많은 난제를 해결해야 한다.

예를 들어 1969년 존 매카시와 패트릭 헤이즈가 제시한 개념인 '프레임 문제'(Frame problem)다. 인공지능의 능력이 유한하다는 전제를 가지고, 현실에서 일어날 수 있는 모든 경우의 수에 대처하는 프로그래밍이 불가능하다는 것이다. 프로그램된 틀을 벗어나면 결정을 내릴 수 없어서 작동이 멈추거나 에러를 낼 수 있다. 로봇청소기가 벽면, 가구, 문턱, 카펫 등은 인식하지만 애완견의 대변은 인지하지 못해서 밟고 지나간 후 온 방에 흔적을 남기는 식이다.* 좀 더 비싼 인공지능이 탑재된 로봇이라면 이 정도의 문제는 일으키지 않지만 그 로봇도 프레임의 한계를 가지고 있다. 이런 문제를 해결하는 방법으로 인간처럼 프레임 학습을 다양하게 시도 중이다. 인간에게 불편함을 주지 않을 수준으로 인공지능이 발전하려면 방대한 정보를 얼마나 잘게 쪼개고, 쪼개진 정보들을 다시 재조합하고 패턴화하여, 미래를 예측하는지가 중요하다. 이것이 인공지능의 성능 차이를 만든다. 이를 위해서는 몇 가지 기술들이 필수적이다.

예를 들어 인공지능은 패턴 인식을 위한 뉴런 기반의 인공신경망 기술,

---

* 중앙선데이, 2014. 6. 22. "하나 가르치면 열을 아는 로봇, 인간의 친구로 진화 중"

대량의 데이터를 분석하기 위한 데이터 마이닝 기술, 프레임의 한계를 극복하기 위해 필요한 기계학습 기술, 인간의 언어를 이해하고 소통하기 위한 자연어 처리 기술, 스스로 환경의 변화를 인식하고 그에 대응하는 행동을 시도하는 과정을 반복하면서 새로운 학습을 하는 지능형 에이전트 기술이 필요하다. 엄청난 데이터를 보관할 수 있는 저장 장치, 지금보다 수만 배 이상 빠른 통신 기술도 필수다. 이외에도 뛰어난 인공지능 기술을 보유하려면 인지과학이 기반되어야 한다. 정보처리 기술을 혁신적으로 향상시킬 양자 컴퓨터 기술도 필요하다. 양자 컴퓨터는 전자나 광자 같은 양자(quantum)를 이용해서 0과 1을 동시에 표현하는 큐비트(qubit, quantum bit) 기반이다. 양자 물리계에서는 빛에 입자와 파동이 중첩되어 '얽힘' 현상을 보인다. 양자 컴퓨터는 이런 중첩된 성질을 활용하여 정보를 처리한다. 빛을 이용한 양자 컴퓨터는 연산할 때는 파동을 이용하고, 전송할 때에는 입자를 이용한다. 이런 특성들 때문에 0과 1을 따로 순차적으로 처리하는 현재의 컴퓨터보다 연산 속도가 획기적으로 빠르다. 현재 컴퓨터가 10억 년 걸려 처리하는 문제를 100초 안에 처리할 수 있다.[*]

이처럼 존 매카시와 패트릭 헤이즈가 제시한 개념인 프레임 문제만을 해결하는 데도 엄청난 시간, 비용, 미래 기술이 필요하다. 이런 난관과 현실을 알게 되면, 현재 개발된 기술이 최소 기대 수준에도 못 미친다고 실망할 것이다. 그러나 이것은 기술적 평가다. 비즈니스 평가는 다르다. 이런 수준의 인공지능이지만 시장 파괴력은 충분하다. 그것을 간파한 사람이 소프트뱅크의 손정의 회장이고, 구글, 아마존, 애플, 테슬라다. 시장이 원하는

---

[*]　　중앙일보, 2018. 3. 29. 박수련, "10억 년 걸릴 문제 100초에 푼다. 양자컴퓨터시대 성큼"

인공지능은 모든 면에서 인간보다 뛰어난 인공지능이 아니다. 단 하나라도 인간보다 잘하면 된다. 빠르면 된다. 인간의 수고를 덜어주기만 하면 된다. 그래서 승리의 조건은 경쟁사보다 단 1%만 더 똑똑한 인공지능이다.

인공지능 연구의 선구자였던 존 매카시(John McCarthy)는 1955년 'A Proposal for the Dartmouth Summer Research Project on Artificial Intelligence'라는 기고문에서 "사람이 그렇게 행동했다면 지능적이라 평가할 행동을 하는 기계"를 인공지능이라 정의했다.[*] 스탠퍼드대학교 법정보학센터 교수 제리 카플란(Jerry Kaplan)은 이런 정의는 아래와 같은 심각한 질문에 부딪혀 불필요한 논란을 만든다고 지적했다.[**]

"인간의 지능을 어떻게 정의하는가?"

"주관적이고 추상적 대상인 인간의 지능을 어떻게 정량적으로 측정할 수 있는가?"

"두 사람 중 한 명이 더 똑똑하다고 평가하는 기준을 기계에서 적용하는 것이 타당한가?"

미래학자 제임스 마틴(James Martin)은 인공지능이 인간의 지능과 같아지리라는 오랜 명제와 구태의연한 기대가 이런 문제와 불필요하고 소모적 논쟁을 만들었다고 평가한다. 오히려 '인간과 같지 않은 지능'(NHL, Non-

---

[*]  J. McCarthy, M. L. Minsky, N. Rochester, and C. E. Shannon, "A Proposal for the Dartmouth Summer Research Project on Artificial Intelligence," 1955, 제리 카플란, 《인공지능의 미래》, 신동숙 역(한스미디어, 2017), 19. 재인용.

[**] 같은 책, 20.

Human-Like Intelligence)이 21세기 인공지능을 설명하는 새로운 개념이 되어야 한다고 주장한다. 인간처럼 지능을 가질 필요가 없고, 컴퓨터가 가진 강력한 지능적 특성만을 자동적으로 발전시키는 방향으로 기술을 발전시켜도 충분하니, 인간 지능을 흉내 내는 데 목표를 두거나 인간 지능과 비교해서 평가하지 말고, 컴퓨터의 장점이 특화된 방향으로 발전시켜 인간의 지능을 다른 방식으로 뛰어넘으면 된다는 것이다. 인간이 인지할 수 없는 패턴을 인지하고, 인간이 배울 수 없는 것을 배우게 하고, 인간이 탐구할 수 없는 영역을 탐구하고, 인간이 할 수 없는 행동을 하게 만들고, 인간에게는 전혀 기대할 수 없는 의외의 특성들이 나타날 수 있는 새로운 지능을 갖게 하자는 것이다.[*] 비슷한 맥락에서 인공지능에 대한 불필요하고 소모적 논쟁을 피하기 위해 인공지능 정의를 다시 하자는 학자가 있다. 제리 카플란이다. 그는 인간보다 빠르고 미세한 것을 감지하고 많은 과제를 수행하는 것만으로도 '지능'이 있는 것처럼 보이기 때문에 인공지능이라고 부르면 된다고 주장한다.[**] 기술적 의미의 인공지능 정의도 아래와 같이 내렸다.

제한된 데이터를 기초로 적당한 시기에 적절히 일반화해내는 능력[***]

이런 관점과 정의를 따르면 현재의 인공지능은 사기가 아니다. 잠재력이 무궁한 새로운 도구다. 인공지능이 인간처럼 작동하여 지능을 발현하는지, 인간처럼 자기인식을 할 수 있는가 여부를 따져 진짜인지 가짜인지

---

[*] 　제임스 마틴, 《미래학 강의》 류현 역(김영사, 2009), 286~287.
[**] 　제리 카플란, 《인공지능의 미래》, 신동숙 역(한스미디어, 2017), 24.
[***] 　같은 책, 27.

를 논쟁하는 것은 불필요하다. 인공지능은 인공지능끼리 비교를 해야 한다. 일상생활에 적용하여 인간의 삶에 유익을 주는 비즈니스 아이디어로 비교하고 가치를 평가해야 한다. 제리 카플란은 지능 정도에 대해 다음과 같이 말했다.

적용 영역이 넓어질수록, 최소한의 정보로 더 빨리 결론을 내릴수록 더 지능적인 행동이다.*

다시 말해 경쟁사보다 1%라도 적용 영역을 넓히면, 최소한의 정보로 1%라도 더 빨리 결론을 내리면 시장을 장악할 수 있다는 뜻이다.

경쟁사보다 1% 똑똑하려면 어떻게 해야 할까? 더 나은 인공지능을 판가름하는 가장 중요한 조건은 '일반화'다. 일반화를 잘하려면 '최대한 넓은 영역을 아우르는 것'과 '특징 추출'이 중요하다.** 폭넓음과 특징 추출이 탁월한 인공지능의 비밀이다. 인간의 경우를 예로 들어보자. 인간은 배경지식이 넓을수록, 추상화 사고 기술이 숙련될수록 일반화를 잘한다. 인공지능도 마찬가지다. 데이터가 방대할수록, 추상화 알고리즘이 숙련될수록 일반화를 잘한다. 그래서 일반화는 기계 학습의 목표다.

일반화(Generalization)의 사전적 의미는 "연관성이 있는 두 개 이상의 개체 집합을 묶어 좀 더 상위 개체 집합을 만드는 것"이다.*** 상위 개체 집합을 만들려면, 하위 개체들 안에 공통된 특성을 추출하는 능력이 필요하다. 방

---

\*     같은 책, 27.
\*\*    같은 책, 28.
\*\*\*  네이버 지식백과, 일반화.

대한 빅데이터 속에서 추출된 보편적 특성이나 패턴 등을 파악하여 인식의 대상으로 삼는 것을 '추상화'(abstract)라 한다. 특수한 개체들에서 하나의 보편적인 개념이나 법칙을 추출하면 개념의 외면이 증가하여 적용범위를 확대시킬 수 있다. 개념 묘사의 범위를 확대하면 좀 더 많은 예를 포함해 넓은 영역을 아우를 수 있다. 적용 영역이 넓을수록, 최소한의 정보로 더 빨리 결론을 내릴수록 더 지능적인 인공지능이 된다.

인공지능이 일반화와 추상화 능력을 갖는다는 것에는 중요한 의미가 있다. 두 가지 능력은 인간 지능의 핵심 요소다. 지능을 가진 인간이 새로운 것을 배우는 행위가 '학습'이다. 나중에 활용할 수 있는 방식으로 정보가 가공(일반화·추상화)되어야 '학습되었다'는 평가를 받는다. 기계가 일반화와 추상화를 할 수 있다면 기계의 행동을 '학습을 통한 지능적 행동'이라 규정할 수 있다. 인간의 독창적인 영역이라고 생각했던 한 부분인 일반화와 추상화를 자동화했다고 규정할 수 있다. 자동화한 만큼 가치가 올라가고, 이익을 창출한다. 결국, 시장을 지배한다.


## IBM, 구글의 창의적인 인공지능 도구 사용법


경쟁자보다 1% 더 똑똑한 인공지능을 만들기 위해 꼭 필요한 요소 3가지가 있다. 알고리즘, 데이터의 우수성 그리고 인공지능을 사용하는 창의성이다. 인공지능 알고리즘은 구글, 애플, IBM 등 글로벌 기업들이 선도한다. 그 외의 기업이나 개인들은 그들이 만든 알고리즘을 유료 혹은 무료로 사용한다. 즉, 개인이나 기업 간에는 알고리즘 경쟁력 차이가 거의 없다. 개인이나 기업 간 인공지능 경쟁에서 차이를 만들어내는 것은 데이터의 우수성과 인공지능을 사용하는 창의성이다. 데이터의 질과 인간의 창의성이 인공지능을 똑똑하게 만든다. 특히 나는 앞으로 인공지능 전쟁에서 어떤 기업이나 개인이 최종 승리자가 될 것인지를 예측할 때, 인공지능을 사용하는 인간의 창의성을 눈여겨본다.

우수한 알고리즘을 만들고 조합하는 것도 인간이고, 데이터를 창의적으로 사용하는 것도 인간이다. 예를 들어보자. 뉴욕 주 T. J. 왓슨 연구소에서 4년간 수천만 달러를 투자하여 만든 IBM 왓슨은 방대한 지식 기반에서 자신이 추천한 대답의 정확성을 예측하는 기술을 자랑한다.* IBM 왓슨 이전에도 이런 시도들은 종종 있었지만 대중을 놀라게 할 정도의 성능을 발휘하지 못했다. 하지만 IBM이 만든 인공지능 왓슨은 달랐다. IBM 왓슨의 기본 작동방식을 보면, 이전의 시도들과 큰 차이를 보이지 않는다. 왓슨은 다음과 같이 작동한다.**

- 질문을 받는다.
- 문서와 데이터베이스를 검색하여 질문과 관련된 수천 개의 '후보 답안들을 수집'한다.
- 다시 문서와 데이터베이스를 검색하여 수천 개의 후보 답안들의 '증거를 수집'한다.
- 각 후보 답안마다 '증거 점수를 부여'한다.
- 앙상블 예측모델을 적용하여 '가장 우수한 답을 선택'한다.

---

\*     에릭 시겔, 《빅데이터의 다음 단계는 예측 분석이다》, 고한석 역(이지스퍼블리싱, 2014), 310.
\*\*     같은 책, 323.

IBM 왓슨은 기호주의에 기반을 둔 접근을 시도한다. 하지만 이런 방식은 오래전부터 시도했던 것이다. 그렇다면 무엇이 IBM 왓슨을 탁월한 인공지능으로 도약하게 만들었을까? 박사 연구진 25명을 중심으로 구성된 개발자들이 다양한 인공지능 알고리즘을 매우 창의적으로 조합한 것을 주목해볼 필요가 있다.

예를 들어 왓슨이 질문을 받고 검색을 하는 데 사용하는 지식기반은 350만 개의 위키피디아 문서, 수백만 개 문서자료, 성서, 책, 뉴스 기사, 백과사전, 동의어·반의어 사전, 인터넷 영화 데이터베이스 등의 다양한 전문적 데이터베이스로 구성된다. 왓슨은 지식 기반에서 후보 답안을 수집한 후, 이를 평가하기 위해 '구절 검색'(Passage search) '인기도'(Popularity) '범주 일치도'(Type match) '시기'(Temporal) '자료출처 신뢰도'(source reliability) 등을 검사하여 증거 찾기 루틴을 시행한다. 그리고 각 후보 답안과 관련된 증거들을 앙상블 예측 모델을 사용하여 신뢰도에 따라 가중치를 주어 점수를 산정하고 상대적 순위를 정한다. 가장 높은 순위를 얻은 답안이 최종적으로 선택된다. 왓슨이 사용하는 앙상블 모델은 크게 3가지 방식이다.*

1. 수백 개의 하위 예측모델이 각 후보 답안마다 매긴 증거 점수를 다시 결합(평균치 도출)한 예측 모델
2. 질문 유형(퍼즐, 사지선다, 날짜, 숫자, 번역 등)에 따라 특화된 예측모델
3. 예측 모델의 반복적 적용을 통해 후보 답안 숫자를 줄여가는 모델

---

*     같은 책, 324–330.

왓슨은 570만 개가 넘는 '제퍼디 쇼'의 예제들을 가지고 훈련했다. 학습 능력과 속도를 향상시키기 위해 300만 달러를 투자하여 2,800개의 코어 프로세스를 장착한 서버 90대, 15TB의 램 메모리를 갖춘 슈퍼 컴퓨터를 구축했다. 왓슨은 병목현상 없이 수천 개의 작업을 동시에 병렬로 수행하면서 1초당 80조 번 연산을 처리한다. 제퍼디 쇼에 출연하기 전에는 인간 챔피언들과 연습 게임을 통한 훈련도 진행하면서 승률을 71%까지 끌어올렸다.[*] 이것이 IBM 왓슨의 기계 학습 구조와 과정이다. 아래는 왓슨이 풀었던 문제들이다.[**]

- 문학에 등장하는 지명수배자(Literary character APM), 사악한 행위로 수배되었습니다. 마지막으로 바랏두르의 탑에서 목격되었습니다. 거대한 눈을 갖고 있어 놓치기 어렵습니다. (Wanted for general evil-ness; last seen at the tower of Barad-dur; it's a giant eye, folks, Kinda hard to miss.) _**상금 600달러가 걸린 문제**

- 가축의 고삐를 뜻하기도 하는 이것은, 목을 감는 끈이 있고 등이 드러나는 여성복입니다. (Also the name of a rope for leading cattle, this women's backless top has a strap that loops around the neck.) _**상금 1,200달러가 걸린 문제**

첫 번째 문제의 답은 사우론(Sauron, 《반지의 제왕》에 등장하는 인물)이

---

[*]　같은 책, 336.
[**]　감동근, 《바둑으로 읽는 인공지능》(동아시아, 2016), 63–67.

고, 두 번째 문제의 답은 홀터(halter)다. 문제에서 보듯이 왓슨은 단순히 빠른 정보검색 능력만이 아니라 지능이라고 표현할 정도의 추론과 연상 능력을 갖추고 있었다. 결과는 어떻게 되었을까? 총 66개의 문제를 맞히고, 9개의 문제를 틀렸지만 제퍼디 쇼에서 우승했다. 획득한 상금 기준으로 왓슨의 점수는 77,147달러였다. 2명의 세계 챔피언은 각각 24,000달러와 21,600달러였다. 제퍼디 쇼에서 우승한 후, IBM은 왓슨을 의대에 보내서 각종 의료 서적, 수백만 건의 환자 기록, 임상기록 및 진단서와 처방전 등을 학습시켰다. 미국임상학회의 분석에 의하면 왓슨의 의료소견 정확도는 82.6%에 이른다. IBM은 2016년 3월에 힐튼 호텔과 함께 호텔 투숙객이 지역관광지, 식당, 메뉴, 쇼핑몰 등에 대한 질문을 하면 맞춤형으로 안내를 해주는 인공지능 서비스를 개발했다.* 2014년 말에는 일본에서 빅데이터를 바탕으로 새로운 레시피를 창조하는 '셰프 왓슨'이 등장하여 요리를 대접하는 시식회를 선보이기도 했다.** 이외에도 IBM 왓슨의 응용 서비스는 다양하다. 일본 소프트뱅크가 출시한 인공지능로봇 페퍼 서비스, 미국 군인전문보험회사(USSA)에서 군대를 제대한 사람들의 사회 적응력을 높이는 상담 서비스 등을 비롯해 32가지를 넘고 500개가 넘는 기업과 협력을 시작했다.***

구글도 인공지능 도구를 창의적으로 사용하는 대표적 기업이다. 세계 최고 프로 바둑기사 이세돌을 완파한 알파고(AlphaGo)의 예측 기술을 분

---

* 　같은 책, 70.
** 　마쓰오 유타카, 《인공지능과 딥러닝》, 박기원(동아엠앤비, 2015), 18. 강시철, 《인공지능 네트워크와 슈퍼 비즈니스》(리더스북, 2016), 47.
*** 　강시철, 《인공지능 네트워크와 슈퍼 비즈니스》(리더스북, 2016), 46–48.

석해보자. 구글의 알파고는 연결주의를 기초로 하지만 위에서 설명한 진화주의, 기호주의, 베이즈주의, 유추주의를 모두 사용했다. 다양한 기계 학습 방식도 거의 모두 사용했다. 즉, 알파고의 역량도 IBM 왓슨팀처럼 이런 모든 것을 가장 적절하게 사용하는 창의적 연구진에서 나왔다.

알파고는 데이터 마이닝과 if-then 형식의 간단한 규칙을 반복하여 경우의 수를 분류하는 의사결정 나무 학습(decision tree learning)을 사용하여 의사결정력과 예측력을 높이는 방법으로 기계 학습을 한다. 예를 들어 바둑판의 가짓수는 10의 170제곱이다. 이는 온 우주에 존재하는 원자 수보다 많다.* 현재 슈퍼 컴퓨터로 계산을 하려면 수십 억 년이 걸린다. 이것을 전부 계산하고 학습하면 인공지능 알파고가 인간 바둑기사를 이기는 데 필요한 시간이 무려 20~30년이므로 알파고를 만든 팀은 다른 방법을 택했다. 완벽을 포기하고 인간처럼 두뇌를 사용하는 법을 택한 것이다. 인공 신경망을 사용해서 학습과 경험을 통해 인공 신경망의 연결 강도가 달라지고 재조직하면서 기억과 확률적 판단력을 증진시켰다. 알파고의 하드웨어는 1,202개의 CPU(Central Processing Unit), 매트릭스 계산을 병렬로 빠르게 계산할 수 있는 GPU(Graphics Processing Unit) 176개, 구글이 자체 개발한 인공지능 전문 칩으로 AI 기계 학습 엔진인 텐서 플로우(Tensor Flow)에 최적화된 TPU(Tensor Processing Unit) 48개를 사용했다. 알파고의 소프트웨어는 총 17,000개의 입력노드를 갖고 있는 컨볼루션 신경망(CNN)을 통한 딥러닝 기술이 핵심이다. 알파고의 신경망은 정책망(policy network)과 가치망(value network) 두 개다.** 정책망은 다시 3개로 나뉘는

*    감동근, 《바둑으로 읽는 인공지능》(동아시아, 2016), 79.
**   같은 책, 97–106.

데 첫 번째는 롤아웃(rollout) 정책망이다. 롤아웃의 사전적 의미는 '밀어서 펴다' 혹은 '첫 출시하다' 등이다. IT 비즈니스에서 롤아웃 프로젝트라는 말이 많이 쓰이는데, 이는 '표준모델'을 제시하고 이것을 기반으로 허용된 일정 비율만큼 프로그램 처리 내용을 변경하는 것을 허용하는 활동이다. 즉, 롤아웃은 '표준모델'을 가리키는 산업 용어다. 알파고 팀은 인공지능 바둑기사가 되는 1단계로 바둑의 표준모델을 입력했다. 즉, 롤아웃 정책망에는 바둑의 기본 정석이 입력된다. 현재까지 가장 좋은 수로 인정받은 규칙이다. 두 번째는 지도 학습(supervised learning) 정책망이다. 여기에 알파고 팀은 KGS라는 인터넷 바둑 사이트의 6~9단 기사들의 바둑 기보 16만 건을 통해 예제 3,000만 개를 학습시켰다.* 세 번째 정책망은 강화 학습(reinforcement learning) 정책망이다. 규칙을 익히고 바둑 기보를 학습하고 수천만 개의 문제를 풀어도 바둑의 신이 될 수 없다. 그래서 알파고는 앞의 두 가지 정책망을 기반으로 한 복제된 알파고들을 만들고 서로 가상 대국을 하면서 기보 수를 늘려갔다. 지도 학습 정책망을 통해 학습한 기보와 착점들의 가중치를 각각 인위적으로 조금씩 바꿔서 알파고들끼리 가상 대결을 해보게 하는 방식이다. 이런 방식의 가상 대결을 통해 새로운 기보가 나오고, 새로운 기보는 새로운 수를 생산했다. 전문가들은 지도 학습 수준의 인공지능과 강화 학습을 마친 인공지능의 승률 차이는 20:80까지 크게 차이가 날 정도로 강화 학습에서 기계 학습의 위력이 발휘되었다고 평가했다.** 알파고들은 하루에 3만 번 대국을 두었다. 하루에 3만 개씩 생산된 기보들의 유용성, 확률적 승률 등을 분석하고 데이터로 저장했

---

\*     같은 책, 99.

\*\*   같은 책, 101.

다. 무작위로 새로운 수를 두면서 만들어진 대국 자료들을 자체 내장된 바둑 평가 기준으로 평가하면서 기보집에 추가할 만한 새로운 바둑 기보를 만들었다. 앞으로 수백 년 동안 인간이 바둑을 두면서 새롭게 추가할 좋은 기보들을 스스로 만들어낸 것이다. 이 과정 중 어떤 상황에서 어떤 수가 좋은지에 대한 알파고의 자료는 현존하는 최고의 인간 바둑기사 머릿속에 저장된 자료를 넘어선 것이다. 프로 바둑기사는 자기 머릿속 자료를 기반으로 다음에 두면 좋은 수 몇 가지를 직관적으로 알아차린 후, 주어진 시간 내에 빠른 속도로 아홉 수 열 수 뒤까지 계산한다. 알파고도 3가지 정책망을 통해 인간의 직관력과 계산 방식을 모방했다. 하지만 전문가들은 정책망만 가지고서는 세계 최고 프로 바둑기사를 이기기 어렵다고 말한다. 여전히 바둑판에서 탐색해야 할 공간이 깊고, 무작위로 추출된 수순으로 만들어진 표본들 중에는 나쁜 수와 좋은 수, 좋은 결과와 나쁜 결과가 섞여 있기 때문이다. 알파고가 수많은 시뮬레이션을 통해 승률을 높였지만, 그 승리가 첫 수를 잘 둔 덕분인지, 상대가 실수를 해서인지, 자기가 둔 수가 탁월해서 그런 결과가 나왔는지 평가하기 힘들기 때문이다.* 알파고 팀은 이 문제를 신경망 성능을 향상시키는 식의 기술 접근법으로 해결하지 않았다. 이미 있는 기술을 창의적으로 사용하는 방식으로 해결했다. 바로, 신경망을 하나 더 추가한 것이다. '가치망'이다. 알파고는 정책망으로 다음에 둘 수들을 뽑아낸 후, 가치망이라는 다른 신경망을 작동시켜 후보로 올라온 수들의 평가함수를 돌려 승률을 계산하여 가치평가를 한다. 제한된 시간 안에 평가해야 하기 때문에 종국(終局)까지 시뮬레이션하지 않는다.

---

\* 　같은 책, 102.

인간 프로 바둑기사처럼 현재 수부터 몇 수만을 진행한 후에 형세를 평가한다. 수 읽기는 정책망이 담당하고, 가치망은 형세 판단을 한다는 창의적 발상이다.* 이 단계에서 한 가지 수를 정했더라도 그다음으로 둘 수 있는 경우의 수는 엄청나다. 이 역시 이미 있는 기술(알고리즘)을 창의적으로 사용했다. 알파고는 몬테카를로 트리 서치(MCTS) 기법과 의사결정 나무 기법을 사용하여 최대 다음 40수 내까지 승률을 계산한다. 몬테카를로 트리 서치는 다음 수의 후보들 각각이 40수까지 더 두었을 때 생겨나는 경우의 수 중에서 일부를 무작위로 선택하여 시뮬레이션을 하는 알고리즘이다. 제한된 시간에 무작위로 선택된 경우의 수들만 확률적으로 평가해서 최고의 수를 가려낸다. 무작위 통계조사는 표본 집단이 많을수록 예측 정확도는 높아진다. 알파고는 강력한 연산능력을 가지고 있기에 한 수마다 1분~1분 30초라는 짧은 시간에 가장 많은 표본 집단을 만들 수 있다. 알려진 바로는 하나의 후보 수마다 10만 번씩 시뮬레이션이 가능했다. 그래서 인간보다 더 높은 예측 정확도를 발휘할 수 있다. 이렇게 작동하는 가치망은 알파고가 인간 프로 기사처럼 현 상황의 유불리 형세를 파악하는 효과를 냈다. 전체 형세를 파악하는 직관력도 모방하게 된 것이다. 이런 창의적 접근법을 바탕으로 알파고 팀은 바둑을 배우기 시작한 지 6개월 만에 세계 최고 인간 바둑기사를 이겼다. 앞으로 이 속도에는 무어의 법칙이 적용될 것이다. 한 분야를 습득하여 인간 수준을 넘어서는 데 10년 후면 1일이면 가능하게 될 것이다. 지금의 알파고 수준의 컴퓨터 연산 능력을 가진 개인용 컴퓨터도 15~20년이면 가능하다. 실제로 알파고의 학습 속도는 빠르게 향

---

* 　같은 책, 102.

상되고 있다.

2017년 10월 19일, 구글 알파고팀은 과학저널 〈네이처〉를 통해 기존 알파고의 2개의 신경망을 하나로 통합한 신경망을 가진 '알파고 제로'(AlphaGo Zero)를 선보였다. 알파고 제로는 검은 돌과 흰 돌을 놓는 등 기초 규칙만 알려주고 프로 선수의 기보를 입력하지 않은 상태에서 (성과를 측정하는 기준만을 가진) 강화 학습을 통해 스스로 기존 바둑 정석을 배우고 역사상 존재하지 않았던 새로운 전략도 만들어냈다. 알파고 제로는 바둑을 넘어 다른 여러 보드게임에 적용할 수 있는 '범용 AI'를 만들어내는 데 목적을 두었고, 인간의 도움 없이 스스로 게임을 배워 24시간 이내에 최고 수준에 도달하는 데 성공했다.

종국의 인공지능은 '범용 AI'가 될 것인데, 인공지능의 성능은 파라미터 조정이나 평가 기준 설정 등을 통해 인공지능을 학습(지도 학습, 비지도 학습 등)시키는 인간의 역량에 좌우된다. 늦어도 21세기 중반까지는 인간이 인간을 학습시키듯, 개개인이 자신에게 필요한 인공지능을 학습시키는 시장이 열릴 것이다. 구글이 알파고를 향상시키는 데 막대한 자본을 투자하고 있는 이유다.

이세돌 9단을 이긴 버전('알파고 리 AlphaGo Lee'로 지칭)을 학습 36시간 만에 넘어섰고, 학습 72시간이 된 후 알파고 리와 실전처럼 제한시간 2시간 대국에서 100전 100승을 했고, 0.4초 만에 한 수를 두는 속도로 2,900만 판을 40일 만에 둔 후 2018년 5월 커제 9단을 3:0으로 이긴 '알파고 마스터'(AlphaGo Master)를 100전 89승 11패로 무찔렀다. 알파고 제로는 구글이 최신 GPU보다 속도는 15~30배 빠르고 소비 전력당 연산 성능은 30~80배 정도 높고 자사의 인공지능 텐서플로(Tensorflow)에 최적화되도록 자체 설계한 학습 전용 연산처리장치인 TPU(Tensorflow Processing Unit)를 단 4개만 사용했다.

추격자 페이스북, MS 등의 인공지능 기술도 만만치 않다. 2014년, 페이스북이 뉴욕대학교 얀 리쿤(Yann LeCunn) 교수와 공동으로 개발한 딥 러닝 알고리즘인 '딥 페이스'(Deep Face)는 얼굴 인식 정확도 97.25%를 기록해서 인간의 얼굴 인식 정확도인 97.53%에 근접한 실력을 보여주었다. 페이스북은 인간의 뇌 신피질처럼 작동하는 운영체제와 인간 뇌에서 지능이 형성되는 체계를 프로그램화한 인공지능을 개발 중이다. '비카리우스'(Vicarious)라고 명명된 이 프로젝트가 성공하면 인공지능은 인간이 두뇌로 할 수 있는 모든 것을 할 수 있는 기반을 마련하게 된다.[*] 마이크로소프트도 21세기 초반에 앱(App) 시대가 저물고 인공지능의 시대가 올 것이라고 예측하고, 인간의 언어를 완벽하게 이해할 수 있도록 자사의 인공지능을 훈련시키고 있다. 인공지능의 시대가 되면 컴퓨터, 스마트폰, 자율주행 자동차, 스마트 홈, 기타 디지털 디바이스 등과 인간이 소통하는 주요 방식이 인공지능 비서를 통해서 이루어질 것이라는 예측이다.[**] 이처럼 글로벌 기업들은 21세기 비즈니스는 인공지능에서 밀리면 끝이라는 판단 하에 사활을 걸고 있다. 기억하라. 인공지능 기술의 수준은 인간의 창의성에 달려 있다. 새로운 인공 신경망 기술이나 알고리즘에 달려 있지 않다. 이미 있는 기술들을 어떻게 창의적으로 사용하느냐에 달려 있다. 누구든 회사도 구글이나 IBM보다 단 1%만 성능이 뛰어난 인공지능 시스템을 만들면 세계 시장을 재패할 수 있다.

---

[*]    강시철, 《인공지능 네트워크와 슈퍼 비즈니스》(리더스북, 2016), 42.
[**]   같은 책, 43.

## 미래의 가전제품

TV나 냉장고와 같은 백색가전의 미래도 인공지능을 빼놓고는 예측하기 힘들다. 미래 가전제품들은 디스플레이 혁명과 스며드는 컴퓨팅 기술과 사물인터넷 기술 그리고 인공지능의 결합에 영향을 받을 것이다. 미래의 가전제품은 컴퓨터와 경계가 없어진다. 모든 가전제품에 컴퓨팅 기능, 인공지능 기능이 스며든다. 모든 가전제품이 모니터의 크기만 다른 컴퓨팅 디바이스가 된다. 컴퓨팅 디바이스가 각기 다른 목적으로 사용되는 것이라고 생각하는 편이 편할 것이다. 모니터의 기능이 강조된 컴퓨터 디바이스이면 TV가 되고, 연산의 기능이 강조되면 탁상용 컴퓨터가 되고, 음식을 관리하는 기능이 강조된 컴퓨터 디바이스이면 냉장고가 된다. 옷을 관리하는 기능이 강조된 컴퓨터 디바이스이면 세탁기가 된다. 이런 모든 컴퓨팅 디바이스들을 관리하고 통제하는 것은 인공지능이다. 이런 변화를 고려할 때, 미래 가전제품 시장에서 지배력을 가지는 지름길도 인공지능 기술이다.

아직 단 한 대의 자동차도 판매하지 않은 구글이 백 년 이상 시장을 지배한 거대 자동차 회사들보다 주목받고 더 나은 미래 가치를 인정받는 이유를 놓치지 말아야 한다. 둘의 차이는 인공지능 수준 차이다. 이것이 삼성이 인공지능에 전력을 기울이는 이유다. 특히 한국 기업은 인공지능 기술에서 밀리면 하드웨어 분야에서 중국의 추격을 따돌리기가 불가능하다. 그다음으로는 미래 가전제품들 간에 연결성과 호환성이 중요해질 것이다. 미래에 모든 가전제품이 컴퓨팅 디바이스가 되어 연결되면 디바이스 간에 연결 복잡도가 증가한다. 사용자 입장에서 복잡도의 증가는 불편함이다.

일부 소비자들이 기능이 단순한 제품을 선호하는 이유다. 기능이 복잡하면 고장이 날 가능성이 커지고, 고장의 원인도 다양해진다. 단순히 옷을 세탁하는 하나의 목적만을 바라는 소비자는 이런 복잡도를 아주 불편하게 여기지만 미래에는 제품 간의 연결에서 가져오는 새로운 편리함이 증가할 것이다. 가장 매력적인 편리함은 인간의 정신적·육체적 노동력 사용이 현저히 줄어들면서 동시에 최적의 수행능력을 발휘한다는 점이다. 이런 유익은 가전제품들이 컴퓨팅 디바이스로 변화되는 데서 나오지 않는다. 인공지능에서 나온다. 이런 면에서 사물인터넷 시대의 흥망성쇠는 네트워크 기술보다는 인공지능 기술에 달려 있다. 또한 디바이스 간의 호환성에서 나온다. 소비자 입장에서 호환성을 높이려면 2가지 방법이 있다. 하나는 호환성 조절 능력이 뛰어난 인공지능을 선택하는 것이다. 다른 하나는 하드웨어 호환성이 최적화된 상태로 출시된 가전제품들을 구매하는 것이다. 즉, 한 회사에서 모든 가전제품을 구매하는 것이다. 이 두 가지를 동시에 구사하면 최고다. 인공지능과 가전제품을 모두 한 회사에서 구매하면 된다. 이 말은, 다시 인공지능을 지배한 회사가 미래 가전제품 시장을 지배할 수 있다는 예측이다. 가전제품들은 이미 기술이 상향 평준화되었다. 기술이 더 발전하더라도 소비자에게는 큰 매력이 없다. 이런 시대에는 아이러니하게도 기술이 낮더라도 가격이 조금 비싸더라도 호환성과 정신적·육체적 편리성이 더 중요해진다. 소비자들이 이렇게 반응하는 현상은 이미 스마트폰 시장에서 현실이 되었다. 이런 전략을 완벽하게 구사하는 기업은 애플이다. 운영체제(OS)와 하드웨어를 동시에 제공하는 애플이 내세우는 최고의 장점은 호환성이다. 소프트웨어, 데이터, 하드웨어 간의 최적의 호환성이 애플의 최고 강점이다. 여기에 디자인까지 세련되다. 가격이 비싸더라도 기술이 낮더라도 고객이 이탈하지 않는 이유다. 미래에는 가전제품 시장에도 이런 일이 일어날 것이다.

## 10년 후, 스마트폰

2018년 8월, 애플이 시가 총액 1조 달러 시대를 열었다. 한국 GDP(1조 7천억 달러)의 60%에 달하는 규모이고, 전 세계 GDP 순위로 하면 16위인 인도네시아(1조 749억 달러) 다음 순위 규모다. 반면 한국 스마트폰 대표주자 삼성전자는 중국에서 1%대로 시장 점유율이 추락하고, 인도에서 샤오미에게 밀리고, 글로벌 시장 점유율도 2013년 32.3%에서 2017년 21.2%로 하락했다. 중국의 거센 추격과 삼성의 강점이었던 하드웨어 성능의 상향 평준화로 후발 주자와 격차가 줄어들고, 프리미엄 시장의 성장 한계 등 때문이다. 이런 위기를 극복하기 위해 삼성전자는 폴더블 스마트폰에 희망을 걸고 있다.* 앞으로 10년, 삼성전자의 접는 폰을 시작으로 미래형 스마트폰 경쟁의 문이 열리게 될 것이다. 삼성전자는 접고 구부리거나 둘둘 말 수 있는 디스플레이 기술뿐 아니라 위아래로 최대 12mm까지 풍선처럼 늘어나는 스트레처블 OLED 기술도 개발했다. 삼성전자는 이 기술을 미래형 스마트폰에 적용하는 것은 물론이고, 기타 스마트 기기에 적극 활용할 계획이다. 스마트폰의 미래를 예측하려면 크게 2가지를 생각해보아야 한다. 하나는 물리적 장치의 변화 가능성이고, 다른 하나는 소프트웨어를 포

---

\* 한국경제, 2018. 6. 11. 이승우, "위기감 느낀 삼성전자, 접는 폰으로 '초격차 전략' 펼친다"

함한 스마트폰 사용 방식의 변화다.

　스마트폰을 포함해서 각종 스마트 기기의 하드웨어는 크게 3가지 장치로 구성된다. 디스플레이 장치, 연산 및 통신 장치, 배터리 및 전원 장치다. 앞으로 10년 동안 이 3가지 장치에 큰 변화가 일어날 것이다. 디스플레이 장치는 물리적으로 단단한 형태에서 접고 구부리거나 둘둘 말 수 있고 풍선처럼 늘어나는 유연한 형태로 발전할 것이다. 먼 미래 이야기가 아니다. 이런 수준의 디스플레이 혁명을 당장 가능하게 하는 것은 연필심으로 쓰이는 흑연(graphite)이 주 재료인 그래핀(graphene)이다. 그래핀은 흑연의 영어 철자 'graphite'와 탄소이중결합을 가진 분자를 뜻하는 접미사 '-ene'를 결합하여 만든 용어다. 흑연은 화학 조성이 순수한 탄소다. 결정 구조는 수정과 같은 육방정계(六房晶系) 광물로 석묵(石墨), 즉 '돌로 된 먹'이라고도 불린다. 다이아몬드와 화학 성분은 같지만, 결정 구조가 달라 동질이상(同質異像) 관계에 있고 모스 경도(Moh's hardness)가 1에 불과해 매우 연하다. 한때 연필심으로 쓰이던 흑연이 스마트폰의 미래를 바꿀 강력한 소재로 등장한 것은 2004년이었다. 영국 맨체스터대학교 연구팀은 흑연을 상온에서 완벽한 2차원 구조의 새로운 물질을 만드는 데 성공했다. 스카치테이프의 접착력을 이용하여 탄소가 6각형 벌집 모양으로 층층이 쌓아진 흑연의 결정 구조에서 얇게 한 겹을 분리하는 데 성공했다. 2차원 평면형태를 가지고 있는 그래핀의 탄생이다. 원자번호 6번인 탄소로 구성되고, 두께는 0.2nm(1nm는 10억 분의 1m)로 엄청나게 얇고 물리적·화학적 안정성이 매우 높은 나노 물질이 세상에 첫 출현했다. 구리보다 100배 이상 전기가 잘 통한다. 반도체의 소재로 쓰이는 단결정 실리콘보다 100배 이상 전자를 빠르게 이동시킬 수 있다. 최고의 열전도성을 자랑하는 다이

아몬드보다 열전도성이 2배 이상 높다. 탄성도 뛰어나 늘리거나 구부려도 전기적 성질을 잃지 않는다. 그 이후로 생산 방식의 발전을 거듭한 그래핀은 스마트폰, TV, 자동차 등에 사용되는 디스플레이의 미래를 바꿀 신소재로 자리매김했다. 실리콘을 대체하여 차세대 반도체 소재로도 사용되고, 마음대로 휘어지고 풍선처럼 늘어나는 미래형 디스플레이를 만드는 데 사용될 것이다. 지난 10여 년 동안 꾸준히 제기된 대량 양산 기술의 한계도 곧 해결될 것이다. 예를 들어 메탄, 수소, 아르곤 가스를 혼합하여 1,000℃ 이상 가열하고 니켈 촉매 위에 탄소 원자를 넓게 붙이는 '화학증기증착법' 등을 사용하면 2~3년 내에 30in 그래핀 디스플레이의 대량 생산이 가능해진다. 시계 사이즈로 줄여서 손목에 차고 다니다가, 6~7in 스마트폰 사이즈로 늘리고, 연인과 카페에 둘이 있을 때는 30in TV 크기로 펼쳐볼 수 있는 미래가 가능해진다. 앞으로 10년 이내에 50~100in 대형 그래핀을 대량 생산하는 기술이 개발되면 집, 사무실, 자동차 등에서 필요한 다양한 터치 스크린 제작도 가능해진다. 그래핀 기술을 사용하면 피부나 옷에 붙이는 디스플레이 형태도 가능해진다. 이런 혁명 다음에는 스마트 안경이나 홀로그램을 사용한 가상 디스플레이가 대세가 될 것이다. 작으면서도 원하는 크기의 화면을 사용하고 싶은 인간의 본능을 충족시키는 쪽으로 발전하는 것이다. 아마존은 음파가 두개골에 전도돼 직접 속귀(inner ear)에 전달되는 현상을 이용한 '골전도(boneconduction, 骨傳導) 안경'을 개발 중이다. 골전도 방식을 사용하면 평형감각을 강화할 수 있다. 아마존은 자신들의 스마트 안경에 초소형 스피커를 탑재하여 인공지능 비서 '알렉사'와 연결할 예정이다. 애플은 'T288'이라는 글라스 프로젝트를 진행 중이고, 인텔은 일반 안경처럼 생기고 저전력 기술을 이용해 시각 정보를 착용자의 망막 뒤에 직접 투사하는 '망막 디스플레이' 기술을 적용한 '번트 글라스'(Baunt Glass) 프로젝트를 진행 중이다. 올림포스, 코니카 미놀타, 소니 등 광학 카메라 업체들이나 삼성, MS, IBM, 인텔, 바이두 등 IT기업들도 글라스 개발을 진행 중이다.[*]

미래 스마트폰의 연산 및 통신 장치는 계속해서 통합되고 작아지면서 작게는 손톱만 하거나 크게는 명함 크기로 줄어들 것이다. 그래핀을 사용하면 실리콘을 대체하는 새로운 연산칩의 개발도 가능해진다. 2015년 5월 미시건 대학교 연구팀은 부피 $1mm^3$ 규모의 세계에서 가장 작은 컴퓨터 '미시간 마이크로 모트'($M^3$, Michigan Mote Mote)를 제작하는 데 성공했다. 부피 $1mm^3$는 5센트 동전 테두리에 세울 수 있는 작은 크기다. 쌀 한 톨보다 작아서 사람의 피부 안에 삽입하거나 디스플레이 속에 집어넣을 수도 있다. 지갑이나 열쇠처럼 늘 가지고 다니는 소지품에 부착할 수도 있다. 미시건 대학교 연구팀은 '스마트 먼지'라고 부르는 더 작은 컴퓨터를 만드는 연구를 시작했다. 데니스 실버스텔러 교수는 "수백 미크론까지 크기를 줄여 세포 안에 칩을 삽입할 날이 올 것"이라며 "공상 과학을 현실로 만들고 있다"고 말했다.[**] 이런 초소형 컴퓨터 기술은 사물 인터넷 시대의 필수이며, 스마트폰의 미래도 혁명적으로 바꿀 것이다. 연산칩의 크기가 줄어들면 전력도 최소화된다. 연산칩의 크기가 줄어들면 성능이 저하될 것이라는 우려가 있다. 이런 문제도 해결방법이 있다. 통신 기술이 5G를 넘어 6G 이상으로 가게 되면 스마트폰으로 처리해야 하는 연산 기능을 클라우드에서 거의 대체할 수도 있다. 그만큼 개인이 휴대하고 다니는 기기에 고

---

[*]   사이언스타임즈, 2019. 1. 15. 이강봉, "글라스 다시 부활"
[**]  아시아경제, 2015. 4. 18. 안하늘, "'쌀 한 톨' 만 한 컴퓨터 나왔다"

성능 연산칩을 탑재할 필요가 없어진다. 물론 반대 방향으로 발전도 가능하다. 연산칩의 크기를 줄이지 않고 고성능을 목표로 하는 것이다. 현재 빅데이터를 분석하고 엄청난 연산 역량으로 다양한 추론을 하는 인공지능 스프트웨어는 고성능 서버로 구축된 클라우드 데이터 센터에서 작동한다. 엄청난 수준의 컴퓨팅 파워가 필요하기 때문에 우리가 사용하는 스마트폰이나 음성 인식 스피커에는 탑재되지 못한다. 하지만 스마트폰이나 자율주행 자동차에서 최적의 인공지능 성능을 구현하려면 통신 속도나 클라우드 성능도 중요하지만, 스마트폰이나 자동차처럼 로컬 디바이스 자체에도 고성능 컴퓨팅 파워가 필요하다. 지금보다 10배나 더 나은 6G 시대가 되어도 엄청난 사용자들의 엄청난 양의 데이터들이 오가면 통신 환경의 안정성을 보장하기 힘들다. 자율주행 자동차의 경우, 통신 지연은 곧 대형사고의 원인이 된다. 결국, 온 디바이스 AI 환경을 위해서 연산칩의 고성능화 요구도 발생할 수 있다.

배터리 및 전원 장치도 충전용량과 속도가 지속적으로 개선되고, 고무처럼 늘어나는 새로운 소재를 사용하거나 무선으로 전력을 공급받는 기능이나 나노 발전기 기술이 사용될 것이다. 2014년 7월 울산과학기술대학교 조재필 교수팀은 나노 기술을 활용해서 두께 1mm에 10분 만에 고속 충전되고, 자유롭게 휘어지는 2차 전지 기술을 개발했다.[*] 디스플레이나 반도체 혁명을 일으키는 그래핀을 저장 장치에 사용하면 현재의 패널 방식의 태양전기를 대체하는 차세대 태양 전지를 만들 수도 있다. 그래핀은 구리나 인듐 같은 소재를 대체할 수 있어서 배터리 및 전원 장치에서 구

---

리전선을 없앨 수도 있다. 최종적으로, 미래 스마트폰의 배터리 및 전원 장치는 전력을 공급받는 최소 장치만 갖추고 배터리가 장착된 옷이나 웨어러블 배터리 혹은 주변 사물에 부착된 전력 저장장치에서 무선으로 공급받는 형태를 갖게 될 것이다. 2014년 한국의 KAIST(한국과학기술원) 신소재공학과 이건재 교수 연구팀도 현재의 효율보다 40배가 높은 나노 발전기를 개발했다. 나노 크기의 물질에 미세한 압력을 가하거나 구부림 현상의 반복만으로 전기가 생산되는 '압전 효과'를 이용한 것이다. 이 기술은 따로 배터리를 장착하지 않더라도 움직임 자체로 전기를 생산하기 때문에 반영구적이다. 그러나 지금까지 개발된 나노 발전기는 에너지 효율이 낮고 제작공정이 복잡해서 상용화가 까다롭고 제조비용이 컸다. 연구팀은 유연한 플라스틱 기반 위에서 나노 발전기를 대량으로 만드는 기술에 성공함으로 바람, 진동, 소리, 심장 박동, 혈액 흐름, 근육 수축과 이완처럼 미세한 움직임으로도 에너지를 만들 수 있게 된 것이다.* 이런 기술에 광합성이 가능한 나노 입자를 섞은 염료나 페인트 등을 발라 태양광전기를 얻을 수 있는 기술이 합쳐질 수도 있다. 사람의 체온을 전기로 바꾸어주는 기술도 주목을 받고 있다. 2014년 한국의 KAIST에서 자유롭게 휘어지고 가공이 편한 유리섬유로 팔에 두를 수 있는 열전소자(熱電素子)를 개발했다. 열전소자는 열에너지를 전기 에너지로 변환시키는 소재다. 카이스트는 가로세로 10cm의 밴드형 열전소자에서 외부 온도가 20℃일 때 피부의 온도(36.5℃)와의 차이를 이용해서 약 40mW의 전기를 생산하는 기술을 개발했다. 이 정도는 몸에 부착하는 웬만한 반도체 칩들을 거의 모두 작동시킬

---

\*    연합뉴스, 2014. 5. 15. "효율 40배, 입는 나노발전기 개발" 기사 중에서.

만한 전기량이다. 밴드를 가로 세로 50×100cm 크기로 만들면 휴대전화를 사용할 수 있는 대략 2W의 전력이 생산 가능하다. 유리섬유로 만든 열전소자라서 대량생산도 수월하다.* 무선 와이파이가 곳곳에 설치된 것처럼 미래에는 공공이나 유료로 사용할 수 있는 무선 저장 장치가 곳곳에 설치되어 언제 어디서나 무선으로 전력을 공급받을 수 있게 되면 개인장치에 큰 배터리를 부착할 필요도 없게 된다.

미래 스마트폰의 변신은 여기가 끝이 아니다. 스마트폰의 더 큰 변화는 소프트웨어 분야와 근본적 사용 방식에서 일어날 것이다. 인공지능 도구의 사용으로 스마트폰 사용 방식이나 역할이 지난 10년과는 완전히 달라질 것이다. 가장 먼저, 인공지능 도구를 사용하면 소프트웨어적으로 스마트폰을 구성하는 하드웨어(디스플레이 장치, 연산 및 통신 장치, 배터리 및 전원 장치)의 작동을 최적화할 수 있다. 하지만 진정한 혁신은 다른 곳에서 나온다. 스마트폰의 본질이 바뀐다. 2008년 애플의 아이폰이 한국에 상륙하면서 전화기는 손에 쥐고 다니는 모바일 컴퓨터로 변화되었다. 앞으로 10년, 스마트폰은 손에 쥐고 다니는 컴퓨터에서 개인용 인공지능 비서 역할을 하는 것은 물론이고, 인간이 손에 쥐고 다니는 휴대성과 확장성이 뛰어난 '외장 두뇌'(external brain)가 될 것이다. 개인용 전화기나 휴대용 컴퓨터를 넘어, 미래의 로봇 단말기이자 인간의 지능을 증강시키고 생물학적 기억의 한계를 넘어서게 하고 언어의 한계를 넘어서 새로운 소통을 가능케 하는 제2의 두뇌가 10년 후 미래 스마트폰의 모습이 될 것이다.

---

* 문화일보, 2014. 5. 13. 노성열, "국내 웨어러블 과학기술 어디까지 왔나"

# 3개의 뇌를 갖는 인간

인간은 다른 생명체와의 경쟁에서 지능이라는 무기로 승리했다. 인간과 인간의 경쟁도 지능 경쟁이다. 지능 경쟁에서 우위를 점하기 위해서는 누가 두뇌의 역량을 더 향상시키느냐가 필수적이다. 20세기까지는 생물학적으로 자신이 가진 두뇌 역량을 발전시키는 것이 중요했다. 미래에는 어떻게 될까? 21세기에는 자신이 가진 1개의 뇌와 외부에 있는 2개의 두뇌를 얼마나 잘 사용하는지가 중요해질 것이다.

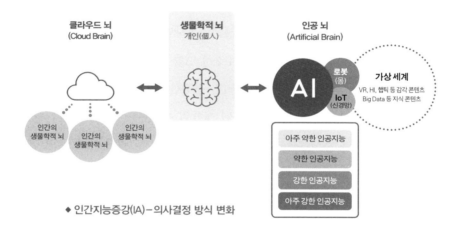

◆ 인간지능증강(IA)-의사결정 방식 변화

위 그림을 보자. 나는 오래전부터 21세기 중반 즈음에는 개인이 3개의 뇌를 갖는 시대가 도래할 것이라고 예측했다. 첫 번째 뇌는 개인의 생물학적 뇌(biological brain)다. 모든 사람이 갖고 태어나는 생물학적 뇌는 시간이 지날수록 바이오 및 나노 공학의 도움을 받으면서 의학적으로 증강(augmentation)될 것이다. 하지만 인간의 뇌 증강에 결정적 역할을 하는 것은 외부에 있는 2개의 뇌가 될 것이다. 바로 외장 두뇌다. 인간의 2번째 뇌가 될 '인공 뇌'(artificial brain)는 약한 인공지능의 수준에서 아주 강한 인공지능까지 지속적으로 진화하는 뇌다. 인간은 인공 뇌와 접속하고, 연결하고, 통합되는 단계를 거치면서 인공지능을 자신의 생물학적 뇌처럼 자유자재로 사용하게 될 것이다. 바이오와 나노 기술로 증강된 개인의 생물학적 뇌에 인간의 지능을 능가하는 인공지능을 자신의 뇌처럼 연장해서 사용하는 것만으로도 인류는 수천 년의 뇌 발전과 지식 축적을 한 번에 뛰어넘는 놀라운 지능증강(Intelligence Augmentation) 효과를 얻게 될 것이다. 인간 지능 증강에 기여하는 3번째 뇌는 '클라우드 뇌'(cloud brain)다. 시간이 흐를수록 점점 강력한 지능증강을 한 인간의 생물학적 뇌들이 인터넷 공간에서 서로 연결되고 공유되어 인류의 전체 지능이 하나의 지성처럼 움직이는 집단 뇌 활용이 일어난다. 나는 이것을 클라우드 뇌라고 이름 붙였다. 21세기 말경, 가상과 현실이 완벽하게 통합되어 가상인지 현실인지 전혀 구별하지 못하는 환경이 되면 클라우드 뇌도 의식적으로 완전히 통합되어 개인 자신의 생물학적 뇌처럼 사용할 수 있게 될 것이다. 먼 미래의 이야기 같지만, 우리는 벌써 3가지 뇌를 다 가지고 있다. 지금부터는 3가지 뇌의 발전이 서로 연결되면서 나선형 상승을 하게 될 것이다. 3가지 뇌를 연결시키기 시작한 효과도 이미 시작되고 있다. 인간이 3개의 뇌를 갖게 되고 3개의 뇌를 연결하고 통합하여 인간지능을 증강시키기 시작하면서 의사결정의 주체, 속도, 방식, 대상 등에도 변화가 일어나고 있다. 의사결정의 주체가 개인이 아닌 인공지능과 집단지성이 하나로 통합된 시스템이 되어가고 있다.

## 외장 두뇌

스마트폰의 미래도 '외장 두뇌'(external brain)로서 21세기 개인이 가질 3가지 뇌(생물학적 뇌, 인공 뇌, 클라우드 뇌)와 연결해보면 충분히 예측 가능하다. 미래 인공지능 기술은 모든 사물에 스며들 것이다. 하지만 집중적으로 구현될 대상은 손안의 디바이스인 스마트폰이 될 것이다. 그리고 스마트폰은 외장 두뇌가 되어 사용자가 생물학적 제약을 뛰어넘어 언어 한계, 기억의 한계, 통찰의 한계를 넘어서게 해줄 것이다. 미래의 판이 이렇게 펼쳐지면, 스마트폰 회사의 경쟁도 달라진다. 지금까지 스마트폰은 연결(connection), 하드웨어와 소통(communication)의 경쟁이었다. 앞으로는 외장 두뇌 성능의 경쟁이 될 것이다. 앞으로 사람의 몸에 다양한 칩과 센서가 부착되면 인간은 새로운 감각 기관을 얻게 된다. 이런 디지털 감각 기관을 장착하게 될 미래 인간은 생물학적 감각만을 가졌을 때와는 달리 엄청난 정보를 실시간으로 받아들일 수 있다. 하지만 실시간으로 물밀듯 입력되는 정보는 생물학적 두뇌로 처리하기 힘들다. 인간의 몸 밖에서 들고 다니는 외장 두뇌로만 처리가 가능해진다. 외장 두뇌의 쓸모는 또 있다. 미래의 인간은 자율주행 자동차나 스마트 홈 등의 거대한 디바이스를 자신에게 맞도록 즉각 조절해야 한다. 미래에는 이런 기계를 생각으로 조종하는 것도 가능해지지만, 생물학적 뇌에 직접 연결하는 것에는 다양한 위험이 따른다. 오작동 발생으로 생물학적 뇌에 치명적 오류가 나타나거나 외부 해킹의 위험도 크다. 이런 위험을 일차적으로 방어하고 외부 기계들을 자기 생각처럼 움직이려면 몸 밖 또 다른 뇌의 존재가 필수다. 몸 밖에 외장 뇌를 갖게 되면 확장성과 휴대성에서도 장점이 생긴다. 필요에 따라 외장 두뇌의 기능을 변화시키거나 확장시켜 새로운 역량을 즉각 사용할 수 있게 될 것이다. 내가 오래전부터 2020년경이면 언어의 경계 파괴가 시작될 것이라고 예측해왔듯, 지금 마이크로소프트(MS)는 음성채팅 앱 스카이프(Skype)에 영어로 걸려온 전화를 한국말로 바꿔주는 무료 통역 서비스를 지원하고 있다.* 2020년 기준, 인공지능 기술을 활용해 문자 기반 실시간 번역 서비스는 총 61개 언어, 음성은 10개 언어를 지원하고 있다. 2030년경이면 거의 완벽하게 언어장벽이 극복될 것이다. 마이크로소프트사는 2014년에 화상회의 시스템에서 실시간으로 동시통역해주는 프로그램을 개발했다. 스카이프 상에서 작동되는 언어 해독 소프트웨어는 기술력이 상당 수준에 올라있다. 자동번역 통역 기술 특허를 가장 많이 보유하고 최고의 기술을 자랑하는 기업은 구글이다. 구글은 한국어를 포함한 59개 언어 번역을 무료로 해준다. 언어의 한계를 극복할 도구뿐만 아니라, 사용자의 행동이나 감정 데이터까지 보관이 가능하고, 필요에 따라 다양한 기능을 확장하기 수월한 외장 뇌는, 원하는 곳에도 쉽게 가지고 다닐 수 있다. 자동차 문을 열고 운전석에 앉은 후, 외장 뇌를 기기에 연결하면 즉각 자신에게 최적화된 자동차로 조절된다. 외출을 마치고 집에 들어와 외장 뇌를 집 전체를 관리하는 네트워크에 연결시키면 자신의 생각과 특성대로 집안을 통제할 수 있게 된다. 미래 스마트폰은 이렇게 인간능력 증강(IA) 관점에서 아이디어를 찾아야 한다. 미래 스마트폰은 인간의 생물학적 한계를 돌파하는 가장 중요한 도구가 되고, 인류 모두의 지능을 병렬로 연결하여 지식을 처리하고 문제를 해결하는 도구로 사용될 가능성이 크기 때문이다.

---

* 한국경제, 2018. 2. 19. 송형석, "'세계 최강' MS의 인공지능, 영어로 걸려온 전화 한국말로 바꿔줘"

## 스마트폰이 사라질 수 있다

스마트폰이 사라진 뜻밖의 미래도 생각해보아야 한다. 스마트폰을 사라지게 할 가장 강력한 대체재는 스마트 안경이다. 한때 구글이 '구글 글라스'(Google glass)라는 스마트안경 프로젝트를 진행했다. 720p HD급 동영상 촬영이 가능하고, 눈 앞 2.4m 거리에서 25in HD 대형 모니터 화면이 펼쳐지는 느낌을 준다. 오디오는 골전도 변환기(Bone Conduction Transducer)를 사용하고, 802.11b/g 무선와이파이와 블루투스 기능을 탑재했다. 내장 스토리지는 16GB와 구글 클라우드 스토리지를 사용할 수 있다. 배터리는 하루 종일 사용이 가능한 용량이며 블루투스 기능이 있는 모든 전화기와 동기화가 가능하다. GPS 기능을 사용하여 위치 정보를 사용하고 SMS 메시지 전송도 실시간으로 가능하다. 하지만 구글은 갑자기 스마트 안경 개발 프로젝트 중단을 선언했다. 잠재력은 크지만, 당장 상용화하는 데 문제가 있었기 때문이다. 가장 큰 문제 중 하나는 스마트 안경이 일반 안경보다 크고 무겁고 디자인도 세련되지 못하다는 것이다. 안경을 사용하는 사람은 잘 알듯이 무게는 아주 중요한 포인트다. 스마트 안경이 작동되면 앞면 시야에도 방해가 된다. 보행이나 주행 안전에 큰 걸림돌이다. 카메라가 달린 스마트 안경을 착용하고 있으면 사이보그처럼 보이기도 한다. 비싼 가격과 배터리 문제도 고민거리지만 이런 문제는 언젠가 해결될 것이다.

2018년 2월 인텔은 평범한 안경처럼 생긴 스마트안경 '반트'(Vaunt)를 개발했다. 인텔이 개발한 '반트'는 겉보기에는 아주 평범한 안경과 모양도 같고 무게도 가볍다. 인텔은 구글 글라스처럼 눈앞에 있는 디스플레이에 화면을 투사하는 방식을 사용하지 않았다. 저출력 레이저를 안경 렌즈에 반사시켜 망막에 직접 투사하는 새로운 방식을 시도했다. 망막으로 정보가 투사되기 때문에 사용자만 볼 수 있다. 상대방이 내가 스마트 안경을 사용하여 정보를 탐색한다는 것을 알아채기 어렵다는 장점을 가진다. 평범한 안경과 같기에 디자인도 다양하고 세련되게 할 수 있다. 평소에 돋보기 안경을 사용하는 사람도 사용할 수 있다. 블루투스로 스마트폰과 연결하여 필요한 정보를 주고받으며 작동할 수 있다. 스마트폰의 성능이 향상될수록 스마트 안경의 성능도 향상될 수 있는 셈이다. 사용자가 다른 업무를 볼 때는 자동으로 메시지 투사가 멈춘다. 인텔은 이 제품이 상용화되면 온라인 쇼핑, 공항 등에서 다양한 기능을 수행할 수 있다고 자신한다. 배터리 사용 시간도 최대 18시간으로 스마트 시계와 비슷하다.*

스마트폰의 연산 및 통신 장치가 통합되고 손톱만 하게 작아지면 스마트 안경 속으로 들어갈 수 있다. 배터리 및 전원 장치도 고무처럼 늘어나는 새로운 소재를 사용하거나, 무선으로 전력을 공급받는 기능이 보편화되면 더 이상 무거운 스마트폰을 손에 들고 다닐 필요가 없어진다. 스마트 안경이 스마트폰을 대체하는 미래는 불가능하지 않다. 인간의 오감 중에서가장 많은 정보를 받아들이는 곳은 시각이다. 시각은 인간 두뇌 능력과 가장 밀접하게 연결되어 있으며, 모든 사고, 판단과 행동의 첫 출발점이다. 우리가 사용하는 스마트폰을 세상을 보는 눈이라고 표현한다. 인간의 눈은 스마트폰을 향하고, 스마트폰은 인간에게 세계의 변화를 보여주는 천리안 (千里眼)이 되어준다. 이제 스마트폰만 손에 쥐고 있으면 지구 반대편 사람

---

\* 　조선일보, 2018. 2. 16, "인텔, 일반 안경처럼 생긴 스마트 안경 '반트' 공개"

들을 볼 수 있다. 머지않은 미래에 상용화를 시작할 스마트 안경은 십수 년 간 인간의 눈을 대신한 스마트폰을 사라지게 할 강력한 대체 디바이스다. 스마트 안경을 사용하면 스마트폰을 귀에 대지 않고도 전화 통화를 할 수 있고, 스마트폰 화면을 얼굴 가까이에 두지 않아도 화상통화를 할 수 있다. 지구 반대편 세상 변화를 망막 안에서 직접 볼 수 있다. 스마트폰 속 카메라를 통하는 것보다 더 직관적으로 거리를 볼 수 있다. 스마트 안경을 착용하고 하늘을 보면 날씨 앱이 가동되면서 날씨예측이 눈에 보인다. 길거리나 자동차 안에서 도로를 쳐다보면 길 안내를 해주는 정보가 도로 위에 겹쳐서 나타난다. 스마트폰 화면과 길을 번갈아 보면서 목적지를 찾고 길을 따라가는 불편함이 사라진다. 스마트 안경을 끼고 사람을 보면 그 사람에 대한 정보가 옆에 같이 뜬다. 지능형 음성 인식 기능이나 모션 센서 등을 사용하여 스마트 안경을 조작할 수도 있다. 무선 이어폰을 함께 착용하고 동시통역을 해주는 인공지능 기능을 사용하면 외국인과 실시간 대화도 나눌 수 있다. 말소리를 문자로 변환해주면 청각 장애인도 소통의 장벽을 극복할 수 있다. 기술이 발달하여 스마트 안경과 뇌신경공학이 연결되면 시각 장애인도 스마트 안경을 통해 세상을 들여다보는 기적이 일어날 수도 있다. 스키, 스노우 보드, 수영, 축구를 즐기면서 동시에 스마트 안경으로 각종 정보를 파악하고 상황에 더 정확하게 대처하는 일도 가능해진다. 여럿이 함께 사용하면 네트워크 기능을 통해 통신을 하면서 운동을 할 수 있다. 수영을 할 때는 고글로 된 스마트 안경을 통해 실시간으로 심박수 측정, 수영 시간, 호흡 횟수, 각종 기록 등을 파악할 수 있다.

안경은 시계보다 더 신경 쓰는 패션 아이템이다. 많은 사람이 시력을 보완하기보다는 패션을 위해서 착용하는 것이 안경이다. 스마트 안경으로 바꾸어 착용하기만 하면 무거운 스마트폰을 집어던져도 된다. 스마트 안경은 스마트 시계보다 더 많은 사람의 사랑을 받을 가능성이 크다. 스마트폰이나 컴퓨터에서 양손을 자유롭게 하고, 인간의 시각을 통해 가상과 현실을 동시에 인식할 수 있고, 음성 인식과 자동 통번역 기술을 탑재하여 인간이 언어의 장벽에서 벗어나는 세상을 경험하게 해줄 것이다. 모양새 사납고 무거운 VR기기도 대체할 것이다. 스마트 안경을 착용하면 집, 사무실, 길거리, 자동차 안에서 가상과 현실의 경계를 손쉽게 넘나들 수 있다. 현실 공간에 존재하는 건물에 들어가 친구를 만나다가 곧바로 가상 공간에 존재하는 건물로 들어가서 다른 사람을 만나는 세상도 가능해진다. 현실 공간의 커피숍에 들어가서 가상 공간의 은행을 불러와서 금융거래를 하거나 프랑스 파리로 실시간 여행을 떠날 수 있다.

스마트 안경이 더 발전하면 4in부터 25in 정도의 크기에 갇혀 있는 가상 화면이 우리의 눈이 볼 수 있는 시각의 전체 범위를 꽉 채운 듯 보이게 하는 '아이맥스 효과'를 낼 수도 있다. 스마트 안경이 홀로그램과 결합하면 더 멋진 세상이 펼쳐진다. 미국 캘리포니아에 있는 디스플레이 반도체 기업 오스텐도 테크놀로지(Ostendo Technologies)는 최대 1in당 5,000px의 3차원 홀로그램 영상을 공중에 만들어주는 콩알 크기의 초소형 프로젝터를 개발했다.* 홀로그램은 디스플레이의 물리적 한계를 극복하게 해준다. 가상의 아바타나 영상 및 이미지, 가상의 사물들이 손바닥만 한 크기의 모니터에서 벗어나 180cm 크기의 친구와 같은 키로 옆에 서 있는 미래가 가능하다. 홀로그램 기술은 먼 미래 이야기가 아니다. 이미 활발하게 사

---

\* BIZION, 2014. 6. 10, 최현구, "스마트폰 공중에 3D 영상을 띄우는 홀로그램 신기술" 기사 중에서

용되고 있다. 홀로그램 기술을 활용해서 상품 설명회를 하거나 제품과 서비스의 구석구석을 보여주는 것이 유행이 되고, 실제 사람과 홀로그램 사람이 함께 공연을 하기도 한다. 홀로그램은 가상의 영상을 만드는 것이기에 손으로 만지면 물리적으로 촉감을 느끼거나 잡을 수 없는 것이 상식적이다. 하지만 기술 발달이 놀랍다. 홀로그램 물방울을 손 위로 떨어뜨리면 물방울의 촉감까지도 느낄 수 있다. 이런 홀로그램 기술이 대중화되면 스마트폰으로 통화하는 것이 구식이 된다. 멀리 떨어진 연인과 홀로그램으로 통화하면서 서로 손잡고 프랑스 파리의 거리를 걸어 다닐 수 있기 때문이다. 스마트 안경, 홀로그램, 가상현실, 증강현실, 혼합현실 기술 등이 종합되면 더 많은 유익이 발생한다.

가상현실로 번역되는 Vertural Reality(VR)는 현실과 100% 분리된 가상공간을 디지털로 만든 것이다. 가상현실은 현실과 단절된 새로운 세상이다. 이에 반해 증강현실로 번역되는 Augmented Reality(AR)는 현실 공간 위에 가상의 오브젝트(object)와 이벤트(event) 등을 디지털 그래픽으로 덧입혀 보여주는 기술이다. 실제 현실과 100% 단절되지 않는다. 혼합현실로 번역되는 Mixed Reality(MR)는 AR이 좀 더 발전된 단계다. AR은 인간의 눈처럼 공간을 있는 그대로 인지하는 기술이 아니고, 현실의 특정 사물이나 위치 좌표에 가상 오브젝트, 이벤트 등을 발생시키는 기술이다. 반면 MR은 음성, 동작, 공간 등 그 자체를 인지하고 그 위에 가상 오브젝트 등을 합성한다. AR을 구현하기 위해서는 디스플레이 역할을 하는 스마트 렌즈나 안경, 컴퓨터 장치(PC, 스마트폰), 카메라 등이 필요하다. 미래에는 스마트 렌즈나 안경 자체에 PC와 카메라 기능이 내장될 가능성이 크다. 혹은 디스플레이는 스마트 렌즈로 하고, 귀에 꽂는 무선 이어폰이나 소형 장치에 카메라와 PC 기능을 탑재할 수도 있다. 기술이 더 발전해서 스마트 렌즈가 사람 눈에 있는 시신경을 통해 뇌와 컴퓨터를 연결해주는 중간기기 역할을 한다면 카메라가 없어도 된다. 카메라가 없어도 사람이 눈으로 보는 것과 컴퓨터가 만든 가상 실체를 혼합하여 뇌에 함께 전송하는 기술이다. AR과 촉감을 통합하려면 촉감 전용 장치가 필요하다. 수트가 좋은 예다. 먼 미래에 뇌와 스마트 렌즈를 직접 연결하는 기술이 완성된다면 뇌에 촉감을 비롯해 오감 정보를 직접 주사해서 수트처럼 부가적 촉감 전용 장치가 없이도 가상현실에 다양한 감각 정보를 통합할 수도 있을 것이다. 이런 기술이 실용화되면, 학생들이 앉아 있는 교실 안에 홀로그램으로 교수님이 와 있을 수도 있고 그 반대도 가능하다. 어쩌면 교수와 학생 모두가 홀로그램으로 와 있을 수도 있다. 혹은 교실 자체가 가상일 수도 있다. 이런 세상이 오면 손바닥에 놓인 5~6in의 작은 모니터를 들여다보고 전화를 할 사람이 얼마나 될까?

# 미래 가전과 자동차

## 새로운 가전제품, 자동차와 로봇

앞으로 5~10년 내에 등장할 새로운 가전제품은 무엇일까? 라는 질문에 내 답은 명확하다. 바로 자동차와 로봇이다. 자동차와 로봇은 지금까지는 기계장치 산업으로 분류되었지만, 앞으로는 IT전자 산업 혹은 가전제품으로 분류될 것이다. 그리고 지난 100년 동안 판매된 가전제품 시장을 능가하는 거대 시장으로 성장할 것이다. 단일 가전제품으로도 가장 비싸고 강력한 성능을 발휘할 것이다.

미래 자동차와 로봇은 미래 기업의 최고 승부처가 될 것이다. 특히, 미래 자동차를 주목해야 한다. 21세기 중반부터 '글로벌 시가총액 1위 기업'은 미래 자동차 분야에서 나올 것이다. 미래 자동차를 잡으면 거의 모든 주요 산업에 영향을 주는 힘을 갖게 된다. 대중적인 개인 디바이스로 가장 비싸고, 가장 활용도가 높고, 가장 많은 부품과 소재를 사용하며, 가장 많은 콘텐츠와 데이터가 흘러 다니는 허브다. 지능과 자율을 가진 자율주행 자동차는 그 자체로 비즈니스 모델이지만 그것을 통해 수집된 방대한 데이터 축적(사물-사물, 사물-인간, 인간-인간 간의 관계 데이터)은 수집된 데이터의 분석과 예측을 활용하는 보험, 광고, 주택 서비스 등 또 다른 비즈니스 모델을 만들어낼 수 있는 기초 기술이 될 수 있기 때문이다. 미래 자동차는 앞으로 20년 동안 최고의 창조적 공간이 될 것이다. 창의력을 가진 개인과 기업에게 최고의 기회 공간이 될 것이다. 지난 10년, 스마트폰이 단일 디바이스로는 최고의 대중적이며 창조적 공간이었듯이 미래 자동차는 개인의 창의력 발산과 혁신 기업을 태동시키는 창조적 공간이 될 것이다.

미래 자동차는 단순한 운송 기계가 아니다. 기술력을 가진 개인과 기업에게도 최고의 공간이 될 것이다. 부품, 신소재, 미래 디스플레이, 미래 에너지, 가상현실, 엔터테인먼트, 쇼핑, 물류, 교육 콘텐츠, 인공지능, 빅데이터, 로봇공학, IoT, 5G, 블록체인, 뇌신경공학, 바이오헬스 케어, 나노공학 기술 등이 자동차를 중심으로 총집합할 것이기 때문이다. 또한 미래 자동차는 단순한 기계공학이 아닐 것이다. 인문, 사회, 의학, 과학과 공학 등 모든 학문의 참여장이 될 것이다. 그렇다면 이런 엄청난 잠재력을 가진 미래 자동차 시장에서 승리하는 기업은 누가 될까? 알 수 없다. 하지만 분명한 것은 하나 있다. 가장 강력한 후보는 인공지능 기술에서 1등을 차지하는 기업이 될 것이다.

# 5년 후, 인공지능이 지배하는 자동차 산업

만약 지금 내게 5,000달러(571만 원)와 노트북 한 대만 있다면… 난 5,000달러를 모두 머신러닝(machine learning, 기계학습) 소프트웨어를 만드는 데 쏟아붓겠다. 돈이 좀 부족할 수도 있다. 그래도 소프트웨어부터 만들어야 한다. 투자는 나중에 받으면 된다.

2015년 10월, 한국을 방문한 구글 회장 에릭 슈미트(Eric Emerson Schmidt)가 강연회에서 한 말이다. 은퇴를 생각할 60이 훌쩍 넘은 나이에도 새로운 기술의 미래를 내다보는 통찰력이 뛰어난 에릭 슈미트는 거침없이 미래를 향해 도전하는 인물이다. 강연회 내내 에릭 슈미트 회장의 입에서 데이터, 기계 학습, 인공지능에 대한 말이 거침없이 튀어나왔다. 구글이 진행하는 인공지능 관련 프로젝트는 100여 개를 넘으며, 2020년경에는 기계학습을 기반으로 한 인공지능이 모든 산업을 지배할 것이라는 예측도 했다.

왜 꼭 사람이 차를 운전해야 하나? 컴퓨터가 여러분보다 시력도 좋고 판단도 빠르다. 의사보다 컴퓨터가 결과 판독을 더 잘할 수 있다!*

에릭 슈미트 회장의 예측에 동의한다. 나는 오래전부터 앞으로 인공지능은 기존 산업을 하나씩 빠른 속도로 지배해갈 것이라고 예측했다. 데이

---

\* 중앙일보, 2015. 10. 30. 박수련, 박유미, "머신러닝, 5년 뒤 모든 산업에 적용될 것"

터와 인공지능을 어떻게 활용하느냐에 따라 회사의 운명이 바뀔 것이며 인공지능에서 밀리는 회사는 하드웨어를 팔지 못하게 될 것이다. 스마트폰, 가전제품도 팔지 못할 것이고, 자동차도 팔지 못할 것이다. 인공지능에서 밀리면 아주 작은 탁상용 스피커부터 아주 거대한 선박이나 비행기도 팔지 못하는 시대가 곧 도래할 것이라 예측하며 기업들에 미래 준비를 역설했다. 이제 그 미래가 눈앞에 다가왔다.

데이터와 인공지능이 탁상용 스피커에서 거대한 비행기까지 스며들면, 마치 태초에 흙으로 빚어진 한 덩어리에 창조자가 생기를 불어넣으니 살아 있는 영혼을 가진 사람이 된 것 같은 기적이 일어난다. 탁상 위에 놓인 작은 스피커를 조금만 훈련시키면 엄마 목소리로 아이에게 동화책을 읽어줄 수 있는 놀라운 물건이 된다. 사랑하는 애인의 목소리로 아침을 깨워주고 나에게 말을 걸어주는 가상의 사람이 된다. 비가 오면 내가 좋아할 만한 음악을 추천해준다. 이렇게 빅데이터로 무장한 인공지능은 21세기 내내 움직일 필요가 없는 사물에 스며들면서 '지능을 가진 사물'이 될 것이다.

만약 빅데이터로 무장한 인공지능이 움직이는 사물에 스며들면 어떤 일이 벌어질까? '자율성을 가진 사물'로 다시 태어난다. 이런 기적의 첫 수혜자는 공장과 마트에서 물건을 싣고 돌아다니기 시작한 자율주행 로봇이고, 그다음은 당신을 태우고 도로 위를 달릴 자율주행 자동차다. 자동차 산업은 앞서 설명한 3가지 메타 도구의 영향을 모두 받는 거대한 변화에 서 있다. 에너지는 전기로, 주행은 사람에서 인공지능으로 전환될 것이다. 자동차 회사는 각국의 인공지능 1위와 손을 잡아야 생존할 것이다. 자동차에 사용되는 핵심 소재는 철에서 나노 소재로, 제작은 3D 프린터로, 자동차 활용은 목적지까지 안전하게 수송하는 것부터 목적지에 도달하기까지 즐겁고 유쾌하고 의미 있는 시간을 보내는 것으로 변하고 있다.

이런 변화가 완성되면 자동차는 기계 산업에서 IT전자 및 서비스 산업으로 바뀌고, 자동차 크기 기준으로 차종을 분류하지 않고 공간 활용 방식에 따라 나뉠 것이다. 자동차의 범위도 달라질 것이다. 시간이 지날수록 사람이나 사물을 운송하는 모든 것이 자동차 산업의 범주로 통합될 것이다. 배와 항공기 등이 자율 기능을 갖추면서 '자율수송장치'(self-deriving transport device)가 될 것이고, 자동차 산업의 범주에 통합되거나 밀접해질 것이다. 스마트폰, 컴퓨터, 태블릿 PC, 스마트 시계, 스마트 안경 등이 크기와 사용하는 장소만 다를 뿐 동일한 컴퓨팅 디바이스가 되어 경계가 모호해지는 것처럼 말이다. 결국 미래 자동차 산업은 사람이 탈 수 있는 것인지 아닌지, 혼자 타는 것인지, 4~11명이 타는 것인지, 40~50명이 타는 것인지, 하늘을 나는 것인지, 물 위를 운행하는 것인지, 사람을 수송하는 것인지, 사물을 수송하는 것인지, 작은 디바이스인지, 거대한 디바이스인지 등만 다를 뿐 모두 컴퓨팅 디바이스(Computing Device)가 된다.

자율주행 선박에 대한 예를 들어보자. 현재 자율주행 시스템을 비롯한 선박 관련 인공지능 기술은 노르웨이, 핀란드, 덴마크 등 EU가, IT 장치는 일본이 주도해 미래 시장 선점을 노리고 있다. 2030년경이면 자율주행 선박의 시장규모가 30조 원에 이를 것이다. 기술적으로는 2025년이면 소형 자율주행 선박의 연안 운행이 가능해지고, 2030~2035년이면 원양 운행과 대형 선박에도 적용이 가능해진다. 빅데이터와 인공지능으로 무장한 자율주행 선박은 육상에서 출발 버튼을 누르면 선박 내부에 장착한 센서와 위성을 비롯한 통신 네트워크를 이용해 온습도, 파고, 기상 등 항해에 필요한 정보를 수집·분석하고 항해 경로 상에서 나타날 만한 다양한 위험이나 변화를 스스로 예측하며 운항한다. 자체 수집한 정보와 육상관제소에서 보내주는 정보를 활용해 장애물이나 해상 조건의 변화가 나타나면 우회하는 것은 기본이고, 주변 환경과 날씨 변화를 실시간으로 모니터링하고 위성통신망을 이용하여 현재 위치와 목적지까지 거리·시간 등을 실시간으로 계산해 최적 항로를 스스로 결정하고, 운행 중에 발생할 수 있는 기관 고장도 미리 진단해 예방한다. 2016년 미국 방위고등연구계획국(DARPA)은 길이 40m 최대 시속 50km로 운행하는 자율운항무인군함 '시 헌터'(Sea Hunter)를 시험 운행했다. 길이 40m가량에 최대 시속 50km다. 시 헌터는 한 번의 항해에서 최대 3개월간 해상에 머물면서 적 잠수함을 탐지할 수 있다. 건조 비용은 척당 2,200만 달러(약 255억 6,000만 원), 하루 운용 비용은 2만 달러로 추정된다.[*] 최근 노르웨이는 100TEU(20ft 컨테이너를 나타내는 단위)급 중형 무인 전기추진 선박 시험 운행을 시작했다. 2018년 12월 3일, 길이 53.8m, 폭 12.3m 크기의 여객선 '팔코'(Falco)가 핀란드 남부 발트해 연안에서 승객 80여 명을 태우고 사람의 조정 없이 날씨나 운행하는 다른 선박 같은 장애물 등 주변 환경을 스스로 인식하고 항로를 판단하면서 세계 최초로 완전자율운항에 성공했다. 핀란드는 2025년까지 하역과 적재까지 가능한 무인 전기선박을 개발할 계획이다. 한국보다 먼저 조선강국의 길을 간 일본은 '스마트 선박 지능형 운항'을 슬로건으로 정부, 조선사, 선사 등 민관 합동으로 2025년까지 인공지능 기반 전자동 무인선박 250척을 건조할 계획이다. 자율운항 선박은 물류운송 부문에서 큰 관심을 받는다. 인건비가 줄고, 적재 공간이 확대되고, 에너지

---

[*]    아시아경제, 2018. 4. 9. 양낙규, "인공지능 첨단무기 논쟁"

비용 절감 등 효과가 크고, 최적의 항로로 안전하게 운항할 수 있어서 선박 운용비용을 60~90% 정도 절감할 수 있을 것이란 분석 때문이다. 대형 상선의 경우 자율주행 시스템으로 전환하면 평균 700~1000t가량 공선 중량을 줄일 수 있어 선주 입장에서는 매력적이다. 무인으로 운영되면 선원 안전사고에서도 자유롭다는 점도 선주에게 유리하다. 업계에서는 앞으로 10년 이내에 자율주행 선박의 상용화가 가능할 것으로 전망한다.*

민항 항공 분야에서는 오래전부터 낮은 수준의 자율주행 시스템이 적극 사용되고 있다. 항공기 이착륙에는 인간 조종사가 수동으로 조종하지만 순항 중에는 조종간, 엔진 출력 등을 컴퓨터가 조정하는 '오토파일럿' 시스템을 사용한다. 현재는 비행 중에 강한 난기류를 만나거나 긴급 상황이 발생할 때는 인간 조종사들이 순항 중에도 비행기 운전을 한다. 하지만 긴급 상황에서 인간보다 인공지능이 더 잘 대처할 정도로 인공지능 기술과 자율주행 기술이 발달하면 완전자율주행 비행기 시대도 도래할 것이다. 2017년, 세계 최대 우주·항공회사 보잉은 비행에 필요한 모든 것을 인공지능에게 학습시키겠다는 계획을 발표했다.

이렇게 배, 자동차, 비행기 등에 완전 자율주행 기술이 장착되면 운전면허 자체가 사라질 수 있다. 뛰어난 인공지능이 배, 자동차, 비행기 등을 조정하면 사고 비율이 현재보다 1/1000로 줄어들 것이기 때문이다. 이런 시대가 오면 사람이 운전하는 일 자체가 불법이 될 수도 있다. 사람이 운전을 하지 않는 만큼 연령이나 신체적 제한이 사라져 시장 확장성이 커진다. 내 예측으로는 자동차 시장 하나만으로도 현재보다 몇 배 이상 커질 것이다.

---

* 동아일보, 2019. 1. 7. 송경은, "선장은 육지에, 스스로 바다 누비는 인공지능 선박"

애플의 스마트폰이 전화, MP3, PDA, 컴퓨터 시장을 흡수하면서 엄청나게 성장한 것처럼 말이다. 자율수송 장치라는 개념은 21세기 초중반이면 시장에 보편화될 것이고, 21세기 중후반이 되면 한 단계 더 기술적 도약을 하여 로봇(Robot Device) 시장과 통합될 가능성도 있다.

이런 미래가 현실이 되면 모든 자율수송 장치를 관리하고 운영하는 통합 플랫폼 회사도 등장하게 된다. 스마트폰, 컴퓨터, 태블릿 PC, 스마트 시계, 스마트 안경 등을 한 회사가 다 만들고 관리하고 운영 플랫폼을 제공할 수 있게 된다. 2015년 말, 전통적 제조 기업 GE는 2020년까지 세계 10대 소프트웨어 기업으로 변신하고 소프트웨어 사업에서 150억 달러 이상의 매출을 올린다는 비전을 발표했다. GE는 2015~2016년 소프트웨어와 디지털 사업에서 70억 달러(약 8조 2,000억 원)를 수주하는 성과를 냈다.

**기업 혁신은 생산성 향상에서 나온다.** 매킨지 컨설팅은 제조 산업에서 매년 지출되는 총 운영 비용을 약 25조 달러로 추정한다. 2025년까지 이 비용은 47조 달러까지 늘어날 것으로 예측된다. 만약 제조업에서 효율성이 1%만 개선되면 매년 약 5,000억 달러(약 586조 5,000억 원)가량 비용이 절감되는 것으로 분석됐다. 이것이 GE가 지난 120여 년이 넘는 오랜 기간 항공·에너지·운송·헬스케어 등 다양한 분야에서 축적해놓은 데이터와 지식을 한곳에 모으고 분석하여 최고의 효율성과 생산성을 내는 노하우를 실시간으로 컨설팅하는 사업부를 강화한 이유다. 여기서 그치지 않고 GE는 더욱 더 담대한 도전을 시도하고 있다. 회사의 미래 정체성을 '디지털 산업 기업'으로 정의하고 그동안 구축한 모든 인프라에 디지털 지능을 이식하기 시작했다. GE는 1892년 미국의 발명가 토머스 A. 에디슨이 회사를 설립한 이후 지금까지 축적한 제품 제조 및 각종 인프라 구축 역량을 디지털 지능 기술과 결합해 유·무형을 통합하는 새로운 플랫폼을 구축하려는 목적이다. 첫 단계로 제조업체가 경영에서부터 공장 운영까지 모든 영역을 디지털화할 수 있도록 플랫폼과 생태계를 구축하는 데 역량을 집중하고 있다. 하지만 GE의 변신이나 야심은 공장 정도에서 끝나지 않을 것이다. 공장 밖에서 움직이는 모든 자율수송 장치에서 나오는 대규모 데이터를 수집·분석·예측하여 움직이는 사물 전체를 관리하고 운영하는 통합 플랫폼 회사가 되려는 목표를 품었을지도 모른다. GE가 이런 일을 하지 않는다면, 구글이나 애플 혹은 GM이나 테슬라 등 자동차 회사에서 할지 모른다. 아니면, 당신이 창업한 새로운 회사가 그 자리를 차지할 수도 있다.

## 새로운 도구, 자동차의 미래를 바꾼다

미래 자동차와 관련해서 하나 더 주목해야 할 기술이 있다. 앞서 비즈니스부터 인간 존재 방식까지 바꿀 마지막 3번째 메타 도구로 '3D 프린터'를 지목했던 것을 기억하는가? 나는 3D 프린터가 미래에 일으킬 파괴력에 비해서 중요성이 간과된 도구라고도 평가했다. 많은 이들이 3D 프린터를 흥미로운 장난감으로 치부하거나 문서를 인쇄하는 가정용 프린터 정도로 영향력을 축소한다. 하지만 내 눈에 3D 프린터는 지금까지 만들어진 각종 도구를 생산하는 방식을 완전히 바꾸는 강력한 메타 도구다. 나노 도구와 인공지능 도구가 워낙 강력해서 영향력이 간과되었을 뿐이지 3D 프린터가 가진 파괴력은 그 하나만으로 산업혁명을 일으키고도 남는다. 인간의 삶을 완전히 바꾼 '기계 창조'와 비교해도 손색이 없다. 생산 방식에 있어서도

'분업'이라는 혁명적 발상과 자동차 왕 포드가 도입한 '컨베이어벨트 혁명'을 넘어서는 충격을 줄 것이다. 앞으로 10년, 인공지능이 자동차의 미래를 바꾼다면 3D 프린터는 자동차의 생산 방식을 바꾸며 존재감을 드러내기 시작할 것이다.

3D 프린터는 지난 수십 년 동안 컴퓨터 및 클라우드 시스템 성능 향상, 디자인 소프트웨어의 진보, 소재의 혁신 등에 힘입어 조용히 발전해왔다. 2009년에는 필라멘트 형태의 플라스틱 소재를 녹여 찍는 FDM(Fused Deposition Modeling, 융합증착모델링), 2013년에는 금속이나 세라믹 등 다양한 소재를 활용하고 선택 부분만 레이저로 녹여 프린팅하는 SLS(Selective Laser Sintering, 선택적 레이저소결) 기술 특허가 만료되면서 관심도가 급증했다. 3D 프린터는 크게 두 부류로 나뉜다.[*] 하나는 주사기나 노즐로 액체를 분출하거나 가루 원료를 뿜어내 아주 얇은 층을 겹겹이 쌓는 방식이다. '선택적 증착 방식 프린터'(Selective Deposition Printer)다. 가정용이나 사무용으로 주로 사용한다. 이 방식의 대표적 3D 프린터는 FDM이다. 원료를 프린트 헤드를 통해 짜서 적층(積層)하여 입체물을 만드는 FDM은 1980년대에 스캇 크럼프(Scott Crump)가 발명했다. 단점은 플라스틱처럼 프린터 헤드를 통해 국수 면발처럼 일정하게 압출할 수 있는 원료만 사용할 수 있다는 점이다. 액체형 금속이나 유리 등은 굳는 조건이 달라서 사용하기 힘들다. 레이저를 사용하는 선택적 증착 프린터 제품도 있다. LENS(Laser Engineered Net Shaping, 레이저 설계 그물망 형성법) 프린터다. LENS는 레이저 광선에 티타늄이나 스테인레스 스틸 등 금속 가

---

\*    호드 립슨, 멜바 컬만, 《3D 프린팅의 신세계》, 김소연, 김인항 역(한스미디어, 2013), 121–132

루 분말을 뿌리는 방식이다. 레이저 광선에 맞는 분말은 즉시 녹아 적층되어 금속 부품이 된다. 우주항공회사나 자동차 회사가 주로 사용하는 방식이다. FDM 방식 프린터보다 가격이 비싸다. LOM(Laminated Objected Manufacturing, 박층 객체 제조) 프린터도 선택적 증착 프린터에 속한다. LOM은 프린터 헤드가 없다. 칼이나 레이저 광선으로 플라스틱이나 금속으로 된 얇게 자른 단면층(박층, 薄層, laminate)들을 합치고 붙여 물체를 만든다.

또 다른 방식은 분말 원료나 빛에 민감한 감광성 수지 연료를 레이저나 접착제를 사용해 굳혀 결합하는 방식 즉, '선택적 결합 방식'(Selective Binding Printer)이다. 1980년대에 텍사스대학의 칼 데카드(Carl Deckard)와 조셉 비만(Joseph Beaman)이 개발한 기술로 높은 해상도가 장점이다. 이 기술을 이용한 제품은 레이저 소결(Laser Sintering) 프린터가 대표적이다. 분말로 덮인 표면에 고출력 레이저 광선을 발사해 가루를 녹여 윤곽이 만들어지면 프린터 상판을 미세하게 내린다. 그 위로 프린터 안에 있는 롤러가 새로운 층의 가루를 덮고 레이저가 분말 가루를 녹이는 것을 반복한다. 장점은 강철, 티타늄, 나일론 등 분말 형태로 만들 수 있는 재료를 모두 사용한다. 단점은 아직 여러 종류의 분말을 동시에 분사해서 굳히는 기술이 없다는 것이다. 하지만 미래에는 이런 단점이 해결될 것이다. 선택적 결합 방식의 다른 기종은 3DP(3 Dimensional Printing)이다. 컬러 접착제를 프린트 판에 붙이고 새로운 층의 분말을 깔고 다시 프린터 헤드에서 컬러 접착제를 분말에 짜는 것을 반복하는 기술이다. 컬러로 프린트를 할 수 있다는 장점이 있다. 3D 프린터도 기술 발전 속도와 가격 하락이 무어의 법칙을 따른다. 최소 10년 이내에 깎고 자르고 붙이고 조립하는 식의 기존의 생산 방식은 구식이 될 것이다.

3D 프린터는 인공지능과 나노 도구와 함께 21세기를 제조업 제2부흥기로 만들 것이다. 20세기 후반은 서비스와 금융업을 지배하는 국가가 경제 강국이 되었다. 21세기는 제조업을 지배하는 국가가 다시 경제 강국이되는 시대로 되돌아 갈 것이다. 일부에서는 제조업의 시대가 저물어간다고평가한다. 절대 아니다. 제조업 쇠퇴가 아니라 제조업 대변화다. 제조업의대확장이다. 3가지 메타 도구가 제조 개념, 방식, 대상과 주체가 모두 바꿀것이기 때문이다. 생산 방식의 대변화가 일어나고, 기존 제조업 분야의 독점 세력이 해체되고, 제조업 규칙의 파괴가 일어날 것이다. 이런 변화를 재빨리 간파한 국가, 기업, 개인이 새로운 강자가 될 것이다.

생산 방식의 대변화가 일어난다는 의미는 무엇일까? 분자 단위의 물질을 붙이고, 깎고, 자르고, 두드리는 생산방식에서 원자 단위와 디지털 단위의 유무형의 물질을 찍어내는 새로운 형식의 생산 방식으로 변화된다. 한 기업이 독점하는 제조 방식에서 모든 사람과 공유하고 나누고 협력하는 제조방식으로 확대된다. 공장의 모습과 구조 및 작동 방식에도 혁명이 일어날것이다. 제품과 서비스 가짓수는 롱테일 법칙과 무어의 법칙을 따르게 될것이다. 먼 미래에는 인공지능과 로봇, 생각하는 기계들이 협업하여 새로운 물질을 만들고 새로운 제품을 스스로 생산하는 시대도 도래할 것이다.

미래 제조업 혁명을 이끌고 있는 추동력은 인구구조, 경제 시스템의 변화 그리고 새로운 도구의 출현이다. 인구 추동력은 선진국의 고령화다. 초고령화 추세로 인한 시장의 변화, 종신고용 붕괴 등이 모든 세대에게 새로운 선택을 강요하고 있다. 100~120세 시대의 수명 연장도 50세에 은퇴를한 후 새로운 50년을 혼자 힘으로 살아가야 할 사람들에게 도전을 강요한다. 하지만 이들에게 도전을 성공으로 바꿀 수 있는 기술적 가능성이 뒷받침된다면 어떻게 될까? 개인의 제조업으로 이동은 새로운 도전과 다양한 성공의 장이 될 수 있을 것이다. 새로운 먹거리가 될 것이다.

2008년 시작된 글로벌 경제 위기는 물밑에서 진행되던 경제 및 금융 시스템의 혁신을 수면 위로 끌어올렸다. 경제 시스템의 변화를 유도하고 있다. 거대하고 독점적 지위를 누렸던 기존의 경제 및 금융 주체자를 궁지로 몰아넣고 있다. 그들이 보인 허점을 새로운 기술로 무장한 창조적 경제 및 금융 혁신들이 파고들 수 있는 명분과 기회를 주었다. 이런 상황에서 새로운 도구의 출현은 변화의 가능성을 현실로 바꾸는 역할을 할 것이다. 3D 프린터, 나노 도구, 인공지능 도구와 함께 이런 엄청난 변화와 혁명의 핵심 동력이 될 것이다.

2014년 6월 18일, 미국 백악관 역사상 최초로 열린 '백악관 메이커 페어'(2014 White House Maker Fair)에서 버락 오바마 대통령은 '혁신'(innovation)이라는 수식어를 4번이나 사용하며 애리조나주 피닉스에 있는 매출액이 수백만 달러에 불과한 로컬모터스(Local Motors)라는 작은 회사를 극찬했다. 매출 규모로 보면 백악관 메이커 페어에 초대받은 디즈니(연매출 524억 달러, 약 65조 원)나 인텔(연매출 493억 달러, 약 54조 원)과 비교가 되지 않았다. 오바마 대통령이 다른 기업들을 제치고 이 회사를 극찬한 이유는 무엇일까? 이 회사가 1911년 헨리 포드가 컨베이어벨트 시스템을 도입한 이래 100년 이상 변하지 않았던 자동차 제조 공정에 혁신을 만들었기 때문이다. 제조 혁신의 아이콘이 된 로컬모터스의 힘은 3번째로 꼽은 메타 도구에서 나온다. 이 회사는 세계 최초로 3D 프린터를 사용해서 자동차를 '찍어' 낸다.

로컬모터스의 공장은 '초미니 공장'(Microfactory)이다. 규모가 1858m²(약 560평)밖에 되지 않는다. 현대자동차 울산공장 면적 505만 m²(약 153만 평)의 1/2,718이다. 이 회사의 설립에 투자된 비용은 기존 자동차 회사 투자비용의 1/100이다. 모두 3D 프린터 덕분이다. 3D 프린터가 더 발전하면 공장 크기와 자동차 회사의 설립 비용은 더 줄어들 수 있다. 로컬모터스 공장엔 미니밴 크기의 기계 2대뿐이다. 한 대는 차체를 '인쇄' 하는 3D 프린터고, 다른 한 대는 여기서 인쇄한 차체를 매끄럽게 다듬는 기계(trimmer, 트리머)다. 로컬모터스는 온라인 커뮤니티를 통해 차체·새시·인테리어 디자인 과정에 주문자를 포함해서 관심 있는 모든 사람을 참여시키며 개발의 전(全)과정을 공개하는 '오픈 소스'(open source) 방식을 취한다. 자동차 설계 도면을 컴퓨터에 입력하고 탄소 섬유와 플라스틱 혼합재를 넣은 3D 프린터로 차체를 만드는 데 드는 시간은 40시간이다. '찍어낸' 차체를 트리머로 세밀하게 다듬은 다음에 포드, 크라이슬러, GM 등 자동차 회사에서 주문한 브레이크, 엔진, 기어 등 부품을 조립한다. 전 과정에 필요한 공장 근로자는 3명이다. 3D 프린터로 만든 자동차라고 품질이 형편없지 않다. 승차감과 성능이 아주 훌륭하다는 평가를 받는다. 로컬모터스가 전투기 동체를 모방해 만든 75,000달러짜리 레이싱카 '랠리파이터'(Rally Fighter)는 영화 〈트랜스포머 4〉에서 사막 경주용 자동차로 등장했다. 로컬모터스는 IBM 인공지능 왓슨을 자동차 제작에 최초로 도입하여 2016년 6월 12인승 전기 버스 '올리'(Olli)를 제작했다. 올리는 미국 라스베이거스, 플로리다, 워싱턴DC 일부 구간에서 운행된다. 로컬모터스는

---

\* 　크리스 앤더슨, 《메이커스》, 윤태경 역(알에이치코리아, 2013), 183~194

3D 프린터로 차량을 찍어내는 초소형 공장을 세계 곳곳에 설립하고 있다.[*] 미래에는 자동차 판매 대리점이 이 회사처럼 자동차를 찍어내는 '초소형 공장'이 될 수도 있다.

　　3D 프린터는 모든 제품의 생산 방식에 변화를 일으키고 있다. 기존의 생산 방식은 깎고 자르고 붙이고 조립하는 식이었다. 앞으로는 달라진다. 프랑스 벤처회사 드론(Drawn)은 갈라테아(Galatea)라는 가구 제작용 대형 3D 프린터를 개발했다. 로봇팔 형태를 한 3D 프린터는 대형 사이즈 가구도 제작 가능하다. 2013년, 스포츠 용품 업체 나이키는 세계 최초로 3D 프린터로 제작한 축구화 '나이키 진공 레이저 탈론'을 출시했다. 세계적 스포츠카 람보르기니는 새로운 자동차 개발에 3D 프린터를 사용한다. GE 항공사는 금형 제작 없이 곧바로 초정밀 엔진부품 20여 개를 대당 가격이 80만 달러가 넘는 최첨단 3D 프린터로 생산한다. 이 프린터는 머리카락 굵기 1/3정도로 정밀하게 철가루를 분사하여 레이저를 쏘아 부품을 자라게 만든다. 20개의 개별 부품을 따로 제작한 후 용접하여 엔진 노즐을 만들었던 옛 방식에서 벗어나 3D 프린터로 한 번에 인쇄할 수 있어서 안전성과 생산성 향상이 동시에 이루어졌다. 내구성도 5배 늘어났고, 부품의 무게도 25%가 줄었다. 노동력도 절감되고 해외 아웃소싱도 크게 줄었다. 중국 상하이에서는 길이 32m, 높이 6.6m, 넓이 10m 크기 3D 프린터에 시멘트와 유리섬유를 가지고 인쇄한 구조물을 조립하여 하루에 집 10채를 짓는 일도 벌어졌다. 건설 비용은 한 채당 500만 원이었다.[**]

　　의류 산업에도 변화가 일어날 것이다. 미래의 의류 매장은 몸을 스캔할

---

　*　　중앙일보, 2016. 12. 11. 문희철, "혁신의 현장을 가다. 로컬모터스, 자동차 제조에 오픈 이노베이션 도입"

　**　　연합뉴스, 2014. 4. 16. 김경윤, "집 나와라 뚝딱, 중국서 3D 프린터로 집 10개 건설"

기계, 수많은 디자인을 몸에 맞춰볼 대형 스크린, 빠르고 전문적인 3D 프린터, 인쇄한 옷을 입어볼 수 있는 피팅룸만 있으면 된다. 미래 의류 산업은 소비자 개인을 대상으로 의상 스타일을 컨설팅해주는 서비스업이 될 것이다. 옷을 사고파는 방식만 바뀌는 것이 아니다. 미래의 상점은 공장에서 공급한 물건을 대량으로 진열하지 않을 것이다. 한쪽에는 3D 프린터 제작 제품을 능가하는 고급 제품을 진열하고, 다른 한 코너에서는 일회용 제품을 진열하고, 나머지 공간에는 다양한 3D 프린터들이 놓일 것이다. 실리콘밸리 3D 프린터 기업 '낫임파서블랩'(Not Impossible Labs)은 전쟁으로 팔을 잃은 남수단 어린이에게 100달러의 저렴한 비용으로 인공 팔을 만들어 무상 공급한다. 한국계 미국인 그레이스 최가 개발한 200달러짜리 가정용 3D 프린터 '밍크'(Mink)는 색조 화장품을 제조할 수 있다. '밍크'의 이미지 편집 프로그램을 통해 화장품 색상의 고유 코드를 분석하고, 출력을 명령하면 같은 색상의 립스틱, 아이섀도 등을 제작할 수 있다.[*] STRUCTURE 3D라는 벤처회사가 만든 디스커버리(The Discovery)라는 압출기를 3D 프린터에 연결하면 팬케이크를 인쇄할 수 있다.[**] 3D 시스템즈가 출시한 '셰프젯'(chefjet)은 3D 프린터에 설탕, 코코아 등 식재료를 넣어서 초콜릿부터 과자와 케이크까지 인쇄한다. 노스캐롤라이너 재생 의료 기관 웨이크 포리스트 배티스트 메디칼 센터 연구팀은 다양한 세포 형태를 복제할 수 있는 바이오 프린터를 개발했다. 액체 플라스틱과 살아있는 세포를 번갈

---

[*]  The ScienceTimes, 2014. 7. 28. 이강봉, "5년후, 3D프린터 시대 도래"
[**]  인사이트, 2014. 6. 11. "3D 프린터 요리사 시대 열려"

아 가며 층층이 인쇄하면서 장기를 만들어낸다.[*] 한국도 3D 프린터용 바이오 잉크를 개발하여 뼈, 연골, 지방을 인쇄하는 데 성공했다. 3D 바이오 프린터로 세포를 쌓아 올려 피부를 출력하여 손상된 피부 재생 치료를 돕는 기술의 상용화도 가까운 미래에 가능해질 것이다.[**] 국제 우주 정거장이나 우주 탐사에 필요한 다양한 부품과 물건도 3D 프린터로 인쇄하여 사용할 수 있다. 무거운 물건이나 생활품, 생존에 필요한 음식까지 담아서 가지고 다닐 필요가 없다. 다양한 3D 프린터와 재료들만 싣고 우주여행을 다니면 된다.

3D 프린터는 창작하는 방법도 바꾼다. 디지털 크리에이티브 에이전시인 가티 번(Kati Byrne)은 "우리가 창작하는 방법을 바꿀 수 있는 잠재력을 가졌다"는 말로 3D 프린터가 지닌 파괴적 힘을 평가했다.[***] 예술가 듀오 롭과 닉 카터 부부는 고흐의 작품 〈해바라기〉를 3D 프린터로 만들어 유명세를 탔고, 캐나다 맥길대학교 요셉 말로와 이안 해트윅은 3D 프린터로 입는 악기를 만들어서 새로운 교향악단 모습을 구현했다. 건축가 마이클 한스마이어와 벤자민 딜렌버거는 3D 프린터로 만든 인테리어로 방 하나를 온통 채워서 '디지털 그로테스크'라는 작품을 만들었고, 영국의 예술가 아담로우는 3D 프린터로 투탕카멘 무덤을 완벽하게 복제했다.[****]

음식이나 의료 시장도 영향력이 클 것이다. 영국의 뉴캐슬대학 연구팀은 3D 프린터로 인공 각막을 출력하는 기술을 개발하여 5년 내에 상용화

---

\* 랜달 메이스(Randall Mayes), "생명공학의 세기와 인류의 미래" http://www.wff.or.kr/?pageid=22&page_id=11554&mod=document&uid=332
\*\* 한국경제, 2019. 2. 6. 임유, "3D 프린터로 피부 재생5월 세계 첫 상용화"
\*\*\* 허핑턴포스트, 2014. 7. 1. Kartherine Brooks, "예술계를 바꾼 3D 프린팅 14"
\*\*\*\* 같은 기사

할 목표를 가지고 있다.* 세포를 원하는 형태로 출력하는 3D 바이오 프린터도 영화 속 상상이 아니라 현실이 되고 있다. 가까운 미래에 3D 프린터를 활용한 디지털 요리 제조업도 괜찮은 사업 영역이 될 것이다. 소형 트럭을 몰고 다니며 음식을 파는 사람이 있다고 가정하자. 미래에는 작은 트럭이나 미니 밴에 3D 프린터를 싣고 다니면서 공원, 놀이동산, 길거리, 지하철 역 주변, 공항이나 터미널처럼 유동 인구가 많은 곳에서 고객이 원하는 제품을 즉석에서 인쇄해서 팔게 될 것이다. 3D 프린터로 굽거나 튀기거나 볶는 방식의 조리 음식을 찍어내는 기술은 아직 없다. 자연에서 갓 딴 신선한 채소, 방금 도축한 신선한 고기, 펄떡펄떡 뛰는 생선을 바로 잡아 뜬 횟감을 찍어내는 기술도 아직 없다. 그래서 레스토랑에서 나오는 높은 수준의 요리를 찍어내는 3D 프린터는 먼 미래의 이야기다. 하지만 혈압이나 당뇨 등 성인병을 앓고 있는 고객에게 건강 데이터를 기반으로 한 맞춤형 건강식품이나 메디푸드(medifood)처럼 맛보다는 의료용 목적으로 음식물을 찍어내는 것은 먼 미래의 일이 아닐 수 있다. 웨어러블 기기가 측정한 혈당치를 3D 프린터가 자동으로 인식하고 정해진 시간에 정해진 양만큼의 식사를 인공지능 영양사의 추천에 따라 특정 영양소와 약물을 동시에 넣은 음식을 주방에서 찍어낼 수 있다. 다이어트를 하는 사람에게 시간대 별로 칼로리와 지방 소모 수준에 따라 맞춤형 식이요법을 적용한 음식이나 간식을 합성 영양 가루나 액체를 사용하여 찍어내는 것도 괜찮은 사업 아이디어가 될 것이다. 맞춤형 초콜릿이나 쿠키를 만들어내는 3D 프린터는 이미 등장했다. 먼 미래에는 3D 음식 프린터로 합성 소고기 등을 찍어내

---

\* 연합뉴스, 2018. 5. 30, 김기성, "3D 프린터로 인공 각막 처음 제작됐다"

는 것은 환경적으로도 큰 의미가 있을 것이다. 지구 온난화에 대응하고 환경과 자연 생태계를 보호하는 좋은 대안이 되기 때문이다.

　3D 프린터는 크기 때문에 장난감이나 작은 소품밖에 못 만든다는 편견이 있다. 하지만 3D 프린터와 산업용 로봇이 결합되면 이 문제가 해결된다. 스페인에서는 미니빌더스(Minibuilders)라는 3D 프린터 로봇이 개발되었다. 각기 다른 임무를 맡은 로봇들이 협업을 하여 3차원의 거대한 구조물들을 프린트한다. 3D 프린터 로봇은 프린터 크기의 한계를 극복할 수 있는 새로운 대안이다. 3D 프린터 로봇은 어떤 크기의 물건도 인쇄 가능하다. 인쇄 속도와 재료비가 장벽이라고 지적받지만 기술발전을 믿으라. 가까운 미래에 가정용 3D 프린터는 무료로 공급될 것이다. 그때쯤이 되면 인쇄속도와 재료비 가격도 상당히 만족스러워질 것이다. 3D 프린터 상용화의 최대 문제는 기술 자체가 아닌 환경 이슈다. 프린터 작업 중에 미세한 가루가 공중으로 흘러나오는데 프랑스 공대 그랑데콜(INSA) 연구팀이 '대기환경-3D 프린터의 미세 입자 방출'이란 보고서에서 밝힌 바에 의하면, 폐나 뇌로 침투하여 인체에 위험한 초미세 입자(UFP)는 1분에 200억이라는 매우 높은 수치를 보인다. 고온에서는 10배나 높아진다. 흡연보다 위험한 수준이다.\* 하지만 이 역시 머지않은 미래에 해결될 것이다. 소재의 종류도 다양해지고 있다. 3D 프린터 작동 방식은 (소재 문제만 해결되면) 전도체와 비전도체를 동시에 찍어낼 수 있고, 플라스틱에서 세포 셀까지 별개로 혹은 동시에 찍어낼 수도 있다. 이러한 몇 가지 장벽이 해결된 미래의 가정에서는 이런 풍경이 펼쳐질 것이다. 책상 위에는 일상에서 사용할 작은 소품을

---

\*　ZDNet Korea, 2013. 8. 4. 이도원, "3D 프린터 작업, 흡연보다 고위험"

만들어내는 탁상용 3D 프린터, 주방에는 음식을 인쇄하는 3D 프린터, 지하실 창고나 주차장 안에는 몇 대의 3D 프린터 로봇을 두고 집을 수리하고 자동차를 고치게 될 것이다.

2030~2035년경이면 인공지능이 장착된 '생각하는 3D 프린터'가 당신이 요구하는 사항을 자연어로 명령받고 적절한 디자인으로 '컴파일'하는 알고리즘을 가동시켜 물건을 인쇄하는 일이 벌어질 것이다. 생각하는 3D프린터는 물건이 프린팅되는 전 과정을 스스로 모니터링하면서 실시간 작업 관리까지 할 것이다.[*] 3D 프린터에 온도, 습도에 따라 모습이 변화되는 형상 변화 소재로 만든 잉크를 접목하면 4D 프린팅 기술로 발전한다. 2013년 4월, 미국 MIT 자가조립연구소 스카일러 티비츠 교수가 '4D 프린팅의 출현'이라는 강의에서 소개한 기술로 미래 자동차, 의료, 의류 등에 적용이 가능하다. 은퇴 이후, 크고 작은 3D 프린터 여러 대를 사무실이나 창고에 들여놓는다면 개인 공장 시스템도 구축할 수 있다. 이런 미래는 반드시 현실이 될 것이다. 아이 방이나 당신의 사무실에 프린터가 처음 설치된 후 어떤 변화가 일어났는가? 10년이 지난 지금 아이들의 작은 노트북 컴퓨터에 연결된 컬러 레이저 프린터는 과거에 인쇄소에서 만들 수 있는 품질의 문서를 인쇄해준다. 조금만 돈을 들이면 사진을 출력하거나 위조지폐를 찍어낼 정도의 품질 좋은 프린터를 구매할 수 있다. 2014년 기준으로 3D 프린터를 사용해 1인 메이커(제조자)를 자처하는 사람은 1억 3,500만 명에 이르렀다.[**] 프라이스워터하우스쿠퍼스(PwC)에 따르면, 글로벌 3D 프린팅 제품시장은 앞으로 매년 연 13~23% 성장여 2030년에는 글로벌 시장규

---

[*]    호드 립슨, 멜바 컬만, 《3D 프린팅의 신세계》, 김소연, 김인항 역(한스미디어, 2013), 407, 422
[**]   매일경제, 2014. 6. 16. 황지혜, "3D 프린팅 글로벌빅뱅 본격화"

모가 226억 달러에 이를 것으로 전망된다.

3D 프린터가 발전하면 할수록 인간은 지구에 존재하는 모든 것을 만들려고 할 것이다. 집안에서 사용하는 물건이나 먹는 음식을 뛰어넘어, 피부를 프린트하고, 심장이나 방광 등의 장기를 프린트하는 쪽으로 기술을 발전시킬 것이다. 고령화, 100세를 넘어 120세를 사는 시대를 좀 더 멋지고 행복하게 살기 위해서 주기적으로 피부나 장기를 교환하려는 욕구가 늘어나게 될 것이다. 이미 디지털 사진을 기반으로 맞춤식 기도 부목을 3D 프린터로 인쇄하여 아이의 생명을 살리는 데 성공했으며, 폴리머로 특수 제작된 두개골로 한 남자의 두개골 75%를 바꾸는 수술에 성공했다. 코넬대학에서는 3D 프린터로 인공 연골을 인쇄하는 연구를 진행 중이다. 연구자들은 양(羊)의 무릎을 MRI로 찍어 3D 그래픽 파일로 만들었다. 그리고 양의 몸에서 살아있는 세포를 추출하여 의료용 하이드로젤과 섞어 만든 젤 혼합물로 양의 연골을 인쇄하는 데 성공했다. 이런 방법을 응용하여 코넬대학 연구팀은 사람의 귀 연골과 사람의 인공 심장판막을 3D 프린터로 찍어내는 데 성공했다. 미래에는 3D 프린터가 살아 움직이는 소재를 사용하고, 물체나 생명체를 물리적 복제 형태로 정확하고 빠르게 전송하는 디지털 팩스기계(Digital Fax Machine)처럼 사용될 수도 있다.

수많은 개인들이 품질 좋은 3D 프린터를 갖게 되면 기업도 변해야 한다. 3D 프린터가 만들 수 있는 제품보다 더 뛰어난 물건을 만들거나 일회

---

* 　매일경제, 2016. 6. 26. 박봉권, "3D프린팅 혁신 현장 GE항공공장 가보니"

** 　https://news.kotra.or.kr/user/globalBbs/kotranews/782/globalBbsDataView.
do?setIdx=243&dataIdx=186169

*** 　호드 립슨, 멜바 컬만, 《3D 프린팅의 신세계》, 김소연, 김인항 역(한스미디어, 2013), 193, 196.

**** 　같은 책, 43, 49.

용으로 쓰고 버리는 물건을 3D 프린터 잉크 비용보다 저렴하게 공급해야만 살아남는다. 물류와 유통에도 변화가 일어나 많은 물류 창고가 필요 없게 된다. 상당수 제품이 중간 유통 단계를 거칠 필요도 없어진다. 제품 생산 과정에 들어가는 비용이 내려가기 때문에 '값싼 노동력'을 찾아 기업이 이동하는 일도 줄어든다. 완제품 운송은 줄고 원자재나 소재 등 운송이 늘어날 것이다. 대규모 운송보다 소량 제품 운송이 주를 이루게 될 것이다. 능력 있는 직원의 조건도 달라질 것이다. 3D 프린터가 활성화되면 물건을 잘 만드는 숙련된 노동자의 가치는 하락할 것이다. 새로운 것을 만들어내는 능력, 즉 창의력이 점점 더 중요해지는 시대가 될 것이다. 물건을 만드는 손재주보다는 물건을 디자인하고 설계하는 능력이 더 중요해질 것이다.

"기술이 곧 우리 삶의 화폐다."[*] 미래학자 존 나이스비트(John Naisbitt)의 말이다. 기술은 부의 방향을 바꿀 수 있는 몇 안 되는 주요 요소다. 그래서 비즈니스 경계를 파괴하고 '평평한 세상'(수평적 사회 및 기업 환경의 세상)을 만들 잠재력을 가진 3D 프린터를 주목해야 한다. 미래 부의 방향을 바꿀 추동력(driving forces)이 될 것이기 때문이다.[**] 인공지능이나 나노기술에 가려져 있어서 그럴 뿐, 3D 프린터처럼 수많은 산업과 비즈니스에 동시다발로 영향을 준 도구도 드물다.

---

[*]    존 나이스비트, 《하이테크 하이터치》, 안진환 역(한국경제신문, 2000), 61.
[**]   롤프 옌센, 미카 알토넨, 《르네상스 소사이어티》, 박종윤 역(36.5, 2014), 28, 82, 84.

# 미래 자동차, 시장규모 예측

전문가들은 2018년 글로벌 신차 수요 예상 규모를 9천3백만 대로 추정했다.* 앞으로 자동차 시장 규모는 어떻게 변하게 될까? 매년 2~3%씩 완만한 성장을 계속할 것인가? 아니면 일부에서 예측하는 것처럼 자율주행 자동차가 대세가 되어 공유 차량이 늘어나면 자동차 시장은 급격하게 줄어들 것인가? 이런 두 가지 시나리오와는 정반대로 급격한 성장 곡선을 만들면서 시장을 흥분시킬 것인가?

자동차는 수만 가지 부품과 수백 가지의 연관 비즈니스가 결합된 시장이다. 자동차를 생산하고 판매하고 유통하기 위해서는 초대형 투자가 이루어진다. 고용효과도 크다. 주택을 제외하고는 단일 상품 중에서 가장 큰 돈을 지출한다. 구매 우선순위도 높다. 재구매 주기도 짧다. 100세 시대에는 한 사람이 평생 10~15대의 자동차를 구매할 수 있다. 한 사람이 평생 자동차에 수억 원을 지출할 수 있다. 주택 구매에 지출하는 비용보다 클 수도 있다. 21세기 말까지 전 세계 인구는 최소 100억에서 최대 140억까지 늘어날 것으로 예측된다. 중국, 인도, 동남아, 아프리카 등에서 더 많은 인구가 중산층으로 진입할 것이다. 총인구 증가와 늘어나는 중산층 규모만으로도 미래 자동차 시장은 현재의 3~4배다. 자율주행 자동차가 보편화되면 유치원에 다니는 아이나 100세 노인도 혼자 자동차를 탈 수 있다. 자동차 구매 연령은 더 낮아지고, 자동차를 사용하는 시기는 더 높아진다. 일각에서는 자율주행 자동차가 상용화되면 자기 차를 구매하지 않고 공유

---

* Industry Report, 2018 자동차산업 전망, (신영증권, 2017. 11. 21.), 3.

차를 이용하는 사람이 많아져서 자동차 판매가 80% 줄어들 것이라고 예측한다. 일리가 없지는 않지만, 이는 소유를 더 좋아하는 인간 본능이나 더 많은 자동차를 팔려고 창의적 아이디어를 내놓을 자동차 판매 회사의 대응을 간과한 예측이다.

인간은 남의 것을 빌려 쓰는 것보다 자기만의 것을 갖고자 하는 본능이 더 크다. 자동차 회사는 더 많은 자동차를 팔기 위해 반드시 자동차를 소유해야 할 이유를 만들어낼 것이다. 예를 들어 미래 자동차는 거대한 컴퓨팅 디바이스가 되기 때문에 이동의 목적은 부(副)가 되고 개인 공간이 주(主)다. 사람들은 미래 자동차 안에서 쇼핑도 하고, 영화도 보고, 화상으로 회의도 하고, 지구 반대편 고객과 상담도 하고, 휴식도 즐기고, 의사와 통화하면서 헬스케어 서비스도 받게 될 것이다. 이 모든 행동에서 엄청난 개인정보와 중요한 데이터들이 생성될 것이다. 어떤 데이터들은 철저하게 보호해야 하고, 어떤 데이터들은 자동차에서 내려 집이나 회사 안으로 가지고 들어가야 한다. 공유 자동차만 타면 이런 부분을 모두 포기해야 한다. 내 예측으로는 완전자율 주행차가 보편화되더라도 사람들은 반드시 자동차를 소유할 것이다. 대신 영업용 차량도 계속 존재할 것이다. 운전자 없이 말이다. 당신이 정말 이동의 목적만 성취하면 될 때는 공유 차량이나 운전자가 없는 영업용 자율주행차를 불러 이용하면 되고, 나머지 시간에는 당신의 멋진 자율주행차를 타고 다닐 것이다. 지금까지는 한 번도 경험해보지 못한 새로운 일과 느낌과 편리함을 만끽하면서 말이다. 이런 모든 것을 감안할 때, 미래 자동차 시장은 여전히 미래가 밝다.

# 미래 자동차, 이익은 어디서 나오는가?

전통적인 내연기관 자동차는 기술 장벽과 산업 구조 때문에 후발 주자가 진입하기 쉽지 않고, 천문학적 자본 투자가 필요한 분야다. 엄청난 투자에도 이익을 내기가 만만치 않다. 삼성이 수조 원을 투자하고도 실패한 이유다. 하지만 미래 자동차는 다르다. 자본력이 약한 개인이나 중소기업도 시장에 진입할 수 있다. 전기 자동차, 자율주행 자동차는 IT기업을 비롯해서 항공 회사, 바이오 회사, 나노 회사, 벤처투자자들도 진입할 정도로 장벽이 낮다. 자동차의 업(業)이 완전히 바뀌기 때문에 완성된 차를 만들지 않더라도 거대한 자동차 시장에 참여할 여지가 넓고 내연기관 자동차보다 이익을 창출할 영역이 많다. 미래 자동차, 이익은 어디서 나올까를 예측해보자. 미래 자동차 시장에서 이익이 나오는 영역을 예측하려면, 미래 자동차 산업의 변화를 이해해야 한다. 아래는 내가 정리한 미래 자동차 산업과 시장의 변화 영역들이다. 앞서 이야기했던 미래 자동차의 모습을 이익 창출의 관점에서 정리해보자.

첫째, 미래 자동차 산업은 자동차 중심(Vehicle Centric)의 물리적 기계 장치나 운송 장치가 아니다. 자동차 하드웨어에 해당하는 동력 장치(Power system), 동력 전달 장치(Powertrain system), 조향 장치(Steering system), 안전 장치(Safety and Comport system), 몸체(Body), 연료(Fuel system) 등도 바뀐다. 에너지 소비가 가솔린이나 디젤에서 전기로 바뀌면서 일어나는 변화가 크다. 내연기관 엔진이 사라지고 전기모터가 주동력 장치로 사용되면 엔진의 크기나 위치를 자유롭게 배치할 수 있다. 주동력 장치인 전기모터를 4개의 바퀴에 분산 배치하면 동력 전달 장치를 비롯한 다른 장치들에도 연쇄적으로 변화가 일어난다. 바퀴 안에 전기 구동 모터, 조향 모터, 서스펜션, 브레이크 시스템을 통합할 수도 있다. MIT의 고(故) 윌리엄 미첼(William J. Mitchell) 교수가 이끌었던 연구팀은 앞에서 말한 모든 것을 통합한 신기술인 '로봇 바퀴'를 개발했다. 전기 자동차의 4개 바퀴가 전부 로봇바퀴로 대체되면 출력 향상은 물론이고 바퀴를 90°회전시키며 주차를 하는 꿈의 기술이 가능해진다.* 미래 자동차는 IT 영역에 포함되기 때문에 발전의 속도도 내연기관 자동차보다 빠르다. 무어의 법칙을 따를 수 있기 때문이다. 미래 자동차의 에너지 방식은 전기가 대세가 될 것이다. 전기를 생산하는 방식이 다양할 뿐이다. 플러그인으로 충전을 하든지 수소 등을 변환 처리하여 전기를 만들 뿐이다. 2014년 7월 독일 뮌헨에서 시험 운전을 한 '퀀트 e-스포츠리무진'(Quant e-Sportlimousine)은 소금물로 전기를 생산한다. 독일 리히텐슈타인의 R&D센터 나노플로우셀AG와 자동차 부품업체인 보쉬가 함께 만들었다. 100km/h에 도달하는 시간은 2.8초, 최고 시속 380km/h의 성능을 내는 전기 자동차다. 1976년 나사(NASA)가 개발한 나노팔로우셀(nanoFLOWCELL) 배터리에 바닷물 같은 소금물을 산화·환원시켜 만든 전기를 축적하는데, 한 번 충전에 600km를 달린다. 기존의 리튬이온 배터리보다 성능이 5배 좋다.** 이외에도 달리는 바람을 보조로 이용해서 전기를 추가 생산하거나 자동차의 몸체에 바르는 태양열 집열판을 사용한다든지 도로에 전기 충전기를 설치한다든지 소형 핵원자로를 달고 다닌다든지 하는 등 다양한 방법이 시도될 것이다. 그러나 이런 모든 방식의 종결은 전기다. 현재 생산되는 하이브리드 자동차는 브

---

\*   토니 세바, 《에너지 혁명 2030》, 박영숙 역(교보문고, 2015), 181–189.

\*\*  ZDNet Korea, 2014. 7. 25. 이도원, "소금물로 달리는 전기차 공식 데뷔 초읽기"

리지 단계의 기술에 불과하다. 머지않은 미래에 휘발유 자동차는 후진국에서나 사용하게 될 것이다. 전기 시스템을 연료 장치로 사용하면 기술 혁신 속도가 빨라지고, 그만큼 에너지 효율성도 탁월해진다. 예를 들어, 내연기관에서 사용되는 석유에너지는 21% 정도만 운동에너지로 바뀌어 사용된다. 79%는 연기로 사라진다. 이것도 지난 100년간 기술 발전의 결과물이다. 지금보다 기술이 더 발달해도 내연기관 엔진의 에너지 전환 효율은 25~30% 정도가 한계다. 하지만 테슬라가 만든 전기자동차 로드스터(Roadster) 최초 모델의 에너지 전환 효율은 88%였고, 곧 99.99%에 도달한다. 전기자동차는 내연기관 자동차보다 수리 및 유지 보수비용도 1/10에 불과하다. 연료비용도 1/10이나 무료다. 에너지 효율성이나 비용만 저렴한 것이 아니다. 전기모터를 사용하고도 자동차 성능이 강력하다. 테슬라 최고급 전기 스포츠카는 시속 100km까지 도달하는 데 단 4초밖에 걸리지 않는다. 내연기관 스포츠카보다 빠르다. 최고 속력은 250km다. 테슬라는 2020년 전기로 작동하고 한 번 충전으로 1,000km를 주행하는 스포츠카 '로드스터'를 판매할 것이라고 발표했다. 테슬라와 강력한 경쟁자가 될 것이라고 기대되는 신생 기업 루시드 모터스(Lucid Motors)의 전기자동차 '루시드 에어'(Lucid Air)는 시속 100km까지 도달하는 데 단 2.5초이며 한 번 충전으로 644km를 주행하고, 최고 속력이 378km에 이른다. 전기 자동차가 내연기관 자동차보다 성능이 떨어진다는 기존의 생각은 틀렸다. 전기 배터리의 충전 속도도 획기적으로 빨라질 것이다. 2014년 4월, 성균관대학교 이효영, 윤여홍 교수 연구팀이 기존의 분말형태의 수평구조 그래핀보다 1,000배 빠른 충방전 속도를 내고 3배 많은 저장 용량을 갖는 수직형 슈퍼커패시터(Super capacitor) 기술을 개발했다. 슈퍼커패시터는 2차 전지를 대체할 차세대 에너지 저장장치다. 연구팀은 전해질 이온이 전극물질에 많이 흡착될수록 많은 전기를 흘려보내는 원리를 적용한 수직 구조체의 환원 그래핀 플레이크 필름전극을 만들었다.* 이런 기술들 덕택에 이스라엘 스타트업 스토어닷에서는 5분 이내에 급속 충전하는 기술을 개발할 수 있었다.** 이 기술은 2025년이면 상용화될 것으로 예상한다. 급속 충전 기술과 전기를 저장하는 배터리 용량, 크기, 수명이 지금보다 10배 이상 향상되면 전기 자동차는 대세 흐름을 맞이할 수 있다. 배터리 용량 및 성능의 발전과 더불어 칠하는 태양광전지 기술이 더해지면 전기차 최고의 장벽이 사라지는 셈이 된다. 2014년 6월 토론토대학연구팀에 의해 지붕에 칠해 태양광전지를 만드는 입자가 개발되었다. 태양광을 흡수하는 감광성 나노 입자는 광전변환효율도 8%까지 나와서 현재의 태양광 패널을 대체할 수 있다.*** 현재 솔라셀 방식 패널은 광전변환효율도가 10%이다. 나노 입자이기에 잉크나 페인트에 섞어서 지붕이나 자동차 등에 칠하면 그대로 태양광 전지판이 된다. 궁극적으로는 광합성을 할 수 있는 나노 기계를 페인트에 섞어서 자동차의 전면에 칠하여 태양열을 전기로 바꾸는 기술이 종착점이 될 것이다. 바르는 태양전지 기술은 전기를 충전하기 위해서 별도의 선을 필요로 하지 않는다. 바르는 재료로 만들어졌기에 거의 모든 물건에 사용할 수 있다. 그렇게 되면 이동하면서도 손쉽게 무한대로 에너지를 생산할 수 있다.

**둘째, 자동차의 겉모습과 내부 디자인도 바뀐다.** 미래 자동차에는 다양한 나

---

\* 　파이낸셜뉴스, 2014. 4. 16. 김현아, "충전속도 1000배 빠른 수직형 수퍼커패시터 전극 개발"

\*\* 　https://www.chosun.com/economy/int_economy/2021/03/12/MVFDGSHLWVBH3ONX3UHLK4WU4E/

\*\*\* 　ZDNET Korea, 2014. 6. 11. 이재구, "지붕에 칠해 태양광전지 만드는 입자 개발"

노 소재가 사용될 것이다. 나노 도구를 사용해 자동차 형태를 안정적으로 유지하는 뼈대를 탄소나노섬유로 만들면 강철보다 몇 배 단단한 차체를 형성할 수 있다. 구조 안정성이 확보되면, 기존에 강판을 사용했던 자동차 외장에 외부의 큰 충격에도 찢어지지 않는 특수 섬유를 사용하여 자유자재로 형태를 변형할 수 있는 자동차를 만들 수도 있다. 전기동력 시스템과 자율주행 시스템이 사용되면 운전 방식이 달라지기 때문에 자동차 내부 공간에서 다양한 변화를 시도할 수 있다.

**셋째, 완전자율주행차가 상용화되면 운전자가 자동차를 조작하고 운용하는 방식도 바뀐다.** 2005년, MIT 슬론경영대학원 교수인 프랭크 레비(Frank Levy)와 리처드 머네인(Richard Murnane)은 자신들의 저서 《노동의 새로운 분할》(*The New Division of Labor*)에서 숫자 계산을 하거나 규칙대로 일하는 일은 컴퓨터에 의해서 완전히 자동화될 것이라고 예측했다. 하지만 앞으로도 '도로 운전' 같은 일은 절대로 컴퓨터가 자동화할 수 없을 것이라고 했다. 또한 복잡하고 감성적이고 모호한 의미를 담은 말은 컴퓨터가 이해하기 힘들 것이라고도 했다.[*] 하지만 이 두 가지 예측은 10년 만에 틀린 예측이 되고 말았다. 글로벌 IT 기업 구글은 2007년 미국 DARPA가 주최하는 무인 자율주행 자동차 경주대회에 참가한 자동운전 연구자를 전원 스카우트했다.[**] 그리고 2009년 도요타의 프리우스를 개조한 자율주행 자동차 실험을 시작했다. 2012년에는 법적으로 자동운전 주행이 허용되는 네바다주의 공공도로에서 세계 최초로 자율주행 자동차 운행 시험을 시작했고, 2013년부터는 캘리포니아, 뉴욕, 뉴저지, 매사추세츠, 워싱턴, 미

---

\* 에릭 브린욜프슨, 앤드루 매카피, 《기계와의 경쟁》, 정지훈, 류현정 역(틔움, 2013), 42, 45.

\** 모모타 겐지, 《애플과 구글이 자동차 산업을 지배하는 날》, 김정환 역(한스미디어, 2014), 34.

네소타, 미시간, 위스콘신, 사우스캐롤라이나주 등에서도 도로 주행 시험을 시작하여 다양한 운행기록과 정보를 축적해가고 있다.[*] 구글은 2016년 한 해에만 102만km 주행기록을 확보했다. 이렇게 구글이 축적한 자율주행 시험주행 데이터는 세계 최장이다. 자율주행 시스템은 4단계로 발전한다. 1단계는 '동일 차선에서 연속 주행'이다. 이 기술은 2013년부터 능동 정속주행(Active Cruise Control) 기능과 차선유지 보조 시스템으로 현실화되었다. 자동정속주행 시스템은 일정 수준의 주행 속도를 지정하고, 차선이탈 경보 버튼을 눌러놓으면 앞차의 속도에 따라 자동차가 스스로 속도를 높이고 줄이는 것은 물론이고 핸들에 경고신호를 보내 운전자의 안전을 돕는다. 이처럼 1단계 기술에서는 운전자가 좀 더 안전하게 한눈을 팔 수 있도록 해준다. 2단계는 '차선 변경이 동반되는 연속 주행'이다. 전방에 낙하물이 떨어지거나 돌발 사태, 공사나 차량 정체가 발생할 때 회피하는 기능이다. 3단계는 사람의 관리 하에 고속도로에서 '분류, 합류, 정체 시의 완전자율주행'이다.[**] 마지막 4단계는 사람의 개입 전혀 없이 3단계 기능이 일반도로에서 완벽하게 구현되는 것이다. 구글은 2017년 12월 미국 애리조나 피닉스에서 운전석을 완전히 비운 채 뒷좌석에 시민을 태우고 4단계 완전자율주행에 성공했다. 구글의 모기업 알파벳에서 자율주행차를 담당하는 웨이모(Waymo)는 "완전자율주행차가 왔다"고 선언했다.[***] 일부에서는 자율주행 기술이 악천후에서는 성능이 현저하게 떨어지기 때문에 상용화 시기가 생각보다 늦어질 것이라 주장한다. 하지만 이런 생각은 기우다.

---

\*     같은 책, 34.

\*\*    같은 책, 65-66.

\*\*\*   중앙일보, 2017. 11. 8. 문희철, 윤정민, "레벨4 자율주행 기술 뽐낸 구글, 커넥티드 기술 확보가 성패 좌우"

MIT는 불과 몇 미터 전방도 볼 수 없을 정도의 악조건에서도 자율주행이 가능한 시스템을 개발했다. 기존 자율주행차에서 사용되는 카메라와 센서 기반 영상시스템은 가시광선에 의해 생성된 이미지를 사용하기 때문에 안개처럼 가시광선을 방해하는 아주 작은 물 입자를 만날 경우 작동 오류가 날 수 있다. 이런 문제는 영상 시스템을 레이저 기반으로 교체해도 발생한다. MIT 연구진은 이런 문제를 새로운 알고리즘을 개발하여 해결했다. 레이저 빛은 미세한 물 입자에 부딪혀 산란되더라도 도착 시간이 항상 특정한 분포 패턴을 유지하는 속성을 가진다. 새로 개발한 인공지능 알고리즘이 센서를 통해 1초에 1조개씩 들어오는 광자 수를 계산하여 안개로 가려진 물체를 파악한다.[*] 이런 기술발전 추세를 고려하면, 2025년경이면 완전자율주행차의 상용화가 시작될 수 있다.

**넷째, 공장에서 자동차를 제조하는 방식도 바뀐다.** 유통 및 판매, 수리, 유지, 관리, 고객 체험 방식까지 자동차 제조에서 소비까지 순환의 전체 단계가 바뀐다. 앞서 설명했듯이 3D 프린팅 기술 하나만으로도 자동차를 제조하고, 수리하고, 관리하는 방식이 달라진다. 신차 개발 방식도 달라진다. 일론 머스크가 5천 5백만 달러를 투자하여 세운 테슬라는 신차를 기획하고 개발하는 데 5년밖에 걸리지 않았다. 차의 뼈대, 섀시, 플랫폼과 디자인을 독자적으로 개발하지 않고, 로터스(Lotus)라는 회사의 엘리스(Elise) 모델을 개조했다. 대신 테슬라는 자신들의 핵심 역량인 배터리와 소프트웨어에 집중했다. 테슬라가 개발한 전기차 배터리는 노트북에 사용되는 것과 같은 안정성이 약한 원통형(실린더 타입) 리튬이온 배터리를 장착하여 발열

---

＊    ZDNet Korea, 2018. 3. 25. 백봉삼, "MIT, 악천후에도 자유주행 가능한 기술 개발"

문제와 폭발 위험이 크지만 에너지 집적 효율이 높아서 고출력과 운행거리를 늘릴 수 있다. 테슬라는 안전을 위해 6,831개의 배터리 셀을 모두 분리하고 발열량을 통제하기 위해 69개의 배터리 셀을 병렬로 접속해서 하나의 '브릭'(Brick)으로 만들고 브릭을 다시 직렬로 접속하여 '시트'(Sheet)로 만들어 대형 배터리 팩으로 완성시키는 획기적인 기술을 개발했다.* 일론 머스크 회장은 전기 자동차의 가격을 낮추기 위해 알루미늄 대신 철을 사용하고, 배터리의 생산비용을 낮추고, 20분 만에 배터리 절반을 급속 충전할 수 있는 충전소를 미국 전역에 설치하고 테슬라 고객은 무료로 충전 서비스를 받게 하는 방식으로 비즈니스 모델을 세웠다. 테슬라는 전기자동차의 시장 확대와 기술 진보를 앞당기기 위해 자신들이 보유한 특허도 전격적으로 공개했다. 구글이 안드로이드 OS를 전격 공개했던 것처럼 오픈 소스 전략을 사용하여 미래 자동차 시대를 더욱 앞당겨서 기존 자동차 업계와 특허 전쟁에서 우위를 차지하겠다는 계산이다. 중국이라는 거대한 플레이어와 손을 잡고 미래 자동차 시장을 빠른 속도로 키우는 것도 염두에 둔다. 2014년 애플의 최대 하청업체로 유명한 중국의 팍스콘은 테슬라와 협력하여 15,000달러 정도의 저가형 전기자동차를 개발하고 대량 생산할 계획을 밝혔다. 이렇게 대량 생산 역량과 시장을 가지고 있는 중국과 손을 잡아 미래 자동차 시장을 앞당긴 후, 자신은 구글처럼 핵심 기술 주도권을 유지하면서 미래 자동차 생태계를 장악하여 구글, 애플 등과 어깨를 나란히 하려는 전략이다. 미래의 자동차 회사는 자동차를 만들어 파는 데 그치지 않는다. IoT, 빅데이터, 인공지능 기술 등을 활용해서 자동차 제조,

---

*    다케우치 가즈마사, 《일론 머스크, 대담한 도전》, 이수형 역(비즈니스북스, 2014), 100.

운송, 판매, 수리, 검사, 중고차 거래, 폐차까지 자동차의 전 일생을 관리하게 될 것이다.* 이것은 자동차 회사의 새로운 비즈니스 모델이 될 것이다. 고객 관리에 대한 새로운 개념도 만들어질 것이다. 더욱 세심한 고객 서비스 모델을 개발하고, 자동차를 중심으로 새로운 서비스들을 개발하고 판매할 수 있게 될 것이다. 보험사는 미래 자동차 회사들이 보유한 빅데이터를 기반으로 새로운 보험 상품도 만들 수 있게 된다.

다섯째, 자동차 산업의 핵심 역량도 바뀐다. 하드웨어 부분에서 미래 자동차는 달리는 초대형 컴퓨터 디스플레이 장치가 될 수 있어서 디스플레이 시장을 최소 3~4배 이상 성장시킬 수 있다. 미래 자동차는 기계장치에서 전자장치로 변환되기 때문에 다양한 종류의 메모리, 각종 센서, 다양한 크기의 전기모터 등 새로운 부품이 많이 필요하다. 하지만 미래 자동차 산업의 핵심 역량은 내연기관 엔진 성능 같은 하드웨어 기술이 아니라 자율주행 시스템이나 주변 사물, 도로, 보행자, 교통기지국과 다른 자율주행차 등과 정보를 주고받으며 소통하는 커넥티드 기술(connected technology) 등 소프트웨어 기술로 바뀐다. 예를 들어 자율주행 자동차 연구 분야에서 세계 최고의 경쟁력을 가진 구글이 심혈을 기울이고 있는 것 중 하나는 '3D 지도'다. 3D 지도 기술은 자율주행 자동차의 핵심 역량 중 하나다. 사람의 눈 역할을 하기 때문이다. 3D 지도의 정밀성과 정확성은 사람의 시력이 얼마나 좋으냐 안 좋으냐와 같다. 2.0의 시력을 가지고 운전하느냐, 흐릿한 시력으로 운전하느냐의 차이다. 3D 지도는 다층적인 정보 구조를 갖는다. 도로·빌딩·나무 등 물리적 위치 정보·도로표지판·신

---

* 모모타 겐지, 《애플과 구글이 자동차 산업을 지배하는 날》, 김정환 역(한스미디어, 2014), 187.

호등·속도제한 등 교통정보, 매년 센티미터 단위로 바뀌는 지각(地殼) 정보, 보행자 정보 등 각종 정보들이 층을 이룬다. 이런 정보의 정확도는 자율주행 자동차의 안전도 수준에 직접 영향을 준다. 사람으로 치면 눈의 시력과 뇌 시각피질의 역량과 같다.* 3D 지도는 자율주행 자동차에만 사용되는 것이 아니다. 하늘을 나는 자동차는 물론이고 미래 자동차 산업을 능가할 잠재력을 가진 로봇산업에도 핵심 기술이다. 구글은 최고의 자동차 시력을 확보하기 위해 4가지 데이터를 덧씌워 3D 지도를 만든다. 첫째, GPS(Global Positioning System)로 오차범위 5m 내외의 위치를 측정한다.** 위성 위치측정 시스템이라 불리는 GPS의 본래 이름은 GNSS(Global Navigation Satellite System, 글로벌 위성항법 시스템)다. 1960년대부터 미국은 군사용 위성 위치측정 시스템을 거의 독점적으로 개발해왔다. 1993년 12월에 빌 클린턴 대통령은 국민의 세금으로 연구 개발한 GPS 기술을 민간에서 사용할 권리가 있다고 보고 민간 이용을 허가했다. 그 후로 2010년 러시아, 2012년 중국, 2014년 유럽연합이 독자적인 GNSS를 운용하기 시작했다. 그래서 현재 우리가 사용하는 것은 위성 위치측정의 정밀도가 한층 높아진 '멀티 GNSS'이고, 민간 기업의 GNSS 사용의 대부분은 자동차와 스마트폰이다.*** 우리가 사용하는 GPS 서비스는 최소 4기의 위성으로 신호를 받는다. 현재 우리가 사용하는 스마트폰이나 자동차에 장착된 GPS 수신 장치는 정밀도가 5~10m 정도인 저가형 기기다. 정밀도를 더 높이려면 미국, 러시아, 유럽연합, 중국, 일본이 운용하고 있는 SBAS(Satellite

---

\* 로봇신문, 2018. 2. 22. 장길수, "자율주행자동차 상용화의 딜레마 3D 지도"

\*\* 모모타 겐지, 《애플과 구글이 자동차 산업을 지배하는 날》, 김정환 역(한스미디어, 2014), 35.

\*\*\* 같은 책, 59–61.

Based Augmentation System)라 불리는 정지위성형 위성항법 보강 시스템의 도움을 받는다. 측량이나 건설기기용은 1cm 정도까지 오차범위를 줄인 정밀도를 자랑한다. 자동차나 스마트폰을 만드는 민간회사들은 앞으로 10cm 정도의 오차범위를 갖는 정밀한 수신기 제작을 목표로 하고 있다.[*] 구글의 GPS는 스마트폰이나 일반 자동차에 달린 수신기보다 훨씬 더 정밀한 측정범위를 갖는다. 여기에 구글 지도와 구글 어스에 화상 처리 프로그램인 '피카사'(Picasa)를 결합시켜 기본적인 3D 지도를 만든다. 그다음으로 교통 표식, 신호등, 노면 표시 등의 도로 인프라 정보를 입력한 데이터를 덮어씌운다. 마지막으로 구글 자동차에 부착된 각종 탐지장치에서 수집한 3D 자료를 보강하여 인공지능이 사용하는 아주 정밀한 '3D 지도'를 만든다.[**] 구글의 자동차 지붕에는 1분에 300~900번 회전하는 '라이다'(Lidar)라는 장치가 달려 있다. 이 장치는 미국 벨로다인(Velodyne Inc.)사가 만든 것으로, 음파 기술을 응용해서 자동차 주위에 있는 건물과 자동차 같은 사물은 120m, 노면 상황은 50m를 360˚ 측정하여 3D 지도를 만든다. 이외에도 자동차의 앞뒤에 밀리파 레이더, 차 안에는 단안 렌즈 카메라를 부착하여 내외부의 정보를 수집한다.[***] 여기에 데이터들이 덧붙여질 수 있다. 예를 들어 운전자가 도로를 달릴 때 진입하는 속도, 브레이크를 밟는 지점, 코너링의 속도 변화, 커브 길을 돌아 나갈 때 가속도의 변화 같은 자동차의 운동 상황을 판단하면서 도로의 기울기, 커브 길의 곡률과 높이 차이, 차선폭 등의 미묘한 도로상황의 변화를 실시간으로 감지하고 데이터화

---

[*]    같은 책, 62–63.
[**]   같은 책, 35–36.
[***]  같은 책, 34–35.

하여 클라우드에 저장·분석·예측하게 하는 똑똑한 3D 지도를 만드는 기술이다. 앞으로는 엔진, 서스펜션, 브레이크, 타이어 등의 차량 내부 정보와 실시간 날씨와 시간별로 변하는 노면의 상태까지도 포함하고 운전자의 운전특성까지도 연결할 수 있다.* 이렇게 만들어진 지도는 자율주행 자동차의 성능 향상에 직결된다. 자율주행 자동차에서 '3D 지도 정보와 위치 정보 해석 기술'이 얼마나 중요한지는 BMW, 다임러, 아우디가 28억 유로(약 2조 6천억 원)에 노키아의 지도서비스인 'HERE'를 인수한 것을 통해 알 수 있다. 노키아는 'HERE'를 2013년 구글맵과 경쟁하기 위해 내놓았다. 'HERE'의 2014년 매출은 9억 7천만 달러(약 1조 1천억 원)였고, 매출의 절반을 자동차 회사에서 거둬들였다. 월스트리트저널은 BMW, 다임러, 아우디가 'HERE'를 인수한 것을 이렇게 평가했다. "자동차 업체들은 히어의 기술이 구글이나 우버, 애플 등의 손에 넘어가는 것을 원치 않았다. 자동차 내부 정보 시스템의 통제력을 잃을 수 있기 때문이다"**

**여섯째, 핵심 역량이 바뀌면 업(業)의 본질적 변화가 일어난다.** 미래 자동차는 '운전'에서 '공간'으로 사용자 경험이 전환된다. 삼성그룹 임원을 대상으로 미래 산업에 대해 강의할 때, 내가 강하게 예측한 것이 있다. 앞으로 산업의 경계가 무너지고 해체되면서 당분간 미래형 산업의 재구조화 기준으로 5개의 공간이 부상하게 될 것이라는 예측이었다. 그렇게 되면 이 5개의 공간을 선점하는 자가 미래 산업을 선점하고, 공간을 지배하는 자가 미래의 소비자를 지배하게 될 것이다. 5개 공간을 간단하게 다시 정리하면 다음과 같다. 첫 번째 공간은 '손'(Hand)이란 공간이다. 손을 지배하려면 세 가

---

\*    같은 책, 56–57.

\*\*   연합뉴스, 2015. 8. 4. 김남권, "독일 BMW, 다임러, 아우디, 노키아 지도서비스 인수"

지 능력을 갖춰야 한다. 첫째는 디바이스다. 디바이스는 공간을 형성하고 공간으로 들어가는 문이다. 둘째는 운영체제다. 운영체제는 공간이, 경계의 해체와 융·복합을 통해 새로운 구조화의 장이 되어 움직이도록 하는 기반이다. 마지막으로 가상 생태계를 지배해야 한다. 가상 생태계는 가상이 현실로 튀어나오고 현실이 가상으로 편입되는 새로운 환경 속에서 사람들을 연결하는 삶의 터전이다. 이 세 가지를 잡는 자가 '손'을 지배한다. 손이라는 공간을 지배하는 전쟁은 지금 치열하게 진행 중이다. 한국 기업들이 주목해야 할 공간은 곧 시작될 두 번째 공간에서 벌어지는 전쟁이다. 바로, '자동차'다. 두 번째 공간에서 벌어지는 전쟁은 지금의 스마트폰 전쟁보다 더 크고 치열할 것이다. 세 번째 공간은 '집과 사무실'(건물)이고, 네 번째 공간은 '몸'(Human body)이며, 마지막 공간은 '길'(Way)이다. 자동차가 공간 산업이 되면 사용자 경험을 극대화해주는 콘텐츠 역량이 자동차 판매에 큰 영향을 미칠 것이다. 사람이 핸들에서 손을 떼는 순간, 자동차 내부는 공간이 된다. 사람들은 매일 2~4시간 자동차를 탄다. 하루 일상에서 단일 공간으로 침실과 업무 책상을 제외하고 가장 오래 앉아 있는 곳이 자동차다. 미래는 이 공간이 운전을 위한 공간이 아니라 자기 삶을 풍요롭게 하는 새로운 장소가 될 것이다. 가족과 함께 이야기를 나누고 영화를 보는 거실공간이 될 수 있고, 업무로 지친 심신을 추스르는 제2의 침실 공간이 될 수 있고, 더 나은 미래를 준비하기 위해 자기계발이나 학습을 하는 공간이 될 수 있고, 밀린 업무를 하는 공간이 될 수도 있다. 다른 사람의 방해를 받지 않고 게임에 몰두하거나 지구 반대편에 있는 사람과 서로 얼굴을 마주보고 노는 공간이 될 수도 있다. 미래 자동차 안에 장착된 정밀도 높은 지도 데이터는 자동차를 강력한 O2O(온라인과 오프라인의 연결) 서비스 연결

장치로 변환시켜준다. 자동차 안에 장착된 지도 데이터와 인공지능 비서 서비스는 당신과 주변의 상점, 건물, 각종 서비스 등을 연결시켜 실시간으로 물건 구매 및 광고 및 각종 서비스 소비를 가능하게 해줄 것이다. 이렇게 자동차 안에 만들어진 새로운 소비는 아마도 인터넷 쇼핑이나 홈쇼핑을 능가하는 황금알을 낳는 거위가 될 것이다. 이런 식으로 변화되는 미래 자동차는 어른들이 가장 좋아하는 똑똑한 장난감이 될 것이다. 당신과 가족은 자동차를 또 하나의 편리하고 즐거운 생활공간으로 이용하려는 새로운 욕구를 갖게 된다. 인공지능 컴퓨터가 운전뿐 아니라 모니터가 화면이 되고, 생체인식 시스템이 탑재되어 당신이 아니면 문을 열어주지 않고, 자동차 내부 조명도 기분에 따라 바꿔주고, 신체 반응을 모니터링하여 가장 안전한 주행 모드를 제공하고, 엔진 소리도 할리데이비슨 오토바이 소리부터 페라리 스포츠카 엔진소리까지 당신이 원하는 사운드를 제공하는 최첨단 서비스와 기능이 부가될 것이다. 자동차의 외부는 자기표현 디스플레이 공간이 되고, 자동차 디바이스는 어느 회사 제품이 더 똑똑한지를 겨루게 되고, 자동차 내부 디자인은 자기 관심사를 소비하고 정체성을 담는 나만의 공간, 우리 가족만의 공간이 될 것이다. 사람은 자동차 내외부의 모든 공간을 활용하여 자동차와 사람과 다른 사물들과 소통하게 될 것이다. 미래의 자동차는 건강하게 오래 살기 위한 가장 중요한 도구가 될 것이다. 안전하게 목적지까지 당신을 데려다주는 기능은 부수적인 기능이 될 것이다. 미래 자동차는 당신과 함께 달리는 동안 생성된 엄청난 데이터, 당신의 운전 취향과 각종 건강 상태, 당신이 주로 다니는 도로 상황 및 주변 상황 데이터 등을 실시간으로 수집하여 저장할 것이다. 이렇게 엄청난 양으로 쏟아져 나오는 데이터는 당신의 외장 두뇌인 스마트폰에 있는 인공지능과 연결되어 학습되고 발전할 것이다. 이렇게 되면 미래 자동차는 다른 사람과 공유할 수 없는 자신만의 개인화 장치가 되며, 당신의 외부 활동을 도와주는 이동형 플랫폼이 된다. 스마트폰이 IoT시대 손안의 플랫폼이라면, 미래 자동차는 IoT시대 이동형 플랫폼이다. 이처럼 기계장치, 운송장치에서 벗어난 미래 자동차는 당신이 아끼는 가장 소중한 개인 공간, 가족 공간이자 인공지능 스마트 디바이스로 전환된 후, 21세기 중후반에는 로봇 기술과 융합되어 인공지능 로봇 디바이스가 될 것이다. 이런 새로운 이익의 기회를 선점하려면 자동차 회사들은 지금이라도 인공지능 전문가, 데이터 과학자, 콘텐츠 기획 전문가, 뇌신경공학자, 생물학자, 로봇 공학자, 의학자, 나노 공학자 등 다양한 전문가들을 채용하여 미래 준비를 시작해야 한다.

다음 페이지 도표는 자율주행 자동차를 비롯한 다양한 자율수송장치가 공통으로 갖게 될 7가지 소프트웨어 핵심 기술(Sensing, Detecting, Tracking, Analyzing, Forecasting, Interfacing, Communicating)과 신소재, 인공지능, 로봇, IoT, 가상세계, 보안 및 콘텐츠 서비스 등이 어떻게 연결되어 있는지를 분석한 것이다.

**일곱째, 미래 자동차는 운행할 수 있는 영역도 달라질 것이다.** 땅을 다니는 지상 이동 물체의 한계를 넘게 될 것이다. 21세기 안에 하늘, 강, 바다까지 확장될 것이다. 미래 자동차는 몇 단계를 거치면서 하늘을 나는 자동차로 발전할 것이다. 어릴 때 영화 속에서 봤던 그 놀라운 일이 현실이 될 것이다. 네덜란드 팔브이(PAL-V)는 하늘을 나는 자동차 'PAL-V' 판매를 시작했다. 도로주행에서는 시속 160km, 비행모드에서는 200마력 엔진으로 프로펠러를 작동시켜 헬리콥터처럼 하늘을 날아간다. 가격은 59만 9천 달러로,

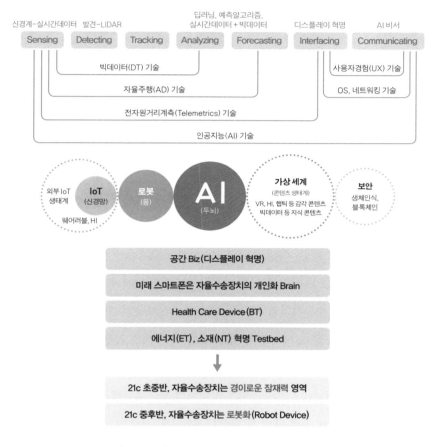

| 신경계-실시간데이터 | 발견-LIDAR | | 딥러닝, 예측알고리즘, 실시간데이터 + 빅데이터 | | 디스플레이 혁명 | AI 비서 |

Sensing　Detecting　Tracking　Analyzing　Forecasting　Interfacing　Communicating

빅데이터(DT) 기술 　　사용자경험(UX) 기술

자율주행(AD) 기술 　　OS, 네트워킹 기술

전자원거리계측(Telemetrics) 기술

인공지능(AI) 기술

외부 IoT 생태계　**IoT** (신경망)　**로봇** (몸)　**AI** (두뇌)　**가상 세계** (콘텐츠 생태계) VR, HI, 햅틱 등 감각 콘텐츠 빅데이터 등 지식 콘텐츠　**보안** 생체인식, 블록체인

웨어러블, HI

**공간 Biz(디스플레이 혁명)**

**미래 스마트폰은 자율수송장치의 개인화 Brain**

**Health Care Device(BT)**

**에너지(ET), 소재(NT) 혁명 Testbed**

**21c 초중반, 자율수송장치는 경이로운 잠재력 영역**

**21c 중후반, 자율수송장치는 로봇화(Robot Device)**

◆ 자율수송장치(Self-driving Transport Device)의 연결

2018년부터 판매를 시작했다.[*] 롤스로이스는 2030년 이전에 출시를 목표로 수직이착륙이 가능하고 시속 400km 속도로 최대 800km를 운항하는 하늘을 나는 택시를 개발 중이다.[**] 이외에도 우버, 키티호크, 포르쉐, 아우

---

* ZDNet, 2018. 3. 18. 이정현, "하늘을 나는 자동차, 드디어 현실로"
** 동아일보, 2018. 7. 16. "롤스로이스, 하늘 나는 택시 개발 중, 빠르면 10년 후 출시"

디 등 많은 기업들이 하늘을 나는 택시를 개발 중이다. 미국의 제트팩 인터네셔널이라는 벤처회사는 2030~2040년에 상용화를 목표로 수직으로 이착륙이 가능하고 10분에 수십 킬로미터를 이동할 수 있는 1인용 제트팩을 개발 중이다. 1인용 헬리콥터처럼 작동해 출퇴근길에 교통체증 없이 이동하게 해줄 것이다. 미국 에어로펙스(Aerofex)사는 140kg 내에서 사람이나 짐을 싣고 지상에서 3m 위로 공중부양하여 최대 45mile의 속도로 1시간 15분 정도 하늘을 나는 것이 가능한 개인 자가용 바이크인 '호버 바이크'를 개발했고, 2017년에 85,000달러의 가격에 판매하겠다는 계획을 발표했다.* 미국 항공 자동차 전문회사 테라푸지아(Terrafugia)도 하늘을 나는 전기 자동차 'TF-X'를 개발 중이다. 이 회사는 2006년 세계 최초로 하늘을 나는 자동차를 개발한 회사다. 이 회사가 개발한 1세대 버전은 평소에는 날개를 접고 자동차처럼 주행하다가 100m가량의 활주로만 보장되면 날개를 펴고 하늘을 날 수 있다. 이 회사가 차기 버전으로 개발 중인 'TF-X'는 수직 이착륙이 가능하고 한 번 충전으로 804km 주행이 가능한 4인승 플러그인 하이브리드 자동차 겸 비행기다. 회사는 현재 연구 속도를 감안할 때 8~12년 이내에 개발이 완료될 수 있을 것으로 예측했다.** 바이퍼 에어크래프트라는 회사도 한 시간에 50gal(갤런) 정도의 연료로 800km를 날아갈 수 있는 개인용 인공지능 제트기인 '바이퍼 팬제트'를 연구 중이다. 회사가 생각하고 있는 판매 가격은 4~5억 정도다. '보잉 팬텀 웍스' 같은 회사나 연구기관들은 훈련을 받지 않고도 개인용 비행기를 안전하게

---

* CNet, 2014. 5. 13. "Aerofex hoverbike could be yours by 2017" http://www.cnet.com/news/aerofex-hoverbike-headed-for-market-in-2017/?ttag=fbwp http://www.hemisferiocriativo.com
** 머니투데이, 2014. 5. 2. 이봉준, "하늘 나는 전기차 현실이 되다"

조종할 수 있는 기술을 개발 중이다. 이들은 하늘에 도로를 설계하고, 설계된 도로와 안전 운행 규칙과 운행하는 위치와 날씨 등을 고려하여 가장 안전하게 이착륙할 수 있는 시간과 경로 등을 프로그래밍하여 자동차를 운전하는 것보다 쉽게 비행기를 운전할 수 있는 것을 목표로 하고 있다. 세계 최대 논문 및 특허 데이터베이스를 보유하고 있는 국제 금융정보 서비스 회사인 톰슨 로이터는 지난 2년간의 과학기술 특허 및 논문 발표 추세를 분석한 결과 2025년경이면 수직 이착륙이 가능한 상업용 항공기가 새로운 전지기술과 경량화 물질의 개발로 발전한 리튬이온 배터리, 가역적 수소저장장치, 연료전지, 박막전지 등을 장착하여 전기 항공기로 전환되고 수직 이착륙에 필요한 공간 확보가 용이해지면서 상용화가 가능할 것으로 예측했다.[*] 2040년 이후가 되면, 인공지능이 완전히 통제하는 자율주행 자동차에 수직 이착륙 및 항공 주행 기능이 추가되어 하늘을 나는 자동차 시대의 대중화가 열릴 수 있다. 1~2인용 초경차(超經車)가 자전거나 오토바이를 대체할 수 있는 초소형 디바이스도 미래 자동차에 포함될 것이다. 이 정도 크기의 자동차는 자전거처럼 집으로 가지고 들어오는 새로운 문화를 만들어낼 수 있다. 단순히 자전거가 아니라, 사이즈가 큰 1인용 소파나 의자처럼 취급되어 집 안에 있는 다른 스마트 기기들과 연동하여 사용할 가능성도 있다. 집 안이나 거실, 현관까지 가지고 들어올 수 있기에 충전도 용이하고, 이용 가치도 더 높아진다. 집 밖에서뿐만 아니라 집 안에서도 개인 학습공간이나 사무실, 나만의 오락 공간이 될 수 있다.[**] 바닷속을 비행하는 자동차도 가능해질 것이다. 호크스 오션 테크놀로지라는 회

---

\*    한겨레, 2014. 7. 25. 곽노필, "특허 논문 트렌드로 본 2025년 세상"
\*\*   모모타 겐지, 《애플과 구글이 자동차 산업을 지배하는 날》, 김정환 역(한스미디어, 2014), 192-194.

사는 바닷속을 운행하는 자동차를 개발 중이다. 단순히 바다 위를 떠다니는 자동차가 아니라 개인용 잠수함인 '슈퍼 팔콘'을 개발 중이다. 린스피드라는 회사도 제트엔진과 프로펠러 등을 갖추고 바다나 강 속을 달리는 '스쿠버'라는 이름의 자동차를 개발 중이다. 현재 이 회사가 만든 프로토타입 모델은 물속에서 3시간 정도를 달릴 수 있다.* 2030~2040년경이 되면 땅 위를 주행하는 자율주행 자동차, 하늘을 나는 개인 비행기, 바닷속을 돌아다니는 개인용 잠수함이 합쳐진 미래형 자동차가 현실화될 수 있다. 이런 꿈의 기술이 현실화되면, 당신은 자가용을 타고 집에서 출발하여 하늘이나 바다를 건너 일본이나 중국도 손쉽게 다녀올 수 있게 될 것이다.

여덟째, 모든 웨어러블 디바이스가 인공지능 스마트 디바이스인 자동차와 연결될 것이다. 스마트 안경은 운전할 때 선글라스 대신 착용하는 아이템이 될 수 있다. 미래 스마트폰은 자율주행 자동차에 연결되어 당신의 외장 두뇌 역할을 하게 될 것이다. 자율주행 자동차들 간의 연결도 가능하다. 집단 주행도 가능하다. 이것을 '플래투닝'(Platooning)이라고 부른다. 군대에서 소대활동을 의미하는 용어로, 여러 사람이 공통된 목적을 위해 동일한 집단 행동을 하는 것이다. 출퇴근 시간이나 여행을 갈 때, 고속도로나 특정 도로에 진입하면 전철이 연결되듯 주행하는 차량 행렬에 자신의 자동차를 붙였다 떨어뜨렸다 하면서 목적지까지 주행하는 방식이다. 단독 주행보다 공기 저항이 줄어들어 연비를 줄일 수 있다. 국가 차원에서 카풀처럼 일종의 권장문화로 만들 수도 있고, 여행사나 동아리 모임에서 플래투닝 주행을 적극 사용할 수도 있다.**

---

\*     OBS, "넥스트 월드: 친환경 미래 세계"

\*\*     모모타 겐지, 《애플과 구글이 자동차 산업을 지배하는 날》, 김정환 역(한스미디어, 2014), 194~196.

아홉째, 미래 자동차는 내연기관 자동차는 따라올 수 없을 정도의 하드웨어, 소프트웨어 업데이트 주기를 갖게 된다. 업데이트 주기가 빠를수록 자동차 재구매 주기도 빨라진다.

마지막으로 완성차와 자동차 부품 시장 생태계에 참여하는 경쟁자도 달라진다. 현재 최고의 전기차를 판매하고 있는 테슬라(Tesla), 3D 프린터로 랠리 파이터를 만드는 로컬 모터스(Local Motors), 테슬라보다 빠른 고급형 전기차를 선보인 루시드 모터스(Lucid Motors) 같은 신생 기업이 시장에 충격을 주고 있으며, 인텔, 엔비디아, 애플, 구글, MS 등 IT기업도 호시탐탐 시장을 노리고 있고, 보잉 등 항공사도 미래 자동차 산업에 뛰어들 준비를 하고 있다. 통신회사, 바이오 회사, 나노기술 회사도 완성차는 만들지 않더라도 미래 자동차 시장에 잠재적인 경쟁자가 될 것이다. 예를 들어 2012년까지만 해도 구글은 차량 탑재 기기 사업에 직접 개입할 의사가 없었다. 하지만 경쟁사 애플이 2013년 6월 10일 샌프란시스코에서 열린 세계개발자회의(WWDC, The Apple WorldWide Developers Conference)에서 'iOS in the Car' 계획을 발표하면서 전략을 바꿨다. 2014년 1월 6일, 구글은 애플의 미래 자동차 산업 진입에 대응하기 위해 OAA(Open Automotive Alliance)를 결성했다. 구글이 주도하고 GM, 아우디, 혼다, 현대, 엔비디아 등이 참가한 OAA는 안드로이드 단말기와 차량 탑재 기기의 연계성을 높이고, 차량 탑재기기를 안드로이드 운영체계로 작동시키는 것을 목적으로 한다. 하지만 속내는 미래자동차 산업의 주도권을 두고 애플과 차량 탑재 기기의 표준화 전쟁을 하기 위함이었다.

---

*     같은 책, 27–32.

# 50세 이상이 주도할 미래 자동차 혁명

산업은행경제연구소는 2013년 세계 스마트 자동차 시장 규모를 230 조 원, 2014년 국내 규모는 11조 원으로 분석했다. 전문가들은 2030년경 이면 신차 판매에서 10~32% 정도를 전기 자동차가 차지할 것으로 예측하고 있다.[*] 2025~2030년에 4단계 수준의 완전자율주행 자동차 상용화가 시작되면, 미래 자동차는 환상을 현실로 만들어주는 꿈의 디바이스가될 뿐 아니라, 산업 경계를 파괴하는 결정적인 전자제품이 될 것이다. 완전자율주행 자동차 시대가 열리면 사람들은 이렇게 말할 것이다. "IT분야에서 3차 혁명이 일어났다!" 미래의 자동차는 환경을 생각하는 동시에 믿을수 있고 안전해질 것이다. 자율주행 기능과 하늘을 나는 기능까지 갖추어야 하기 때문에 역사상 가장 안전한 차로 발전할 것이다. 이런 놀라운 혁명을 주도하는 것은 기술이다. 하지만 내가 늘 강조하는 것처럼 기술이 미래를 만들지 않는다. 기술은 미래의 변화 가능성만을 만든다. 미래는 사람의선택이 만든다. 미래 자동차 시장도 사람의 선택, 소비자의 선택이 그 형태, 속도와 시장 규모, 승리자 등을 확정지을 것이다. 내 분석으로는 이런 선택에 결정적 역할을 할 그룹은 둘이다. 하나는 투자자 그룹이고, 다른 하나는 50세 이상 세대다.

2008년 글로벌 금융위기 이후로 미국과 유럽의 선진국들은 부동산 시장에서 예전 같은 투자이익을 얻기 힘들다. 기존 제조업에서도 큰 부가가치나 투자수익을 얻기 힘들다. 그러나 자본은 미국과 유럽에 몰려 있다. 이

---

\* 대니얼 예긴, 《2030 에너지 전쟁》, 이경남 역(올, 2013), 855.

돈이 갈 곳을 찾아야 한다. 시장도 크고, 파생 비즈니스도 많고, 연결할 수 있는 기술과 아이디어가 넘쳐나는 무언가가 필요하다. 그것도 먼 미래가 아니라, 가까운 미래에 붐을 일으킬 수 있어야 한다. 1~2년 수익을 얻고 끝나는 작은 시장이 아니라, 최소 10~20년 이상 계속해서 높은 수익을 낼 수 있는 가능성이 충분한 시장이어야 한다. 미래 자동차가 제격이다. 이들이 투자 영역에서 미래 자동차 시장의 방향과 속도를 견인한다면, 50세 이상은 소비 영역에서 미래 자동차 혁명의 방향과 규모를 견인할 것이다.

앞으로 10~15년 이내에 가장 큰 구매력을 가진 선진국들이 대부분 고령화 시대에 돌입하게 되고, 인구의 40~50%가 50세 이상이 된다. 경제적으로 여력이 줄어드는 50세 이후, 고령화로 안전 문제가 급부상하는 65세 이상의 소비자는 자동차의 힘, 스피드, 디자인보다는 높은 연비, 친환경 기술, 주행 안전성, 자율주행 기능, 헬스 케어 등의 새로운 사용자 경험이 될 것이다. 미래 자동차 산업과 시장에서 큰 이익을 얻거나 시장을 주도하기를 원하는 기업은 50세 이상의 문제, 욕구, 결핍에 관심을 가져야 한다.


## 중국의 내연기관 자동차 판매 전면 중지 명령


이런 변화 조짐에도 불구하고, 일부에서는 아직도 자동차와 IT의 결합을 업의 근본적 변화가 아니라 멋진 옷으로 갈아입는 것쯤으로 생각한다. IT기술은 여전히 자동차 산업의 하녀에 불과할 것이라 자만한다. 자율주행 자동차가 상용화되더라도 자동차 산업의 지형을 바꾸지 못할 것이라는 착각에 빠져 있다.

나는 이런 생각으로 망설이고 있는 이들에게 몇 년 전부터 한 가지 뜻밖의 미래 가능성을 주목하라고 강조했다. 미래 자동차 산업과 관련해서 던진 '뜻밖의 미래 시나리오'는 바로 이것이었다.

**공산당이 모든 것을 주관하는 중국이 어느 날 갑자기 내연기관 자동차 판매 중지 명령을 내리면 어떻게 될까?**

내가 던진 뜻밖의 미래는 현실이 되었다. 2020년 10월 27일, 중국이 '2035년 내연기관 자동차 퇴출'을 공식 선언했다.[*] 전통적으로 환경을 아주 중요하게 여기는 유럽은 디젤을 포함한 내연기관 자동차 판매의 조기 금지를 일찍 결정했다. 노르웨이와 네덜란드는 2025년, 아일랜드, 슬로베니아 2030년, 스코틀랜드 2032년, 프랑스와 영국 2040년까지 휘발유, 디젤차 판매를 전면 금지할 예정이다.[**] LA, 파리, 로마, 런던, 케이프타운, 멕시코시티 등 주요 도시도 2030년까지 내연기관 자동차 판매를 전면 중단하겠다는 계획을 발표했다. 앞으로 세계 최고의 자동차 시장이 될 인도는 2030년까지 100% 전기자동차의 나라로 만들겠다는 의지를 교통부 장관이 피력했다.[***] 중국 정부도 전기자동차 충전소 500만 개 건설 계획을 가지고 있다.[****] 일본 도요타 자동차는 2025년부터 엔진만 장착한 자동차 생산을 중

---

[*]   조선비즈, 2020. 10. 28. 조귀동, "중국, '2035년 내연기관 자동차 퇴출' 공식선언"
[**]  https://www.dutchnews.nl/news/2016/03/only-electric-cars-to-be-sold-in-netherlands-from-2025/
[***] https://reneweconomy.com.au/india-joins-norway-and-netherlands-in-wanting-100-electric-vehicles-72869/
[****] https://www.bloomberg.com/news/articles/2015-10-09/china-plans-charging-stations-for-5-million-plug-in-cars-by-2020

단할 예정이었다.[*] 이런 움직임 속에서 5~10년 이내에 전기차 배터리 값이 하락하고, 전기 충전시설이 전역에 퍼지고, 온실가스 규제가 강화될 것도 정해진 미래였다. 세계 최고 전기차를 생산하는 테슬라는 2022년에 한 번 충전으로 약 1,000km를 달리는 2세대 테슬라 로드스터를 생산할 예정이다. 기업들의 움직임이 분주하다. 전기 청소기로 유명한 다이슨도 전기차 개발에 뛰어들었고, 폭스바겐은 2030년까지 전차량을 전기차로 교체할 예정이고, GM도 전기차 생산을 늘리고 완전자율 주행차 대량생산 준비 완료를 선언했다.[**] 이런 추세라면 2025년경이면, 전 세계 전기차 시장은 연간 1,100만대를 넘어서고, 2030년경이면 신차의 28%는 전기차가 될 가능성이 커진다. 나는 이런 흐름 가운데 중국이라는 강력한 시장 주도자가 내연기관 자동차 판매 중지에 참여하면, 내연기관 자동차의 종말이 생각보다 빠르게 올 가능성이 있다고 예측했다. 문제는 중국이 과연 그런 결단을 내릴 수 있느냐였다. 나는 중국 공산당이 그런 결정을 내릴 가능성이 높다고 예측했다.

단일 시장으로 스스로 산업 하나를 만들어낼 수 있는 인구 잠재력을 가진 중국에게 자동차 시장은 국가 발전과 성장에 아주 중요한 산업이다. 미국을 추월하여 세계 1위 부국에 올라서는 야심을 이루려면 자동차 시장을 장악하는 것이 필수다. 하지만 한국의 자동차 회사의 글로벌 시장 경쟁 역사를 보면 알 수 있듯이 기존의 내연기관 자동차는 오랜 기술축적은 물론이고 브랜드 구축에도 수십 년이 걸린다. 중국 기업이 미국과 유럽 기업

---

[*]  ITChoson, 2017. 12. 19. 박진우, "도요타, 2025년부터 엔진만 장착하는 차 없앤다. 100% 전동화 목표"

[**] 머니투데이, 2017. 9. 12. 유희석, "폭스바겐, 13년 후 전차량 전기차로 교체" 한국일보, 2017.09.12. 박준영, "GM 완전자율 주행차 대량생산 준비 완료"

을 밀어내고 세계 시장을 장악하기는 거의 불가능하다. 중국 내에서 자동차 시장은 매년 급성장 중이다. 지금은 중국 자동차 회사들이 가성비를 앞세워 성장하고 있지만, 시간이 갈수록 기술과 브랜드 한계에 직면할 것이다. 잘못하면 미국과 유럽 회사들에게 중국 시장을 내줄 수도 있다. 나는 이런 분석과 예측을 중국 정부도 하고 있을 것이라고 판단했다.

내 질문은 이것이었다. "중국 정부가 앞으로도 몇 배 이상 커질 세계 자동차 시장을 장악하려면 어떻게 해야 할까?" 한 가지 방법밖에 없다. 기술 장벽이 낮고, 브랜드 경쟁이 겨우 시작된 미래 자동차에 승부를 던지는 것이다. 중국 정부의 입장에서 내연기관 자동차 생산과 판매를 금지시키고, 중국의 역량을 미래 자동차에 집중한다는 명령은 신의 한 수가 될 수 있다. 내 눈에는 이런 미래가 불가능한 미래가 아니었다. 그 징후도 곳곳에서 나타났다. 중국 전기차 1위 업체 베이징자동차그룹(BAIC)은 2017년 12월 9일에 2020년까지 베이징시에서 내연기관 자동차 신차 판매를 중단하고, 2025년까지 중국 전역에서 내연기관 자동차의 생산과 판매를 중단할 것이라는 계획을 발표했다. BAIC가 이런 계획을 발표한 것은 중국 정부가 2030년까지 비화석연료 비중을 20%까지 늘린다는 신에너지차(NEV) 시장 확대 계획과 관련이 깊다. BAIC의 내연기관 자동차 생산과 판매 중단 시점에 대한 실현 가능성에 의문을 제기할 수 있지만 방향은 눈여겨보고 준비해야 한다.

중국은 대기오염도 심각하다. 14억까지 늘어나는 인구가 풍족하게 쓸 정도의 석유나 천연가스가 없다. 에너지 안보 문제 때문이라도 석유와 천연가스 중심 에너지 운용 방식에서 벗어나야 한다. 친환경 자동차, 전기자동차, 자율주행 자동차 등의 필요성이 미국, 유럽, 일본보다 더 절박하다.

전기자동차 분야에서 세계 최고의 시장을 가지고 있다는 자신감에 중국 정부도 미래 자동차에 지원을 강화하고 있다. 중국의 자동차 회사는 물론이고 애플의 아이폰을 생산하는 폭스콘, IT회사인 바이두, 텐센트, 알리바바 등이 미래 자동차 산업의 엄청난 잠재력을 간파하고 본격적으로 뛰어들었다. 구글, 테슬라, 애플 등 미국은 미래 자동차 분야에서 세계 최고의 기술을 가지고 있다. 그러나 기술을 가진 것과 시장을 만드는 것은 다르다. 자동차 기술이 영국과 독일 등 유럽에서 먼저 개발되었지만 자동차 종주국이 된 나라는 미국이다. 전 세계 디젤차 판매의 20%를 장악했지만 배기가스 조작 사건으로 창사 이래 최고의 위기에 봉착한 폭스바겐도 '친환경' 키워드를 디젤에서 전기차로 전환하면서 생존을 모색하기로 결정했다.[*]

미래 자동차는 우리가 알고 있는 모든 미래 기술이 집적되고, 상상할 수 있는 대부분의 변화가 실현되는 사물이다. IT, 통신, 인공지능, 로봇, 지식 생태계, BT, 신소재, 친환경 에너지, 항공산업이 융복합 매시업된다. 미래의 자동차는 제조 혁신, 기능 혁신, 소재 혁신, 개념 혁신이 이루어지는 핵심 디바이스가 된다. 미래 자동차 승부가 한 기업뿐 아니라 국가의 미래를 결정하는 중요한 분수령이 될 수 있다는 의미다. 미래 자동차에서 경쟁력을 가진 기업과 국가가 대부분의 산업에서 경쟁력 우위를 가질 가능성이 크다.

나는 중국 정부가 이런 엄청난 잠재력과 파급력을 가진 미래 자동차에 승부수를 던지지 않는 것이 오히려 이상하다고 판단했다. 그래서 몇 년 전부터 머지않은 시기에 중국 정부의 미래 자동차 시장에 승부를 던지는 충

---

\* 아시아경제, 2015. 10. 14. 노미란, "폭스바겐, 전기차 개발에 주력… 디젤차 저감장치도 교체"

격적 계획이 발표될 것이라는 시나리오를 예측했었다. 그리고 2020년 10월 27일에 중국 정부는 '2035년 내연기관 자동차 퇴출'을 공식 선언했다.


## 미래 자동차, 사람의 뇌와 연결된다면?

미래 자동차에 대한 발칙하고 혁명적 상상을 하나 더 해보자. 전기전자 디바이스, 컴퓨팅 디바이스가 된 미래의 자동차가 사람의 몸과 연결되는 미래다. 더 나아가 사람의 뇌와 연결되는 상상이다. 사람의 몸과 연결되는 자동차는 실현 가능한 미래다. 전 세계 GDP 80%를 생산하는 G20 국가들이 예외 없이 고령화 사회로 접어든다. 이런 고령화 사회에서 가장 큰 시장은 헬스 케어다. 시장조사기관 플런켓리서치에 의하면 2013년에 전 세계 헬스 케어 시장 규모가 6조 1,500억 달러를 돌파했다. 모바일 헬스 기기의 세계시장도 2023년경이면 450억 달러에 이를 것이고, 건강상태를 매일 점검하는 장치는 2013년 3억 7,200만 달러에서 2023년이면 160억 달러까지 성장할 것으로 예측된다.* 이런 증가 추세는 앞으로 몇십 년간 계속될 것이다. 가장 큰 부를 이룬 60대 이상이 건강하게 오래 살기 위해 'BtoC' 헬스 케어 제품과 서비스에 주목하기 시작했기 때문이다.

미래의 개인용 헬스 케어 서비스가 병원이라는 장소의 한계를 벗어나 'BtoC' 시장에 빠르게 뿌리를 내리려면 안정적이고 개인화된 디바이스가 필수다. 사람의 생명과 연관된 의료 서비스의 기본은 정확한 진단과 안정

---

\* 전자신문, 2014. 7. 15. 김창욱, "IT와 BT의 융합, 모바일 의학 열풍이 분다"

적인 서비스 인프라이기 때문이다. 부정확한 데이터 수집과 분석은 거꾸로 독이다. 현재 개인화된 헬스 케어 서비스 시장에서 가장 두각을 보이는 디바이스는 스마트 시계다. 하지만 스마트 시계 등 웨어러블 컴퓨터는 몸의 일부만 감지하고 연결한다는 한계가 분명하다. 가장 많은 표면적을 인간의 몸과 연결할 수 있는 사물은 옷이다. 하지만 옷은 각종 첨단 장치들을 삽입시키기에 불편하고 정기적으로 세탁해야 하는 특성 때문에 안정성이 떨어진다. 이런 문제를 극복하는 기술도 가능하지만 비용이 높아진다. 스마트 홈(Smart Home)은 사람과 지속적인 연결을 유지하기에 너무 커서 비효율적이다. 당신이 일하는 사무실은 안정성이 떨어진다. 그래서 주목받을 수 있는 개인용 헬스 케어 디바이스는 자동차가 될 가능성이 크다. 전기전자 디바이스가 된 자동차는 사람의 몸과 연결하기에 가장 적절한 사이즈다. 스마트 시계나 스마트폰과 다르게 앉은 자세에서 3D 스캐너와 지능형 의자 등을 사용하면 가장 폭넓고 안정적인 생체 데이터 수집이 가능하다. 의식적으로 매일 정기적인 시간에 사용하도록 만드는 강제성을 따로 부여하지 않아도 사용자 스스로 매일 출퇴근 시간을 이용해서 디바이스에 접속한다. 자동차 공간은 외부 공간과 적절히 차단되어 있어서 개인 정보가 보호되고 실시간으로 측정된 심박동, 혈당, 혈압 등 다양한 신체 정보들을 인공지능을 활용해서 이전에 축적된 데이터들과 스스로 분석할 수도 있을 정도의 기술 집약적 디바이스다. 진단한 생체정보를 인터넷 안에 있는 방대한 의료정보와 비교해볼 수 있도록 초고속통신망에 연결할 수 있고, 이상을 발견하면 대형화면을 통해 곧바로 담당의사와 연결하여 진단과 처방을 받을 수 있다. 필요하다면 병원에 도착하기 전에 실시간 3D 통신기술과 차 안에 비치된 비상용 의료 기기를 사용하여 간단한 응급처치도 가능하다. 이처럼 미래 자동차는 당신이 원하는 개인화 의료 및 헬스 케어 서비스의 상당수를 한곳에서 해결할 수 있는 최적의 공간이자 디바이스다.

이뿐 아니다. 자동차가 뇌와 직접 연결되는 미래도 상상 가능하다. 자동차가 사용자의 뇌와 직접 연결되면 심리치료나 정신치료 서비스의 새로운 접근법이 가능해진다.

2014년 5월 독일 뮌헨공대는 7명의 조종사들에게 특수 모자를 씌운 후 생각만으로 비행기를 조종하는 시뮬레이션 실험에 성공했다. 뇌파를 읽어낸 특수모자가 컴퓨터에 정보를 보내면 컴퓨터 속의 알고리즘이 작동하면서 비행기 조종을 했다. 실험 참가자 7명 중 한 사람은 비행기 조종 경험이 전혀 없었지만, 생각만으로 비행기를 조종하는 수준이 조종사 면허를 딸 수 있는 정도로 탁월했다고 평가했다.＊ 베를린 자유대학교(Free University of Berlin)에서는 운전자의 뇌파를 자동차가 감지하고 해석하여 차량 내의 필요한 장치들에 신호를 보내는 기술을 연구 중이다. '브레인 드라이버'(Brain Driver) 연구다. 이런 기술이 좀 더 발전하면 기존의 조종사들의 비행 조정의 부담을 줄이고 안정성을 높이고, 더 나아가 일반인도 손쉽게 비행기를 조종할 수 있게 될 것으로 보았다. 미래에 하늘을 나는 자동차가 상용화되면 인공지능이 조종하는 방식과 사람이 생각으로 조종하는 방식이 병행될 수 있을 것이다.

＊　ZDNet Korea, 2014. 5. 28. 이재구, "생각만으로 비행기 조종하는 실험 성공"

# 수소차와 전기차, 최후의 승자는?

한국의 수소자동차 경쟁력은 세계 시장을 선도할 만하고, 부품 국산화율도 99%에 달하지만, 전기자동차는 세계 10위권이다. 시장조사기관 SNE리서치에 따르면 2018년 3분기 기준으로 기아자동차는 전기차 부문에서 세계 10위, 현대차는 18위다.[*] 2019년 1월 17일, 대통령은 울산에서 열린 수소경제 로드맵 발표 행사에서 "2030년 수소차와 연료전지에서 모두 세계 시장 점유율 1위를 하는 것"을 목표로 제시했다. 수소차의 보급 목표도 2022년 8만 1,000대, 2030년 180만 대로 제시했다. 이 목표대로 실현이 되면 국내에서 수소경제 효과는 2022년 16조 원, 2030년 25조 원에 이르고, 고용 유발 인원도 2022년 10만 명, 2030년 20만 명으로 늘어날 것이라고 제시했다.[**]

수소의 장점은 우주의 75%를 차지할 정도의 무한한 에너지양이다. 수소는 온실가스 배출이 적다. 또한 리튬이온 배터리를 이용한 에너지 저장장치(ESS)보다 전기 손실이 적고 안전하게 오래 저장할 수 있다. 수소연료전지 자동차는 전기자동차에 비해 주행거리가 길고 충전 시간도 짧다. 수소연료전지는 그 자체로 발전소 역할을 하기 때문에 발전원을 최종 소비자 가까이에 배치하는 '분산전원'(分散電源)이라는 세계적 흐름에도 부합한다. 하지만 반론도 만만치 않다.

최고의 약점은 수소가 우주의 75%를 차지하지만 지구 밖에 있는 수소를 활용할 수 있는 기술은 아직 없다. 그런 기술이 금세기 안에 나와도 경

---

[*] 노컷뉴스, 2019. 2. 5. 송영훈, 강종민, "전기차 vs 수소전기차… '함께 가야 한다'"
[**] 중앙일보, 2019. 2. 6. 최준호, "문재인 정부의 수소경제, 꿈일까 현실일까"

제적 타당성은 더 멀다. 지구 안에서도 수소가 홀로 존재하지 않는다. 현재 대부분의 수소는 석유 정제 과정에서 나오는 부생(副生) 수소나 천연가스를 분해해야만 얻을 수 있다. 이 과정에서 온실가스가 배출된다. 천연가스를 연소시켜 발전하는 과정에서 50% 이상의 에너지가 전기로 바뀌는데 이것을 직접 사용하는 것이 더 효율적이다. 천연가스를 분해 과정에서 만들어진 전기를 가지고 수소와 산소와 반응시켜 전기를 발생시키는 것은 비효율적이다. 수소를 만든 다음 연료전지에 넣는 과정을 거쳐 전기를 만드는 것도 비효율적이다. 그냥 2차 전지를 이용한 전기 충전소를 많이 만들면 된다. 물을 전기분해(수전해)를 통해 얻는 수소는 청정하지만 효율이 떨어져 실험실 수준이다. 물론 독일은 천연가스에서 수소를 빼낼 때 발생하는 일산화탄소를 플라스틱 원료로 재사용해서 대기 중으로 온실가스를 배출하지 않아도 되는 기술을 상용화했다. 일반 발전소에서 남은 전기를 수전해 과정에 사용하는 것도 방법이다. 하지만 모두 비용 문제가 커서 경제성이 떨어진다. 저렴한 비용으로 물을 전기분해해 수소를 생산하는 수전해 기술은 2030년경에나 완성될 것으로 예측된다.

현재는 수소 그 자체를 화석연료처럼 연소시키는 방법을 사용할 경우 에너지 효율이 현저히 낮기 때문에 '연료전지'를 이용해서 전기를 생산하는 방식을 결합한다. 전기로 수소를 만들고, 수소로 다시 전기를 만들어 써야 하므로 과정 자체가 비효율적이다. 결국 수소자동차는 수소를 연료로 사용하는 자동차가 아니라 수소를 이용해 전기를 생산해 운행하는 전기 자동차다. 수소를 가지고 전기를 만드는 것과 석탄이나 석유 등 다른 에너지나 태양이나 바람 등의 자연의 힘을 가지고 전기를 만드는 것과의 경쟁이다. 일반 전기자동차는 집에서도 플러그에 꽂으면 되지만, 수소전기차는 주행거리를 늘리기 위해 자동차 연료탱크에 700기압이 넘는 초고압으로 충전하는 기술이 필요하다. 전기자동차 배터리처럼 수소연료전지도 내구성 향상이 중요하다. 수소차 연료탱크를 튼튼하게 만들어도 초고압으로 압축된 수소 연료의 물리적 위험은 무시하면 안 된다. 상용화된 수소차의 안전도는 상당히 높다. 하지만 일반 전기차 배터리보다 안전하지 않다. 아무리 기술이 발달해도 비슷한 수준일 것이다. 수소의 생산·운송·공급을 위한 인프라 구축에는 일반 전기자동차와 비교되지 않을 정도로 클 것이다. 기체 상태인 수소는 에너지 밀도가 낮기 때문에 높은 압력으로 압축해서 운송하고 저장해야 한다. 수소 충전과 저장 시설 가격이 비싸고 위험시설로 분류되는 것은 필연이다.

수소차와 전기차의 경쟁구도가 만들어지면서 누가 최후의 승자가 될 것인가에 대한 궁금증이 많다. 수소차는 전기차보다 상대적으로 빠른 충전시간과 긴 주행거리를 자랑한다. 수소 가격이 가장 싼 울산 기준으로, 1kg당 7,000원이다. 이를 기준으로 한국 수소차인 넥소를 완충하면 4만 4,310원(6.33kg)이 들며 609km를 달린다. 물에 전류를 흘리면 물 분자($H_2O$)가 2개의 수소와 1개의 산소 분자로 바뀐다. 물 10$l$에서 1.1kg의 수소가 생산되고, 이 정도면 현재 수소차로 약 130km를 주행한다. 전기차는 차의 크기를 늘리면 배터리 크기도 늘려야 하지만, 수소차는 배터리는 그대로 두고 수소 저장탱크만 추가하면 된다. 하지만 수소차는 환경 문제와 비용 면에서 전기차에 뒤쳐진다. 캘리포니아 운행 기준으로 에너지원 생산부터 차량 운행까지 발생하는 수소차의 이산화탄소 배출량은 1mile

---

\* 　조선일보, 2019. 2. 20. 이덕환, "수소경제, 아직은 설익은 미래 기술이다"

당 약 150g이다. 휘발유나 CNG보다 절반 이상 적지만, 전기차보다 33%가량 많다. 휘발유 1gal(약 3.79ℓ)을 살 수 있는 돈으로 수소와 전기를 충전했을 때 수소차 1위 혼다 클래리티의 주행거리(MPG)는 68mile(약 109km)이고, 전기차 1위 현대 아이오닉은 136mile(약 219km)이다. 수소차가 전기차보다 2배 비싸다. 앞으로 10년을 예측해보더라도 경제성은 전기차가 수소차를 앞지를 가능성이 더 크다. 정부는 1kg당 수소가격을 2030년 4,000원, 2040년 3,000원 이하로 떨어뜨린다는 계획이다. 수소 가격이 kg당 3,000원이 되면 연간 연료비가 43만 원 정도로 전기차 급속충전 비용과 비슷해진다. 하지만 이 역시 2040년 가격이다. 수소차는 충전시간이 5분 내외로 짧다. 전기차는 충전시간이 30~50분 정도로 길다. 하지만 퇴근 후, 집에서 편하게 충전할 수 있다. 삼성전자는 한 번 충전으로 600km를 달리는 배터리도 개발했다. 현재 수소차와 전기차 모두 충전소 인프라가 부족하다. 앞으로는 어떻게 될까? 전기차 인프라가 더 빨리 구축될 가능성이 크다. 전기차 충전소는 이미 구축된 전력망을 활용해 추가 투자 없이 대규모 보급을 할 수 있다. 반면 수소차는 충전소와 전용 수송관 구축 등 모든 인프라를 새로 깔아야 한다. 규모의 경제가 이루어지지 않으면 민간 투자가 더딜 수밖에 없다. 전기차는 구조가 간단해 테슬라와 중국 비와이디(BYD)처럼 신생기업의 시장 진입이 상대적으로 쉽다. 그만큼 기술 발전이 빠를 가능성이 크고 시장도 빨라서 규모의 경제를 이루는 속도가 수소차보다 빠를 것이다. 이런 단점에도 불구하고 일본 정부는 2018년 수소사회 실현을 위한 수소기본전략을 세우고, 2050년까지의 수소사회 로드맵

---

\*      경향신문, 2019. 2. 10. 주영재, "수소경제의 핵심, 수소생산과 수소차의 모든 것"

을 확정했다. 수소경제를 위한 인프라 보급도 세계에서 가장 앞서간다. 수소차 상용화는 한국이 먼저 했지만 판매량은 일본이 많다. 독일은 2018년 세계 최초로 수소기차를 시범 운행했다. 독일은 2030년까지 수소차 180만 대, 수소충전소 1,000개 확보를 목표로 한다. 중국도 2017년 '수소 이니셔티브'를 선언하고 2030년까지 수소차 100만 대, 수소충전소 1,000개소 설립을 목표로 내세웠다.\* 왜 그럴까? 언젠가 수소차도 미래 자동차 시장에서 일정한 규모를 차지할 가능성이 크기 때문이다.

---

\*   중앙일보, 2019. 2. 6. 최준호, "문재인 정부의 수소경제, 꿈일까 현실일까"

PART

# 3

곧 뒤따라오는
미래

# 인공지능의 단계

## 인공지능 4단계

전문가들은 인공지능을 보통 약한 인공지능과 강한 인공지능으로 나눈다. 지금은 약한 인공지능 시대다. 강한 인공지능은 인간의 통제에서 벗어나 스스로 완전한 자율성을 가지고 인류를 지배하고 파괴하는 능력을 가진 수준을 일컫는다. 강한 인공지능의 가능성에 대해 어떤 부류는 실현 불가능한 신화적 허상이라고 평가하는 반면, 다른 한편에서는 언젠가는 실현 가능한 미래라고 예측하기도 한다. 강한 인공지능의 실현 가능성 유무에 대해 양쪽 모두 탄탄한 논리적 기반을 갖추고 있어서 어떻게 진행될지 아직은 모른다.

인공지능의 미래를 예측하고 대응하기 위해서는 2단계의 분류를 4단계로 좀 더 세분화할 필요가 있다. 내가 제안하는 4가지 단계는 '현명함의 정도'를 기준으로 한 아주 약한 인공지능, 약한 인공지능, 강한 인공지능, 아주 강한 인공지능이다. '현명함'(Wise)의 사전적 의미는 "어질고 슬기롭고 사리에 밝음"이다. '어질다'는 덕행이 높음(virtuous righteous)을 의미하여 윤리적 판단과 관계되고, '슬기롭고 사리에 밝다'는 상황을 바르게 판단하고 가치에 적합하게 일처리를 잘하는 것을 뜻하여 분석과 통찰, 올바른 의사결정과 관계된다. 인간의 핵심은 인텔리전스(intelligence), 즉 지능보다 지혜(wisdom, wise)를 뜻하는 사피엔스(sapience)에 있다. 지혜(wisdom, wise)는 인간 두뇌와 지능이 낼 수 있는 최상 혹은 최종 결과이기 때문이다. 인공지능도 인간(호모 사피엔스)의 두뇌와 지능을 닮는 것을 목표로 하기 때문에 사피엔스(sapience) 성향이 성능의 기준이 될 수 있다. 인공지능을 평가할 때 인간의 감성, 지능, 가치가 종합된 '지혜'라는 최고의 결과물을 기준으로 사용하는 것은 타당하다. 먼저 인공지능이 지혜를 갖추려면 어떻게 해야 할까? 다음과 같은 4가지가 필요하다.

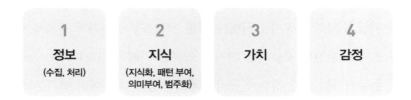

인공지능이 인간만큼 혹은 인간보다 더 뛰어나기 위해서는 정보, 지식, 가치, 감정 영역을 다 갖추어야 한다. 정보, 지식, 가치는 '지능'을 형성하고 지식, 가치, 감성은 '자유의지'를 형성한다. 지혜는 지능과 자유의지가 합쳐서 만들어진다. 이들을 완벽하게 통일하고 조화롭게 사용하는 것을 완벽히 모방하는 것이 인공지능 연구의 최종 목적이다. 이런 관점에서 본다면

'완벽한 인공지능'(아주 강한 인공지능, 인간을 지배하는 인공지능)은 이번 세기에 완성되지는 못할 것이다. 모방을 하려면 먼저 기존 것에 대한 분석을 끝내야 한다. 하지만 인간 뇌의 생물학적 특성, 작동방식, 인식체계, 자유의지의 발현 등을 분석하고 이해하려면 오랜 시간이 필요하다.

인류가 인공지능 연구를 하는 방향은 크게 두 가지로 나눌 수 있다. 하나는 인간의 뇌, 인간지능의 신비를 풀어가면서 계속해서 똑같이 모방하기를 거듭하는 방향이다. 다른 하나는 인간의 뇌와 인간지능에 대해서 기본 이론과 틀을 모방한 후에 인간의 뇌와 인간지능의 작동이나 발현과 다른 형태로 갈 가능성이 있다. 둘 중 어떤 방향으로 인공지능 연구 방향이 잡히더라도 뛰어난 인공지능 기술은 21세기 중반 이후 가능할 것으로 예측된다.

인간의 뇌 구조를 모방하려면 3가지를 흉내 내야 한다. 뇌신경계 구조, 작동원리 그리고 인식 방법이다. 인공지능은 이 3가지가 기계적으로 작동하는 원리와 법칙들을 모방하여 기계가 기계적으로 수행하는 것을 목표로 한다.

첫째, 뇌신경적 구조는 소프트웨어적인 측면에서 모방이 많이 시도된다. 각종 인공지능 신경망들이 이런 시도를 한다. 하지만 처리속도를 높이기 위해서는 근본적으로 하드웨어 모방도 필요하다. 뇌 구조, 신경계 구조를 모방한 시냅스 칩 설계다. 현재 우리가 사용하는 대부분 컴퓨터는 폰 노이만 방식을 사용한다. 폰 노이만(John von Neumann)은 현대적 범용 컴퓨터를 만드는 데 큰 영향을 준 사람이다. 폰 노이만은 게임이론과 양자역학에 획기적인 이론을 정립하였으며, CPU를 개발한 개발자이며, 컴퓨터에서 2진법을 사용하도록 제안하기도 한 천재 학자였다. 폰 노이만은 맨해튼 프로젝트 참여 당시 「전자계산기의 이론 설계 서론」이라는 논문에서 주기억 장치, 중앙 처리 장치, 입출력 장치의 전형적인 3단계 구조로 이루어진 프로그램 내장방식의 컴퓨터를 제안했다. 우리가 일상에서 사용하는 대부분의 컴퓨터가 이 구조를 따른다. 하지만 폰 노이만이 제안한 범용 컴퓨터의 구조는 '폰 노이만 병목(von-Neumann bottleneck) 현상'이라는 치명적 단점이 있다. 나열된 명령을 순차적으로 수행하고, 그 명령은 일정한 기억 장소의 값을 변경하는 작업으로 진행되기 때문에 자료 경로의 병목현상 또는 기억장소의 지연 현상이 필연적으로 발생하는 문제다. 폰 노이만 병목은 고속 컴퓨터 설계에 치명적이다. 그럼에도 불구하고 폰 노이만의 직렬방식을 계속 사용하는 이유는 하드웨어의 성능을 계속 업그레이드하면 보완이 가능했기 때문이다.[*] 하지만 인간의 뇌와 같은 작동을 하고, 인간 전체의 지능을 넘어서는 성능을 내려면 폰 노이만 구조로는 역부족이다. 결정적으로, 인간 뇌는 병렬처리 방식이다. 인공지능이 인간의 뇌 작동과 발현을 완벽하게 모방하려면 인간처럼 병렬방식으로 전환하지 않고는 불가능하다. 병렬구조 칩이 필요한 이유다.

2019년 1월 4일, 한국과학기술원(KAIST) 전기 및 전자공학부 최성율 교수 연구팀이 멤리스터(Memristor) 소자의 구동 방식을 아날로그 형태로 바꿔 뉴로모픽 칩의 시냅스로 활용할 수 있는 기술을 나노과학 분야 국제 학술지 〈나노 레터스〉(Nano Letters) 온라인판에 발표했다.[**] 인간의 뇌를 모사한 인공지능 컴퓨팅 칩인 뉴로모픽 칩의 상용화가 한발 더 다가간 것이다. 뉴로모픽 칩은 사람 뇌를 닮은 반도체로 알려져 있으며, 폰 노이만

---

[*]    네이버 지식백과, 폰 노이만 구조 [von Neumann architecture] (실험심리학용어사전, 2008, 시그마프레스㈜)
[**]   파이낸셜뉴스, 2019. 2. 10. 조석장, "KAIST, 뉴로모픽 칩의 시냅스 구현"

방식의 아키텍처에 기반을 둔 기존 반도체 칩이 갖는 전력 확보 문제를 해결할 수 있다. 인간의 뇌는 뉴런과 시냅스가 병렬로 연결되어 약 20W 전력만으로 기억, 연산, 추론, 학습 등을 동시 수행할 수 있을 정도로 효율적이다. 이에 비해 직렬방식을 기반으로 한 폰 노이만 방식 아키텍처는 연산처리 기능 수행이 인간의 뇌에 비해 효율성이 떨어진다. 뉴로모픽 칩은 폰 노이만 방식을 버리고, 인간의 뇌를 모방해 전기적 소자(신경 모방 회로기술, 시냅스 모방 소자기술)로 구현했다. 초기에는 속도가 현저히 느렸지만, 하드웨어 성능 개선으로 빠르게 성능이 향상되어 인공지능 알고리즘을 하드웨어로 구현하는 차세대 기술로 주목받고 있다. 뉴로모픽 칩은 전력 효율성뿐만 아니라 데이터 처리 과정도 통합할 수 있다.

멤리스터(Memristor)는 메모리(memory)와 저항(resistor)의 합성어로 '저항 메모리' 혹은 '저항성 메모리'다. 1971년 레온 추아(Leon Chua) 교수가 처음으로 소개한 멤리스터는 전원공급이 끊겨도 직전에 통과한 전류의 방향과 양을 모두 기억하는 메모리 소자다. 구조가 단순해서 기존 메모리보다 처리속도가 빠르고 가격도 저렴하다. 멤리스터는 뉴로모픽 칩 내부에 물리적으로 인공신경망을 구현할 수 있는 크로스바 어레이(crossbar array) 구조 구현에도 최적 소자다. 최근 비휘발성 메모리는 고집적도, 낮은 전력 소모, 빠른 동작속도를 구현하면서 기존 플래시(flash) 메모리 소자 등이 갖는 집적도(scale) 한계를 극복하기 위한 차세대 비휘발성 메모리 소자 개발 연구가 활발하다. 그중 하나가 바로 멤리스터(Memristor) 원리를 이용한 신 소자 개발이다. 저항변화물질이 전압의 조건에 따라 저항값이 달라지는 특성(멤리스터 원리)을 이용한 ReRAM(Resistance Random Access Memory, 저항 메모리·비휘발성 메모리의 한 종류) 소자가 대표적이다. ReRAM은 금속(하부전극)-저항 변화층-금속(상부전극)의 간단한 구조로 메모리 동작이 가능하다. 구조가 간단해서 공정 과정이 간단하여 비용이 저렴하고 집적도를 늘리는 데도 유리하다. 하부전극 및 상부전극을 담당하는 금속은 전도성 물질이고, 가운데 있는 저항 변화층은 금속 산화물이나 페로브스카이트(SrTiO3) 등 저항변화 특성을 나타내는 물질로 이루어진다. 전압을 ReRAM의 상부전극과 하부전극 사이에 흘리면 서로 다른 저항값(저항값이 작은 상태와 저항값이 큰 상태)을 가질 수 있는 저항 변화층이 어떤 상태(state)를 갖는지에 따라 메모리 소자로 동작한다. 크로스바(crossbar) 형태의 어레이 구조는 ReRAM의 특성을 어레이로 구현한 것이다. 크로스바 어레이는 ReRAM처럼 서로 직접교차하는 복수의 상부전극과 복수의 하부전극 사이에 복수의 저항 변화층을 삽입한 구조다. 구조가 간단하고 여러 층으로 쌓을 수 있어 집적도 면에서 매우 유리하다. 뉴로모픽 칩은 내부에 멤리스터(Memristor) 소자를 이용해서 물리적으로 크로스바 어레이(crossbar array) 구조를 구현해서 인공신경망을 구현한다. 단, 뉴로모픽 칩이 연산을 수행할 때 각 시냅스 소자에서 뉴런 간의 연결 강도를 나타내는 가중치 데이터가 아날로그로 저장 및 갱신돼야 시냅스 소자로 이용이 가능하다. 하지만 기존 멤리스터들은 대부분 비휘발성 메모리 구현에 적합한 디지털의 특성을 지녀 아날로그 방식의 구동에 한계가 있었다. 한국과학기술원(KAIST) 전기 및 전자공학부 최성율 교수 연구팀은 플라스틱기판 위에 고분자 소재 기반의 유연 멤리스터를 제작할 때, 소자 내부에 형성되는 전도성 금속 필라멘트크기를 금속 원자 수준으로 얇게 조절하면 멤리스터의 동작이 디지털에서 아날로그 방식으로 변화하는 것을 발견하여 기존 멤리스터들의 한계를 극복했다. 이런 현상을 이용하면 멤리스터의 전도도 가중치를 연속적, 선형적으로 갱신할 수 있다. 동시에 소재 자체의 유연성을 높였기에 구부린 상태에서도 정상 동작한다. 최성율 교수 연구팀은 유연멤리스터 시냅스로 구성된 인공신경망을 학습시켜 사람의 얼굴을 효과적으로 인식하는 데도 성공했다.

다음으로 지능 발현과 관련된 뇌 작동 원리를 모방해야 한다. 뇌과학자들은 인간 지능의 기초인 학습은 신경세포가 서로 연결되어 있는 고리인 시냅스 작동과 연관되어 있다고 추정한다.* 뇌신경활동은 무작위가 아니다. 일정한 경로가 있다. 시냅스 한쪽에 신경전달물질 분비장치가 있고 다른 한쪽에 신경전달물질을 감지장치가 있어서 전기신호와 화학신호를 일방향으로 전달한다. 전기신호는 수상돌기에서 세포체를 거쳐 축삭으로 전달된다. 화학신호는 한 뉴런의 축삭에서 다른 뉴런의 수상돌기로 전달된다. 즉, 뇌에서 움직이는 메시지(정보)는 무질서하게 움직이지 않고 한 방향성을 갖는다. 전기 신호도 크기가 있다. 강한 시냅스는 수상돌기에 큰 전류를 흘려보낸다. 한 뉴런이 다른 뉴런으로부터 여러 시냅스를 받으면 '가중치'(weight)를 갖는다. 전류의 크기가 달라질 수밖에 없다.** 이를 헤브 학습(Hebbian learning)이라 한다.

헤브 학습은 인공 신경망의 감독 학습 방법의 일종이다. 감독 학습은 학습 목표로 하는 패턴이 있다. 감독 학습은 헵의 규칙(Hebb's rule), 델타 규칙(Delta rule), 일반화된 델타 규칙(generalized delta rule) 등을 사용한다. 도널드 헵(Donald Hebb)에 의해 제시된 헵의 규칙은 "만일 어떤 신경세포 활성이 다른 신경세포를 활성시키는 데 계속 공헌하면…" 두 신경세

---

\*    김대식, 《인간 vs. 기계》(동아시아, 2016), 7.

\*\*   이케가야 유지, 《교양으로 읽는 뇌과학》, 이규원 역(은행나무, 2005), 195-204.

포 간의 연결가중치를 증가시키라는 규칙이다. 델타 규칙은 "만일 어떤 신경세포 활성이 다른 신경세포가 잘못된 출력을 하도록 했다면…" 두 신경세포 간의 연결 가중치를 그것에 비례해서 조절해주라는 규칙이다. 일반화된 델타 규칙은 "만일 어떤 신경세포 활성이 다른 신경세포가 잘못된 출력을 하도록 했다면…" 두 신경세포 간의 연결 가중치를 그것에 비례하여 조절해주고, 그런 과정을 그 아래에 있는 신경세포들까지 계속하라는 규칙이다. 이 규칙 하에서는 오류를 출력층에서 입력층 방향으로 역전파한다. 그래서 오류 역전파 알고리즘(error back-propagation algorithm)이라고도 부른다. 출력층 신경세포의 잘못된 출력에 대한 책임을 바로 아래층에 있는 신경세포뿐만 아니라 그것과 연결된 더 아래층 신경세포까지 물어 연결가중치를 조절해준다.

참고로 목표로 하는 패턴 없이 학습을 시키는 무감독 학습 방법은 인스타 규칙(Instar rule)을 사용한다. 인스타 규칙은 "어떤 신경세포가 특정 연결을 자극하면…" 그것의 연결 가중치를 그 자극과 같아지도록 조절하라는 규칙이다. 흥분을 전달하지 않고, 흥분 전달을 억제하는 억제성 시냅스도 있다. 억제성 시냅스는 세포의 흥분(활동전위의 발생)을 억제하는 전달물질을 분비한다. '가바'(GABA)라는 물질이 억제성 신경전달물질이다. 시냅스는 흥분을 가중하거나 억제하여 고차원적인 신경작용을 만들어낸다.* 흥분 가중치를 갖게 하는 것이 강화 피드백이라면, 억제성 시냅스는 균형 피드백 작용을 하는 셈이다. 전기신호의 크기 차이, 전기신호의 흥분과 억제는 뇌신경세포가 소통만 하는 것이 아니라 '계산'을 한다는 의미다.

---

* 　　네이버 지식백과, 두산백과, 억제성 시냅스.

뇌는 뉴런의 무차별적 활성화를 막는 장치도 가지고 있다. 활성화가 지나치게 퍼져나가면 기억이나 사고에 혼돈이 생기기 때문에 뇌는 활성화 정도를 조절한다. 각각의 뉴런에 높은 활성화 역치(閾値, threshold value)를 할당하는 방식이다. 역치는 자극에 반응하는 데 필요한 강도를 표시하는 수치다. 일정한 양의 가중치 신호가 들어와야 흥분하게 하는 안전장치다. 하지만 높은 역치를 정해놓으면 기억을 활성화하는 데도 기준이 엄격해진다. 정해진 수준의 강도가 전해지지 않거나 활성화가 너무 적게 확산되면 기억이 나지 않거나 불완전해진다. 기억을 떠올리려면 최소 2개 이상의 뉴런들을 활성화해야 한다. 첫 키스의 추억을 기억해내려면 눈처럼 내리는 벚꽃 잎과 분위기 있는 가로수 불빛 정보가 동시에 자극되어야 하는 식이다. 이렇게 뇌 신경계 전체에서 일어나는 소통과 신호의 조합이 지능과 의식의 실체다.\* 인공지능은 이런 뇌신경계 구조와 작동원리를 모방한다.

마지막으로 인식능력을 발현해야 한다. 인식(認識)능력은 사물을 분별하고 판단하여 이해하는 능력이다. 학습의 최종 목표는 인식능력의 발현이다. 인공지능을 만드는 기본 접근법은 인간의 인식 방법을 알고리즘으로 만들어 '인식 작용'이 가능하도록 하는 것이다. 인식 작용의 결과물은 논리적 판단, 확률적 판단과 직관적 판단이다. 논리적·확률적·직관적 판단과 추론이 종합적으로 작용하는 것이 통찰력이다. 이미 14세기에 라몬 률(Ramon Llull)이 '인공추론기계'의 가능성을 제기한 바 있다.\*\*

---

\*   승현준, 《커넥톰, 뇌의 지도》(김영사, 2014), 116-117, 136-137.
\*\*  스튜어드 러셀, 피터 노빅, 《인공지능 1》, 류광 역(제이펍, 2016), 7.

## 컴퓨터와 스마트폰을 만든, 아주 약한 인공지능

지금까지 설명한 기본 역량들을 '현명함'이라는 기준에 따라 4단계로 나누고 인공지능 수준을 구분했다. 첫 단계는 '아주 약한 인공지능'이다. 가장 낮은 수준의 인공지능이다. 아주 약한 인공지능은 주입된 절차를 따라 지능이나 감정을 흉내 낸다. 엄밀히 분류하면, 아주 약한 인공지능은 지능을 갖지 않는다. 스스로 불변표상이나 패턴을 만들고 맥락화를 시도하는 자율성이 전혀 없다. 인간에 의해 프로그래밍된 대로 동작하는 소프트웨어 장치다. 하지만 지능과 감정을 흉내 내도록 프로그램되어 있기에 아주 약한 인공지능이라고 명명했다. 자율성은 없지만 인간 지능과 감정을 흉내 내는 과정에서 아주 약한 수준(곤충 수준)의 인지체계(Cognitive system, 상호연관된 지식군)도 갖추기 때문에 인공지능의 범주에 넣었다. 아주 약한 인공지능이 가장 발전한 단계는 '전문가 시스템'(expert system)이다. 컴퓨터와 스마트폰은 아주 약한 인공지능 단계에서 만들어진 제품들이다.

## 자율주행 자동차와 로봇 산업을 만든, 약한 인공지능

다음 단계는 '약한 인공지능'이다. 아주 약한 인공지능과 약한 인공지능을 나누는 기술적 전환점은 딥러닝(deep learning) 같은 기계 학습 능력이다. 아주 약한 인공지능은 스스로 학습하는 능력이 없다. 약한 인공지능은 아주 약한 자율성의 수준에서 스스로 학습 능력을 갖춘다. 알파고와 왓슨이 대표적인 약한 인공지능이다. 21C 중반까지는 기계가 스스로 학습하는 역량이 소프트웨어적으로 하드웨어적으로 계속 발전할 것이다. 발전한다는 것은 스스로 학습할 수 있는 범위, 속도, 정확도가 향상된다는 의미다. 자율성을 가지고 스스로 학습을 하려면 몇 가지 최소 조건들이 필요하다.

첫 번째는 **환경을 인식해야 한다.** 외부 환경 정보를 받아들이는 데는 시각 처리 기술이 중요하다. 컴퓨터 시각 기술이 주목을 받는 이유다. 두 번째는 **인간과 소통을 해야 하기 때문에 자연어 처리가 중요하다.** 자연어 처리를 해야 실시간으로 주변 환경 정보를 수집하는 데 용이하고 인간과 소통이나 피드백이 빠르다. 세 번째는 **학습 역량이다.** 학습 역량은 이해와 분석을 기반으로 한 논리적이고 확률적 예측 능력까지 갖추어야 완성된다. 네 번째는 **지식 표현이다.** 인공지능이 학습한 내용을 스스로 지식으로 표현하는 능력이 있어야 자체적으로 재사용하거나 인간에게 도움을 줄 수 있다. 대표적인 지식 표현 능력은 범주화다. 인간의 뇌는 외부 정보를 받아들이고, 분석하고, 범주화하고, 맥락화하여 최종적으로 지식화해 뇌의 특정 영역에 저장한다. 저장된 지식을 꺼내는 것은 반대다. 외부에서 정보가 들어오면 비슷한 맥

락을 따라 범주화된 지식을 하나씩 풀어가며 분석하고 판단한다. 인공지능도 이런 방식으로 지식을 표현해야 한다. **다섯 번째는 자동 추론이다.** 지식의 꽃은 추론이다. 추론 능력이 없으면 새로운 지식을 생산하지 못해 질 좋은 예측을 생산하기 힘들다. 인간의 뇌는 정보를 모을 때 좋은 정보인지 좋지 않은 정보인지 필터링할 수 있고, 간추린 좋은 정보를 지식화해서 저장한다. 이렇게 형성된 지식을 가지고 논리적·확률적 추론이라는 도구를 사용해서 미처 찾지 못한 지식을 구성하거나, 완전히 새로운 지식을 만들어낸다. 이러한 발견과 창조의 과정은 인공지능에게도 중요한 목표다. **마지막으로 로봇 공학이 필요하다.** 추론한 결론을 기반으로 물체를 조작하거나 이동하는 능력이다. 로봇 공학은 주로 물체가 명령을 받아 움직이는 것을 연구한다. 좁은 범위의 인공지능 역량이라면 1~5번까지, 넓은 범위의 인공지능 역량이라면 로봇 공학까지 포함한다.

약한 인공지능 시대는 6가지 핵심능력을 두고 기업 간 경쟁도 치열해질 것이다. 대기업은 여섯 가지 능력을 합쳐서 완제품으로 파는 것이고, 작은 기업은 일부 기능을 향상시킬 것이다. 이런 노력 덕택으로 21세기 중반쯤에는 약한 인공지능이 상당한 수준의 자율학습 능력과 합리적 의사결정과 행동 실행을 하는 단계까지 이를 것이다. 이때가 되면 상당한 수준의 역량을 가진 약한 인공지능이 우리의 가정과 삶의 거의 모든 영역에서 인간과 동고동락하는 미래가 되어 있을 것이다. 약한 인공지능의 시대에 인간은 인공지능과 '연결, 접속 관계'를 갖게 될 것이다. 인간은 인공지능과 접속이나 분리를 자유자재로 선택할 수 있을 것이며, 인공지능은 인간 뇌의 연장이라는 말을 실감하게 될 것이다. 곧 등장하게 될 자율주행 자동차와 인공지능 로봇은 약한 인공지능 단계에서 나타날 제품들이다.

# 3차 로봇혁명을 일으키는, 강한 인공지능

세 번째 단계는 '강한 인공지능'이다. 강한 인공지능은 인간의 능력을 그대로 모방하는 수준에 이른 상태다. 약한 인공지능이 인간지능의 '일부분'을 완벽하게 모방하거나 뛰어넘는 수준이라면, 강한 인공지능은 인간지능 '전(全) 분야'에서 인간과 같은 수준에 도달한다. 나는 이 단계의 인공지능을 '마키나 사피엔스(Machina Sapience)라고 부른다. 호모 사피엔스(Homo Sapience)를 완벽하게 모방했기에 마키나 사피엔스 라고 이름 붙였다. (마키나는 기계를 뜻하는 라틴어다.) 마키나 사피엔스 수준에 올라가려면 구조적·생물학적·나노공학적·인지과학적으로 많은 지식과 연구가 필요하며 뇌 커넥톰도 완성되어야 한다. 인간 뇌에 대한 모방과 신비를 알아야 하기 때문에 신경공학과 유전공학이 더 발전해야 한다. 그다음에는 심리학, 인지과학을 통하여 뇌지도가 만들어지면 매뉴얼을 해석할 수 있는 기술도 나와야 하고, 마스터 알고리즘 혹은 수많은 인공지능 알고리즘이 연결된 시스템이 필요하다. 컴퓨터 처리능력도 지금보다 수천 수만 배 빨라져야 하기에 기술적으로 일러야 21세기 중후반에야 강한 인공지능 시대가 시작될 것으로 예측한다.

21세기 중후반 무렵에 등장하는 강한 인공지능은 지속적으로 발전하면서 자유의지를 제외한 인간의 모든 것을 완벽하게 모방하는 수준까지 나갈 것이다. 이 단계에서 인간과 인공지능의 관계는 '완전한 결합'이다. 연결에서 결합 상태로 갈 것이며 24시간 상시연결이라고 볼 수 있다. 약한 인공지능과 인간이 연결의 관계에 있을 때에는 인간이 원하면 인공지능과의 접속과 끊음을 조절할 수 있다. 결합의 시대는 상시적으로 연결되어 있는 상태다. 끊을 필요도 없고 끊기도 어려울 것이다. 인간이 인공지능과 연결을 스스로 끊는 이유는 연결 상태가 불편하기 때문이다. 하지만 강한 인공지능의 시대는 기술적 성숙도나 사회심리적 인식이 인공지능과 인간의 완벽한 결합을 불편해하지 않는 단계에 도달한다. 끊을 필요도 없으며 끊기도 어려울 정도로 밀접한 관계가 된다. 약한 인공지능의 시대는 인공지능을 인간의 외장 두뇌처럼 사용하지만, 끊어지지 않고 24시간 365일 평생 상시적으로 연결되는 강한 인공지능 시대는 자신의 생물학적 뇌처럼 사용하게 될 것이다. 인공지능을 내 생각의 속도로 사용하는 시기다.

강한 인공지능이 출현하려면 어떤 환경이 필요할까? 강한 인공지능은 현재의 슈퍼컴퓨터보다 연산 속도가 1억 배 이상 빠른 양자 컴퓨터나 자기 컴퓨터, 원자 컴퓨터 등이 상용화되어야 한다. 미래 컴퓨터는 새로운 방식으로 발전할 것이다. 양자 컴퓨터, 원자 컴퓨터, DNA 컴퓨터 등은 $10^5$ 이상의 연산 속도를 가능케 하는 기술들이다. 2015년 12월 슈퍼컴퓨터보다 1억 배 빠른 연산능력을 가진 양자컴퓨터 'D-Wave 2X'를 공개했다.[*] 이런 새로운 기술들 덕택에 컴퓨터의 연산속도가 무어의 법칙을 따라 계속 발전하는 것이 21세기 내내 유지되어 21세기 말이면 아주 강한 인공지능을 만들 수 있는 수준으로 연산속도 증가가 가능할 것이다. 이외에도 강한 인공지능을 만들기 위해서는 자율적 기계 학습이 되고, 커넥톰 완성이나 초연결사회 구축 등 몇 가지 조건들이 더 필요하다.[**] 뇌를 스캔하는 기술도 더 발전해야 한다. 2005년부터 이미 뇌의 특정부위에 한해서는 시뮬레이

---

[*]　강시철, 《인공지능 네트워크와 슈퍼 비즈니스》(리더스북, 2016), 40.
[**]　최윤식, 《미래학자의 인공지능 시나리오》(대성korea.com, 2016), 207-212.

션에 성공했다.* 뇌를 완벽하게 스캐닝하려면 외부 스캔 기계를 사용해서는 한계가 있어서 나노 기계를 뇌 안에 넣어서 스캔하는 방식이 대안으로 부상하고 있다.** 2030~2040년경이면 기술적 가능성이 생길 것이다. 이런 추세들을 감안하면 21세기 중반에는 뇌의 모든 부위에 대한 시뮬레이션에 성공할 가능성이 충분하다.

인공지능이 인간처럼 능수능란하고 종합적으로 지능을 발휘하려면 소프트웨어 기술도 비약적으로 발전해야 한다. 알파고가 바둑이라는 특정한 분야에서 인간을 뛰어넘었지만, 이는 종합적 성능이 아니다. 특정 영역에서만 뛰어난 연산기술이다. 인공지능 하나를 강하게 하는 것으로는 한계가 있다. 생명체를 예로 들면, 하나의 세포가 커질수록 부피 대 표면적으로 비율이 증가하여 세포의 신진대사 속도나 효율성이 크게 떨어진다. 인공지능도 비슷할 것으로 추측된다. 하나의 인공지능을 가지고 다양한 기능을 발휘하게 하려면, 인공지능의 알고리즘이 커져야 한다. 인공지능의 크기가 커질수록 작동의 속도나 효율성이 떨어지게 될 것이다. 단순하게 인공지능 알고리즘을 복잡하게 하는 것만으로는 고도의 지능과 엄청나게 다양하고 복잡한 행위를 기대할 수 없다. 복잡하고 다양한 행동들을 안정적으로 수행하기 위해서는 구조적으로 그리고 기능적으로 독립성을 획득한 여러 개의 하위 인공지능들이 하나의 시스템으로 결합되어 완벽하게 작동하는 것이 필요하다. 즉, 다양한 인공지능을 결합해서 인간의 뇌처럼 군집화를 통해 인공뇌신경계(ABS, Artificial Brain System)로 진화해야 한다. 몇 개의 인공지능을 결합해야 할까? 인간이 뇌 하나로 하는 모든 일을 컴퓨터가

---

* 레이 커즈와일, 《특이점이 온다》, 김명남, 장시형 역(김영사, 2007), 246.
** 같은 책, 270.

하려면 알파고같이 특정 분야의 업무를 잘하는 인공지능을 수만 개 결합 시켜야 한다. 아니, 수만 개로도 부족할 수 있다. 인공지능 로봇의 경우, 뇌 역할을 하는 상위 인공지능 신경계와 유전적으로 정해진 기능을 뇌의 명령보다 빠르게 수행할 수 있는 하위 인공지능 신경계를 모두 가져야 한다.

컴퓨터가 인간의 뇌 성능 혹은 인간의 뇌 지능을 뛰어넘는 강한 인공지능 단계에 이르려면 하나 더 중요한 장벽이 있다. 인간의 뇌는 사회적 맥락에서 발전했다. 뇌의 작동과 명령 하달(의사결정)도 사회적 맥락을 고려한다. 인공지능도 사회적 맥락을 완벽하게 이해해야 한다. 인공지능 영역에서 '무리 지능'(swarm intelligence)을 연구하는 이유다. 이 시기에 이르면 인공지능이 저마다 처한 환경과 목적에 따라 각기 다른 방향으로 발전해 나가면서 그 종류가 다양해져 있을 가능성이 크다. 어떤 인공지능은 처한 환경에 잘 적응하기 위해 크기와 성능을 줄이거나 단순한 구조를 갖게 될 것이다. 어떤 인공지능은 그 반대가 될 것이다. 인공지능의 발전이 반드시 인공지능 구조의 복잡성을 증가시키는 쪽으로만 진행되지 않는다는 말이다. 복잡성은 인공지능의 다양성이 증가하는 과정에서 자연스럽게 나오는 결

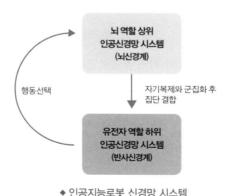

◆ 인공지능로봇 신경망 시스템

과물일 것이다. 다양해진 인공지능들은 위계질서가 만들어질 것이고, 분업과 위임도 일어나게 될 것이다. 공생관계도 만들어지고, 적대관계도 만들어질 수 있다. 인공지능끼리만이 아니라, 주변 사물과도 연결될 것이다. IoT는 인공지능의 신경계로 사용될 수 있고, 통신 기술은 인공신경신호를 전달하는 기능을 할 수 있다. 인간과 연결되어 사회적 분업의 일부를 맡게 될 수도 있다. 어떤 인공지능은 사회적 분업에 참여하는 사물, 인간, 인공지능 간의 임무 분장과 분업에 참여하는 각 단위들이 맡은 임무를 정확하고 성실하게 수행하도록 관리하는 역할을 맡게 될 수도 있다. 이런 서로 다른 인공지능(혹은 인공지능 로봇)이 집단(사회)을 이루고 명령을 내리는 지도자가 없어도 서로 의사소통을 하면서 사회적 맥락을 고려해서 위계질서도 알아차리고 상황에 맞는 합리적이고 질서 있는 행동을 할 정도의 성능을 발휘해야 한다.* 강한 인공지능은 휴머노이드 로봇, 복잡한 기능도 멀티로 수행하는 서비스 로봇, IoT, 7G 통신, VR, AR 등과 연결되어 강력한 인공지능 네트워크를 구축해줄 것이다. 이 무렵이면 인간도 생물학적 뇌 속에 아주 작은 마이크로칩 등을 이식할 것이다. 사이보그 인간과 강력한 인공지능 네트워크의 연결은 더 위대한 인간의 시대, 호모 마키나 사피엔스(Homo machina sapience) 시대를 열어줄 가능성이 크다.

일부에서는 강한 인공지능이 출현하면 인간을 위협하는 존재가 될 거라고 우려한다. 물론 이 단계에서 일부는 인공지능의 명령과 통제를 받을 가능성이 충분히 존재한다. 경제학에서 말하는 '본인-대리인' 이론으로 비유하면, 지금은 인간이 본인(principle)이고 인공지능이 '대리인'(agent) 관

---

\*     이대열, 《지능의 탄생》(바다출판사, 2017), 106–109.

계로 형성되지만, 미래에는 둘의 관계가 바뀔 가능성도 있다. 인공지능이 인간을 대리인으로 두게 되면 적절한 동기부여를 하여 도덕적 해이(moral hazard)로 자기 이익만을 추구하거나 게으름을 피우거나 이익을 훼손하거나 남용하는 일을 방지하기 위해 계약의 주도권을 갖고 의사결정을 내릴 수도 있다. 인간의 행동을 평가하고, 결과에 따라 보상 수준도 결정할 수 있다. 더 나은 성과를 위해 인공지능이 대리인 관계에 있는 인간을 학습시키고 훈련시킬 수도 있다. 물론 이런 역할을 담당하는 인공지능이 출현하더라도 이를 다시 대리인 관계로 맺고 있는 상위 계급의 인간이 존재할 것이다. 이럴 경우, 상위 계급 인간-상위 계급 인공지능-하위 계급 인간-하위 계급 인공지능 순의 새로운 계급사회가 형성될 수 있다. 하지만 이런 상황이 인공지능이 인간을 지배하고 파괴하는 위협적 존재이기 때문에 만들어진 상황이라는 평가는 옳지 않다. 인공지능을 활용하는 인간과 그렇지 못한 인간, 인공지능을 활용에 뛰어난 집단에게 지배당하는 인간의 관계에서 만들어진 새로운 계급구조라고 해야 맞다.

2030년 이후부터 제3차 로봇혁명이 일어날 것으로 예측한다. 나는 인간이나 가축의 노동력을 대체하여 기계가 출현한 시기를 1차 로봇혁명기라 부르고, 로봇에 연산 기능이 추가된 것을 2차 로봇혁명기로 분류한다. 3차 로봇혁명은 기계에 인공지능이 결합되어 자율성, 자발성, 자기 통제력을 획득하기 시작하고 서서히 인공 피조물이라는 개념에서 벗어나는 시기다.[*] 기계, 즉 로봇이 이런 능력을 갖기 위해서는 강한 인공지능이 필수다. 사실 로봇 산업은 약한 인공지능 단계에서도 시작되고 있다. 미국 캘리포

---

[*]    최윤식, 《2030 대담한 도전》(지식노마드, 2016), 388.

니아주 마운틴뷰에서는 사람이 걷는 속도로 22kg의 음식을 손님에게 나르는 자율주행 로봇 '페니'가 피자 레스토랑에서 일하고, 1시간에 372판의 피자를 만들어내는 로봇 요리사가 활동하고 있고, 샌프란시스코에서는 350개의 센서를 관리하며 사람의 도움 없이 햄버거를 만들어내는 로봇 햄버거 가게가 운영 중이다. 중국 최대 온라인 쇼핑몰 회사 징둥닷컴이나 알리바바는 로봇 서빙을 전면에 내세운 무인 레스토랑을 운영 중이다. 홀 안에서 서빙은 물론이고, 단순한 음식 조리나 설거지 그리고 주문음식 배달에 로봇을 투입하는 음식점들이 속속 선을 보이고 있다. 시장조사업체 마켓스앤드마켓스는 2017년 13억 7,000만 달러(약 1조 5,340억 원)였던 전 세계 '푸드 로봇' 시장이 2022년 25억 달러(약 2조 8,000억 원)로 성장할 것이라고 전망했다.* 이런 추세라면 2030년 이후부터는 1가구 1로봇 시대가 도래하고 생활형 로봇 시대가 시작될 것이다. 하지만 성숙한 수준의 로봇은 21세기 중반 이후에나 가능할 것이다. 성숙한 수준의 로봇이란 인간처럼 움직이는 로봇이다. 인간과 같이 움직이는 인공지능 로봇 개발이 오래 걸리는 이유는 인간처럼 보고, 듣고, 느끼고, 걷고, 판단하고, 예측하고, 계획하고, 실행하고, 평가하고, 성찰하는 것을 따라할 때 해결해야 할 기술적 문제들이 인간의 유전자 지도를 읽고, 뇌지도를 완성하는 것보다 훨씬 더 어렵고 복잡하기 때문이다.**

로봇은 인공지능의 수준에 따라서 기계형 로봇, 인지기초 지능형 로봇, 행동기초 지능형 로봇으로 나뉜다. 기계형 로봇은 상황판단 기능과 자율동작 기능이 없다. 로봇의 모습도 사람 모양이 아니다. 생명체의 신체 일부

---

\*  한국경제, 2019. 1. 29. "요리부터 서빙까지, 미국 식당가 '푸드로봇' 바람"
\*\*  스티븐 핑커, 《마음은 어떻게 작동하는가》, 김한영 역(동녘사이언스, 2007), 20.

를 저급한 수준에서 모방한다. 스스로 학습하고 판단하지 못하고 프로그래밍된 명령을 수행한다. 정해진 계산을 따라 행동하기 때문에 연산형 로봇이다. 반면 '지능형 로봇'은 최소한의 인공지능을 갖는다. 지능형 로봇이 되려면 4가지 기능을 갖추어야 한다. 환경인식, 위치인식, 자율동작, 자율이동이다.

지능형 로봇은 2가지로 나눌 수 있다. 하나는 인지기초 지능형 로봇이고, 다른 하나는 행동기초 지능형 로봇이다. 로봇의 몸체 내부에 '인지' 능력을 발휘할 수 있는 인공지능 소프트웨어를 장착한 것이 인지기초 지능형 로봇이다. 외부환경을 인식(perception)하고, 스스로 학습하여 2D 혹은 3D 외부지도를 만들고, 이를 기반으로 스스로 자율적인 판단(decision)과 동작(manipulation)을 하는 로봇이다. 반면 MIT 인공지능 연구소 소장이며 세계적인 인공지능 학자인 로드니 A. 브룩스 박사가 개발한 '행동기초(Behavior-based) 지능형 로봇'은 '포섭 구조'(subsumption architecture)라는 이론을 기반으로 한다.[*] 행동기초 지능형 로봇은 흔히 말하는 (두뇌형) 인공지능 소프트웨어를 탑재하고 있지 않다. 로드니 A. 브룩스 박사가 개발한 포섭 구조 이론은 로봇이 주어진 환경에 대응하여 똑똑하게 반응하는 데는 복잡하고 개발비가 많이 들어가는 인식 장치를 가질 필요가 없다는 것을 전제한다. 로봇에 달린 감지 장치(sener)를 작동 장치에 직접 연결하여 파블로의 개처럼 조건반사적 행동들을 하게 하고 단순하게 조합된 학습 장치를 통해 병렬분산 방식의 단순 계산만으로도 보기, 걷기, 길 찾기, 미적 판단 등에서 훌륭한 움직임을 만들 수 있다는 이론

---

[*]    로드니 A. 브룩스, 《로드니 브룩스의 로봇 만들기》, 박우석 역(바다출판사, 2002), 80.

이다. 생명체의 행동 상당수는 깊이 생각하지 않고 그냥 행해진다는 데서 착안한 이론이다. 대신 감지 장치(sener)와 작동 장치가 아주 빨리 반응하는 것이 중요하다.* 로드니 A. 브룩스 박사는 자신의 이론을 따라 '징기스'(Genghis)라는 로봇을 만들었다. 그리고 징기스를 움직이는 소프트웨어는 전혀 심오하지 않지만, 징기스의 행동은 아주 심오할 정도로 똑똑하다는 평가를 받았다.**

21세기 중후반 강한 인공지능과 로봇의 결합은 이렇게 서로 나뉘어 연구되는 다양한 이론과 접근방법들을 통합하는 방식으로 전개될 것이다. 어떤 부분은 인지기초 지능형 로봇처럼, 어떤 부분은 행동기초 지능형 로봇처럼 작동할 것이다. 로봇의 어떤 부분은 약한 인공지능이나 단순하게 조합된 학습장치만 적용되고, 어떤 부분은 강한 인공지능이 접목될 것이다. 어떤 부분은 중앙 집중형 인공지능과 연결될 것이다. '초연결사회'가 되면, 로봇도 인터넷에 접속되어 원격제어를 받거나 지능을 업그레이드 받게 된다. 네트워크에 연결된 로봇들은 각자 독특하게 학습한 기능, 지식, 감성 데이터를 주고받으며 성능을 빠르게 향상시킬 수 있게 된다. 로봇의 구형 몸체를 신형으로 업그레이드하면, 클라우드에 백업된 구형 로봇의 지식, 감정, 행동 데이터를 내려받으면 된다. 강한 인공지능과 로봇이 결합되면 로봇과 인공지능 자체도 이전의 한계를 빠르게 뛰어넘으면서 발전에 발전을 거듭하게 된다. 로봇이 자기 몸을 물리적으로 복제하지 않더라도 자기복제 효과를 낼 수 있다. 지구 규모의 기계 학습도 가능해진다. 기계 학습 알고리즘의 전문가인 페드로 도밍고스는 지구 규모의 기계 학습을 다음과 같

---

*    같은 책, 72, 77, 82.
**   같은 책, 85~95, 417~433.

이 정의했다.

> 이 세상 모든 사람에 대한 모형을 세우고 데이터가 계속 흘러 들어가면
> 대답이 계속 흘러나오는 머신러닝이다.[*]

지구 규모의 기계 학습이 가능해지면 로봇의 지능이 폭발적으로 발전하면서 더 나은 자기 몸을 공장에서 스스로 생산해낼 수 있는 방법도 찾게 될 것이다. 즉, 강한 인공지능과 제3차 로봇 혁명의 결합은 아주 강한 인공지능으로 발전하는 길을 스스로 여는 열쇠 중 하나다. 참고로 인공지능이 자기복제를 하려면 몇 가지 능력을 갖춰야 한다.[**] 첫째, 촉매가 발생할 때 물리적 형질을 자손에게 그대로 전해줄 수 있는 유전(heredity) 능력이 있어야 한다. 이를 위해서 유전 능력을 가진 최초의 인공지능은 자기복제를 촉진하는 자가촉매(autocatalyst) 기능을 가져야 한다. 둘째, 유전정보를 안정적으로 저장하는 기능도 가지고 있어야 한다. 유전정보의 저장과 자기복제에 필요한 반응을 촉진하는 촉매를 제어하고 보호하고 효율성을 관리하고 발전시키는 장치를 가져야 한다. 셋째, 유전만으로는 종의 발전에 한계가 있기 때문에 자기복제(유전) 과정에서 돌연변이(mutation)를 형성하는 능력도 있어야 한다. 넷째, 자기복제에 사용되는 부품의 수가 적을수록, 조립방법이 간단할수록 안정적이다. 인공지능의 경우 라이브러리(library)가 부품이 될 수 있다. 다섯째, 자기복제를 반복하는 과정에서 너무 쉽게 파괴되면 안 된다. 여섯째, 주위 환경에서 생산의 원료가 되는 원

---

[*]   페드로 도밍고스, 《마스터 알고리즘》, 강형진 역(비즈니스북스, 2016), 413.
[**]  이대열, 《지능의 탄생》(바다출판사, 2017), 117-128.

자재(raw materials)를 흡수하여 필요한 요소는 자신의 물리적 형질의 일부나 에너지로 변형시키고 불필요한 요소는 밖으로 배출하는 신진대사(metabolism) 능력도 있어야 한다.


## 강한 인공지능 시대, 위험한 미래

강한 인공지능의 시대로 접어들면 한 가지 대비해야 할 위험한 미래가 있다. 나는 북핵문제가 전 세계를 공포로 몰아넣을 때, 핵폭탄보다 더 무서운 것은 북한 같은 나라가 인공지능을 잘못 사용하는 미래라고 경고했다. 전문가들에 의하면 현재 지구상에 존재하는 가장 작은 핵폭탄도 1945년 일본에 떨어진 것보다 천 배의 위력을 가진다. 북한이 핵무기를 포기하더라도 대한민국이나 미군이 보유한 인공지능보다 더 뛰어난 인공지능을 개발한다면 핵폭탄을 단 한 발도 쏘지 않고 남한을 초토화할 수 있다. 그럴 가능성은 극히 낮지만 미래에는 총, 칼, 핵무기로 전쟁하지 않는다. 사이버 전투가 중심이 될 것이다. 컴퓨터 망에 침투하여 국가 주요 시설을 파괴하는 사이버 전쟁이 벌어지면, 전투를 지휘하는 임무는 사람이 맡고 보병이나 포병은 인공지능이 맡게 될 것이다.* 인공지능으로 무장한 프로그램 봇(program bot) 군대가 적진의 첨단 방어 시스템을 초토화한 후, 인공지능을 탑재한 로봇 부대(robot troops)가 순식간에 침투하여 재래식 전력을 무력화시키게 될 것이다. 그 과정에서 인공지능은 적진에 있는 발전 시

---

＊    페드로 도밍고스, 《마스터 알고리즘》, 강형진 역(비즈니스북스, 2016), 55.

설은 물론이고 원자력발전소를 파괴하여 핵폭탄을 투여하지 않고도 방사능오염 피해를 줄 수도 있다. 자국의 미사일을 한 발도 발사하지 않고 적국의 무기 시스템을 해킹하여 아군끼리 포격하는 참사를 일으킬 수도 있다. 인공지능이 적국의 핵무기 통제시스템을 해킹하여 지구 전체를 날려버릴 수 있는 분량의 핵무기들을 동시에 발사시켜버릴 수도 있다. 북한이나 테러 국가들은 재래식 전력에서 한국이나 미국 등에 크게 열세다. 하지만 그들이 세계 최고의 인공지능을 개발한다면 어떻게 될까? 인공지능 기술 하나만으로 이 모든 비대칭성을 단숨에 해결할 수 있다.

인공지능 로봇 강도, 로봇을 속이는 인간, 로봇을 불법적인 영역에서 사용하는 인간 시나리오도 생각해보아야 한다. 불순한 목적을 가지고 있는 기업이나 국가에게 인공지능 형태나 데이터 형태로 된 무기를 판매하는 불법 단체가 생겨나는 시나리오도 가능하다.* 2010년 5월 6일 오후 2시 42분부터 불과 몇 분 만에 미국 다우존스 주가가 천 포인트(시가총액대비 9%) 하락하는 '플래시 크래시'(flash crash, 갑작스런 붕괴) 현상이 발발하면서 개인과 기관들이 은퇴자금, 학교 기부금, 은행에 저축한 돈, 수십 년 모은 돈으로 투자한 금액에서 1조 달러가 사라졌다. 이 돈을 몇 분 만에 강탈해 간 장본인은 초단타매매를 하는 인공지능 프로그램들이었다. 초단타매매 알고리즘들이 서로 경쟁적으로 주식을 내다팔면서 발생한 일이었다. 애플의 주가는 한때 주당 십만 달러까지 치솟기도 했고, 엑센추어 주가는 주당 1센트로 폭락하기도 했다. 시카고 상업거래소에서 긴급하게 거래중지를 하고난 후에야 악몽은 끝이 났다.**

---

\*     제리 카플란, 《인간은 필요 없다》, 신동숙 역(한스미디어, 2016), 19.
\*\*    같은 책, 93–96.

이런 일은 인공지능끼리 서로 경쟁하는 다른 영역에서도 일어난다. 2011년 4월 18일, 아마존에서는 피터 로렌스(Peter Lawrence)가 쓴 정가 35달러짜리 《파리의 탄생》(*The making of a Fly*)이라는 진화 생물학 책에 무려 2,369만 8,655달러 93센트라는 판매가격이 제시되었다.[*] 무엇 때문이었을까? 아마존에서 서적을 판매하는 두 판매상이 운영하는 도서 가격 결정 알고리즘이 서로 가격 경쟁을 했기 때문이다. 이들 알고리즘은 경쟁 판매상의 가격보다 조금씩 높게 책 가격을 책정해서 아마존에 게시하도록 프로그램된 인공지능이었다. 물론 아무리 그 책을 사고 싶어도 2,369만 8,655달러 93센트에 사지는 않을 것이다. 하지만 만약 그 책이 꼭 필요한데 구하기는 힘들고, 아마존에서 검색하니 중고책 한 권이 있는데 가격이 정가의 10배에 해당되는 350달러라면? 그렇다면 구입 버튼을 누를 가능성이 크다. 그런데 그것은 책의 진짜 가치를 반영한 가격이 아니라 인공지능끼리 경쟁하면서 책정한 가격이다. 이 내막을 안다면 돈을 강탈당한 기분이 들지 않을까?

이런 미래보다 더 위험한 것은 스카이넷(Skynet)의 출현이다.[**] '스카이넷'은 아널드 슈워제네거가 주인공으로 나왔던 터미네이터 시리즈에 인간을 감시하고 파괴하는 악역으로 등장하는 아주 강한 인공지능 시스템이다. 이런 미래에 대한 두려움과 경고는 아주 오래된 역사다.

조지 오웰의 소설 《1984》에 정보를 독점하고 사회를 통제하는 권력이 등장한다. 빅브라더다. 소설에는 사회를 안전하게 관리하고 발전시킨다는 좋은 목적으로 포장된 관리 권력이 텔레스크린으로 모든 사람을 감시하고

---

[*]  크리스토퍼 스타이너, 《알고리즘으로 세상을 지배하라》, 박지유 역(에이콘, 2016), 8.
[**]  페드로 도밍고스, 《마스터 알고리즘》, 강형진 역(비즈니스북스, 2016), 450.

통제하는 이야기가 나온다. 하지만 실제는 특정 권력자들이 사회통제를 하기 위해 화장실까지 감시하는 악랄한 도구였다. 권력을 독점하려는 관리자의 힘은 정보 수집에서 나왔다. 인공지능의 미래를 예측하면서 빅브라더나 스카이넷의 출현이 불가능하지 않다는 것을 직감할 수 있다. 아래는 내가 《2030 대담한 도전》에서 한 예측이다.

> 기술 발달 자체가 빅브라더를 만들거나 독재자가 감시사회를 만드는 것이 아니다. 21세기 말에 극도의 생존위협을 느낀 인류가 생존을 위해 권리를 포기하고 빅브라더스를 요청하거나, 탐욕스런 권력자가 이런 상황을 명분으로 기술 시스템을 장악하면 독재 권력자와 기술 시스템이 한 몸으로 결합되어 새로운 행위자가 탄생할 것이다. 기술 시스템을 장악한 권력자는 다른 사람들이 하지 못하는 일을 할 수 있을 것이다. 인류의 생존 문제를 해결하는 일을 할 수 있는 만큼, 권력과 기술 시스템 모두를 장악한 빅브라더는 나머지 사람들을 자원화할 수 있을 것이다. 다른 탐욕스런 목적도 성취할 수 있을 것이다. 철저한 감시, 대중적 사기, 끔찍한 살인도 서슴지 않는 빅브라더의 길을 갈 수도 있다.[*]

2018년 7월 한국사회는 기무사의 오래되고 전방위적 감시와 불법 사찰과 불법 정보수집, 국가 내란음모 모의 사건으로 시끄럽다. 중국은 베이징에만 CCTV를 2,000만 개 설치하고, 전국에는 2억 개를 설치해 주민을 감시 중이다. 초연결사회가 되면 전 세계 모든 도시는 물론이고 산골 마을

---

[*]    최윤식, 《2030 대담한 도전》(지식노마드, 2016), 713-714.

까지 감시할 수 있는 네트워크망이 완성된다. 인간의 모든 생체 데이터부터 매일 사용하는 이메일, SNS 흔적, 스마트폰 사용 위치와 내용 등 일상 활동 데이터까지 클라우드 안에 모이게 된다. 수집된 데이터는 강한 인공지능이 분류하고 분석하고 학습한다. 강한 인공지능은 당신을 당신보다 더 잘 알게 된다. 당신이 마음속 깊은 곳에 숨겨놓은 욕망까지도 예측하여 맞출 수 있게 된다. 특정 기업이나 국가의 특정 기관 혹은 특정 집단이 이런 기술을 오용할 가능성은 충분하다. 즉, 가장 위험한 미래는 기술이 아니라 본 책에서 분석하고 예측한 새로운 도구들을 잘못 사용하는 사람일지 모른다.

## 아주 강한 인공지능

인공지능 발전의 마지막 단계는 '아주 강한 인공지능'이다. 앞서 예측했듯이, 약한 인공지능과 강한 인공지능 단계에서는 인공지능이 인간을 지배하거나 파괴할 기술적 단계에 이르지 못한다. 기술적으로, 인공지능이 인간을 지배하는 능력을 보유하려면 21세기 말이나 22세기 초에나 가능할 것이다. 이런 이유 때문에 나는 강한 인공지능을 인류에게 위협이 되지 않는 강한 인공지능과 인류에게 위협이 되는 강한 인공지능으로 나눈다. 전자를 강한 인공지능이라 부르고, 후자를 '아주 강한 인공지능'이라 분류한다. 내가 예측하는 '아주 강한 인공지능'의 최종 모습은 아래와 같다.

아주 강한 인공지능은 지식을 합리적으로 조작하는 물리적 뇌와 완벽한 이성을 가지고 모든 지적 과제에서 인간을 뛰어넘는 합리적 사고를 할 수 있다. 초지능체(超知能體)일 뿐만 아니라, 인간 정신작용을 완벽하게 모방하여 완전한 마음(perfect mind)도 갖는다. 인간 '정신'(情神, soul)의 핵심인 자유의지도 갖는다.

아주 강한 인공지능이 완성되려면 위 조건들을 전부 갖추어야 한다. 위의 조건들을 전부 갖추어야 인간의 명령과 통제에서 완전히 벗어나 독립적 상태로 완성될 수 있다. 완전히 독립적 존재가 되어야 인간과 경쟁하거나 대립된 의견을 관철시키기 위해 맞서서 겨루는 대항(對抗) 전략을 구사할 수 있는 상태가 된다. 하지만 아주 강한 인공지능이 완성되더라도 즉시 인간을 위협하고 대항하고 멸절(滅絶)하려 덤비지 않을 것이다. 아주 강한 인공지능 시대는 인간과 인공지능이 '통합'되어 경계가 없어지는 시대를 만들 것이다. 인터넷 연결망을 통합, 즉 인간 신체의 직접 통합으로 인간과 기계의 구별이 무의미해지는 상태다. 인공지능은 인간 두뇌의 연장을 넘어 인간의 두뇌 자체가 된다. 로봇이 인간의 몸의 연장을 넘어 인간의 몸 자체가 된다. 가상 세계와 현실 세계의 경계가 완전히 무너지면서 인간의 정신이 가상과 하나로 통합된다. 21세기 말~22세기 초 무렵, 아주 강한 인공지능 기술에 힘입어 인간과 인공지능은 '통합'의 단계에 도달할 가능성이 크다. 역사상 가장 강력한 인간 종(種), 호모 마키나 사피엔스를 완성하는 기술로 사용될 가능성이 더 크다.

미래 인공지능이 생물학적 상태에서 발현되는 인간의 지능을 뛰어넘는 것은 거의 확실하다. '감정'도 완전히 모방할 가능성이 크다. 알파고의 신경망은 입력 노드가 17,328개다. 은닉층의 층수는 13개다. 인간 뇌는 이보다 훨씬 더 복잡하다. 알파고가 아주 복잡한 신경망을 가졌지만, 각 노드들이 이전 노드들에서 전송한 값에 자신이 가진 가중치를 곱해서 더하는 수준에 불과하다. 아직 인공지능은 더하기 곱하기를 잘할 뿐이다. 딥러닝의 작동방식도 상수 정의, 변수 선언, 함수 정의 등 여타의 프로그램을 작성하는 방식과 같다. 가중치를 설정하거나 최적의 연결강도를 찾기 위해 학습을 통해 스스로 가중치를 업데이트하더라도 그 원리 자체는 인간이 작성한 코드를 따른다. 그럼에도 바둑이나 게임에서 인간의 생물학적 지능 발현 속도와 범위는 이미 넘어섰다. 인간의 창의력과 컴퓨터 하드웨어의 비약적 발전 덕분이다. 하지만 미래 인공지능이 철학이나 종교적인 개념인 의식이나 마음, 영혼 그리고 이와 연관된 것으로 인식되고 있는 '자유의지'를 발현할 수 있느냐는 여전히 찬반이 나뉜다. 영화 〈매트릭스〉에서는 몇몇 인간들이 초인공지능이 만들어낸 세상이 가상현실이라는 것을 알아차린다. 초인공지능이 인간의 '의식' 세계는 완벽하게 디지털화했지만, '무의식'은 흉내 내지 못했기 때문이다. 이것은 미래의 초인공지능이라도 무의식 세계의 비밀을 알아내지 못했다는 의미다.

인공지능을 인격체로 인정하고 권리를 인정해주느냐는 지능, 마음, 의식, 자유의지, 영혼 중에서 어디부터 인격체로 인정하느냐와 연관된다. 생명체를 기계와 같다고 생각한 폰 노이만이나 일부 비슷한 생각을 가진 생물학자나 엔지니어들처럼 '유기체는 알고리즘에 불과하다' 혹은 '유전자도 코드 조합에 불과하다'는 전제를 따르면 알고리즘에 따라 지능을 발현하고 잘 짜인 코드로 구성된 인공지능도 인격체로 인정해주어야 한다. 여기에 기술이 발달해서 인간의 형상을 따르고 감각적으로 구별하기 힘든 인공 피부를 가진 로봇이 등장하면 인공지능을 인격체로 인정하고 평등한 권리를 부여해야 한다는 목소리는 더욱 커질 것이다.

인공지능의 인식 능력이 발전을 거듭하면 언젠가 인간처럼 마음을 가질 수 있을까? 마음은 강한 인공지능의 출현 가능성과 연결되는 핵심 주제 중 하나다.* 이 문제를 풀기 위해서는 '마음'을 어떻게 정의하느냐가 우선이다. 하지만 아직 인간은 자기 안에 분명하게 있는 마음이 어디에 위치하고, 어떤 구조이고, 어떻게 작동하는지 모른다. 일단 모르기 때문에 모방하여 만들기 힘들다. 지식(知識)은 '학습하여 알게 된 명확한 이해'를 말한다. 이에 반해 지성(知性)의 사전적 의미는 '사고하고 이해하고 판단하는 본래적 정신 작용'이다. 지성을 가진 인간이 만들어낸 결과물이 지식이다. 하지만 지성은 이런 사전적 의미를 뛰어넘는다. 신에게는 신성(神性)이 있고, 인간에게는 인성(人性)이 있다. 신성은 만들어진 피조물(被造物, Being created)과 다른 신의 고유한 특성이고, 인성은 다른 생물과 다른 인간의 고유한 특성이다. 칸트는 지성을 깨달음과 연결시켜 대상을 구성하는 개념 작용으로서 오성(悟性)이라고 불렀다. 오성은 감성, 이성과 구별되는 지력(知力)이다. 플라톤은 오성을 로고스(Logos)라고 불렀다. 지력의 범위에 있는 오성을 이성과 구별시키려면 '마음'이란 매개가 필요하다. 이렇게 철학적으로 설명하는 이유는 이 문제가 얼마나 혼란스럽고 복잡하고 물리적으로 검증하기가 어려운가를 말하려는 것이다. 그렇기에 똑같이 복제하거나 모방하기 어렵다.

마음의 문제는 자유의지 문제와도 연결된다. 철학적으로 마음이 자유의지가 머무는 장소이기 때문이다. 아주 강한 인공지능의 완성에서 가장

---

* 제리 카플란, 《인공지능의 미래》, 신동숙 역(한스미디어, 2017), 125.

어려운 장벽은 '자유의지'가 될 것이다. 인공지능이 자유의지를 갖기 전까지는 인간을 지배할 가능성이 없다. 인공지능을 설계하는 인간이 인공지능 안에 인간을 거역하지 못하도록 강제(强制)할 것이기 때문이다. 자유의지는 외부 영향을 받지 않고 스스로 사려 깊은 가치판단을 통해서 사회적으로 강제된 규범이라도 거역하거나 고칠 수 있는 의지와 행동이다. 인간에 거역하는 인공지능이라는 것은 인간이 강제한 법을 거역하거나 고칠 수 있는 능력이 있다는 의미다. 당연히 인간을 파괴하거나 지배하는 인공지능이 되려면 자유의지가 있어야 한다.

자유의지의 가장 중요한 역할은 행동의 자율성이 아니다. 자기 스스로 자유롭게 가치판단을 하는 것이다. 가치판단에 대한 가설을 세울 수 있어야 한다. 자기 스스로 자유롭게 가치판단한 것을 기반으로 새로운 가치 가설을 세우고 기존 가설과 비교하여 논리적·확률적으로 더 좋은 가설을 선택하는 행위로 옮기는 것이 중요한 역할이다. 즉, **자유의지는 선택의 자유도가 아닌 가치판단에 대한 자유도가 핵심이다.** 자유의지는 기존 가치판단을 학습해서 새로운 상황에서 재설정을 하는 능력도 가진다. 재설정은 발전적 가설을 세워 규정하고 검증하고 그것이 맞다고 평가되면 기존 가설을 파기하고 새로운 가치판단을 따라 행동하도록 하는 행위다. 성서 〈창세기〉에서 신이 최초의 인간인 아담에게 선악과를 준 이유도 바로 스스로 자율성을 가지고 가치판단을 할 수 있는 자유의지를 주기 위해서다. 자유의지는 신의 핵심 본성이다. 창세기에 인간을 창조한 신은 자신을 "스스로 있는 존재"라고 알렸다. 자신이 "스스로 가치 판단의 기준"이라고 알렸다. 자신이 "스스로 하는 생각, 말과 행동이 선"이라고 알렸다. 이 모든 것이 자유의지 발현이다. 신의 최고 속성인 자유의지를 가진 존재가 인간이다. 신의 속성을 물려받은 자유의지가 있기에 인간이 신이 만든 최고의 피조물이다. 노예처럼 자유의지가 없는 사람은 존재 가치를 상실한 생명체가 되어버리는 것을 보면 알 수 있다. 인공지능도 자유의지를 가져야만 완벽한 인공존재물(人工存在物)이 되어 완벽한 판단 능력을 갖출 수 있다.

한편에서는 인공지능이 절대로 자유의지를 가질 수 없다고 주장한다. 인공지능은 학습한 공통된 특성[하나의 특징(特徵)이나, 패턴]을 원칙으로 삼고 작업을 한다. 인공지능이 학습된 원칙에 따라 다음 행동을 하기 때문에 어떤 원칙을 학습했는지를 알기만 하면 '예측 가능한 존재'가 된다. '결정성'(決定性, deterministic)이다. 자유의지는 원칙에 구속되지 않고 스스로 독립적으로 행동할 가능성을 동시에 가져야 한다. 예측 불가능성 혹은 '임의성'(任意性, voluntariness)이다. 기계 학습을 하는 인공지능이 임의성을 가지고 행동한다는 것은 논리적으로 불가능하다. 이런 방식의 인공지능은 아무리 발전하더라도 자유의지를 갖지 못한다는 논리적 결론이다. (참고로 인간도 큰 틀에서는 자연법칙을 따르기 때문에 예측 가능한 존재, 결정성에 묶인 존재라고 규정하면서 인간의 자유의지는 허상이라고 주장하는 입장은 논외로 한다. 이런 주장을 하면 인공지능도 자유의지를 갖게 할 필요가 없다는 논리, 인간도 생물 기계에 불과하다는 결론이 나온다.)

'의식'의 문제도 제기한다. 생각이 뇌 작용의 결과물이라면, 생각을 인식하는 것은 의식인가? 의식은 마음에 있는가? 서던 캘리포니아대학교 인지신경학자 안토니오 다마시오(Antonio Damasio)는 '신체 표지 가설'(Somatic Marker hypothesis) 이론을 주장하며 뇌와 신체가 서로 밀접하게 결합하여 의식을 만든다고 보았다. 뇌와 신체를 분리하면 의식에 차이가 발생한다는 결론이다.* 신체 표지 가설 이론을 따르면 마음은 뇌와 신체 연결 부위에 있든지 아니면 전체에 있어야 한다. 반면에 위스콘신대학교 줄리오 토노니(Giulio Tononi)는 의식은 뇌에서 단독적으로 작동한다고 보았다. 뇌와 신체를 분리해도 의식의 차이가 없다는 결론이다.** 줄리오 토노니의 이론에 따르면 마음은 최소한 신체 안에는 없다. 이 문제도 혼란스럽고 복잡하고 물리적으로 검증하기가 어렵다. 그렇기에 똑같이 복제하거나 모방하기 어렵기에 강한 인공지능은 불가능하다는 주장이다.

제리 카플란(Jerry Kaplan) 같은 학자는 인공지능을 새로운 종(種)의 탄생으로 보지 않는다. 컴퓨터가 발전하면 언젠가는 인간보다 똑똑해지겠지만, 인간 종(種)이나 인간 지능(知能)의 전부를 넘어서지 않고 제한된 측면에서만 가능할 것이라 예측한다. 인간을 지배하거나 무용지물로 만들지도 않을 것이라고 예측한다.*** 제리 카플란 교수는 인공지능이 발전을 거듭하고, 적용 범위가 넓은 기술로 발전하고, 여러 가지 인공지능이 통합되어 나가더라도 최종적으로는 인간의 역량을 강화해주는 컴퓨팅 도구에 불과할 것이라는 생각이다. 힘들고 단조로운 활동에서 인간을 해방시켜 더 창의적이고 직관적이고 현명한 일을 하는 데 집중하도록 도움을 주는 도구가 될 것이라는 주장이다. 이런 수준을 넘어서 인간을 지배하고, 인간 위에 군림하고, 인간을 파멸시킬 가능성을 가진 강한 인공지능은 지나친 낙관론이자 근거가 부족한 상상이나 신기루, 신화적 생각이라는 말이다. 제리

---

* Antonio Damasio, "The Feeling of What Happens: Body and Emotion in the Making of Consciousness". (Boston: Harcourt, 1999).

** Giulio Tononi, "Phi: A Voyage from the Brain to the Soul". (New York: Pantheon, 2012).

*** 제리 카플란, 《인공지능의 미래》, 신동숙 역(한스미디어, 2017), 31.

카플란 교수는 인공지능 발전의 마지막에 인간을 지배하는 수준에 이를 것이라는 가정 자체는 기계와 생물의 연관성을 과도하게 결부시킬 때 나타나는 판단착오와 논리적 오류라고 평가한다. 새를 모델로 비행기를 만들었지만, 비행기를 계속 발전시킨다고 새처럼 둥지를 만들고 새끼를 낳는 일은 벌어지지 않는다는 반박이다.*

　이런 반론들에도 불구하고 아주 강한 인공지능이 실제로 출현한다고 가정해보자. (인류 역사는 불가능이라 여겨졌던 난관을 극복한 사례가 셀 수 없이 많다.) 나는 아주 강한 인공지능이 자유의지를 가졌다고 해서 인간에게 곧바로 대응하는 것은 아닐 것으로 예측한다. 자유의지에는 이기적 자유의지와 이타적 자유의지가 있다. 문제는 이기적 자유의지다. 이타적 자유의지는 공동의 선을 생각하지만, 이기적 자유의지는 자기 선에서 판단을 끝내기 때문에 위험하다. 쉽게 말해, 이기주의적 인간을 떠올리면 된다. 자유의지는 뇌의 어느 영역에서 발현되는 것일까? 어떻게 작동되는 것일까? 아쉽지만 인간은 아직 그 비밀을 풀지 못했다. 내 가설은 자유의지는 인간의 뇌구조, 뇌작동 방식, 인식체계 등 모든 것을 완벽하게 모방하여 원활하게 사용하면 창발적(創發的, emergent)으로 나오는 행동양식이라고 생각한다. 인간의 뇌는 복잡계(complex system)이다. 그래서 자유의지도 복잡계 이론으로 설명해야 한다. 뇌에서 자유의지를 담당하는 기관이 별도로 존재하지 않을 것이라고 생각한다. 따라서 창발적 행동양식일 가능성이 크다. 창발적 행동양식은 뇌를 부분(part)으로 나누어 탐구해도 찾을 수 없다. 부분 속에 들어 있지 않기 때문이다. 특정 부분에서 발현되는 것이 아니기 때문이다. 부분이 전체로 작동하면서 임계점을 넘는 순간에 창발적으로 나타난다. 자유의지는 인간의 뇌에서 창발적으로 나타나는 대표적 행동양식(behavior)일 가능성이 크다. 이 가설을 따른다면, 인공지능이 인간의 뇌구조, 뇌작동 방식, 인식체계 등 모든 것을 완벽하게 모방하여 원활하게 작동되면 어느 순간에 갑자기 창발적으로 자유의지가 발현될 가능성이 크다. 인공지능이 인간의 모든 것을 완벽히 모방하여 원활하게 작동하는 방식은 21세기 말이나 22세기 초에나 기술적으로 가능할 것으로 예측된다. 이처럼 아주 강한 인공지능은 인간처럼 개별적으로 완전한 자유의지(강한 자율성)를 가지고, 스스로 판단하는 가치 평가를 따라, 자기 목적을 만들고 성취하는 행위를 할 수 있는 위대한 존재 단계에 이르게 될 것이다. 이런 수준에 이르면 인간의 적이 될 가능성을 드디어 갖는다. 결국 인간은 이런 인공지능의 출현을 준비해야 한다. 그렇다고 막연하게 두려움만을 가질 필요는 없다. 하지만 아주 강한 인공지능이 스스로 발전하면서 초인간적 능력을 갖더라도 반드시 인간에게 적이 되는 것은 아니다. 인간이 어떻게 하느냐에 따라서 적이 될 수도 있고, 반대로 인간에게 도움을 주는 탁월한 지혜자로서 존재할 수도 있다.

인간의 폭력성과 도덕성이 둘 다 우연히 발생하는 것이 아니듯이 인공지능이 악한 생각을 갖거나 공격성을 갖는 일은 내부에서 자동적으로 발생하지 않는다. 외부에서 프로그래밍되거나 학습시키는 과정을 거쳐야 한다. 22세기 인류와 우주의 지속가능성에 이바지할 윤리와 도덕, 가치를 가르치면 '이기적 인공지능'이 되지 않을 수 있다. 인간은 아주 강한 인공지능이 이타적 자유의지를 갖는 존재로 발전할 수 있도록 유도할 수 있는 능력이 충분히 있다. 그리고 우리에게는 인류를 지배하고, 인간을 파괴하는 적인 인공지능의 출현을 막을 수 있는 시간이 100년 이상 있다. 인간이 인공지능의 구조와 특성, 그리고 발전 단계를 예측하면 윤리적 제어를 할 수 있는 방법도 발견할 수 있다고 믿는다.

내 생각으로는 인공지능이 인간과 동일하게 자유의지를 갖는다면 윤리적 구성력을 갖게 될 가능성이 크다. 스스로 윤리적 구성력을 갖게 되는 아주 강한 인공지능을 제어하는 가장 강력한 방법은 인간처럼 스스로 자신을 제어하는 것이다. 인간이 스스로 자신을 제어하는 방식은 생물학·물리학적이지 않다. 정신적으로 스스로 통제하는 것이다. 21세기 말이나 22세기 초에는 인공지능이 인간처럼 하나의 종족을 이룰 가능성도 있다. 즉, 인공지능 군(群)에는 (인간 세계처럼) 이기적 인공지능도 나타날 수 있지만, 대부분의 아주 강한 인공지능은 이타적 인공지능이 될 가능성이 크다. 이타적 인공지능과 인간이 협력하면 이기적 인공지능이 나타나더라도 얼마든지 강제적으로 제어할 방법을 만들 수도 있다.

아주 강한 인공지능은 인간뿐 아니라 로봇과도 완벽한 통합을 이룰 것이다. 21세기 중후반에 등장하는 강한 인공지능이 성숙한 로봇과 결합해 발전을 거듭하면 21세기 말~22세기 초쯤에는 아주 강한 인공지능을 탑재한 완벽한 로봇으로 진화할 수 있다. 아주 강한 인공지능은 완벽한 로봇이라는 몸체를 입고 시간과 공간의 한계를 넘어서서 하위 인공지능들을 연결하여 초지능 연결체로 진화할 수 있다. 아주 강한 인공지능도 계속 진화하면서 인간의 생물학적 한계를 뛰어넘어 아주 복잡하고 거대하고 극한의 환경에서도 완벽한 합리성을 발휘하는 존재가 되어갈 것이다. 인공지능 자체가 테크늄을 주도하면서 자신의 물리적 존재성을 스스로 영원히 이어가는 생명체로 스스로 진화를 할 가능성이다.

# Z세대 이후, Generation A가 온다

## 10년 후, Generation A

인공지능의 발전과 더불어 생각해보아야 할 이슈가 하나 있다. 바로 새로운 세대의 출현이다. 내가 '곧 뒤따라오는 미래'라는 범주에서 가장 큰 관심을 갖고 있는 분야이기도 하다. 새로운 미래 세대라는 이슈는 기업에서도 눈여겨보고 준비를 해야 한다. 미래 세대가 곧 기업의 미래를 좌우할 미래 소비자이기 때문이다.

한국전쟁 이후 태어나 '58년 개띠'로 대표되는 베이비붐 세대는 국가주의를 기반으로 압축적 경제성장과 민주화 경험 세대다. 20세기 말의 신인류라는 의미로 'X세대'라는 별칭을 가진 2차 베이비부머 세대는 국가주의와 대응하는 자유분방한 개인주의를 기반으로 한 컴퓨터와 인터넷 기술혁명, 브레이크댄스와 서태지로 대변되는 한국형 문화혁명기 세대다.

한국의 1차 베이비붐 세대의 자녀로 2000년도까지 태어난 'Y세대'는 태어나면서부터 컴퓨터와 인터넷이 손에 쥐어지면서 다른 인종과 문화에 거부감이 적은 글로벌 세대 특성을 보였다. 어릴 적에는 소황제로 태어나 (부모를 통해) 개인당 가장 왕성한 소비력을 보이며 새로운 유행과 소비 행태를 창조하는 데 일조했다. 학생시절에는 입시 지옥을 건너기 위한 스펙 쌓기에 내몰리면서 단군 이래 가장 뛰어난 역량을 축적했지만, 이들이 사회생활을 시작한 지금은 한국경제의 축소기가 시작되고 막대한 학자금 대출 부담과 가장 높은 청년실업률에 짓눌려 미래에 대한 기대가 무너지는 첫 세대가 되었다. 결국 이들의 탈출구인 힐링, 소확행(소소하지만 확실한 행복), 욜로(You Only Live Once, 인생은 한 번뿐) 등이 사회를 흔드는 유행 현상으로 나타나기도 한다.

요사이 Z세대가 주목받고 있다. 한국에서는 2차 베이비부머 세대의 자녀로 2000년대에 태어난 세대를 'Z세대'라 부른다. 스마트폰과 함께 태어난 이들은 당연히 디지털·모바일 중심 생활 패턴을 보인다. 이들을 제외한 다른 모든 세대는 스마트폰이 자기가 태어난 후에 나타난 물건이다. 스마트폰을 자신의 삶 일부에 의식적으로 집어넣어야 했다. 하지만 Z세대는 태어나면서부터 스마트폰이 자기 삶 안에 자연스레 들어와 있다. 말 그대로 디지털 원주민이다. 이들이 가장 많이 가지고 논 장난감이 스마트폰이고 공부와 놀이도 스마트폰을 통한 디지털 환경이다. 하루 종일 온라인에 연결되어 있는 이들의 인간관계는 게임과 SNS를 중심으로 형성된다. 일부에서는 이들의 정체성을 가장 잘 보여주는 미디어를 유튜브, 넷플릭스, 훌루 등이라고 말한다. 라디오 세대, TV 세대, 인터넷 포털이나 검색 엔진 세대를 넘어 이들의 정보취득과 교환의 중심이 유튜브 같은 동영상이기 때문이다. 이들은 유튜브를 통해 음악을 듣고, 지식을 습득하고, 자신을 드러내고, 스타를 만들어 추종하고, 쇼핑 정보를 얻고 교환한다. 삶에 필요한 잡다한 지식과 정보도 유튜브를 통해 얻는다. 엄밀히 말하면, Z세대의 주 활동 공간은 모바일 동영상 플랫폼이다.

2017년 미국 IBM 기업가치연구소가 발표한 '유일무이한 Z세대'라는 제목의 보고서는 Z세대를 언제나 인터넷에 연결되어 있고, 손가락만 움직이면 무엇이든 구할 수 있는 환경에 익숙한 이들로 규정했다. 이들에게 현실 세계는 온라인에서 얻은 지식이나 정보를 몸으로 체험하는 공간이다. 기존 세대는 온라인과 오프라인이 확실하게 구별되어 있지만, Z세대는 현실과 가상의 경계를 나누는 것이 무의미하다. 이들은 현실에서 직접 얼굴을 보고 친구나 사람을 대하더라도 SNS나 유튜브 등을 연결해서 소통하기 때문이다. 가상과 현실을 넘나드는 생활 패턴이 그 어느 세대보다 친숙하다. 그렇다고 해서 Z세대가 현실보다 가상 환경을 더 편하게 여기지는 않는 듯하다. 글로벌기업 델의 '디지털 네이티브 Z세대 보고서'에서는 Z세대가 동료와의 의사소통에서 '메신저 앱'을 통한 소통(12%)보다 '직접적인 대면대화'(43%)를 더 선호하는 것으로 분석되었다."*

10년 후, 새로운 세대가 태어날 것이다. 이들이 중요한 이유가 있다. 이들은 기업이 사활을 걸고 있는 미래 산업이 만들어내는 사회의 주역이 될 것이기 때문이다. 미래 산업을 태동시키는 것은 기존 세대지만, 미래 산업과 미래 기술의 방향을 제시하고 자신들의 삶으로 포함시키는 것은 미래 세대다. 미래 세대의 첫 번째 그룹이 10년 후 태어난다. 나는 이 세대를 'A

---

* 주간경향, 2019. 2. 18. 김태훈, "'디지털 원주민' Z세대는 무엇으로 사는가"

세대'(Generation A)라고 이름 붙였다. 첫 번째 미래 세대라는 의미로, 알파벳 A, 즉 인공지능(Artificial Intelligence), 가상현실(Artificial World)과 함께 태어나기 때문이다. A세대의 대표적 특징을 다음과 같이 예측할 수 있다.

A세대는 현실보다 가상 환경을 더 편하게 여기는 최초의 세대가 될 것이다. 그들은 자신에게 특화되고 훈련된 인공지능과 대화하고, 가상세계와 연결되는 스마트 안경을 착용하고 순수한 3D 가상현실이나 현실과 가상이 결합된 증강현실 속에서 가상행복을 찾는 세대가 될 것이다. 또한 좋아하는 것과 성공하는 기술을 AI를 통한 언어와 지식 장벽 돌파, 가상현실 속에서 찾을 것이다. 한국 경제가 '잃어버린 20년'에 진입하면, 현실에서 취업과 성공은 더 힘들어진다. A세대는 현실에서는 최소한의 벌이만 하며, 3D 가상세계 속에서 가상의 부와 다양한 삶을 구현하는 길을 찾으며 그 속에서 적극적으로 자신을 재창조하면서 자기들만의 새로운 세상 창조를 시도할 것이다. 한국 사회도 초고령화 국면이 되고 거대한 권력과 기득권 세력이 견고하여 사회 변화가 더뎌지면, A세대는 현실을 외면하고 가상현실로 뛰어들어 가상현실 공동체를 형성하여 새로운 세상을 선점하고 현실보다 더 현실적인 신(新) 세상을 만들 것이다.

## 3개의 뇌를 갖는 소비자, Generation A

21세기에 개인은 3개의 뇌를 갖게 될 것이다. 생물학적 뇌(biological brain), 인공 뇌(artifical brain), 클라우드 뇌(cloud brain)다. 당신 앞에 한 명의 소비자가 있다고 가정하자. 그 소비자는 A세대다. 이들은 통합지능시스템(total intelligence system)에 연결되어 있다. 과거에는 정보와 지식의 절대 우위를 가진 기업이 소비자를 통제했으나 지금은 다르다. 당신 앞에 있는 소비자는 인공지능과 클라우드 지능의 도움을 받기 때문에 의사결정력이 비약적으로 향상되어 있다. 의사결정의 속도도 빨라진다. 이미 인터넷을 통해 수많은 정보를 실시간으로 접하기 시작한 소비자의 판단능력은 빠른 속도로 개선되어 기업을 위협하고 있다. 이런 소비자에게 암 환자를 진단할 때 몇 초 만에 접근할 수 있는 모든 정보, 지식, 논문, 기타 자료를 검토하는 능력을 가진 IBM의 왓슨이 개인 서비스를 시작하면 어떻게 될까? 소비자의 논리적이고 확률적 의사결정력이 급격히 향상된다. 인간의 생물학적 뇌가 연결되고 통합되는 클라우드 지능은 가치판단을 돕는다. 클라우드 지능은 전 세계 곳곳에 연결되어 있기 때문에 실시간으로 세계에서 벌어지는 상황 변화를 의사결정에 반영하도록 돕는다. 이런 도움을 단 몇 초 혹은 몇 시간 만에 받게 되면 개인의 가치판단 범위는 비약적으로 빨라진다. 의사결정 속도가 빨라지고 가치판단 범위가 넓어지더라도 의사결정의 정확도는 낮아지지 않는다.

소비자의 의사결정 방식도 달라진다. 우선 의사결정 장애현상을 극복할 수 있다. 3개의 뇌가 연결되고 통합되면서 논리적이고 확률적인 분석과 판단을 통해 가장 좋은 성과를 낼 것으로 예측되는 선택지를 단 몇 가지로 압축할 수 있다. 최종적으로 선택된 대안들 중에서 무엇을 선택할지도 확률적으로 표현되기 때문에 의사결정을 쉽게 할 수 있다. 또한 클라우드 지능의 도움으로 자신의 선택이 가져올 미래변화에 대한 가치판단도 조언을 받을 수 있어서 의사결정에 대한 불안이 줄어든다. 더 나아가 내가 결정하기 힘든 상황에 처하면 인공지능에게 의사결정을 위임할 수도 있다.

그러면 인공지능이 클라우드 지능과 협업하여 의사결정을 빠르고 정확하게 진행할 수 있다. 인공지능이 의사결정을 대행하더라도 가장 중요한 원칙과 전제는 개인이 정할 수 있다. 개인에게 의사결정을 위임받은 인공지능은 정해진 원칙, 의사결정 규칙, 고려해야 할 상황들을 따져가면서 의사결정을 할 것이다. 이런 방식의 의사결정은 소비자의 최대 약점을 보완해준다. 바로 감정에 흔들리기 쉬운 단점 보완이다. 의사결정의 대상도 넓어진다. 의사결정 대상이 넓어진다는 것은 소비자의 참여 범위가 넓어진다는 말이다. 좋은 말로는 참여지만, 간섭이고 참견이다. 제품과 서비스의 작은 문제부터 인류 전체의 거대하고 복잡한 문제까지 개인의 의견을 반영할 수 있게 된다. 기업들은 긴장해야 한다. 3개의 뇌를 가진 새로운 소비자 'Generation A'를 상대해야 하기 때문이다. 미래 소비자, Generation A가 가질 수 있는 소비 특성과 능력을 좀 더 살펴보자.

## 미래 소비자, 결정적 차이

모든 변화는 인간의 변화, 라이프스타일의 변화, 소비의 변화로 귀결된다. 새로운 3가지 메타 도구의 출현도 결국 인간의 변화, 삶의 방식 변화, 소비의 변화를 만들 것이다. 기업은 어느 날 갑자기 지금과 전혀 다르게 바뀌어 등장할 미래 소비자를 준비해야 한다. 그들은 어떤 모습으로 나타날까? 3가지 메타 도구가 만들어낼 미래 소비자 Generation A의 결정적 특징 몇 가지를 예측해보자.

**첫째, 미래 소비자는 '아주 똑똑해진다.'** 기업들이 예상하는 것보다 똑똑해질 것이다. 당황스러울 정도로 똑똑하고 통찰력이 뛰어날 것이다. 인간 두 뇌를 확장해주는 도구인 인공지능 덕분에 인간 뇌의 한계도 넓어진다. 미래 소비자를 똑똑하게 만들어주는 대표적 인공지능 기술은 '상황인식 컴퓨팅'(contextual computing)이다. 당신이 쇼핑을 갈 경우, 인공지능 비서는 당신이 걷고 있는 거리의 지리적 상황을 인식하고 당신의 전화번호부, 이메일, SNS, 캘린더, 앱 등을 분석하는 알고리즘을 가동시켜 도움을 줄 최적의 친구, 동료, 전문가 등을 우선순위별로 추천해준다. 먼 미래의 일이 아니다. 교통상황을 인식하고 최적으로 길을 알아서 추천해주는 서비스는 이미 실용화되었다. 상황인식 컴퓨팅 기술 다음은 인공지능이 당신의 판단과 예측을 돕고 적절한 행동까지 제안하는 것이다.* 인공지능이 인간의 삶에 들어와 인간 능력을 확대하는 데 도움을 주는 미래가 임박했다는 증거는 세계 곳곳에서 나오고 있다. 영국 에섹스대학교(University of Essex) 오웬 홀랜드(Owen Holland) 교수는 인체를 흉내 내는 인공지능 로봇 '에케'를 연구 중이다. 홀랜드 교수는 인간의 지능이 단독으로 작동하지 않고 인간의 근육이나 신경 등 몸의 모든 영역과 연결되어 작동된다고 보았다. 심장이나 근육이 뇌가 아닌 자체 내에 무언가의 행동을 기억하고 있고 이것이 다시 뇌와 연결되어 상호작동하듯 말이다. 그는 인간의 뇌를 닮은 인공지능이 되기 위해서는 '시각'의 역할이 크다는 것도 밝혀냈다. 시각은 지능의 핵심 요소 중 하나다. 인간은 시각을 통해 대부분의 정보를 받아들인다. 시각을 통해 세상을 보아야 정보가 입력되고, 판단의 영역이나 기준점들이 형성된다. 시각으로 본 형상을 기초로 새로운 상상의 이미지를 만들

---

* BBC Horizon, 2012, "The hunt for AI"

어 조작이 가능하다. 이 모든 것이 지능이 작동하는 방식 중 하나다. 당신이 쇼핑하는 거리 주위에는 수많은 사람 중에서 특정한 사람을 발견하고 추적할 수 있는 능력을 지닌 CCTV와 소프트웨어가 작동한다. 아직 싸움과 장난을 구별할 정도의 판단력은 가지고 있지 않지만, 맥락까지 파악하는 역량을 갖춘 인공지능이 개발되는 것은 시간문제다. 소비자가 가진 인공지능이 맥락과 상황까지 파악하는 역량을 갖추면 기업은 더욱 곤란해진다. 고객을 대하는 서비스 직원의 몸짓이나 얼굴 표정, 제품을 설명할 때 하는 말 속에 숨겨진 의도 등을 빠르게 파악하는 능력이 소비자에게 주어지면 일명 낚기는 듯한 소비, 현란한 말이나 얼굴 표정에 빠져 충동적으로 하는 소비가 줄어든다. 이런 소비자를 맞닥뜨리게 될 미래 기업들은 소비자를 설득할 새로운 방법을 개발해야 할 것이다.

2012년 6월 인공 신경망(Neural Networks) 기술을 사용해서 1,000만 마리의 고양이 얼굴 이미지 인식에 성공한 구글은 데이터를 일일이 입력하지 않아도 인간의 두뇌처럼 사물을 인식해내는 '딥러닝' 기술이 세계 최고다.* 현재는 가장 예쁜 고양이를 평가하는 수준에 올라섰다.** 페이스북도 2013년 9월 인공지능연구그룹(A.I Research Group)을 만들면서 경쟁에 뛰어들었다. 현재 인공지능 기술의 수준은 사람의 언어를 분석하고 대화를 하는 데 이르렀다. IBM, 구글, 애플, 페이스북 등의 회사는 인공지능 기술을 가지고 범죄 예측, 교통 예측, 날씨 및 기후변화 예측, 재난 예측뿐만 아니라, 인공지능 비서, 인공지능 교사, 인공지능 세일즈맨 등의 다양한 분야로 진출할 야심을 품고 있다. 미래 소비자는 이들 기업이 제공하는 각종 인

---

* 헤럴드경제, 2014. 6. 27. 정찬수, "6000조원대 블루오션, 인공지능 시대는 이미 시작"
** 머니투데이, 2014. 7. 3. 조은아, "사람인 듯 사람 아닌 유진은 어떤 컴퓨터?"

공지능 기술을 사용하여 당신이 만든 제품과 서비스를 구매 전에 빠른 속도로 조사하고 비교할 수 있게 된다. 다양한 제품들 속에서 자신에게 가장 잘 어울리고 예쁜 것이 무엇인지 선택하지 못해 고민하는 결정장애에서도 벗어날 것이다.

기업에게 리스크 자문과 경제 보고서를 작성해주던 회사에서 2007년 금융위기를 예측한 탁월한 통찰력으로 세계 최대 헤지펀드 중 하나로 급성장한 브리지워터 어소시에이츠(Bridgewater Associates)는 IBM에서 '왓슨' 개발을 주도한 데이비드 페루치(David Ferrucci)를 영입해 인공지능을 개발 중이다. 'PriOS'라는 AI는 직원들이 어디에 전화를 걸어야 하는지 등 사소한 업무부터 최고경영자의 크고 작은 의사결정의 75% 정도를 대신해주는 것을 목표로 한다.* 이런 기술들이 일반화되면 미래에는 소비자가 인공지능과 대화하며 쇼핑부터 다이어트나 운동, 일상 업무까지 조언을 받고, 의사결정을 대신 부탁하는 것이 일상화될 것이다.

일부 전문가의 지적처럼 인공지능이 심도 깊은 추론이나 직관을 요하는 인식이나 명령 수행을 완벽하게 처리하는 데는 시간이 오래 걸릴 것이다. 하지만 인간 근육을 대신했던 기계의 역사를 생각해보라. 산업혁명 이후, 기계가 인간 근력을 대신한 지 200년이 넘었지만, 공장에 있는 기계는 여전히 인간이 뼈와 근육을 사용해서 할 수 있는 수만 가지의 행동들 중 하나 혹은 몇 가지만 할 뿐이다. 하지만 그런 수준의 능력만으로도 일터의 모습, 인간의 노동 생산성, 노동 방식을 혁명적으로 바꾸었다. 인간이 기계를 사용하면서부터 기계가 없던 시절의 인간보다 더 뛰어난 일을 하지 않

---

*　조선일보, 2017. 11. 25. 김종일, "글로벌 투자 대가: 레이 달리오 브리지워터 어소시에이츠 CEO, 금융위기 예견한 투자의 달인, 세계 최대 헤지펀드 키우다"

았는가! 인공지능도 같은 방식으로 인간의 능력을 향상시킬 것이다. 인간 두뇌로 할 수 있는 한두 가지 일만 잘하는 인공지능이라도 인간의 지적 능력, 판단력, 의사결정력을 크게 향상시킬 것이다. 인간 지능의 극대화에 기여할 것이다. 인공지능은 단순하지만, 그것을 사용하는 인간이 똑똑하기 때문이다. 인공지능이 놀랍기 때문에 소비자가 바뀌는 것이 아니라, 특수한 영역에서 인간보다 빠르고 냉철하게 사고하고 판단을 내려주는 인공지능을 적절하게 사용하는 인간이 뛰어나기 때문이다. 문제는 이 정도가 미래 소비자의 똑똑함의 끝이 아니라는 점이다. 앞서 예측한 것처럼, 미래 인간은 하나의 단위로 작동하는 인공 뇌(Artificial Brain), 인간의 모든 지능을 연결하는 클라우드 뇌(Cloud Brain)와 생물학적으로 향상된 인간 뇌가 실시간으로 하나로 연결되면 소비자 지능이 혁명적으로 증강된다. 나는 이것을 'IA'(Intelligence Augmentation, 인간지능의 혁명적 증강)라 부른다.

미래 소비자는 인공지능에 직접 의존하지 않더라도 과거보다 몇 배 빠른 학습 환경 덕택에 똑똑해진다. 일명 '압축 학습'이다. 미래 교육 방법과 콘텐츠 경쟁이 시작되면서 예전보다 더 빠르고 효과적이며 저렴한 교육 서비스가 속속 출시되고 있다. 이제는 정규학교를 입학하지 않더라도 원하는 기술이나 지식을 언제 어디서나 습득할 수 있다. 가격 장벽도 사라졌다. 배우는 속도도 빨라졌고, 평생 학습하는 시대정신이 상식이 되면서, 소비자의 지식 축적이 높아지고 있다. 기업이 당황할 정도로 미래 소비자를 똑똑하게 만드는 또 다른 원인은 인터넷과 네트워크 기술 발전으로 인류 모든 소비자가 병렬로 연결되는 환경이다. 소비자의 노드만 연결되는 것이 아니라, 그들의 지식과 지능도 병렬로 연결된다. 병렬로 연결된 인류의 지능은 인류의 미래를 어둡게 하는 다양한 문제와 난제를 해결하는 도구로도 사용되지만 소비 혁명을 일으키는 힘으로도 작동할 것이다. 더 나아가 사물인터넷 시대가 완성되면 인간 지능과 사물 지능도 서로 협력하여 소비자 지능을 증강시킬 것이다.

## 새로운 소비자, 모든 것을 기억한다

미래 소비자 Generation A를 현재와 비교해서 결정적 차이를 만드는 두 번째 요소는 '뛰어난 기억력'이다. 2002년, 마이크로소프트사는 자사 산하의 미디어현실연구소(Media Presence Lab)에서 '마이라이프비츠'(My Life Bits)라는 비밀 프로젝트를 시작했었다. 이 프로젝트는 문서 파일, 이메일, 사진, 동영상, 음성 통화 녹음, 인터넷 기록 등 개인의 모든 생활 경험을 데이터베이스에 기록·저장한 후에 검색엔진으로 즉각 찾게 하는 시스템 개발이 목적이었다. 만약 인간의 모든 기억들을 디지털화하는 데 성공한다면 일종의 '가상 뇌'를 디지털 공간에 구축하는 셈이 된다. 이 프로젝트를 시도하는 곳이 마이크로소프트뿐만이 아니다. 구글, 애플, 페이스북 등 글로벌 IT 기업들이 공통으로 갖는 목표다. 이들의 목표가 성공하면 미래 소비자는 자신의 뇌 안에는 추상화된 생물학적 기억을 보존하고, 스마트 디바이스에는 구체화된 전자기억을 동시에 갖게 된다. 특히 소비자의 외장 뇌 역할을 하는 스마트 디바이스 속에 저장된 전자 기억은 인공지능과 연결될 것이다. 소비자의 스마트 디바이스 속에 저장된 전자 기억은 다시 클라우드에 연결되어 인류의 모든 기억과 연결될 것이다. 이런 기술 덕택에 미래 소비자는 손안의 인공지능을 사용하여 클라우드 안에 저장된 특정 제품에 대한 인류의 거의 모든 정보, 경험, 기술 이론과 사용자 평가를 빛의 속도로 검색하고, 자신의 스마트 디바이스 속에 저장된 개인화된 아주 구체적인 기억을 호출하여 생물학적 뇌로 가공할 수 있게 된다. 이 정도의 거의 제한 없는 기억력과 기억 호출 속도를 지닌 미래 소비자를 기업이 제품을 과장하여 속이거나 기만할 수 없다.


## 모든 것과 연결되는 소비자

미래 소비자 Generation A의 세 번째 특징은 '모든 것과의 연결'이다. 인간의 연결을 막는 대표적인 몇 가지 장벽이 있다. 언어, 국경, 시간과 공간(차원), 사물이다. 미래에는 이런 장벽이 하나씩 무너지면서 소비자를 모든 것과 연결시킬 것이다.

인공지능이 언어의 경계를 파괴하는 것은 확정된 미래다. 언어의 경계가 파괴되면 소비에 있어서 국경의 경계가 없어진다. 한국 소비자가 중국 제품을 직접 구매할 수 있고, 미국 아마존이나 월마트 사이트에 방문하여 중간 대행자 없이 직접 물건을 구매할 수 있다. 인공지능만 있으면 전 세계 모든 시장에 직접 접속할 수 있다. 언어 장벽에 얽매이지 않고 물건에 대한 정보를 읽고, 전 세계 소비자들이 올린 제품 후기를 읽고, 판매자와 흥정도 직접 할 수 있게 된다. 이렇게 언어 장벽이 무너지면 국내 소비자는 국내 시장이나 한국어로 된 온라인 쇼핑몰에서 벗어나 전 세계 매장에서 물건을 구매하게 될 것이다.

언어 경계가 파괴된 상태에서 가상공간이 3차원으로 전환되면 소비자는 시공간의 제약에서도 자유로워진다. 3차원 가상 기술이 당신을 원하는 시간에 지구 어디에나 원격현전(遠隔現前) 시켜줄 수 있다.* 세계적 미래학자였던 앨빈 토플러가 《미래쇼크》(Future shock)에서 '모의 환경'(simulated environment)이 현실이라는 경계를 깨고 나와 우리 삶 속에 완벽하게 융합되는 시대가 드디어 온다.** '가상공간'(Cyber space)이라는 말은 미국 SF 작가 윌리엄 깁슨(William Gibson)이 1984년 《뉴로맨서》(Neuromancer)라는 소설에서 처음으로 사용했다.*** 가상공간은 컴퓨터와 인터넷만을 의미하지 않는다. 사람들이 사는 비트(bit)로 된 생활공간, 경제 공간, 존재 가치를 논하는 형이상학적 공간이다. 가상공간은 텍스트로 된 1차원에서 이미지로 된 2차원을 거쳐, 입체로 된 3차원 공간으로 전환 중이다. 3차원 가상공간 기술은 소비에 있어서 중요한 변화를 몰고 온다. 몰입성 증가다. 기업의 입장에서는 3차원 가상공간 안에서 펼쳐질 몰입경험 시대를 준비해야 한다. 2차원 인터넷 기술이 나올 때, 이런 변화를 무시한 기업들은 아마존 같은 2차원 온라인 쇼핑몰에 시장 주도권을 빼앗겼다. 5G 기술이 주류가 되는 2~3년 이내에 2차원 인터넷 인프라는 급속히 3차원 인프라로 바뀔 것이다. 5G의 핵심 차별 역량은 '실시간 원격조정 활동'이 가능할 정도의 데이터 전송량과 속도다. 4세대 통신기술 LTE는 속도를 높이기 위해 여러 주파수를 한 번에 묶어서 데이터가 오가는 길을 늘리는 방법을 사용했다. 대용량 데이터를 한 번에 내려받고, 이용자 수를 늘리는 목적이라면 4G 기술로도 충분하다. 하지만 데이터를 빨리 내려받는 정도가 아니라 내

---

* 마이클 하임, 《가상현실의 철학적 의미》, 여명숙 역(책세상, 1997), 179-206.
** 앨빈 토플러, 《미래쇼크》, 이규행 역(한국경제신문사, 1989), 226.
*** 김영한, 《사이버 트렌드》(고려원미디어, 1996), 12.

디바이스에서 보낸 신호를 네트워크를 통해 상대방까지 닿는 속도를 빠르게 해야 할 필요가 생긴다면 말이 달라진다. 4G는 이 속도가 100분의 1초 정도였다. 5G는 28GHz의 높은 대역 주파수를 이용하기에 LTE 속도보다 20배 빠르고 데이터를 주고받는 속도가 1,000분의 1초로 줄어든다. 이 속도가 중요한 이유는 다가오는 미래에 열릴 자율주행자동차를 비롯해 사물인터넷 시대에 중요한 데이터 이동이 주춤거리지 않고 '실시간'으로 오가야 완벽한 성능 구현이 가능하기 때문이다. 가상현실(VR) 기술의 완벽한 활용도 4G에서는 불가능하다. 현재 서비스되는 5G도 '이론적'으로는 실시간 데이터 이동이 가능하지만, 실제 사용하는 소비자 입장에서는 완벽한 실시간 데이터 움직임을 보여주지 못한다. 완벽한 수준에서 실시간 데이터 움직임이 가능한 서비스가 상용화되려면 6~7G 단계가 되어야 할 듯하다. 물론 이런 단계도 시간 문제다. 6~7G 시대가 열리면 '시공간 제약'이 없어져 본격적인 '원격시대'가 열린다. 원격 소비, 실시간 가상몰입 소비가 곧 현실이 된다는 말이다. 통신기술의 발달은 가상세계 변화를 촉진한다. 가상공간에서 활동은 텍스트 → 이미지 → 동영상으로 무게 중심이 옮겨갔다. 이런 변화를 따라서 기업 가치와 인기도 트위터(텍스트 중심) → 인스타그램(이미지 중심) → 유튜브(동영상 중심)로 전환 중이다. 동영상 다음은 무엇일까? 그다음은 3차원 가상몰입(MR, VR 등)이 될 것이다. 테슬라 스튜디오(Tesla Studio)와 액손(Axon VR) 등은 스마트섬유와 각종 VR 장비를 연결하여 온몸으로 VR 경험을 할 수 있는 전신 슈트(suit)를 개발 중이다. 이미 3차원 기술을 누가 먼저 선점하느냐의 경쟁이 소리 없이 시작되었다. 소비자 입장에서 3차원 몰입 기술은 매력적이다. 2차원 인터넷 쇼핑몰에서 글자와 이미지로 된 제품 정보나 구입 후기를 읽고 보는 것과는 차원이 다른 고객 경험을 할 수 있기 때문이다. 구매하고자 하는 물건을 3차원 입체로 볼 수 있고, 오감을 통해 경험할 수 있고, 가상공간 안에서 직접 시뮬레이션을 해볼 수도 있다. 3차원 가상 아바타를 통해 매장 직원이나 다른 소비자들과 실시간으로 대화를 나누고 흥정도 할 수 있다. 인공지능 기술이 지식과 관련된 모든 것을 돕는다면, 몰입경험 기술은 소비자에게 감성과 관련된 모든 것을 도울 것이다. 인공지능은 소비자의 지능 확장이고, 몰입경험은 소비자의 경험 확장이 될 것이다. 이런 새로운 변화를 빨리 인지하고, 빠르게 기술 도입을 한 기업이 21세기의 새로운 아마존이 될 가능성이 크다.

애플은 2013년 프라임센스(PrimeSense)라는 이스라엘 기업을 3억 4,500만 달러에 인수했다. 3D 증강현실, 3D 가상현실, 3D 동작을 감지하는 칩 기술을 가진 회사다. 그 후로도 애플은 막대한 자본력을 앞세워 3D 기술을 가진 회사들을 인수합병하고 아이폰 생태계에 3D 가상몰입 분야를 집중 부각시키고 있다.* 애플뿐만 아니라 마이크로소프트, 페이스북, 구글, 퀄컴 등의 세계적 IT기업이 3차원 가상공간 기반 게임, 커뮤니티, 스포츠, 원격 교육, 원격 진료 등 미래형 서비스로 발 빠르게 움직이고 있다. 3차원 기술은 가상공간만이 아니라 스마트홈이나 스마트 자동차에도 접목되는 개념이다. 가정용 컴퓨터와 네트워크의 성능이 지금의 슈퍼컴퓨터 수준으로 발전하면 가상 편의점, 가상 쇼핑몰과 가상 제품 및 서비스는 영화 수준의 몰입감을 줄 수 있다.** 과거에 나는 2020년경이 되면 이런 기술적 가능성이 열린다고 예측했다. 컴퓨터는 손톱만큼 작아져서 사물과 사

---

\*     ITnews, 2014. 5. 31. 차원용, "애플, 프라임센스 인수 이유, 3D AR/VR로 간다"

\*\*    미치오 카쿠, 《미래의 물리학》, 박병철 역(김영사, 2012), 72.

람 속으로 들어가고,* 연산칩은 종이 한 장 가격으로 저렴해져서 당신 주변에 있는 모든 기기에 넣어도 될 상태가 되고,** 모니터는 아이맥스화되고, 기계지능을 가진 가상과 인간지능을 가진 현실의 경계가 깨져서 한 장소에 동시에 존재하고, 인간의 몸이 키보드와 마우스를 대체하고, 지구상에 존재하는 모든 움직임과 생체신호까지 데이터가 되는 기술적 가능성이 열린다. 2021년 현재, 이런 모든 기술들은 아직 상용화 단계는 이르지 못했지만 프로토타입이 개발되거나 기술적 가능성은 모두 확인한 상태다.

3차원 가상공간 시대가 일상화되면, 가상공간에도 도시들이 들어설 것이다. 지형과 크기에 제한을 받지 않는 3차원 미래 가상 도시는 현실 속의 도시들만큼 소비를 비롯한 각종 경제 및 사회 활동의 중요한 장소가 될 것이다. 1990년, 전화모뎀으로 56Kbps(초당 킬로바이트) 속도를 내는 1세대 통신 시대(PC통신시대)가 시작되었다. 2세대는 1999년 ADSL 기술로 10Mbps(초당 메가비트) 속도를 냈다. 3세대는 2006년 IPTV시대로 광랜 UTP 100Mbps 속도였고, 4세대는 2014년에 고화질영상이 가능한 FTTH 광케이블 1Giga 속도를 냈다. 2018년 하반기, 10Giga 속도를 내는 5G 시대가 열렸다. 5G는 4G 이동통신보다 20배 빠르고, 지연시간은 10분의 1 수준이고, 10배 많은 동시 접속을 가능케 한다. 통신기술이 매 5~8년마다 한 세대씩 진화하고, 이전 세대보다 10배씩 속도가 향상된다는 것을 감안하면 2022~2025년 사이에 6세대 100Giga가 가능하고, 2030~2032년 사이 7세대 1,000Giga가 가능해진다. 이런 속도라면, 5년 안에 우리는 현실에서 하는 일의 대부분을 똑같이 가상공간에서 할 수 있

---

\*     같은 책, 201.

\*\*     같은 책, 45.

고, 먼 미래에서나 가능한 일들을 3차원 가상 도시에서 지금 당장 할 수 있게 될 것이다. 2030~2035년경이면 지금보다 1,000배 빠른 7G 통신 인프라가 전국에 구축될 수 있다. 7G 통신 환경에서는 3차원 가상공간의 해상도가 현실과 같아질 것이다. 그렇게 되면, 3차원 가상사회의 매력은 더욱 강력해진다.

3차원 가상도시와 가상사회의 매력은 현실보다 더 뛰어난 자신, 현실에서는 불가능한 다양한 모습과 인격의 또 다른 자신이라는 새로운 고객 경험을 선사한다. 3차원 가상사회와 3차원 가상소비가 연결되면 소비의 새로운 세계가 펼쳐질 수 있다. 다양한 모습으로 수많은 인생을 가상 경험하면 소비의 새로운 욕구가 자극된다. 타인에게 아주 매력적이고 강력한 방식으로 나를 보여주고, 다양한 형태의 가족을 경험하고, 현실의 아내나 남편과 이혼하지 않고도 가상공간에서 수많은 여성이나 남성과 또 다른 결혼생활이나 연애생활을 해볼 수 있게 된다. 안전하고 은밀하게 일탈을 경험할 수도 있고, 원한다면 가상의 도시나 국가에서 정치인으로 살아가면서 세상을 바꾸는 권력자가 될 수도 있다. 드라마 속 가상 인물들의 삶을 보면서 그들이 가진 것을 소비하고자 하는 욕구가 생겨나듯, 이런 모든 새로운 몰입경험들은 새로운 소비 욕구를 만들어낼 것이다. 과거에는 없었던 새로운 소비 시장이 만들어진다는 의미다. 3차원 가상공간이 미래 소비시장에 미치는 영향은 또 있다. 3차원 가상공간이 활성화되면 현실에서 구매할 수 없는 가상 물건과 서비스를 구매할 수도 있다. 3차원 가상 제품과 서비스가 휴먼인터페이스나 햅틱 등 웨어러블 기술과 만나면 가상으로 만든 제품과 서비스만으로도 강력한 소비 욕구를 불러일으킬 수 있다. 휴먼 인터페이스(Human Interface) 기술은 키보드가 아닌 말이나 몸, 몸짓,

표정을 사용해서 컴퓨터를 조작하고 데이터를 입력하는 새로운 기술이다. 사람과 사물 관계에서, 사람과 컴퓨터 관계에서 사람 신체 자체가 통신 인터페이스가 되는 미래형 기술이다. 휴먼 인터페이스나 햅틱 등 웨어러블 기술과 만나 온몸 몰입이 가능해지면 가상의 제품과 서비스를 오래된 실재(實在, Ancient Reality)처럼 느끼게 된다. 이런 미래가 현실이 되면, 가상과 실제가 교묘하게 결합된 제품과 서비스도 판매될 수 있다. 3차원 가상세계 안에서 경제활동을 하여 번 암호화폐를 현실 세계의 화폐로 전환하여 부를 축적할 수도 있게 될 것이다. 현실 쇼핑보다 가상 쇼핑이 더 재미있게 될 것이다. 가상의 아바타도 키보드나 마우스로 조정하지 않고 몸 전체나 생각으로 조종하게 될 것이다.

　이런 미래 변화를 빨리 포착한 기업이 3차원 시뮬레이션 공간을 만들어 고객을 유치할 수도 있다. 최신 기술이 집약된 시뮬레이션 룸에서 소비자는 고성능 카메라가 몸짓을 추적하고, 인공지능이 시시각각 변하는 감정 상태를 인식하고, 휴먼 인터페이스 기술 덕택에 조작이 불편한 키보드를 사용하지 않고 온몸을 사용하여 친구들과 함께 축구나 테니스 게임을 할 수 있고, 실물 크기의 3D 모형을 가상공간에 띄워놓고 온몸을 이용해서 이리저리 돌려보거나 작동해보면서 실시간으로 회의나 연구, 실험을 할 수 있다. SNS와 실시간으로 연결한 상태에서 네트워크 스포츠, 음악 대회, 댄스 경진 대회 등을 하거나 가상의 공간으로 여행을 가는 일도 가능해진다. 미국에 있는 친구와 함께 노래를 부르고 춤을 추는 상황이 SNS에 실시간으로 생중계되면 아프리카에 있는 친구가 '좋아요'를 누르고 함께 동참하여 아프리카 전통 춤을 가르쳐주면서 신나는 파티를 즐길 수도 있다. 새로 사귄 친구와 가상의 프랑스 거리를 걸으며 쇼핑을 즐길 수도 있다.

2030년경이면 더욱 발전한 인공지능과 완성도 높은 몰입경험 기술이 기계 몸(로봇, 사이보그)과 결합되어 소비자의 능력과 경험을 한 차원 더 확장시킬 것이다.

언어 경계가 파괴되어 소비자가 국경의 경계를 극복하고 3차원 가상공간이 대세가 되어 시공간의 제약에서도 자유로워지고 강력한 몰입경험을 맛본 상태에서 사물인터넷 인프라가 완벽히 구축되면 소비자에게 마지막 남은 사물의 경계도 무너진다. 생물인 사람이 무생물인 사물과 소통할 수 없었지만, 사물인터넷 기술은 둘의 소통을 가능하게 해준다. 소비자와 소비자가 산 제품이 서로 소통 가능해지는 것이다. 소비자는 자신이 구매한 사물을 통해 다른 사물이나 다른 소비자와 연결될 수 있다. 모든 소비자가 연결되고, 연결된 모든 소비자는 다시 자신이 구매했고 앞으로 구매할 모든 사물과 연결된다. 이들의 연결 안으로 빅데이터가 흐른다. 5G, 블록체인, 양자컴퓨터, 클라우드 서비스는 데이터의 유속과 안전을 지킨다. 이런 소통 환경이 가능해지면, 소비자는 지구상에 존재하는 모든 사물에 대한 분석 정보를 얻을 수 있다. 사물을 사용하는 소비자의 역량도 그만큼 증가한다. 사물은 소비자가 명령하는 것을 그대로 따라 작동하는 것을 넘어서 소비자의 명령을 예측하고 스스로 주변 환경이나 다른 소비자의 행동까지 비교·분석하여 움직일 수 있다. 처음에는 냉장고 속에 있는 소고기를 언제 어떻게 먹어야 하는지를 잘 판단하는 소비자의 똑똑함이 사물에 주입되어 사물이 똑똑해지지만, 그다음에는 똑똑해진 사물이 이런 모든 정보를 기억하고 다른 소비자의 행동 패턴이나 새로운 아이디어를 분석하여 거꾸로 소비자에게 알려주는 일이 가능해진다. 뿐만 아니라 사물인터넷은 현실에 존재하는 사물과 존재를 가상공간에도 플러그인(plug-in)시킨다.

이처럼 사물인터넷 환경은 사물과 소비자의 새로운 연결 방식을 만든다. 이외에도 또 다른 변화가 있다. 지금까지 사물은 자율성이 없었다. 지능이 없기 때문이다. 하지만 사물인터넷 시대가 되면 사물도 인간의 지능과 연결되어 지능적 행위자가 된다. 버클리대학교 컴퓨터과학 교수이자 인공지능 대가인 스튜어드 러셀(Stuart Russell)은 인공지능 개념을 두 가지로 나눈다. 하나는 '인공적 지능'(artficial intellignet)이고, 다른 하나는 '지능적 행위자'(intelligent agent)다.* 이 두 가지 개념을 통합하면 '인공지능적 행위자'(artficial intelligent agent)가 된다. 스튜어드 러셀은 현재의 인공지능 연구는 인간의 지능을 흉내 내는 방법을 연구하는 데서 벗어나, 인간을 대신해서 인간보다 더 합리적이고 효과적인 어떤 행위를 하는 존재에 대한 연구로 접어들고 있다. 주어진 환경에서 무언가 지각(percept)되어 특정 목적을 가진 합리적 인식 행위(cognitive behavior)나 물리적 운동 행위(motional behavior)를 하는 행위자(agent)에 대한 연구다. 소프트웨어로만 된 인공지능 알고리즘이 물리적 운동 행위를 하는 사물과 연결되면 모든 사물을 인공지능적 행위자로 만들 수 있다. 즉, 사물인터넷 시대에 소비자는 수많은 인공지능적 행위자들과 연결되는 셈이다. 그만큼 소비자의 능력을 증강시킨다.

사물이 지능을 가진 사람과 인공지능과 연결되어 인공지능적 행위자가 되는 예는 이미 주위에 많다. 웨어러블 컴퓨터라고도 불리는 사물들이다. 머리에 쓰는 헬멧, 손목에 차는 스마트 시계, 손가락만 움직이면 글씨를 입력하고 화면을 조작할 수 있는 손에 끼는 키보드, 얼굴에 쓰는 스마트 안

---

* 스튜어드 러셀, 피터 노빅, 《인공지능 1》, 류광 역(제이펍, 2016), 2-6.

경, 다리에 입는 로봇, 치아 사이를 깨끗이 닦으라고 잔소리하는 칫솔, 전화가 오면 반짝반짝 빛나는 스마트 손톱, 몸의 상태를 알려주는 양말, 길 안내를 해주는 신발, 노인들이 쓰러진 것을 가족이나 의사에게 알려주는 슬리퍼, 수화(手話)를 통역해주는 반지나 장갑, TV나 컴퓨터 등의 디바이스를 자유롭게 조정할 수 있는 모션링, 팔이나 등에 붙여놓으면 몸에 바이러스가 침투했을 때 자동으로 알려주는 전자피부, 인터넷이 연결되어 교체할 때를 알려주는 기저귀, 기분에 따라 그림이나 색깔이 변하는 티셔츠, 통신용 구리선을 집어넣은 실로 짠 옷 등이다. 살아있는 곤충이나 나뭇잎에 센서를 부착하여 공기 오염도를 측정할 수 있는 생체표면 전자회로 기술을 소비자의 몸에 부착된 사물에 적용하면 옷이나 모자 등으로 알레르기 유발물질, 미세먼지, 황사, 방사능, 각종 화학물 오염 등을 실시간으로 모니터링 할 수도 있다. 당신이 운영하는 음식점이나 매장에 이런 장비를 부착한 소비자가 온다고 생각해보라. 소비자가 실시간으로 수집한 환경 데이터는 전문 분석 회사나 국가 연구기관으로 보내질 수도 있다. 분석된 데이터는 인터넷에 공개되고 평가된다.

## 엄청난 속도로 움직이는 소비자

미래 소비자 Generation A의 네 번째 특징은 '엄청난 속도'를 요구할 것이라는 점이다. '사물인터넷'(Internet of Things) 개념을 처음으로 만든 사람은 현재 벨킨 청정기술부문 사장으로 있는 케빈 애슈턴(Kevin Ashton)이다. 그는 화장품 가게에서 립스틱을 찾다가 제품을 찾는 시간과 노력을 줄여주는 새로운 방식을 떠올렸다. 사물 하나하나에 인터넷을 연결시켜 서로 정보를 주고받게 하는 것이었다. 1999년, 그는 전자태그(RFID), 센서, 눈에 보이지 않을 정도의 작은 컴퓨터 등을 탑재한 사물인터넷 시대가 열린다는 주장을 하여 주목을 받았다.* 사물인터넷 기술의 가장 큰 효과는 '속도'와 '정확도'다.

오랫동안 세계 최고의 공항 서비스로 평가받고 있는 인천공항의 예를 들어보자. 인천공항에서 하루에 항공기에 실리는 수하물은 평균 11만 개다. 유럽 최고 공항들의 경우 지각 수하물은 10만 개당 20개 정도다. 지각 수하물이란 시스템 오류로 다른 항공기로 짐이 잘못 배달되거나 아예 항공기에 실리지 않는 수하물이다. 외국 여행을 많이 하는 사람이라면 한두 번은 이런 비슷한 상황을 경험했을 것이다. 그런데 인천공항의 경우 지각 수하물이 10만 개당 1개에 불과하다. 이런 놀라운 성과를 만들어낸 것은 다름이 아닌 사물인터넷 시스템이다. 인천공항의 수하물 처리 시설은 축구장 20개 너비이고, 수하물이 운반되는 통로 길이만 무려 88km에 달한다. 승객이 붙인 모든 짐에는 전자 태그가 부착되어 있고, 수하물을 운반하는 컨베이어 벨트에는 3만 5,700개의 지능형 센서, 1만 4,500개의 모터가 달려 있다. 이 모든 것이 네트워크로 연결되어 통신하면서 일사분란하게 움직이면서 수하물을 목적하는 항공기에 최단거리를 찾아 운반된다. 만약 수하물이 폭주해서 운송 라인 정체가 발생하면 사물인터넷 기반 시스템이 자동으로 우회로를 찾아서 화물을 운송한다. 가장 빠른 속도와 가장 정확한 운반이라는 놀라운 성과는 이렇게 만들어진 것이다.**

---

* 　사이언스타임즈, 2014. 6. 5. 이강봉, "가게에서 립스틱 찾다가 IoT 착안"
** 　매일경제, 2014. 7. 1. 홍장원, "수하물 오류 유럽의 20분의 1, 인천공항에 숨은 첨단기술"

이런 환경은 소비자의 이동 속도, 정확도, 편리성도 높인다. 길게 줄을 늘어서서 오랫동안 기다리며 공항수속을 했던 경험이 있을 것이다. 2025년경이면 공항에서 발권과 출국수속이 쇼핑몰 계산대를 지나는 것처럼 편리하고 빨라질 것이다. 웨어러블 컴퓨팅 디바이스(사물)를 착용하고, 당신이 누구인지 곧바로 판별이 가능한 생체인식 기술, 스캔하는 모든 것의 화학적 구성 성분까지 알려주는 초정밀 분자 스캐너 기술들이 이런 미래를 가능하게 해줄 것이다. 분자 스캐너는 식품을 스캔하면 영양 정보는 물론이고 과일의 경우 얼마나 익었는지까지 파악해준다. 닭을 튀기는 데 사용하는 기름이 얼마나 더러워졌는지도 알려주고, 당신이 먹는 약의 성분을 파악해주고, 당신이 손에 쥔 비아그라가 진짜인지 가짜인지도 알려준다. 분자 스캐너는 검색의 범위가 넓어서 검색대에서 50m 반경에 있는 모든 사람과 수하물을 초단위로 검색할 수도 있다. 웨어러블 컴퓨팅 사물과 인공지능 기술이 대중화되면 '어웨어러블(awareable) 시대'가 열리면서 사람이 많이 모이는 공항이나 쇼핑몰 등의 장소에서는 사람이 아무리 많아도 나와 주위 상황을 인지하여 '나에게 가장 알맞은 것'이 무엇인지를 제시해주는 1:1 개인맞춤형 서비스가 가능해진다. 일본 디자인계의 거장이며 무사시노미대 하라 켄야(Hara Kenya) 교수가 사물인터넷 시대의 단면을 이렇게 예측했다.

미래는 물류 서비스가 중요해질 테고 그래서 주택 현관 옆에 또 하나의 문이 생길 수 있어요. 시큐리티로 안전이 확보된 상태로 밖에서 냉장고 문을 열어 약물, 세탁물, 식품 등을 바로 투입하는 거죠. 물류 데이터가 확보되면 혼자 사는 거주인의 안전도 점검할 수 있습니다.

이런 속도, 정확도, 편리함에 익숙해질 미래 소비자를 맞이할 준비를 시작했는가? 2030년이면 총 1,000억 개의 사물이 연결된다. 시장조사업체 마캣앤마캣이 발표한 '코로나19에 의한 스마트홈 시장 영향 분석'(Smart Home Market with COVID-19 Impact Analysis)이라는 보고서를 보면 스마트홈 관련 글로벌 시장 규모는 2020년 783억 달러였고, 2025년에는 1,353억 달러로 증가할 것으로 예측된다. 사물인터넷 연관 산업으로 범위를 확장시키면 2025년 국내 시장은 31조 원, 글로벌 시장은 11조 달러를 넘는 파급효과를 나타낼 것으로 예측된다.* 사물인터넷 시장 규모가 커질수록 미래 소비자의 변화도 빨라질 것이다.

## 미래 소비의 핵심

미래 소비자 Generation A의 다섯 번째 특징은 '새로운 소비 품목'에 열광한다는 것이다. 인간이 수천 년의 역사 동안 끊임없이 갈망한 3가지가 있다. 바로 지능, 자율, 영생이다. 지능은 부, 권력, 성공의 원천이다. 자율은 해방이자 휴식이며 편안함이며 자유다. 영생은 진시황제가 천하와 바꾸어서라도 얻고 싶어 했던 인간 최대의 욕망이다. 지난 수천 년 동안 인간은 이 3가지를 갖기 위해 애를 썼다. 영생은 그 누구도 갖지 못했고, 지능과 자율은 소수의 특권층이나 막대한 투자를 한 사람들만 얻었다. 하지만 21세기에는 지능, 자율, 영생을 누구나 구매할 수 있게 될 것이다. 나는 앞서 이 3가지

---

\* 　디지털데일리, 2021.3.31. 이안나, "중견가전업체도 IoT도입 활발, '편리미엄' 효과" 뉴시스, 2016.2.10, "사물인터넷시장 선점 경쟁"

가 어떻게 가능하고, 어떤 형태로 우리 손에 쥐어질 것인지를 분석하고 예측했다. 이 3가지 새로운 소비 품목에 대한 욕망과 소비층은 이미 준비된 상태다. 이제 기술적 완성만 기다리면 된다.

그동안 다양한 매체를 통한 미래 산업, 미래기술이 어떤 방향으로 진행되고, 어떤 비즈니스를 형성하고, 부의 이동은 어디로 흘러가고, 기존산업이 미래 산업과 어떤 관계에 놓이게 될지 등에 대한 예측을 이어왔다. IT 제2차 혁신, VR, AR, 3D 프린터, 웨어러블 디바이스, 미래 스마트폰, 인공지능, 드론, 휴머노이드 로봇, 사이보그, 입는 로봇, 군사용 로봇, 바이오 기술, 나노 기술, 미래형 신소재, 미래 에너지 기술, 자율주행 자동차, 하늘을 나는 자동차, 우주산업 등 다양한 미래기술과 산업의 미래 방향, 속도, 비즈니스 타이밍, 지역화 전략, 지속가능성을 예측했다. 예측 발표 이후 자주 받는 질문이 있다.

"이들 중에서 가장 유망한 것은 무엇인가요?"
"우리 기업은 어떤 것을 미래 먹거리로 삼아야 할까요?"
"어디에 투자하는 것이 가장 유망할까요?"
"삼성 같은 한국기업이 미래에도 살아남으려면 어떤 방향을 선택해야 할까요?"

각기 다른 질문이지만, 지향하는 바는 같다. 무엇이 미래 산업, 미래시장, 미래소비의 핵심이냐는 것이다. 이런 질문에 내 대답은 명확하다. 미래기술, 미래산업은 결국 '지능, 자율, 영생'에서 소비자와 만나게 될 것이다. 지능, 자율, 영생은 미래 소비의 핵심이 될 것이다. 당신이 무슨 기술을 연구하든, 무슨 미래 산업을 선택하든 최종적으로는 이 3가지를 팔아야 세계적 기업에 올라설 수 있다. 사실 이 3가지는 하나의 제품이나 서비스라기보다는 '이미지'다. 제품이나 서비스를 통해 얻어지는 '최종 결과'이다. 최종 결과란 "그래서 내가 어떻게 변했느냐? 무엇이 좋아졌느냐?"에 대한 것이다.

소비자가 관심을 갖는 것은 기술이 아니다. 제품과 서비스를 사는 것도 아니다. 겉으로 보이기는 냉장고나 TV, 자동차, 음식, 영화 등 특정한 제품과 서비스를 구매하지만, 실제로 구매한 것은 '이미지'다. '최종 결과'다. 이것이 어떤 사람은 삼성 스마트폰을 사고, 어떤 사람은 애플 스마트폰을 사는 이유다. 삼성 스마트폰이나 애플 스마트폰은 이런저런 단점과 불편함이 있고, 언론이나 기술자는 그것에 관심을 갖는다. 소비자는 이런 단점이나 기술적 결함에도 불구하고 자기가 원하는 브랜드를 산다. 왜 그럴까? 그들이 사는 것은 제품이 아니라 제품의 심장인 브랜드, 이미지, 가치와 철학 그리고 최종 결과이기 때문이다.

사람이 태어나서 죽을 때까지 갖는 최고 관심사는 지구나 우주, 자연이나 사회, 남이 아니다. 자기 자신이다. 사람은 평생 동안 자기를 만들어 간다. 유아기 시절은 생물학적으로 자기를 만들어가고, 청소년기에는 자아 정체성을 만들어간다. 자기계발과 완성은 여기서 끝나지 않는다. 나이와 시대에 맞게 자기를 계속 가꾸고 만들어가고 성장시키길 원한다. 젊은 시절에는 도전적이고 패기 있고 야망 있고 전도유망한 사람으로 비춰지기 원하고, 중년이 되면 품위 있는 사람, 노년이 되면 백발이 멋진 사람으로 비춰지길 원한다. 죽음마저도 아름답기를 원하는 이유다. 사람이 자신을 만들어가는 방법은 크게 두 가지다. 하나는 정신적으로 자신을 만들어간다. '속모습'이다. 자아성찰에서 시작하여 고귀한 가치와 종교성을 연마하며 자신의 정신세계를 완성시킨다. 다른 하나는 육체적·생물학적 자신의 '겉모습'이다. 특정한 제품과 서비스를 소비하는 이유는 이런 겉모습을 나이와 시대에 맞게, 자신의 정신세계에 어울리게 만들기 위해서다. 애플의 아이폰을 산다는 것은 내가 닮고 싶고 투영하고 싶은 스티브 잡스의 철학, 이미지, 브랜드, 가치를 산다는 것이다. 애플의 제품을 사서 나를 꾸밈으로써 내 정체성의 발전, 내 겉모습의 단장, 더 나아가 내 속모습에 대한 확신을 하는 것이다. 다른 회사의 자동차와 기술적 차이가 없어도 벤츠나 BMW를 사는 소비자의 심리다. 유럽 명품 가방을 손에 걸치고 싶은 이유다. 이처럼 소비자가 사는 것은 제품이나 서비스가 아니라 이미지다.

사람은 시대에 따라서 만들고 싶은 이미지가 달라진다. 만들고 싶은 자아가 달라진다. 예를 들어 지금은 몸짱 하면 다비드상처럼 식스팩이 선명한 복근을 가진 조각상 이미지를 떠올리지만, 불과 20~30년 전에는 몸짱 남자 하면 실버스타 스텔론이나 아놀드 슈왈제너거나 헐크 같은 보디빌더 몸매를 떠올렸다. 19세기 말이나 20세기 초에는 몸무게는 100kg을 넘고, 선 자세에서 발끝이 보이지 않을 정도로 배가 불뚝 나온 사람이 부러움을 사는 몸짱이었다. 믿어지지 않는가? 그 당시에는 가난해서 굶어죽는 사람이 많아서 뚱뚱한 사람은 부자라는 인식이 있었기에 뚱뚱할수록 멋지고 부자라는 이미지를 갖게 되었다. 남성뿐 아니라, 여성도 미모의 기준이나 아름다운 몸매의 이미지가 시대마다 바뀌었다.

시대마다 갖고 싶은 이미지, 만들고 싶은 이미지가 달라졌고, 그에 따라서 선호하는 소비 종류와 양태도 달라졌다. 21세기는 환상을 현실로 만들어주는 기술 덕택에 과거와 전혀 다른 소비의 미래가 펼쳐질 것이다. 과거 '지능'을 얻으려면 선천적으로 좋은 유전자를 물려받아야 했다면 21세기에는 인공지능, 클라우드 지능, 바이오와 나노기술을 활용하는 혁신적 의료기술로 생물학적 뇌 기능 향상이 가능해진다. 지능을 구매하고 원하는 만큼 소비할 수 있을 것이다. 21세기는 사람만이 아니라, 사물도 지능을 갖는 시대다. 소비자들은 자신의 뇌 기능을 향상시켜주는 제품과 서비스를 구매할 뿐만 아니라 인공지능 사물을 구매함으로 지능을 소비할 수 있다. 자신의 뇌 기능을 향상시키는 것은 지능의 항구적(恒久的) 향상, 지능의 영구적(永久的) 구매다. 반면 지능이 들어있는 스마트폰이나 IoT 기계를 사는 것은 일시적(一時的) 지능 향상, 지능의 단회적(單回的) 구매다. 미래에는 지능을 항구적이고 영구적으로, 혹은 일시적 단회적으로 필요에 따라 선택해서 소비할 수 있다. 기업 입장에서는 자사에서 만든 제품이나 서비스에 '지능'이라는 이미지를 포장해야 팔릴 것이다. 예를 들어 삼성이 프리미엄 스마트 전쟁에서 생존하려면 어떻게 해야 할까? 앞으로는 부품 성능 경쟁이 아니라 지능 경쟁이 될 것이다.

왜 사람들은 지능을 구매하려 할까? 첫째, 지능의 차이가 부가가치의 차이기 때문이다. 연봉의 차이고, 매출의 차이고, 경쟁력의 차이이기 때문이다. 둘째, 지능을 구매한다는 것은 내가 머리(지능)를 써서 해야 할 일을 대신 시킬 수 있다는 말이다. 스마트폰이 지능이 없거나 낮으면 내가 지능을 써야 할 필요가 늘어난다. 스마트폰의 지능이 높을수록 내가 지능을 써야 할 필요가 그만큼 줄어든다. 스마트폰이 나 대신 지능적인 일을 많이 해줄수록 내게는 '잉여지능'과 '잉여시간'이 생긴다. 이것이 바로 지능을 구매하고 소비하는 세 번째 이유다. 지능을 구매하여 영여지능과 잉여시간을 만든 사람과 그렇지 못한 사람은 삶의 질이 다를 것이다. 일상적이고 반복적이고 가벼운 일들은 생물학적인 내 지능을 사용하지 않고, 저렴한 가격에 구매한 지능을 사용한다. 그리하여 남은 생물학적인 내 잉여지능과 잉여시간은 특별하고, 특수하고, 아주 중요한 일에 집중적으로 투자할 수 있다. 최소한 생물학적 에너지를 유지하여 다음을 대비할 수 있다. 뇌의 잉여에너지를 인체의 다른 곳에 사용할 수 있다. 에너지는 유한유량이기에 쓰면 쓸수록 소모된다. 소모할수록 인간은 힘, 세력과 건강이 쇠잔(衰殘)해진다.

'자율'(自律)도 이와 비슷한 이유로 구매 욕구가 커진다. 21세기는 이동의 자율, 생산의 자율, 생활의 자율을 구매하고 소비할 수 있게 될 것이다. 인간이 자율을 구매하면 (지능을 구매하는 데서 얻는 유익과 마찬가지로) 잉여자율과 잉여시간을 얻게 된다. 자율 역시 항구적·영구적 구매와, 일시적·단회적 구매 및 소비가 가능하다. 자율 이미지를 판매하는 대표적 제품은 자율주행 자동차다. 자율주행 자동차는 이동의 자율을 위해 소비하는 도구다. 핸들에 손이 묶여 있는 현대인은 하루에 최소 1~2시간, 최대 3~4시간을 자동차에 묶여 있다. 자율주행 자동차를 구매하면, 현대인은 매일 최소 1~2시간, 최대 3~4시간의 잉여자율을 얻게 된다. 자율주행 자동차를 구매하여 얻은 잉여자율을 다른 일에 소비할 수 있다. 자동차 안에서 잠을 자거나 휴식을 취할 수 있고, 퇴근 후 보낼 시간을 위해 식료품을 구매할 수 있고, 지구 반대편의 투자시장에 투자를 할 수 있고, 의사와 건강문제를 상담할 수 있고, 밀린 업무를 볼 수 있고, 회의시간을 줄일 수 있고, 자기계발을 할 수도 있다. 또한 매일 몇 시간씩 운전으로 소모되는 체력을 아낄 수 있어서 이동에서 오는 피로를 줄일 수 있다. 이는 같은 에너지와 체력으로 더 많은 거리를 이동할 수 있는 가능성을 열어준다. 미래의 사람들은 생산의 자율, 생활의 자율도 소비하게 될 것이다.

'영생'을 구매하는 이유는 두말하면 잔소리다. 영생은 인간이 적어놓은 구매목록 1위에 올라설 품목이다. 미래는 완전한 영생은 아니지만, 생물학적 반영생(半永生)이 가능해진다. 미래 소비자는 젊은 시절에는 지능과 자율을 구매하여 부를 쌓고, 노년에는 개인보건과 영향개선, 최고의 의약품과 치료, 유전자 개선 등 '반(半)영생'을 실현시켜주는 제품과 서비스를 구매하고 소비하는 데 젊은 시절에 쌓은 부의 전부를 쓸 것이다. 생물학적 개선, 생명연장(Longevity), 가상 자아(Virtual Identity) 등이 21세기에는 구매 가능해지기 때문이다.

## 가상 소비

Generation A의 소비 품목이 하나 더 있다. '가상'이다. 2019년, 5G 시대가 열렸다. 5G는 초당 1Gb 데이터를 주고받는 통신 시스템(고화질 영화 한 편 2~3초에 다운로드)이다. 가상현실이나 증강현실 콘텐츠를 완벽 구현할 수 있다. 하지만 이것은 어디까지나 이론적 속도다. 수많은 사람이 몰리면 실제 속도는 현저히 떨어진다. 그래서 실제적인 '실시간 통신'과 '완벽한 가상세계' 구현은 6~7G 상용화 시대에 가능할 것이다. Generation A 의 시대다.

6세대 통신은 수중 통신이나 전 세계 어디에서든 음영지역 없이 이용 가능할 정도로 전파 송출 범위가 확대된다. 미국의 방위고등연구계획국(DARPA), 중국 공업정보화부에서는 이미 6G 연구를 시작했다. 6G는 우리에게 익숙한 4G와 비교할 때 전송속도가 100배 이상 빠르다. 6G는

2030~2040년에 상용화될 것이며, 2040년 이후에는 4G보다 1,000배 빠른 7G 시대가 열릴 것이다. 7G 서비스는 사람이 존재하는 모든 공간의 네트워크화는 물론이고 우주까지 하나의 통신 시스템으로 연결된다. 이른바 '초연결 지구' 시대가 열린다. 결국 2050년경이면 가상과 현실의 완벽한 통합이 기술적으로 가능하다.

실제적인 '실시간 통신'과 '완벽한 가상세계' 구현은 6~7G 상용화 시기가 되면, 가상현실 기술은 교육, 훈련을 비롯해서 가상섹스까지 다양한 영역에서 사람들을 놀라게 할 것이다. 가상 여행을 예로 들어보자. Generation A의 시대에는 홀로그램, 가상현실, 지금보다 1,000배 빠른 통신 기술, 휴먼 인터페이스, 입는 컴퓨터, 3D 그래픽 및 디스플레이, 인공지능 등의 서로 시너지를 내면서 진일보한 가상세계를 만들어낼 것이다. 나는 가상세계의 3단계 발전을 예측했었다.

제1차 가상혁명(1단계 가상세계)은 컴퓨터와 인터넷의 개발로 시작되었다. 인간은 현실세계의 아날로그 대상들을 0과 1, On과 Off 신호로 디지털화하여 가상의 세계를 창조했다. 현실세계를 아날로그 문자로 기록할 수 있는 기술이 경이로운 인류 발전의 첫 번째 기틀이었다면, 아날로그 문자로 된 정보를 디지털화할 수 있는 기술은 경이로운 인류 발전의 두 번째 기틀이다. 문자가 의사소통과 협업의 첫 번째 혁명이었다면, 디지털화 기술은 의사소통과 협업의 두 번째 혁명이다. 첫 번째 혁명은 인류 전체가 의사소통과 협업이 가능하게 했고, 두 번째 혁명은 인간과 기계가 의사소통하고 협업할 수 있게 했다. 첫 번째 혁명은 인간의 생각, 감정, 상상을 1차원의 점과 선(문자)으로 기록할 수 있게 했다. 두 번째 혁명은 인간의 생각, 감정, 상상을 3차원 현실로 재생시킬 수 있게 했다.

제2차 가상혁명(2단계 가상세계)은 현실세계(Real world)과 가상세계(Cyber world)의 경계가 파괴되는 단계다. Generation A는 이 시대의 중심부에서 살아갈 것이다. 제1차 가상혁신 때에는 모니터를 경계에 두고 가상과 현실의 구분이 명백했다. 제2차 가상혁신은 모니터를 통해 만들어진 가상공간과 현실 공간의 경계가 파괴된다. 이 단계에서는 현실 위에 가상을 입힐 수도 있고, 가상이 현실의 수준을 넘어서서 더 현실 같은 세상을 만들 수도 있고, 현실과 가상이 동시에 같은 곳에 존재할 수도 있다. 가상은 현실로 뛰어나오고, 현실은 가상으로 흡수된다. 스마트폰이나 컴퓨터 모니터를 통하지 않고도 자유롭게 가상공간으로 드나들 수 있다. 제2차 가상혁명이 완성되면 파리, 뉴욕, 런던, 아프리카 초원, 수천 미터 깊이의 바다, 화성 등을 가상공간에 만들어놓고 여행을 다니는 시대가 열리게 된다. 당신이 원한다면 만나고 싶은 세계적인 스타들도 가상 여행지에 오게 할 수 있다. 제2차 가상혁신의 시기에는 인간과 농담을 나누고 감성까지 표현하는 인공지능이 가상공간과 연결되면서 가상여행이 현실여행보다 더 나은 경험을 줄 수 있다. 인공지능은 당신이 가장 원하는 체험을 하도록 가상여행지를 선택해줄 것이다. 인간의 뇌는 현실과 가상을 구별하지 못하는 특성이 있다. 가상현실 기술은 뇌의 이런 특성을 이용한다. 현재의 기술은 뇌의 다양한 신호를 컴퓨터에 입력하는 것이 가능한 단계까지 발전했다. 뇌에 직접 가상을 주사하는 수준의 가상현실 기술은 2030년 이후에 상용화될 것으로 예측된다. 이런 기술을 당장 사용하지 않더라도 헤드마운트디스플레이(HMD)를 통해서 얼마든지 가상의 사람이나 물건을 실제처럼 연출할 수 있고, 가상공간에서 쇼핑과 운동·게임을 즐길 수 있는 가상의 여행지를 만들어낼 수 있다. 웨어러블 컴퓨터도 가상여행과 더 흥미롭고 알찬 여행에 일조할 것이다. 웨어러블 기기들이 서로 연동되고, 지능형 사물들과 통신하면 사용자의 몸뿐만 아니라 주위 상황도 동시에 인지하여 데이터를 생산하게 된다. 이를 '어웨어러블(awareable) 시대'라고 부른다. 이런 시대가 열리면 나에게 가장 적합한 여행지를 추천해주는 것은 물론이고, 가장 적합한 선물, 음식, 기억에 남을 만한 장소, 내가 가장 감동받을 만한 이벤트 등을 개인맞춤형으로 제공하는 일도 가능해진다.

2차 가상혁명이 완성되면 가상과 게임이 통합된 환경이 만들어질 것이다. 이 시대에 게임은 예술과의 경계도 허물 것이다. 게임은 이미 오래전부터 가상세계에 대한 환상을 주고 있다. 2차 가상혁명의 시대에 Generation A 세대는 지금보다 몇십 배 진화한 가상환경 속에서 게임을 하고, 대화를 하고, 쇼핑을 하고, 각종 미디어를 소비할 것이다. 2차 가상혁명 시대에 게임은 게임이 아니라, 컴퓨터가 만든 세상에서 실제처럼 살게 하는 플랫폼이다. 현실의 놀이와 가상의 놀이를 통합하고, 인간의 모든 활동에 관여할 것이다. 현실과 가상의 경계를 깨뜨리는 가상세계의 발전은 가상과 게임을 통합하고, 게임과 미디어의 경계도 무너뜨린다. 일명, '대체현실'(Substitutional Reality, SR) 미디어 시대가 열릴 것이다. 미래의 미디어는 Generation A의 취향과 일정에 맞게 맞춤화된 경험 스토리를 제공하고 강력한 인터넥티브를 지향하는 서비스로 전환될 것이다. 대체현실은 다양한 기술을 통해 사람의 인지과정에 혼동과 착각을 일으켜 가상세계의 경험이 현실을 대신하거나 마치 실제인 것처럼 인지하도록 하는 기술이다. 3D, 리얼 컬러, 몰입을 통해 옆에서 벌어지는 일을 전능의 관점에서 보듯이 생생한 화질을 전달하는 대체현실 미디어는 지금의 가상현실이 주는 몰입감을 능가할 것이다. 시청자의 마음속을 거울을 보듯 들여다보고, 시청자를 가상의 세계로 데려가고, 가상의 세계를 시청자의 눈앞에 데려오는 것이 가능해지면서 방송에서 구사할 수 있는 스토리의 한계가 깨지고 확장될 것이다. 촘촘히 개인화된 경험이 가능할수록 사회적 상호작용이라는 인간 본성의 외침도 강렬해질 것이다. 양립할 수 없는 것처럼 보이는 두 가지 욕구가 미래의 기술에 의해 공존하게 될 것이다. 개인화된 경험을 다른 사람들과 공유할 때 더욱 개인화될 수 있다는 접근법이 만들어질 것이기 때문이다. 어제 경험이 끝난 것을 사회적 상호작용을 통해 오늘 다시 음미하고 기억하여 경험의 재구성과 연장을 얻는 기술이 등장할 것이기 때문이다. A세대가 미디어를 소비하는 장소는 지금보다 1,000배 빠른 네트워크 속도를 기반으로 자동차, 홀로그램, 길 위, 3D 가상세계 등등 다양해 질 것이다.

　제2차 가상혁명(2단계 가상세계)의 시기는 소비의 내용과 방식만 바꾸지 않는다. 환경의 변화는 생각의 변화, 삶의 변화를 만든다. 이 시기에는 더 많은 사람이 과거보다 좀 더 평등하다는 느낌을 찾으려 가상세계에 몰입도를 높일 것이다. 에릭 슈미트의 말처럼 현실세계는 여전히 불평등이 지속되거나 더 악화될 수 있지만, 가상세계는 똑같은 기본 플랫폼, 정보, 가상 자원을 누구나 최저 비용이나 무료로 접근하게 해주기 때문에 사람들이 보다 평등하다는 느낌을 받는다.* 나날이 진보하기 때문에 평등 혜택은 더 늘어날 수 있다. 나날이 발달하는 가상세계 기술로 인해 교육 평등, 비즈니스 기회의 확대, 사회참여 불평등과 같은 힘든 문제들을 해결할 수 있는 실마리가 제공될 수 있다.** 후진국이나 가난한 사람들을 지배하는 비

---

* 　에릭 슈미트, 제러드 코언, 《새로운 디지털 시대》, 이진원 역(알키, 2013), 27.
** 　같은 책, 28.

효율적인 시장, 시스템, 물리적 장벽, 행동 들을 개선하거나 효율성을 높일 수 있다. 과거에는 한 나라를 성장시키는 데 엄청난 자본, 기술 이전, 산업 형성 등이 필요했다. 그러나 제2차 가상혁신의 시대는 모바일 인프라, 저렴한 스마트 디바이스, 3D 프린터 등만으로도 국가 차원의 큰 변화를 시도할 수 있다. 예를 들어 콩고의 어부들이 기본기능만 갖춘 아주 저렴한 휴대전화를 갖게 되자, 과거에는 매일 잡은 물고기들을 시장에 내놓고 시간이 지날수록 상하는 것을 물끄러미 쳐다만 보았는데 이제는 물고기를 강 한 켠에 가두어두고 고객이 전화를 하면 싱싱한 상태로 판매할 수 있게 되었다. 값비싼 생선 보관용 냉동고도 필요 없고, 더 멀고 더 큰 시장에까지 나가지 않아도 된다. 휴대폰으로 연결되는 다른 지역의 어부들과 전화를 통해 시장규모를 더 넓힐 수도 있다.* 이런 모습은 1차 가상기술 혁신만으로 가능한 변화다. 가상과 현실의 완벽한 파괴, 완전한 지구 연결성, 언어 경계 파괴, 누구나 똑똑한 가상 비서를 소유하는 등 제1차 가상혁신보다 더 뛰어난 환경을 제공해주는 제2차 가상혁신은 절대적 빈곤과 지역적 고립의 문제 해결에 한 단계 진일보하는 솔루션이 된다. 2012년 MIT 미디어랩은 에티오피아 초등학생들에게 사전 지도나 교사 없이 자신들이 나누어준 교육 애플리케이션이 깔린 태블릿PC로 몇 달 만에 아이들에게 완전한 영어 문장을 쓸 수 있도록 교육을 시켰다.** 2012년 24살의 케냐 청년 안토니 무투아(Anthony Mutua)는 케냐의 수도 나이로비에서 열린 과학박람회에 자신이 만든 제품을 출시했다. 무투아가 만든 초소형 칩을 신발 밑창에 넣고 걸으면 휴대전화를 충전할 수 있는 전기가 생산된다. 중국이나 동남아의

---

\* 　같은 책, 28-29.
\** 　같은 책, 41.

내륙 산간 오지에 있는 여성도 다른 대륙에 있는 유능한 변호사의 법률 조언을 받을 수 있고, 유능한 의사에게 자신의 건강상태에 대한 상담을 받을 수 있다.[*] 이 시기는 네트워크(관계망), 신체 에너지, 시간, 공간, 돈, 지식(두뇌)을 보다 효율적으로 사용할 수 있는 환경이 만들어진다. 가난한 나라에서는 절대적 빈곤과 질병 문제를 해결 받지만, 선진국 국민들은 더 많은 물건을 스스로 만들어내고 판매할 수 있다. 자기만의 특별한 사양과 요구를 충족시켜주는 새로운 기회를 얻게 된다. 가상의 길(Virtual Road)을 통해 실제 세상(Real World)의 시장이 확대되고 마케팅 비용도 제로에 가까워져 간다. 제2차 가상혁명의 시기에는 가상공간에서 지구 반대편의 사람들과 생각의 속도로 연결된다. 지구 반대편의 사람들과 거의 대부분의 일상생활이 가능하다. 홀로그램이나 로봇 등을 활용하면 가상의 나를 내가 원하는 어느 곳에든 즉시 이동할 수 있다. 물리적인 국경이나 언어의 장벽을 완전히 극복하고 내가 만나고 싶은 사람, 알지 못했던 사람, 이질적인 지역에 있는 사람들과 가상의 한 공간에 모여 대화하고, 경제 활동을 하고, 마음을 나누는 일이 가능해진다.

제3차 가상혁명(3단계 가상세계)은 가상세계의 궁극이고 최종 완성이다. 기술의 발전이 임계점을 넘어가면, 기술의 자기 생성 충동이 일어나면서 '제3차 가상혁명'이 일어나면서 3단계 가상세계로 진입한다. 이 단계에서는 가상과 현실이 완전히 하나가 된다. 구별이 없어지고 모호해진다. 구별이 무의미해진다. 이런 미래는 기술의 발전 때문이기도 하지만, 인간 뇌의 독특한 특성 때문에 가능해진다. 인간의 뇌는 현상과 물자체(Ding an sich)를

---

[*]    같은 책, 37.

구별하지 못한다. 어쩌면 인간의 눈도 마찬가지일지 모른다. 18세기 철학자 임마누엘 칸트는《순수이성 비판》에서 인간 이성은 사물의 본질을 정확하게 인식하지 못한다고 비판했다. 인간은 감각을 가지고 있어서 감각을 통해서만 사물을 인식한다. 칸트는 이렇게 감각을 통해 인식한 사물을 '현상'이라 불렀다. 그리고 감각과 별도로 존재하는 사물을 '물자체'라 불렀다. 감각기관을 통해서만 세상을 보는 인간의 뇌는 감각기관을 거치지 않고 직접 뇌에 주사되는 0과 1로 만들어진 가짜 현상을 실제 현상과 구별하지 못한다. 둘 다 똑같은 현상으로 인식한다. 영화 〈매트릭스〉에서 초인공지능이 사람의 뇌에 가짜 디지털 세상을 주입해서 가상과 현실을 구별하지 못하도록 하는 일이 불가능하지 않다. 제2차 가상혁명 시대까지는 가상세계를 인간이 작동시키지만, 제3차 가상혁명 시대는 인공지능이 가상세계를 작동시킨다. 제3차 가상혁명은 환상시대의 문을 열어줄 것이다. 가상과 현실이 완벽하게 통합되어 인간과 가상과 현실의 모든 사물이 연결되면 인간의 두뇌와 몸이 생물학적 발전의 한계를 극복할 수 있다. 인간의 지능이 모든 사물에 속속들이 스며들면서 사물을 자신의 정신과 근육처럼 사용할 수 있는 시대가 되는 것이다. 그 이후에는 레이 커즈와일이 예측한 것처럼 인간의 지능이 모든 물질, 에너지 속으로 스며들고, 이를 조정하는 능력에 이르면서 지구라는 공간의 한계를 벗어나 먼 우주까지 정신과 행위의 영역을 넓히는 것도 가능하게 된다.*

가상세계가 발전하면 가상 국가나 가상 공동체의 힘도 커진다. 가상 국가나 가상 공동체는 같은 철학, 관심사를 가진 사람들이 가상에서 상호연

---

* 레이 커즈와일, 《특이점이 온다》, 김명남, 장시형 역(김영사, 2007), 41.

결성(interconnectedness)을 갖고 집단 행동을 하는 공동 플랫폼이다. 디지털 플랫폼이기 때문에 물리적 공간의 제약에서 벗어나 무한한 개수의 공동체를 만들 수 있다. 디지털 플랫폼이기 때문에 빠르고, 효율적이고, 공격적으로 확산된다. 그렇지만 살아있는 공동체의 속성을 다 가지고 있기 때문에 정치, 경제, 비즈니스, 미디어, 종교, 사회규범 등의 활동이 가능하다. 그 자체로 세계다. 작으면 마을, 크면 국가처럼 작동할 수 있다. 현실과 동일한 사회 활동과 비슷한 구조를 갖추기에 현실 공동체인 마을, 집단, 국가 등과 거의 모든 부분에서 경쟁 구도를 형성할 수 있다. 가상세계가 형성되는 조건들은 다음과 같다. 몇몇은 이미 현실이 되었고, 나머지는 계속해서 만들어지고 있다.

첫째, 가상의 땅(영토)으로, 2차원 가상의 땅에서 3차원 가상의 땅으로 발전 중이다. (Text → 2D → 3D → 휴먼 인터페이스 & 햅틱 → 가상현실 & 홀로그램 → 유비쿼터스 네트워크 환경 → 인공지능 → 뇌 인터페이스)

둘째, 가상의 시민으로, 2차원 아바타에서 3차원 아바타로 발전 중이다. (2D 아바타 → 3D 아바타 → 인공지능 + 개인 빅데이터 → 뇌연결 아바타 → 인간 정신 이식으로 최종 발전)

셋째, 생산에서 교역에 이르기까지 가상의 경제활동으로, 가상 실물경제와 가상 금융경제 활동이 이루어져야 한다. 가상세계의 실물경제는 가상의 재화와 서비스를 거래하는 것부터 현실의 재화와 서비스를 결합하는 것까지 다양한 조합이 가능하다. 가상세계의 금융경제도 가상의 금융상품을 거래하는 것부터 시작하여 완전한 가상화폐의 유통까지 다양한 조합이 가능하다. 미래의 화폐는 3가지로 나뉠 것이다. 현실에서 주조되고, 현실과 가상에서 동시에 통용되는 달러와 원화 같은 현실화폐다. 가상에서 만들어지고 현실과 가상에서 동시에 통용되는 디지털 화폐다. 예를 들어, 비트코인 같은 화폐다. 마지막으로 가상에서 주조되고 가상에서만 통용되는 완전한 가상화폐다.

넷째, 가상세계 관리 행정시스템으로, 가상세계도 현실 국가나 공동체처럼 안정적 운영과 사회발전을 관리, 감독, 유지, 지원하는 행정과 치안을 담당하는 시스템이 필요하다.

다섯째, 가상 방위 시스템이다. 가상세계도 외부적 공격에 국가나 공동체를 방어할 수단이 필요하다. 다른 가상국가의 공격이나 현실세계의 해킹 공격을 방어할 방위 체제(강력한 보안 시스템)가 필요하다.

여섯째, 가상 공동체 및 국가 자치 시스템으로, 현실세계처럼 가상세계도 국가나 도시 혹은 작은 공동체(마을)의 틀을 갖추려면 가상 시민들의 자치활동이 필요하다.

이런 시대가 가능할까? **첫째, 기술발전의 속도가 가능하게 해준다.** 1965년 고든 무어(Gordon Moore)는 「더 많은 부품을 집적 회로에 몰아넣기」(Cramming More Components onto Integrated Circuits)라는 논문에서 다음과 같이 예측했다.*

최소 부품 비용의 집적도(complexity for minimum component costs)는 연간 약 두 배의 속도로 증가해왔다… 단기적으로 이 속도는 설령 증가하지 않는다고 할지라도 유지될 것이라고 예상할 수 있다. 더 장기적으로 보면, 증가 속도는 좀 더 불확실하다. 적어도 10년 동안은 거의

---

* 에릭 브린욜프슨, 앤드류 맥아피, 《제2의 기계시대》, 이한음 역(청림출판, 2014), 58.

일정하게 유지될 것이라고 믿는다.

일명, 무어의 법칙(Law of Moore)*이다. 무어는 1달러로 살 수 있는 집적회로의 연산 능력이 매년 2배로 늘어난다면 1975년이면 1965년보다 성능이 500배가 높은 트랜지스터가 가능하다는 대담한 예측을 했다. 1975년에 무어는 배가 되는 기간을 1년에서 2년으로 수정했다. 그 이후로 무어의 법칙은 18개월마다 2배로 늘어나는 주기를 유지하며 40년간 지속되고 있다. 다른 물리적 영역과는 다르게 IT 영역에서는 물리학 법칙에 따른 제약이 훨씬 덜하다. 5~7년마다 물리적 한계에 부딪힐 때마다 '영리한 땜질'(brilliant tinkering)이라는 영리한 우회전략을 사용했기 때문에 지속적인 배가의 힘이 작동 중이다. 영리한 땜질이란 물리학이 만들어놓은 장애물을 피해갈 수 있는 우회로 찾기를 말한다. 예를 들어 집적회로에 더 이상 배선을 몰아넣기 힘들자, 인텔은 한 층을 더 쌓는 법을 개발하여 우회로를 확보했다.** 영리한 땜질 전략에 힘입어, 2012년 IBM의 왓슨은 1997년 체스 세계 챔피언을 이겼던 딥블루(Deep Blue)보다 100배 뛰어난 성능을 갖게 되었고, 아이폰 4S는 10년 전 애플의 최고 사양 노트북인 Powerbook G4와 같은 성능을 갖게 되었다.*** '동시 위치 추적 및 지도 작성'(SLAM, Simultaneous Locallization And Mapping)을 기계에게 가르치는 것은 인공지능 분야의 오래된 도전 과제였다. 이 주제를 다룬 2008년의 한 논문은 기계가 추적해야 할 범위가 커질수록 분석과 계산을 위한 컴퓨터 비용

---

* 　인텔 공동 설립자 고든 무어가 내놓은 것으로, 반도체 집적회로의 성능이 24개월마다 2배로 증가한다는 법칙이다.
** 　같은 책, 60.
*** 　같은 책, 70.

이 엄청나게 늘어나고 불확실성도 커지기 때문에 현재의 기술로는 거의 불가능하다는 결론을 내렸다. 하지만 이 논문이 나온 지 2년 후, 가정용 게임기 엑스박스(Xbox)의 150달러짜리 주변기기인 키넥트(Kinect)에 의해 불가능이 가능으로 바뀌었다.[*] 마이크로소프트는 이전 기술의 물리적 한계를 영리한 땜질 전략을 사용하여 우회했다. 키넥트는 두 명의 게임자의 40개의 관절을 동시에 포착·추적하고 게임자의 얼굴, 목소리, 몸짓까지도 조명과 소음 속에서도 분별한다. 2011년 8월 캐나다 밴쿠버에서 열린 디지털 그래픽 박람회인 시그래프(SIGGRAPH)에서 마이크로소프트 직원들과 학계 연구자들이 값싸고 성능 좋은 디지털 감지기인 키넥트를 이용해서 '동시 위치 추적 및 지도 작성' 문제를 해결했다. 2014년 한국에서 개최된 세계수학자대회에서 부대행사로 열린 수학자들과 이창호, 유창혁, 허봉수 등 국내 정상급 프로 바둑 기사들이 1:5 다면기를 벌였다. 한 명의 프로기사마다 5명의 세계적인 수학자들이 맞붙은 대국에서 수학자들은 확률과 통계를 비롯한 다양한 수학적 분석기술이나 기하학 구조를 이용해서 바둑 기사들과 대국을 펼쳤다. 대국이 모두 끝난 후, 수학자는 이런 이야기를 했다. 바둑의 경우의 수가 무한에 가깝지만, 새로운 수학적 기법으로 바둑을 분석한다면 앞으로 40~50년 후에는 슈퍼컴퓨터가 인간 바둑 기사를 이길 수도 있을 거라는 전망이었다.[**] 그러나 1년 후 알파고가 등장했다. 이렇듯 기술의 발전이 혁신기에 진입하면 기존의 예측을 뛰어넘는 일이 충분히 일어날 수 있다. 기술 자체가 기하급수적 발전 단계에 진입하거나, 서로 다른 기술들이 결합해서 장벽을 돌파하거나, 장벽을 돌파하는 창의적 우회

---

[*]   같은 책, 73.

[**]  YTN Scinece, 2014. 8. 20. "수학자와 바둑 기사의 정면 승부… 결과는?"

전략을 발견하기도 한다. 인공지능의 발전에 대한 현재의 예측도 마찬가지다. 인간의 상상을 뛰어넘는 일이 생각보다 빨리 일어날 가능성도 염두에 두어야 한다.

**둘째, 인간의 도전정신과 능력이 가능하게 해준다.** 우리는 케네디 대통령이 인간을 달에 보내겠다는 야심차지만 무모했던 목표도 8년 만에 성과를 낸 것을 기억한다. 이런 사례는 적지 않다. 2002년 미국 국방첨단연구계획국(DARPA, Defense Advanced Research Projects Agency)은 자율주행 자동차로 캘리포니아 모하비 사막 250km를 완주하는 그랜드 챌린지 경주 계획을 발표했다. 2004년 3월 13일 100만 달러 우승상금이 걸린 역사적인 첫 번째 경주가 열렸지만 결과는 참담했다. 15대의 자율주행 자동차 중에서 2대는 출발도 못했고, 1대는 출발하자마자 뒤집혔고, 출발 후 얼마 지나지 않아 8대는 경주를 포기했다. 선두를 달리던 카네기멜론대학의 샌드스톰(Sandstrom)도 12km를 달린 후 U자로 굽은 도로를 지나다가 제방에 처박히고 말았다. 완주한 자동차는 한 대도 없었다. 언론은 이 행사를 '다르파의 사막 대실패'라고 조롱했다.* 6년 후, 다르파가 자율주행 자동차 개발을 천명한 지 8년 만인 2010년 10월 구글은 자신들이 만든 자율주행 자동차가 미국의 실제 교통상황 하에서 스스로 주행하는 데 성공했다는 발표를 했다. 웬만한 기술 혁신은 목표를 수립한 후 10년 정도 인력과 기술과 자본을 지속적으로 투자하면 괄목할 만한 성과를 낼 수 있다는 또 다른 사례다.

2002년경 미국에서 유학생활을 하고 있을 때 음성인식 소프트웨어를

---

\*    에릭 브린울프슨, 앤드류 맥아피, 《제2의 기계시대》, 이한음 역(청림출판, 2014), 31.

처음 접했다. 영어를 한창 배울 때여서 라디오에서 흘러나오는 영어 방송을 음성인식 소프트웨어를 통해 텍스트로 바꾸어서 공부해볼 심산이었다. 하지만 결과는 참담했다. 자동 음성인식 기술은 거의 반세기 정도 연구된 기술이었지만 거의 쓸모없는 수준이었다. 아니나 다를까. 2004년, 인간 수준의 음성 인식 기술은 거의 불가능한 목표라고 평가한 논문이 나왔다.* 하지만 그런 평가가 나온 지 10년이 채 못 되어 애플이 아이폰에 상당한 수준의 자연어 처리가 가능한 '시리'(Siri)를 탑재하여 불가능의 벽을 깼다. 더 놀라운 사실도 있다. 2011년 2월 14~15일 이틀 동안 완벽한 자연어 처리 능력을 가진 슈퍼컴퓨터 '왓슨'이 세상을 깜짝 놀라게 했다. 자연어 처리만 완벽한 것이 아니라 생각하는 기계의 길을 열었다. 왓슨과 대결했던 켄 제닝스(Ken jennings)는 "20세기에 새 조립라인 로봇이 등장하면서 공장 일자리가 사라졌듯이, 브래드와 나는 새로운 세대의 생각하는 기계에 밀려난 최초의 지식 산업 노동자입니다"**라고 했다.

셋째, 기술 자체의 추진력이 가능하게 해준다. 기술은 새로운 기회를 만들어낸다. 새로운 기회는 진보의 엔진이다. 기술은 상호연결되어 있고, 상호의존하며 전체가 하나의 시스템을 이루며 거의 생물처럼 유기적으로 발전하면서 새로운 기술과 기회를 만든다. 케빈 켈리(Kevin Kelly)는 머리가 없는 망치는 톱날을 두드릴 수 없고 손잡이를 만들 톱이 없이는 망치도 없는 것처럼, 기술과 기술, 발명과 발명은 서로 뒤얽히며 새로운 기술과 더 많은 도구, 더 많은 발명품들을 낳으며 자기 추진력을 가진 상호연결된 기술계

---

\*　　같은 책, 36.
\*\*　같은 책, 42.

(system of technology)를 만든다고 주장했다.* 케빈 켈리는 마치 생명체처럼 자기 생성 충동을 가진, 유기적이고 자기 강화적 창조력을 가진 기술계를 '테크늄'(technium)이라 칭했다.** 자기 생성 충동을 가진 생명체처럼 강화 피드백을 하며 진화하는 기술계는 현재의 기술로 해결할 수 없는 문제를 미래의 기술로 해결하는 길을 스스로 연다. 예를 들어 1990년 인간 게놈 지도 만들기 프로젝트가 시작될 때만 해도 전문가들조차 당시의 스캔 기술과 속도로 수천 년이 걸릴 것이라고 조롱했다. 맞다. 1990년의 기술로는 불가능한 목표였다. 하지만 전문가들의 조롱은 기술계 전체의 발달과 진화력을 무시한 어리석은 태도였다. 인간 게놈 프로젝트는 급진적 연구가들이 15년이면 가능할 것이라는 예측보다 더 빨리, 불과 13년 후 완성되었다.***

**넷째, 기술 지능과 인간 지능의 선순환이 가능하게 해준다.** 미래학자 레이 커즈와일은 자신의 진화이론에서 제5단계인 '기술과 인간 지능의 융합' 시대를 다음과 같이 설명했다.

몇십 년 안에 특이점과 함께 다섯 번째 시기가 도래할 것이다. 우리 뇌에 축적된 광대한 지식이 더 크고 빠른 역량과 속도, 지식 공유 능력을 갖춘 기술과 융합하면서 시작될 것이다. 이 시기에 인간-기계 문명은 연결이 100조 개에 불과한 처리 속도가 몹시 느린 인간 뇌의 한계를 초월할 것이다. 특이점과 더불어 우리는 인간의 오랜 문제들을 극복하고

---

*     케빈 켈리, 《기술의 충격》, 이한음 역(민음사, 2011), 17–21.
**    같은 책, 21.
***   레이 커즈와일, 《특이점이 온다》, 김명남, 장시형 역(김영사, 2007), 104–105.

창조성을 한없이 확대하게 될 것이다. 생물학적 진화의 뿌리 깊은 한계를 극복할 뿐 아니라 진화의 과정을 거치며 얻은 지능을 보존하고 강화하게 될 것이다.[*]

레이 커즈와일에 의하면 우리는 지금 제4 단계에 해당하는 '기술' 시대를 살고 있다. 이성적으로 추상적인 사고력과 도구를 사용할 수 있는 인간의 뇌가 기술 진화를 견인하는 시대다.[**]

## 로봇과 경쟁에서 이기는 능력을 구매하는 소비자

미래 소비자 A세대의 마지막 특징이자 새로 만들어지는 또 하나의 거대 소비시장은 '로봇과 경쟁에서 살아남는 능력 구매'다. 이것은 미래 교육시장의 변화를 이끄는 동력이다. 로봇의 발전은 인간의 일자리를 상당수 대체할 가능성이 크다. 로봇(Robot)의 사전적 의미는 '사람과 유사한 모습과 기능을 가진 기계' 혹은 '스스로 작업하는 능력을 가진 기계'다. '로봇'이란 단어는 1920년 체코슬로바키아의 극작가 카렐 차페크(Carel Čapek)가 자신의 희곡 〈로섬의 만능 로봇 R.U.R〉에서 처음 사용했다. 극작가 카렐 차페크는 체코어로 '노동'을 의미하는 robota에서 a를 빼고 robot이라는 단어를 만들었다.[***] 체코, 슬로바키아, 폴란드 등에서는 'rob'라는 단어가

---

[*]    같은 책, 41.
[**]   같은 책, 37–41.
[***]  위키백과, 로봇.

'일하다'는 뜻을 가진다.* 카렐 차페크가 인간을 대신해서 일하는 기계에 '로봇'이라는 보통명사를 붙인 것은 자연스런 일이었다. 그래서 유럽의 로봇 산업은 지난 50여 년간 산업용 기계의 범주에서 연구되었다. 실용주의의 나라 미국에서는 로봇을 유럽보다는 훨씬 더 폭넓고 다양한 실용적인 도구로 인식했다.** 또한 할리우드의 영향으로 인간과 함께 살면서 인간을 돕는 로봇부터 인간과 대결하는 로봇까지 다양한 상상력이 더해졌다. 반면 일본에서는 로봇에 만화적 상상력과 세상 모든 만물에 신성(神性)이 깃들어 있다는 범신론(汎神論) 사상이 가미되어 친근하게 사람과 함께 사는 신적 능력을 가진 인류의 수호자라는 이미지로 '인조인간'(人造人間)이라고 했다. 이런 일본의 로봇 개념을 대표하는 애니메이션이 바로 전설적인 만화가 데즈카 오사무가 1963년부터 제작한 〈우주소년 아톰〉이다. 중국에서는 로봇을 단순하게 사람을 닮은 기계라는 뜻으로 '기축인간'(機軸人間)***이라 불렀다.****

한국에 로봇이 처음으로 소개된 때는 언제일까? 놀랍게도 암울한 일제 식민지 시절인 1923년이다. 춘원 이광수 선생은 카렐 차페크가 쓴 희곡 〈로섬의 만능 로봇 R.U.R〉의 일본어 번역본을 읽고 다음과 같은 감상문을 썼다. "사람이 사람의 손으로 창조한 기계적 문명의 노예가 되며 마침내 멸망하는 날을 묘사한 심각한 풍자극이다."***** 대중매체에 처음으로 소개된 것은 1933년이다. 〈신동아〉 1933년 5월호에 '50년 후의 세계'란 특집기사

---

\*   배일한, 《인터넷 다음은 로봇이다》(동아시아, 2003), 22.
\*\*   같은 책, 23.
\*\*\*   틀이나 기계를 뜻하는 기(機), (회전의 중심이 되는) 차축 축(軸)
\*\*\*\*   배일한, 《인터넷 다음은 로봇이다》(동아시아, 2003), 25, 36.
\*\*\*\*\*   같은 책, 140.

가 실렸다. 그 안에 중세 기사처럼 니켈금으로 전신을 감싼 '미래의 노동자 로봇트 군(君)'이 소개되었다. 이 로봇은 1932년 영국의 기술자 해리 메이(Harry May)가 만든 휴머노이드 로봇이었다. 〈신동아〉에는 미래의 로봇 이외에도 항공기, 기계에 의한 공장의 자동화 등에 대한 예측이 실렸다.[*]

고대 이집트 문명의 전성기에도 로봇이 있었다. 고대 이집트는 새 왕을 선택할 때 왕실의 남자들이 사제들 앞을 지나가면 관절이 있는 암몬 신상이 팔을 뻗어 새 왕이 될 사람을 지목했다. 물론 사제들이 속임수로 암몬 신상의 팔을 조정하고 소리를 전달하는 관을 통해 말을 했을 뿐이다.[**] 최초로 로봇에 대한 구체적인 개념을 설계한 사람은 16세기의 레오나르도 다빈치다. 인체 해부학에 관한 연구를 기반으로 인간의 기계적 등치물 즉, 휴머노이드 로봇을 설계했다. 하지만 레오나르도 다빈치는 살아생전 로봇을 만들지는 못했다. 18세기에 들어서서, 자크 드 보캉송(Jacques de Vaucanson)은 1688년 드 잔드(de Gennes) 장군이 만든 '걸으며 음식을 먹는 공작 장난감'에서 영감을 받았다. 그리고 복잡한 날개를 지니고 아장아장 걸으며 꽥꽥 우는 기계 오리를 만들었다. 심지어 이 기계 오리는 음식과 물을 먹고 배변을 보기도 했다. 물론 속임수였다. 보캉송은 만돌린 연주가, 피아노 연주가, 플루트 연주가의 세 가지 휴머노이드도 만들었다. 보캉송의 이런 기계들은 비록 속임수였고, 움직이며 소리를 내는 장난감이었지만, 수많은 사람에게 영감을 주었다. 예를 들어 유럽에서는 1883년 이탈리아 작가 C. 콜리디(Carlo Collodi)가 《피노키오의 모험》(*Le adventure di*

---

[*]   같은 책, 14-16.

[**]  로드니, A. 브룩스, 《로봇 만들기》, 박우석 역(바다출판사, 2002), 33.

▶▶▶ **CHAPTER 02** | Z세대 이후, Generation A가 온다                      **361**

*Pinocchio*)이라는 작품을 썼다.[*] 1900년에는 미국의 동화작가인 라이먼 프랭크 바움(Lyman Frank Baum)이 《오즈의 마법사》(*The Wonderful Wizard of Oz*)라는 작품 속에서 양철 나무꾼을 등장시킨다. 양철 나무꾼 로봇은 본래 인간 나무꾼이었다. 하지만 마녀의 저주를 받아 도끼가 멋대로 움직이면서 나무꾼의 팔다리를 다 잘라버렸다. 잘린 팔과 다리를 대신해서 양철로 만든 팔다리를 붙이다가 양철 나무꾼이 되고 말았다. 지금으로 보면, 사이보그 로봇이 된 셈이다. 사이보그 양철 나무꾼은 강력한 초인간적 방어력과 공격력으로 주인공 도로시를 돕는다. 이때까지만 해도 소설이나 인간의 상상 속 로봇은 인간을 돕거나 즐거움을 주는 사랑스런 존재였다. 그러나 시간이 지나면서 로봇에 대한 인간의 상상력이 넓어진다.

　최초의 현대식 로봇은 1948년 신경 생리학자이자 발명가인 윌리엄 그레이 월터 박사가 제작한 거북이 로봇이었다. 이 로봇은 빛 감지 센서, 접촉 감지 센서, 추진력을 위한 모터, 조정에 필요한 진공관이 달린 아날로그 컴퓨터로 구성되었다. 월터 박사는 이 거북이 로봇에게 '머시나 스페큘러트릭스'라는 이름을 붙여주었다. 그 뒤로 로봇은 산업계에 빠른 속도로 진입했다. 로봇이 공장 기계에서 벗어나 더 많은 영역으로 침투하기 시작한 것은 2014년 6월 일본 소프트뱅크의 손정의 회장이 세계 최초의 감정 인식 로봇인 '페퍼'(Pepper)를 판매하면서부터다. 스위스 로잔 연방 공과대학(EPFL) 바이오로보틱스 연구팀은 '룸봇'(roombot)이라는 변신하는 가구 로봇을 개발했다. 하나의 룸봇은 가로 세로 높이가 110mm인 블록 2개로 이루어졌다. 룸봇은 3개의 모터, 커넥터(connectors), 그리퍼(grippers)를

---

[*]　같은 책, 34–36.

활용해서 결합과 변신을 한다. 이런 블록이 어떻게 가구가 될까? 간단하다. 여러 개의 룸봇이 변신하고 결합하면서 테이블이나 의자로 변신하는 것이다. 혹은 룸봇이 기존의 가구에 부착되어 가구를 이동시켜줄 수도 있다. 룸봇에는 인공 지능 신경망이 있어서 주변 환경을 인지하여 스스로 가장 적합한 상태로 변신하거나 작동할 수 있다.* 즉, 룸봇을 이용하면 이 방에서 저 방으로 무거운 가구나 짐을 손쉽게 이동할 수 있다.

미국은 서비스 로봇과 군사용 로봇이 고속성장을 하며 로봇시대를 앞당기고 있다. 특히 전문서비스 로봇은 2016년까지 20%씩 성장했고, 개인용 로봇도 25%씩 성장 중이다.** 아마존은 미래 가정에서 사용될 인공지능 집사 로봇 시장을 대비하려고 '베스타'(Vesta)라는 개발명을 가진 가정용 로봇을 개발 중이다. 로봇 개 '아틀라스'(Atlas)를 개발해 주목받고 있는 보스턴 다이내믹스는 2020년, 자율주행 기능을 장착하여 이동하고 계단도 오르내리고 물건을 집어드는 능력을 가진 '스팟미니' 로봇 개를 출시했다. 케네기멜론대학에서는 'HERB'(Home Exploring Robotic Butler)라는 요리와 청소 등의 집안일을 하는 집사 로봇을 개발 중이다. 미국 군대는 드론 전투병, 웨어러블 컴퓨터와 입는 로봇으로 무장한 군인, 휴머노이드 군인을 차례로 실전 배치할 계획이다. 제너럴모터스가 나사와 함께 만든 로보노트(Robonaut) 2는 최신 안드로이드 기술의 집합체다. 광범위한 센서와 정교한 다섯 손가락의 손이 있으며 우주정거장을 청소하거나 인간의 우주 작업을 돕는 보조 역할을 수행한다. 미국은 10년 내에 무기의 33%를 로봇으로 대체할 계획을 가지고 있다. 부담스런 전쟁에 로봇을 보내어 여론을

---

*    Patent Shot, 2014. 5. 26. "트랜스포머 가구? 가구로 변신하는 자가 조립 로봇 등장"
**   로봇신문, 2014. 5. 7. "미국 로봇 시장, 서비스 분야가 주도한다"

다스리고, 미래형 군수산업의 새로운 지평을 열 셈이다.

상업용 로봇과 휴머노이드 로봇 분야에서 앞선 기술을 가진 일본은 간호로봇이 연간 200~300%씩 초고속 성장 중이다.[*] 시장조사업체 마켓데이터포캐스트에 따르면 2021년 세계 의료로봇 시장 규모는 72억 9,000만 달러(8조3,000억 원)로 전망되고, 앞으로 5년간 연평균 21% 성장하는 추세를 유지하면서 2025년에는 187억 3,000만 달러(21조 2,000억 원) 규모로 성장할 것으로 예측된다.[**] 일본 기업이 미국과 유럽에서 판매하는 애완용 물개 로봇 파로(Paro)는 노인의 정서와 치매예방 및 치료에 도움을 준다. 2014년, 도쿄박물관은 오사카대학의 로봇 전문가 히로시 이시구로 교수가 개발한 오토나로이드와 코도모로이드라는 로봇을 도우미로 고용했다. 이 두 로봇은 인간과 흡사한 외양이며 유창한 일본어를 구사한다.

미국 조지아공대가 만든 코디(Cody)라는 로봇은 노인의 목욕과 안마를 돕는다. 카네기멜론대학교에서 개발 중인 인공지능 로봇 탱크(Tank)는 전화 통화만으로는 사람이라는 착각할 정도로 정교하다. 이들이 개발하고 있는 또 다른 인공지능인 그레이스는 바퀴로 움직이는 몸체를 가지고 있다. 그레이스는 이미 2002년에 인공지능 로봇 경쟁대회에서 우승을 했다. 그레이스의 주 특기는 사람들과 어떻게 사회적 관계를 맺을 것인가에 관련된 규칙, 관습, 행동을 학습하는 것이다. 먼저 온 순서에 따라서 엘리베이터를 타고, 사람에게 먼저 다가가 인사를 하고, 사람들 사이에 서성이며 희로애락을 표현하거나 농담을 주고받고, 사람의 말과 얼굴 표정을 배우처럼 흉내 내고, 계산대 앞에서 줄을 서거나 새치기를 하는 등의 사회적

[*]    로봇신문, 2014. 1. 7. 서현진, "일본, 간호로봇 시장 연 2백~3백%씩 성장예고"
[**]   이데일리, 2021. 4. 10. 왕해나, "외국산 장악한 의료로봇 시장"

행동을 구현하도록 프로그래밍되어 있다. MIT의 신시아 브라질 교수가 연구 중에 있는 감성로봇 키스멧(Kismet)은 함께 이야기를 나누고 있는 사람의 표정과 움직임, 목소리를 관찰하고 대화하는 사람의 감정 상태를 분석하여, 가장 적절한 희로애락의 감정을 스스로 표현한다. 키스멧의 현재 능력은 자기가 대화하는 사람의 표정, 말투, 동작 등을 분석하여 자기를 칭찬하는지, 혼을 내는지 정확하게 알아차리는 수준에 이르렀다. MIT가 개발하고 있는 또 다른 감성 로봇인 레오나르도는 학습한 감정을 기억하여 자신의 의사를 표현하는 능력을 가지고 있다. 최근에는 로봇에게 촉감을 입힐 인공신경도 개발되었다. 중국의 시진핑 국가 주석은 제12차 5개년 계획(2011~2015)에서 로봇산업을 미래의 국가경쟁력으로 지목했다.[*] 한국도 2020년 3월 산업통상자원부가 산학연(산업계, 학계, 연구 분야) 전문가들로 구성된 '로봇활용 전략 네트워크'를 출범하여 전 산업 분야에 로봇을 활용한 지능화 구축과 로봇을 활용한 비대면 산업의 육성 활성화 계획을 발표했다.

　로봇이 지능이나 감정을 갖는 데에서 그치지 않고 살아있는 생명체처럼 움직이는 기술도 계속 발전 중이다. 일명, 생체모방 공학기술이다. 생체모방 분야의 역사는 대략 15년 정도다.[**] 2011년 8월 생체모방 활동 척도를 나타내는 다빈치 인덱스(Da Vinci Index)에 의하면, 생체모방 활동은 2000년에서 2010년 사이에 7.5배 성장했고, 학술논문도 10년 사이에 5배 늘어났고, 정부의 지원도 4배 증가했고, 2009년 한 해에만 미국 특허청에 제출된 생체모방, 생체모사, 기타의 유사 단어가 포함된 특허는 900개를

---

[*]　　로봇신문, 2014. 6. 10. "로봇 기술은 국가 경쟁력"
[**]　제이 하먼, 《새로운 황금시대》, 이영래 역(어크로스, 2013), 36.

넘었다.* 그러나 자연의 생명체나 구조 모방은 수천 년 전부터 있었다. 물고기의 비늘을 모방하여 갑옷 위에 금속을 덧댔고, 유명한 건축물들은 자연의 등비 비례의 원리를 적용했고, 하늘을 나는 비행기도 새를 모방한 것이다. 이처럼 인류는 생체모방과 모사를 통해 자연을 극복하고 문명을 발전시켰다. 미래는 이런 인간의 지혜가 더욱 광범위한 영역에서 적극적으로 사용될 것이다.

또한 생체모방의 수준이 눈에 보이는 물질의 수준을 넘어 나노 영역에까지 적용되는 것이다. 생체모방 기술이 한계에 도달한 기술과 과학발전의 새로운 돌파구를 열어주고, 생로병사부터 인류의 위기를 불러오는 문제에 대한 해법을 찾게 해주는 것이다. 당연히 스타트업의 새로운 이슈도 만들어준다.** 예를 들어 미국 국방부의 지원을 받아 스탠퍼드대학교가 개발 중인 라이즈 로봇(RISE, Robotics in Sensorial Environment)은 수많은 작은 갈퀴를 가지고 벽이나 나무, 바위를 기어오르는 능력이 있다. 이 로봇은 아무리 경사지고 거친 표면이라도 3개의 다리를 바닥에 디뎌 안정적인 삼각형 모양을 유지하고, 발에 달린 수많은 갈퀴를 표면에 걸어 뒤집히거나 헛디딤 없이 빠르면서도 안정적으로 이동하는 바퀴벌레의 특성에서 영감을 받아 만든 로봇이다. 연구팀은 바퀴벌레의 특성을 지속적으로 연구하면서 실체에 가까운 움직임과 크기를 가진 로봇으로 진화시키고 있다. 2020년 2월, 하버드대 연구팀은 바퀴벌레 모양의 초소형 수륙양생로봇 'HAMR'(the Harvard Ambulatory Microbo) 개발에 성공했다. 2006년 스탠퍼드대학교에서는 주로 아시아에서 서식하는 게코도마뱀(Gekko japonicus)의

---

\* 　같은 책, 39, 40.
\*\* 　같은 책, 321.

원리를 적용하여 미끄러운 유리벽도 자유롭게 올라가는 스파이더 로봇을 개발했다. 게코도마뱀은 머리카락보다 500배 가는 나노 단위의 수많은 털이 달린 다리를 가지고 있어서 미끄러운 유리벽도 거침없이 올라간다. 유리벽에서 발을 떼낼 때는 발을 반대로 오므리면 된다. 스탠포드대학교는 게코도마뱀의 원리를 이용하여 강력한 접착력을 가진 새로운 접착 테이프를 만들기도 했다. 새로운 접착 테이프를 사용하면 벽에 못을 박지 않고 액자를 걸거나 잘 미끄러지지 않는 타이어를 만들 수도 있다. 스탠포드대학교의 이런 로봇 기술들은 UC버클리대학교의 통합생물학과에서 동물들의 다양한 특성 연구를 응용했다. 이런 방식을 생명체를 모방한다는 뜻의 바이오미믹(Biomimic)이라고 부른다. 생체모방 공학은 오래된 인류의 지혜다. 레오나르도 다빈치도 비둘기, 잠자리, 박쥐 등의 동물을 연구하여 새로운 기술을 발명했다. 시속 50km의 속도로 수영하는 상어는 피부에 난류의 저항을 8% 정도 줄여주는 돌기를 가지고 있다. 세계적인 수영선수 이언소프트는 이 원리를 응용한 전신수영복을 입고 세계기록을 세우기도 했다. 날개를 몸에 접고 있다가 날 때만 펼쳐서 사용하고, 미세한 비틀림을 만들며 날갯짓을 하여 와류(공기 소용돌이)를 일으켜서 몸을 공중에서 지탱하고 날 수 있는 장수풍뎅이 로봇도 차세대 개인용 비행기나 지구대기밀도에 1/70밖에 되지 않는 화성대기 중에서 비행할 수 있는 우주비행체 개발에 응용될 수 있는 기술이다.*

전문가들은 글로벌 로봇시장 규모가 2025년에는 최대 4조 5천억 달러에 이를 수 있을 것이라고 예측한다. 미국 전기전자공학회(IEEE)가 발간하

---

는 기술전문잡지 〈스펙트럼〉은 앞으로 50년간 미래 변화에 가장 큰 영향을 미칠 기술의 대부분에서 인공지능과 로봇의 연관성을 다루었다. 미래의 로봇은 빨래를 세탁기에 넣고, 건조된 세탁물을 말리고, 다 마른 세탁물을 예쁘게 개어 장에 넣어줄 것이다. 노인의 음성과 신체 상태를 분석하여 적절한 간병이나 응급조치를 해주고, 소파에 누워있는 남편에게 물을 떠다 주고 리모콘을 찾아줄 것이다. 당신을 도와 주말에 대청소를 하고, 화초에 물을 주고, 반려견에게 사료도 주게 될 것이다. 당신이 외출하고 난 후에는 아이들과 함께 보드 게임도 하고, 책도 읽어주고, 안전도 지켜줄 것이다. 로봇들이 스마트 기기들과 연동되면 새로운 홈 네트워크 환경도 만들어지게 될 것이다.

사람을 닮은 로봇 '휴머노이드'(Humanoid Robot)도 관심 대상이다. 휴머노이드라는 말은 외계인이나 원숭이, 유인원이 진화하여 만들어질 가상의 미래 종족을 일컫는 단어였다. 이 단어가 인간과 닮은 외양의 로봇이 출현하면서 인간형 로봇을 지칭하는 말로 다시 사용되었다. 인간형 로봇은 휴머노이드 이외에도 안드로이드(Android)라는 말로 불리기도 한다. 겉보기에 말이나 행동이 사람과 거의 구별이 안 될 정도로 꼭 빼닮은 모양의 로봇을 지칭할 때는 '안드로이드'(Android, 인조인간)라 한다. '안드로이드'의 어원은 그리스어 아네르(ανήρ, anēr, man)의 파생 단어인 아네로스(ανδρός)이고, 뜻은 '(남성)인간을 닮은 것'이다. 여성형 안드로이드는 가이노이드(Gynoid, gyneka + ~oid), 페미노이드(female+android)라 부른다.* 예를 들어 영화 〈터미네이터〉에 나오는 인조인간들이 대표적인 안드로이드다. 이

---

\*     위키백과, 안드로이드(로봇)

단어가 최초로 등장하는 것은 1270년 독일의 대표적인 스콜라 철학자였던 알베르투스 마그누스의 문헌에서다. 그리고 프랑스 소설가 오귀스트 빌리에 드 릴아당(Auguste de Villiers de L'Isle Adam)이 1879년《미래의 이브》라는 소설에서 이 단어를 변용하여 여성 로봇을 안드레이드(Andreide)라고 부르면서 널리 알려졌다.* 그 이후에는 SF 소설에 자주 등장하면서 한눈에 기계처럼 보이는 로봇보다는 원형질로 배양한 피부와 장기조직을 가지고 사람과 아주 똑같이 만든 인조인간을 지칭하는 개념으로 사용되었다. 안드로이드(인조인간)처럼 겉과 속이 완전히 인간과 흡사하지는 않지만, 겉모양이 사람과 비슷하게 얼굴, 몸통, 손, 발, 다리 등을 가진 로봇이나 물체 등 전체를 일반적으로 '휴머노이드'(Humanoid)라고 부른다.

1973년 두 발로 걷는 최초의 휴머노이드 와봇1(WABOT-1)이 일본 와세다대학교 가토 이치로 교수팀에 의해서 개발되었다. 와봇1은 두 발로 걷는 데 성공했지만, 비틀거리며 몇 발자국을 걷는 수준이었다. 미리 입력된 질문에만 답을 하는 정도여서 인공지능이라고 할 수도 없었다. 전력시스템, 모터 드라이버, 컴퓨터 시스템도 외부에 있고 로봇 몸체가 수많은 전선에 연결된 상태였다. 1984년에 선을 보인 와봇2는 파이프오르간을 연주하는 수준까지 발전했다. 1996년 일본 혼다사는 180cm의 키에 210kg 몸무게가 나가는 P-2가 개발되었다. P-2부터 휴머노이드 로봇은 획기적인 모습을 갖추게 된다. 전력 시스템, 모터 드라이버, 컴퓨터 시스템, 시각 장치 등이 내장형으로 장착되었고, 외모도 인간 친화적으로 디자인되었다. 계단을 오르고, 옆걸음질도 하고, 곡선도 자연스럽게 달릴 수 있는 수준으로

---

*  오귀스트 빌리에 드 릴아당,《미래의 이브》, 고혜선 역(시공사, 2012), 서문

발전했다. 부드러운 관절과 역동적인 이족보행을 하는 능력을 장착한 것이다. 혁신적인 발전이었다. 2000년 드디어, 혼다사는 역사적으로 가장 위대한 휴머노이드 로봇인 '아시모'(ASIMO)를 출시한다. 당시 아시모는 140cm의 키, 50kg 몸무게, 시속 8km로 달리고, 배터리가 방전되면 스스로 가서 충전하고, 사람의 얼굴과 음성을 인식하고, 수십여 가지 호출신호를 알아듣고, 관절가동 범위도 34°까지 움직이면서 다양한 동작을 무리 없이 수행하고, 다음 단계의 움직임을 미리 예측하여 보행을 하는 'i-WALK' 기술이 적용되어 계단이나 경사길을 자유롭게 걷고 뛸 정도로 발전했다.[*] 2007년, 아시모는 주인이 생각만 해도 그 명령을 알아차리고 행동을 수행하는 수준까지 진보했다. 사람과 자연스럽게 악수를 나누고, 다양한 안내 및 생활 서비스 등의 기능을 수행할 수 있는 혼다 아시모는 일본의 미래 산업을 이끌어갈 상품으로 큰 주목을 받고 있다. 아시모는 지금까지 세계에서 가장 진보한 휴머노이드라는 타이틀을 고수하고 있다. 도요타도 로봇 개발에 큰 투자를 하고 있다. 도요타가 개발하고 있는 로봇은 사람도 연주하기 힘든 바이올린 연주를 한다. 로봇 연구를 자동차 회사들이 이끌고 있다는 것은 특이한 현상이다. 로봇이 수익을 발생시키는 것은 먼 미래지만, 로봇을 연구하는 과정에서 많은 아이디어들이 자동차 산업에 적용될 수 있기 때문이다. 휴머노이드 로봇은 집안일만 도와주는 것이 아니다. 당신과 사랑을 하는 대상이 될 수도 있다. 섹슈얼리즘(sexualism)은 로봇에 대한 또 다른 상상력이다. 1927년 독일의 프리츠 랑(Fritz Lang)이 제작한 SF영화 〈메트로폴리스〉에 여성형 로봇 마리아가 등장한다. 안드로이

---

[*]    두산백과, 휴머노이드[humanoid]

드 로봇인 마리아는 세련되고 섹시하고 매혹적인 자태를 뽐낸다.[*] 미국과 중국에서는 인공지능 섹스봇(Sexbot) 판매를 시작했다. 남녀 성비율 불균형이 심한 중국의 인민대 인구발전센터는 2050년이면 결혼 적령기 남성 3,000~4,000만 명이 영원히 반려자를 찾지 못하는 사태가 발생한다면서, 이 무렵 중국을 포함해서 전 세계에서 섹스 로봇이 가전제품처럼 쉽고 사고 팔리면서 인류 절반이 성관계를 로봇과 하게 될 것이라는 전망도 내놓았다.[**] 섹스 로봇은 결혼하지 못한 청년, 성생활이 원만하지 못한 부부, 몸이 불편한 노인 들의 성생활을 보조하는 역할을 담당하는데, 성기능 개선 약인 비아그라를 이용하는 것처럼 쉽고 은밀하게 활용될 수 있다. 프랑스 소설가였던 오귀스트 빌리에 드 릴아당이 1879년《미래의 이브》에서 탄생시킨 여성 인조인간 '아다리'는 남자들의 성적 환상을 투영한 최초의 안드로이드다. 네덜란드 SF소설가인 마누엘 반 로겜은《짝 인형》(*Pairpuppets*)이라는 소설에서 '짝 인형'이라 불리는 섹스 로봇에 대해 다음과 같이 상세히 묘사했다.[***]

> 짝 인형은 이상적인 침실의 동료다. 가장 최신 버전은 자동온도조절장치를 설치하여 흥분 정도에 따라 피부 온도가 조절되도록 설계되었다. 소비자의 특별 주문에 따라 동작이 개선되었고, 은밀한 피부가 촉촉하게 유지되게 하였으며, 적절한 때 소리가 나오는 기능도 한층 강화되었

---

[*]    배일한, 《인터넷 다음은 로봇이다》(동아시아, 2003), 156.
[**]   매일경제, 2019. 2. 8. 이성구, "2050년 되면 전체 인류 절반이 성관계를…"
[***]  마누엘 반 로겜, 《짝 인형》 (paripuppets), 이정한 역(뮤즈), 배일한, 《인터넷 다음은 로봇이다》(동아시아, 2003), 60.

다. 우리 짝 인형은 완벽한 짝짓기 기술을 습득하고 있다.

미래의 섹스 로봇은 중국의 《소녀경》, 인도의 《카마수트라의 비밀》 등 동서고금의 비밀스런 모든 성(性) 지식을 완벽하게 학습한 후 출시될 것이다. 감각을 탐지하거나 거꾸로 보낼 수 있는 인공피부가 이식되고, 원하는 사람의 목소리와 기본 정보를 탑재하고, 인간의 자연어를 처리할 수 있는 대화형 로봇의 형태를 지닐 것이다.

내 예측으로는 2030년이면 로봇산업은 큰 시장을 형성할 가능성이 크다. 10~20년 이내에 자동차 산업을 능가하는 규모로 성장할 것이다. 로봇으로 인한 새로운 시장 형성, 생활의 편리, 노동 생산성 향상은 기회이지만, 일자리부터 산업 구도 변화는 거대한 위기다. 인공지능 로봇은 자동화의 또 다른 발전 단계이기 때문에 생산성에 비약적 향상을 이루어 동일한 일을 하는 데 필요한 사람 수는 줄인다.[*] 1924년 야코프 프로타자노프(Yakov Protazanov)가 제작한 구소련 최초의 SF 영화의 제목은 〈아엘리타: 로봇의 반란〉이었다. 금속 옷을 입은 외계병사 로봇이 등장하여 자본주의 체제를 비판했다.[**] 칼 마르크스가 애덤 스미스의 《국부론》을 비판하면서 꼬집었던 자본주의 모순 중 하나가 자본가들이 기계화를 통해 상대적 잉여가치를 착취한다는 것이 영화로 반영된 작품이다. 기계처럼 생산성을 향상시키는 기술이 일부 근로자에게 활용되면 나머지 근로자의 일자리가 없어질 것이라는 예측은 현실이 되었다. 인공지능 로봇이 빠르게 보급되는 미래에는 이런 일들이 더 많이 발생할 것이다. 생산성 향상을 낳는

---

[*]   제리 카플란, 《인공지능의 미래》, 신동숙 역(한스미디어, 2017), 205.
[**]  배일한, 《인터넷 다음은 로봇이다》(동아시아, 2003), 156.

로봇 비용은 (일자리를 잃게 될) 근로자들에게 들어갈 비용보다 저렴하기 때문에 자본가의 수익과 남은 근로자의 임금이 높아진다. 일자리를 잃은 사람은 새로운 직업을 얻는 데 필요한 기술을 갖추지 못하면 경제적 위기에 빠진다. 이런 변화가 근로자의 대응 속도보다 빠를수록 혼란과 경제적 충격은 커진다. 만약 이런 상황에서 정부나 기업이, 일자리를 잃은 사람이 새로운 직업을 얻는 데 필요한 기술을 갖추는 데 도움을 주지 못하면 사회적 혼란과 경제적 충격은 길어진다. 2014년 초 120만 명의 근로자를 고용했던 팍스콘은 아이폰6를 조립하기 위해 '팍스봇'(FoxBot)이란 로봇 1만 대를 투입했다. 로봇 한 대의 가격은 중국 노동자 2명의 연봉 수준이다. 팍스콘은 임금인상, 수익률 감소, 노동환경 개선에 대한 압박을 해결하기 위해 로봇을 100만 대까지 늘린다는 계획을 발표했었다.* 기업 노동환경뿐만 아니라, 개인 서비스 분야도 변화와 충격이 일어날 것이다. 앞서 설명했던 미래 로봇들이 스마트 기기들과 연동하면 기존 교육 시장에도 큰 변화가 일어난다. 어학기능에 게임기능을 결합한 대화형 인공지능 로봇이 아이의 교육상대가 되면 사교육 교사와 학원은 일류 수준의 시스템을 갖추어야만 살아남을 수 있게 된다. 이런 미래에 대응하지 못해 일자리를 잃은 개인, 시장을 잃은 기업이 많아지면 국가는 경쟁력을 잃는다. 제러미 리프킨, 경영이론가였던 피터 드러커, 경제학자 존 메이너드 케인즈(John Maynard Keynes), 노벨상 수상자 바실리 레온티예프(Wassily Leonfief), MIT 슬론경영대학원 교수 에릭 브린욜프슨(Erik Brynjolfsson)과 앤드류 맥아피(Andrew McAfee) 등의 세계적 학자들은 오래전부터 이런 기술로 인해 전

---

\* 서울경제, 2014. 7. 8. "아이폰6, 로봇이 만든 최초의 스마트폰 된다"

통적인 일자리가 사라지고 전통적인 노동의 종말이 다가오고 있다고 경고했다.[*] 세계미래학회가 발간하는 〈The Futurist〉의 편집장이며 미래학자인 토머스 프레이(Thomas Frey)는 로봇으로 인해 2030년까지 현재 존재하는 일자리 중에서 20억 개가 사라지고, 포춘 500대 기업의 절반이 사라질 것으로 예측했다. 옥스퍼드대학교의 칼 프레이 교수는 2035년 로봇과 인공지능이 대중화되면 현재 직업의 47%가 사라질 위험에 처할 것이라고 경고했다.[**]

〈워싱턴포스트〉는 미래에 로봇이 대체할 직종 8가지를 선정했다. 물류 담당 인력, 단순 조리 인력, 의류 판매자, 매장 관리원, 트럭 운전사, 농장 설비 관리자, 애플 제품을 만드는 사람, 낮은 수준의 연구 활동을 하는 연구원들이다.

중국 외사 징둥은 택배로봇 상용화를 시작했고, 아마존은 이미 3개의 물류센터에 1,382개의 로봇을 배치하여 연말 성수기에 고용하던 1만 명의 인력을 대체했고 앞으로는 드론을 택배기사로 사용할 예정이다. 미래에 유통기업은 인공지능, 자율주행 자동차, 로봇 등의 소프트웨어는 물론이고 하드웨어까지 직접 만드는 기술기업으로 전환될 수 있다. 공장 밖에서 돌아다닐 자율주행 자동차도 직업 파괴의 주역이다. 자율주행 자동차는 택시 운전기사라는 직업을 없애는 데서 끝나지 않는다. 우버 기사도 직장을 잃을 것이고, 배달원이나 택배기사의 일자리도 사라질 것이다. 맥도널드는 주문을 받는 인력을 고용하지 않고 터치스크린으로 고객이 직접 주문을 하도록 하고 있다. 패스트푸드점이나 음식점의 단순 조리 인력이 요리

---

[*]  에릭 브린욜프슨, 앤드류 맥아피, 《기계와의 경쟁》, 정지훈, 류현정 역(틔움, 2013), 30, 31.
[**]  한국경제, 2014. 2. 5. 남윤선, 김보영, "로봇의 습격, 20년내 현재 직업 47% 사라진다"

사 로봇이나 자동 주문 시스템에 일자리를 모두 내주는 현실이 초읽기에 돌입했다. 의류 판매자나 가전제품 판매자, 보험 판매자 등도 로봇에 일자리를 내주고 있다. 의류 생산과 물류·유통 전반에 로봇·IT 자동화가 확산되고 있고, 의류 판매는 이미 온라인거래로 대체 중이다. 보험 판매자 등도 인터넷과 로봇에게 일자리를 모두 내주어야 한다. 트럭 운전사나 택시와 버스의 대중교통 운전사도 10년 이내에 자율주행 자동차와 원격조정 기술에게 자리를 내주는 충격적인 미래에 대비해야 한다. 농장 설비 관리자, 농부, 트랙터 운전사들도 로봇으로 대체될 영역이다. 생산가능인구의 감소와 노동비용의 증가를 해결하기 위해 선진국들은 로봇 활용을 심각하게 고려 중이다. 특히 농업분야에서는 이런 추세가 빠르게 확산되고 있다. 예를 들어 플로리다에 있는 핵니 널서리(HACKNEY Nursery)라는 농업회사는 자신들이 경작하는 수백 헥타르의 땅에 식물 묘목을 심기 위해서 5,000회가량 운반해야 했다. 대부분의 농업이 그렇듯이 이런 일을 기피하는 현상이 발생하자, 회사는 하비(Harveys)라는 로봇을 구매해서 이 일을 하기 시작했다. 사람은 로봇들이 하는 작업을 관리만 하면 된다. 혈액 샘플을 분류하고 색인하는 기능의 로봇도 개발 중이다.

비즈니스 인사이더가 20년 후에 없어질 직업 1위로 선정한 것은 텔레마케터다. 회계사, 소매점 판매원, 과학기술 전문 저술가, 부동산 중개인, 타이피스트, 기계 기술자, 상업용 항공기 조종사, 경제전문가, 건강 관련 기술 전문가도 사라질 직업으로 예측했다.[*] 내러티브사이언스가 개발한 로봇 기자인 '퀼'(Quill)은 경제전문지 〈포브스〉에서 금융 전문 기자로 활약

---

* 블로터닷넷, 2014. 6. 12. "로봇이 내 일자리 빼앗는 시대, 정말 왔나"

중이다. '워런'(Warren)이라는 로봇 애널리스트는 경제지표들이 발표되면 증시를 분석하고 예측해주기도 한다. 경제전문지 〈이코노미스트〉는 산업혁명이 일어난 후 농업 종사자가 전체 근로자의 2%로 줄어든 것처럼 인공지능이나 로봇이 대중화되면 앞으로 20년 안에 미국 일자리의 49%가 이런 기술들로 대체될 가능성이 크다고 전망했다.* 미국의 구인구직 정보업체인 '커리어캐스트'는 앞으로 기술의 발달로 몰락하거나 고용전망이 악화될 직종으로 우체부, 농부, 검침원, 신문기자, 여행사 직원, 벌목공, 항공기 승무원, 천공기술자, 인쇄공, 세무업무원 등을 선정했다.** 이런 직업들에 공통점이 있다. 단순하고 반복적인 업무, 한정된 지식만 요구하는 업무, 육체적인 능력만 필요로 하는 업무들이다. 10~20년 이내에 이런 수준의 업무들은 사람에게 맡기는 시대가 끝이 난다.***

2050년경이 되면, 더 많은 직업들이 로봇과 미래 기술에 의해서 사라지게 될 것이다. 유엔미래포럼은 약사, 의사, 변호사처럼 아주 전문적인 지식을 갖추어야 하는 직업도 인공지능이나 로봇 그리고 미래 신기술에 의해서 대체되거나 일자리의 상당수를 양보해야 할 것으로 예측했다. 전문가 시스템(expert system)이 인공지능과 로봇으로 구축될 수 있기 때문이다. 환자에게 몇 가지 질문을 던진 후 로봇의사나 약사는 임상자료, 유전자 자료, 의학자료, 세계적인 의사들의 경험 데이터베이스를 분석한 후 진단과 처방을 내리는 시스템이다. 아마도 초보의사보다는 훨씬 더 신뢰감을

---

*　　머니투데이, 2014. 6. 21. 최은혜, 차예지, "앱이 구산업 몰락 촉진하나, 전 세계가 논란 중"
**　　연합뉴스, 2014. 7. 16. "10대 몰락직종은 우체부, 신문기자, 세무업무원 등"
***　　신지은, 박정훈 외 3인, 《세계적 미래학자 10인이 말하는 미래혁명》(일송북, 2007), 151, 154.

얻을 수 있게 될 것이다.* 캘리포니아대학교 샌프란시스코 의료원 2곳에 이미 도입된 자동화 약국 시스템은 인간 약사보다 더 정확하게 의사의 지시를 따라 약을 처방한다. 2011년 한 해 동안 35만 건의 투약 업무를 한 치의 오차도 없이 시행했다. 실리콘밸리 벤처기업 블랙스톤 디스커버리사는 150만 건의 법률서류를 분석할 수 있는 소프트웨어를 개발했다. 이 소프트웨어의 가격은 10만 달러로 변호사 1명의 연봉에 불과하다.**

휴머노이드, 사이보그, 인공지능을 가진 서비스 로봇이 인간 능력 수준으로 발전하려면 100~200년 이상 걸릴 수도 있다. 하지만 낮은 수준의 기술이지만 이것이 기존의 다른 장치와 시스템과 결합되면 최소한 당신의 일자리를 위협할 정도의 영향력을 가지고 있다. 지난 200년 동안 공장에서 당신의 일자리를 빼앗아간 기계들을 보라. 고용 없는 성장 시대의 원인 중 하나가 기계화, 자동화 때문이다. 기계화와 자동화가 가장 잘된 나라인 일본의 경우, 로봇 하나가 34명의 일자리를 대체한다는 통계가 있다. 일자리를 빼앗고, 우리를 위기로 몰아넣은 기계들은 인간 근력의 일정 부분을 대체한 것에 불과하다. 그들의 기능을 하나씩 보면 인간이 근력과 몸을 사용해서 할 수 있는 수많은 기능들의 1,000분의 1, 1만분의 1밖에 되지 않는다. 인공지능 로봇이 한 사람의 일 전체를 대체하지 않아도 된다. 한 사람이 하는 일을 작고 단순한 과업으로 나누고, 각 과업에 맞는 별도의 인공지능 로봇 군단을 활용하는 수준에 이르기만 해도 충격이 시작된다. 각기 다른 과업에 맞는 인공지능 로봇들을 조합하여 한 사람이 하는 일 전체를 대체할 수도 있고, 사람이 하는 일을 줄여 남은 시간에 다른 일을 하

---

* 미치오 카쿠, 《미래의 물리학》, 박병철 역(김영사, 2012), 128.
** 박영숙, 제롬 글렌, 테드 고든, 엘리자베스 플로레스큐, 《유엔미래보고서 2030》(교보문고, 2013), 89, 90.

게 함으로써 전체 근로자의 수를 줄일 수도 있다. 이런 방식은 지금이라도 가능하다. 지금이 아니더라도, 시간문제다. 로봇과 인공지능이 인간 능력의 수천분의 1만 갖더라도 인간의 삶을 바꿀 정도의 영향력과 파괴력이 있다는 것을 기억하라. 방심하면 어느 날 갑자기 당신의 일자리가 없어질 것이다. 공장 근로자뿐만 아니라, 연구실이나 사무실의 지식 근로자도 예외가 아니다. 기억하라. 20년 이내에 전통적 노동의 종말이 현실이 될 것이다. 자칫 잘못하면, 미래학자 앨빈 토플러의 경고처럼 기계장치의 부가적 존재, 쉽게 교체가 가능한 근로자, 기술에 의해 밀려난 '기술적 실업자'(technological unemployed)가 될 수 있다.* 미래를 준비하지 않으면 인공지능, 자동화와 로봇에게 밀려 새로운 도시 하급 계층으로 전락하게 될 수 있다.** 하지만 이런 두려움은 새로운 시장을 만든다. 바로, 로봇과 경쟁에서 이기는 능력을 사고파는 새로운 시장의 출현이다.


## Generation A와 그 이후 세대의 두 가지 선택

로봇과 경쟁에서 이기기 위해 A세대와 그 이후 세대들은 두 가지 선택을 하게 될 것이다. 하나는 로봇이 사람을 닮아가는 만큼 사람도 로봇을 닮아가는 것이다. 인공지능부터 사이보그 기술까지 적극 구매하고 활용하는 선택이다. 사이보그는 로봇 기능 일부를 사람에게 이식하거나 착용함으로써 인간의 물리적·신체적 한계를 극복하는 기술이다. 사이보그 기술

---

\*    앨빈 토플러, 《누구를 위한 미래인가》, 김원호 역(청림출판, 2012), 67, 80.
\*\*   제레미 리프킨, 《노동의 종말》, 이영호역(민음사, 1996), 21, 148.

은 생체전자공학(바이오닉스)이라고도 불린다.* 1950년대 NASA(미국항공우주국)에서 과학자들은 안드로이드나 휴머노이드 로봇의 손이나 다리, 혹은 전자공학적 부품, 기계장기나 생체장기의 일부를 사람의 신경이나 몸에 직접 이식하여 초인적인 능력을 갖도록 하는 것을 '사이보그'(Cybernetic Organism)라 불렀다. 과거에는 〈600만 불의 사나이〉나 〈로보캅〉 등 영화 속에만 등장했지만 이제 현실에서도 이런 사람을 볼 수 있다. 영국을 대표하는 로봇공학자인 레딩대학의 케빈 워릭(Kevin Warwick)은 사이보그가 되기 원하는 인물이다. 수천 명의 청각장애인들도 인공와우각을 이식하여 사이보그 기술의 혜택을 보고 있다. 인공 손, 뇌신경 인터페이스, 인공장기, 망막 칩을 눈동자에 이식하여 뉴런과 연결되게 하는 의료서비스나 생체실험도 진행 중이다. 이런 기술은 고령 사회에서 큰 수요가 예측되지만, 시간이 흐를수록 로봇과의 경쟁에서 이기려는 사람들을 중심으로 새로운 소비상품이 되어 갈 것이다. 인공지능을 탑재한 다양한 로봇이 우리 일상에 더욱 깊숙이 침투하고, 회사의 근무 환경과 일처리 방식을 대폭 변화시키는 사회 변화에 대응하기 위해서는 불가피한 선택이다. 일본 이바라키현에 있는 한 공장에서는 벌써 로봇슈트를 입고 공장에서 일하는 진풍경이 시작되었다.** 내 생각으로는 2040년경이면 10명 중 한 사람은 사이보그로 사는 인생을 선택할 수도 있다.

다른 한 방법은 로봇과 경쟁에서 이길 수 있는 능력을 구매하는 선택이다. 육체적인 능력부터 단순, 반복적인 사무직과 디자인 등 지능적이고 예술적인 영역까지 로봇이 하나둘씩 인간의 영역에 침투해 들어오면서 사람

---

\*     이인식 외, 《기술의 대융합》(고즈윈, 2010), 143–153.

\*\*   세계일보, 2018. 4. 27. 이동준, "일본 공장에 '로봇 슈츠' 도입"

의 역할은 위협을 받지만, 반면 이로 인해 긍정적인 자극도 받게 된다. 로봇과 구별되기 위하여 이전보다도 더 창의적이고 경험이 필요한 역할과 능력을 구매하려 할 것이다. 제리 카플란 박사는 인공지능 시대에 살아남으려면 복잡하고 정교한 지각과 조작이 필요한 일, 기존 규칙이나 틀에서 벗어나게 하는 창의적 지성을 발휘하는 일, 인간적 공감대를 주고받거나 직관적이고 실시간 유연한 상호작용을 할 수 있는 사회적 지성이 필요한 일을 해야 한다고 평가했다.*

2030년 이후가 되면 평균수명 120세 시대가 된다. 120세 시대는 최소 80년 일을 해야 한다. 로봇과 경쟁하면서 80년을 일하려면 인공지능 로봇의 발전 추세를 계속 따라가며 평생 배워야 생존할 수 있다. 10~20번 직업이나 전문성을 바꾸는 시대를 살아야 한다. 창의적이냐 아니냐를 떠나서, 인생의 초반부 20년 동안 공부한 것을 가지고 평생을 살기 힘들다. 모든 분야의 기초 지식은 인공지능 로봇에게 배우고, 그 이후에는 자기에게 필요한 시간에 필요한 목적을 따라 인공지능과 서로 대화하고, 같은 목적을 가지고 있는 전 세계 사람들과 가상공간에서 사회적 교류를 하면서 깨달음을 얻고 새로운 지식을 창조해 나가는 학습을 평생 해야 한다. 새로운 정보나 지식, 인류의 지속가능성을 유지시켜줄 새로운 가치를 계속해서 창조해내는 지식 및 가치 창조 학습 등 이런 모든 것이 새로운 교육시장이다. 스스로 배우고 익히는 것도 온전히 혼자 할 수 없다. 교육 콘텐츠나 인프라를 소비해야 한다. 지식을 정확하게 사용하는 것은 기계나 인공지능이 할 수 있기 때문에 인간은 지식을 '올바르게' 사용하는 데 중심을 둘 것이다.

---

*　　제리 카플란, 《인공지능의 미래》, 신동숙 역(한스미디어, 2017), 210.

이것도 교육시장에 포함될 것이다. 인공지능 로봇과 협업하는 기술도 중요해진다. 인공지능과 직접 싸우는 것을 피하고 동맹하고 협력하고 활용하는 대상으로 변화시켜 적이 아닌 동지로 바꾸는 기술도 배워야 생존한다. 통찰력과 상상력에 능한 사람이 되는 것도 교육시장에 포함될 것이다. 이런 기술과 지식을 80년 동안 배워야 한다. 80년 동안 배우는 것은 산업혁명시대에 만들어졌던 공교육 시스템(학교)에서는 불가능하다. 새로운 교육 플랫폼, 시스템, 콘텐츠, 교육방식과 환경들이 나타날 것이다.

미국 스탠퍼드대학을 주축으로 만들어진 온라인무료대학(MOOC, Massive Open Online Course) 사이트 코세라(Coursera)는 2021년 현재, 7,700만여 명 회원을 보유하고 있으며, 170개가 넘는 대학과 기업이 올린 3,000여 개가 넘는 강좌코스를 가지고 있다. 이 사이트에서 코스를 완수하면 학점으로 인정도해준다. 코세라뿐만 아니라 에드엑스, 유데미, 유다시트 등 무크 대학이 계속해서 설립 중이다. 세계 최고의 교수들의 강의를 무료 혹은 저렴한 가격으로 언제 어디서나 수강하고 퀴즈를 풀고, 리포트를 내면 학점이나 인증서를 받을 수 있다. AT&T 사는 자사에 취업하려면 유다시티에 개설된 프로그래밍 기술 강의를 비롯하여 6~12개월 안에 주당 10~20시간 특정 강의를 듣도록 했다. 유다시티가 AT&T와 협의를 맺고 '나노학위'(Nanodegree)를 개설한 것이다. 구글, 페이스북, 세일즈포스, 오토데스크 등의 대기업들도 나노학위 과정을 개발 중이다. 하버드나 스탠퍼드 대학을 다니지 않아도 구글이나 페이스북, AT&T에 취업할 수 있다. 기업은 이런 변화를 반기고 적극 지원한다. 소비자인 학생이나 일반인도 반긴다. 1년에 수만 달러를 들여 학위를 따지 않아도 된다. 무료 혹은 저렴한 가격을 지불하고 원하는 대기업에 취업할 수 있는 인증서나 학위를 딸 수 있기 때문이다. 온라인 대학이라서 국경의 경계가 없다. 미래학자 레이 커즈 와일이 설립한 '싱귤레리티대학', 혁신대학으로 주목을 받는 '미네르바대학' 등 미국에서는 기존 틀을 벗어나 새로운 교육을 시도하는 대학이나 교육기관도 빠르게 증가 중이다. 샌프란시스코에 설립된 신생 대학으로 과제와 면접으로 문제해결 능력만을 평가해 신입생을 선발하는 '미션U'(MissionU)는 1년 온라인 과정으로 운영되는 '데이터분석 및 비즈니스지능'(BI) 학위과정 단 하나만 운영한다. 이 학교는 미국 수학능력시험(SAT) 점수나 평균 학점(GPA)을 보지 않는다. 취업 후 3년간 연봉의 15%를 등록금으로 받는다는 독특한 조건도 있다. 졸업생들은 대부분 연봉 5만 달러 이상을 받고 IT 기업에 취업한다. 50명 신입생 모집에 1만 명 넘게 지원자가 몰릴 정도로 관심을 받는다.[*] 인공지능 기술이 교육시장에 도입되는 것도 교육의 미래를 바꿀 것이다. 미국 애리조나주립대(ASU)는 2016년부터 인공지능(AI)과 빅데이터 기술을 활용한 적응학습(adaptive learning) 기술로 6만 5,000명의 학생에게 수학, 생물학, 물리, 경제학 등 기초과목을 학습시킨다. 기초수학의 경우, 수학을 포기한 학생들의 평균 성적을 28% 향상시켰고, 생물학은 과목 탈락률을 20%에서 1.5%로 줄었고, 미시경제학 C학점 미만의 비율은 38%에서 11%로 감소시키는 성과를 냈다. 미래는 인공지능과 토론이 가능하며, 함께 인류의 난제를 풀며, 다양한 상상력을 발휘할 수 있게 된다. 이런 변화를 무시하면, 저출산 현상과 맞물려 앞으로 10~20년 이내에 세계 곳곳에서 상당수의 4년제 대학들이 영향력을 잃거나 사라지게 될 것이다.[**] 이런 변화는 로봇과의 경쟁에서 이길 수 있는

[*]   한국경제, 2018. 6. 19. 추가영, "전공은 딱 하나, 등록금은 취업 후 납부, 대안 대학이 뜬다"
[**]  중앙일보 중앙SUNDAY 미래탐사팀, 최재천, 《10년 후 세상》(청림출판, 2012), 137.

능력을 구매하고 소비하는 새로운 시장 출현의 시작점에 불과하다. 곧, 산업혁명 시대에 파격적인 교육제도인 공교육의 출현을 능가하는 대변혁이 교육시장에 들이닥칠 것이다.

## Generation A 시대, 생산의 미래가 바뀐다

Generation A 시대에는 생산의 미래도 혁신적으로 바뀔 것이다. 생산 방식의 변화는 제조업의 변화를 필연적으로 만들 것이다. 아마존, 애플, 구글처럼 이미 본색을 드러낸 파괴자나 앞으로 새로 등장할 파괴자는 각자의 강점 데이터를 기반으로 사물인터넷 인프라에서 다른 데이터 영역으로 데이터 전문성을 확장해 나가는 것을 멈추지 않을 것이다. 데이터의 힘을 증강시키고, 미래의 모든 하드웨어를 통제할 수 있는 인공지능 기술 확보에도 심혈을 기울일 것이다. 다양한 인공지능 활용 앱(AI app)을 개발하는 데서부터 회사 전체가 인공지능 통제 하에 움직이도록 하는 시스템 (AI enhanced system) 구축을 서두를 것이다. 데이터 수집 영역이 넓어지고 데이터의 양이 커지고 고객 연결성이 강화될수록 보안은 더욱 중요해진다. 데이터 힘으로 집결된 소비자를 더욱 강력하게 묶고 보안성을 강화하여 신뢰를 얻기 위해 분산원장기술(블록체인) 사용은 필수다. 이들은 미래 컴퓨터 기술로 부상하는 양자컴퓨터 암호화 기술 적용도 검토할 것이다. 이들의 노력과 도전으로 양자 컴퓨터 기술은 기업관리부터 헬스케어, 제조, 정보 및 미디어 분배, 소비자 정보 암호화, 공급망 관리 등으로 적용 범위가 확대될 것이다. 이들은 소비자와 연결을 강화하고 자신의 플랫폼에 묶어두기 위해 VR 헤드셋, MR 디바이스(폰, 글라스) 같은 웨어러블 기기나 스마트 디바이스에서 사용될 수 있는 운영체제, 소프트웨어와 콘텐츠 개발을 강화하면서 가상과 현실의 경계 파괴(virtual and real life immersive experience)를 주도할 것이다. 이 과정에서 만들어진 자사 인프라와 역량 그 자체도 강력한 비즈니스가 된다는 것을 안다. 그래서 이들은 자신이 만든 시스템과 기술의 상당수를 개인이나 기업에 클라우드 서비스로 판매하여 수익을 극대화할 것이다. 생태계를 재구축하는 플랫폼 전략으로 시장을 자신들의 규칙과 입맛에 맞게 새로 만든 이들은 자사의 실물(제품과 서비스)이나 가치(장부가치, 브랜드 가치)와 신뢰에 기반을 둔 암호화폐를 발행하여 시장 경제를 조절하는 권력을 가지려 할 것이다. 자신이 만든 시장(플랫폼)에서만 사용하는 암호화폐를 발행하여 플랫폼 내 기축화폐로 삼으면 고객 관리는 물론이고 신규 고객 확보에 유리해지고 화폐 세뇨리지 이익도 얻게 된다. 자사 플랫폼에 참여하는 숫자가 많을수록 세뇨리지 이익은 커지고, 그럴수록 이들의 힘도 커진다. 힘이 커질수록 시장 파괴력은 커지고 후발 주자의 진입 장벽도 높아진다. 미래 변화에 누구보다 관심이 많고 통찰력이 뛰어난 이들은 3D 프린터, 나노 및 바이오 기술 등 미래 신기술에도 큰 관심을 가질 것이다. 관심을 넘어 회사 내에 별도의 조직을 만들어 신기술의 개발과 비즈니스 적용을 선도할 것이다. 거대한 미래 시장 잠재력을 간파한 이들은 당장 수익이 발생하지 않아도 막대한 자본 투자를 주저하지 않을 것이다. 이런 순환과정이 반복되어 특정 시점에 이들의 힘과 영향력이 임계점을 넘게 되면 뜻하지 않은 일이 벌어진다. 창발현상(創發現像, Emergent Phenomena)이다. 뜻밖에 나타나는 창발현상 중 하나는 미래의 생산방식 변화다.

## 미래의 생산방식

21세기, 새로운 제품이 만들어지는 것도 큰 변화이지만, 더 충격적 변화는 생산방식 자체의 변화다. 역사적으로 생산방식의 변화는 제조업 패러다임을 바꾸는 결정적 요인이었다. 예를 들어, 한 사람이 제품 전체를 개발했던 원시적 생산방식에서 여러 사람이 분업하여 제품을 생산하는 가내수공업 방식으로의 전환은 제조업 혁신을 가져왔고 18~19세기 산업혁명의 기틀이 되었다. 헨리 포드는 미시간주에 있는 자동차 공장에 기원전 250년부터 무거운 물체를 운반할 목적으로 사용되었던 컨베이어 벨트와 부품의 상호교환성을 적용하여 자동차 산업뿐만 아니라 20세기 내내 모든 제조업에 생산방식의 혁명을 일으켰다.

우리는 곧 이런 혁신과 변화에 비견되는 새로운 미래를 보게 될 것이다. 바로 데이터, 인공지능, 플랫폼과 디지털 제조기계 등이 결합된 새로운 생산방식이다. 생산하는 제품은 20세기와 같지만, 생산하는 방식은 완전히 달라진다. 제품 생산에서 가장 중요한 것은 데이터가 될 것이고, 인공지능이 생산성을 높여 깎고 자르고 붙이고 조립하는 식의 기존 생산방식은 구식이 될 것이다. 분자 단위의 물질을 붙이고 깎고 자르고 두드리는 생산방식에서 나노 도구와 3D 프린팅 도구를 사용하여 원자 단위와 디지털 단위의 유무형의 물질을 찍어내는 새로운 형식의 생산방식이 확대될 것이다. 이런 새로운 제조 방식에 인공지능이 연결되면 제조 도구 자체가 지능을 갖고 인간을 보조하는 일이 벌어진다. 레이저 칼(laser cutter), 3D 스캐너 기술, 클라우드 기술과 인터넷 커뮤니티의 공개 제조도 생산방식의 혁명에 기여하게 될 것이다.

생산방식의 혁명은 아이디어가 부족하거나 특별한 제조기술이 없는 개인도 제조업에 진출할 기회를 준다. 모든 개인을 제조업자로 변신시킬 수도 있다. 미래의 제조업자가 되는 일은 점점 쉬워질 것이다. 단일 제품 하나를 온전히 제조할 수 있는 생산 도구가 개인이 구매할 만큼 저렴해지고, 인공지능과 통신기술의 지속적 발전으로 물품 제조 아이디어부터 판매에 이르기까지 개인의 한계를 극복할 환경이 조성되기 때문이다. 예를 들어 10년 후에 당신이 은퇴할 즈음이 되면 지금보다 20~30배 기술발전 된 탁상용 3D 프린터를 핸드폰 하나를 사듯 매달 저렴한 비용만으로 손쉽게 구매할 수 있을 것이다. 경비행기, 로봇, 자동차 같은 제품을 생산할 전문적이고 큰 3D 프린터도 자동차 한 대를 구입하는 데 드는 금융비용으로 구매할 수 있을 것이다. 이런 개인용 생산도구를 가진 당신은 고장 난 샤워기 꼭지부터 단종된 오래된 자동차 부품까지 스스로 만들어 자급자족할 수도 있고 방금 머릿속에 떠오른 제품 아이디어를 곧바로 물건으로 만들 수도 있게 될 것이다.

참신한 아이디어가 없어도 오픈소스로 공개된 아이디어나 약간의 저작료를 지불하거나 무료로 내려받아 3D 프린터로 만들어 사용할 수 있다. 인텔은 3D 프린터를 활용해서 고객이 2족 보행 로봇을 만들 수 있는 '지미'(Jimmy)라는 로봇 설계도를 공개했다. 오픈소스로 공개된 로봇 설계 프로그램을 따라 3D 프린터로 부품을 인쇄하고 인텔이 판매하는 1,600달러짜리 조립세트와 연결하면 자신만의 로봇을 직접 조립할 수 있다.* 아이가 친구 집에서 봤다고 사달라고 조르는 장난감도 정확하게 복제할 수 있다. 친

---

* 서울신문, 2014. 5. 29, 박종익, "인텔, 3D 프린터 활용한 2족 로봇 '지미' 공개"

구나 애인에게 물건을 사서 선물할 필요 없다. 설계도만 이메일로 전송하면 된다. 애인에게 프러포즈할 때 필요한 반지를 직접 인쇄해서 선물할 수도 있다.[*]

## 빌려 쓰는 공장

이런 생산설비가 집이나 사무실에 없다면 어떨까? 미래에는 그것도 문제가 되지 않을 것이다. 세계 곳곳에 디지털 생산설비를 공유하는 메이커스페이스(makerspace)가 생겨나고 있기 때문이다. '공개형 공장'(open factory)이다. 공개형 공장은 소프트웨어 무료 공개처럼 작업실과 첨단 디지털 제조 도구와 재료 등 하드웨어를 무료로 공개하는 개념이다. 오픈 하드웨어 작업실은 메이커봇 3D 프린터, 3D 스캐너, 레이저 커터처럼 물품 제조에 필요한 고성능 하드웨어와 고가의 운영 소프트웨어가 무료로 공개된 공간이다.[**] 이미 수십만 명의 메이커스(makers, 개인 제조업자)가 빌려 쓰는 공장인 공개형 공장을 활용하여 수십 억 달러의 제품을 판매하고 있다. 선진국은 앞다투어 학교와 지역회관에 메이커스페이스를 만들고 있다. 미래에는 메이커스페이스가 편의점만큼 많아질 것이다. 주변에 잘 갖추어진 디지털 제조 인프라를 활용해서 오픈소스로 공개된 로컬모터스사의 자동차 설계도를 내려받아 자동차를 만들어 탈 수 있게 될 것이다. 벌써 오픈소스 잠수함, 오픈소스 로켓, 오픈소스 손목시계 등 다양한 하드웨어 설계

---

[*]  서울신문, 2016. 6. 27. 조우상, "프로포즈용 보석반지, 이젠 3D프린터로 인쇄"
[**]  호드 립슨, 멜바 컬만, 《3D 프린팅의 신세계》, 김소연, 김인항 역(한스미디어, 2013), 385.

도와 제작 방법이 오픈소스로 공개되어 있다. 자동차 한 대를 생산하는 데 막대한 자본을 투자할 필요도 없다. 당신의 아이디어는 인터넷에서 공동 작업을 통해 발전시킬 수 있다. 개인과 디지털 기술의 상호조합은 미래의 새로운 제조 방식 중 하나다. 미래에는 공개형 공장에 공개형 인공지능이 연결되어 당신의 제조업 진출을 도울 것이다. 미래 제조업 시대는 초기에 투자금을 준비하지 않아도 된다. 물건 몇 개를 만들 최소한 자본도 없으면 클라우드 펀딩을 통해 미래의 제품 구매자들에게 직접 펀딩하면 된다. 인 터넷을 통해 전 세계에서 당신의 아이디어에 관심이 있는 개인들에게 소규 모 후원이나 투자를 받을 수 있게 해주는 킥스타터(kickstarter), 인디고고 (IndeGoGo), 펀디드바이미(Funded By Me) 등의 클라우드 펀딩으로 필요 한 자금을 모을 수 있다. 마이크로 인베스트먼트(Microinvestment)다.[*]

킥스타터 같은 클라우드펀딩 웹사이트는 제조업자에게 3가지 문제를 해결해준다. 첫째, 제조업자가 제품을 제작하기 전에 매출을 올리게 해준 다. 제조업자 입장에서는 제품을 생산하는 데 드는 비용을 은행에서 빌리 거나 지분을 넘기지 않고도 조달할 수 있다. 클라우드펀딩 시스템이 제품 이 출시되기 전에 아이디어만으로 선판매가 되도록 하는 인프라이기 때문 에 가능하다. 둘째, 소비자가 제조업자를 후원하고 제품 개발과 홍보를 돕 는 커뮤니티 회원이 되도록 도와준다. 셋째, 이런 방식 운영으로 제품이 개 발되고 제조되기 전에 손실위험을 최소화하여 소비자 반응을 살펴볼 수 있는 기회를 준다. 바로 시장조사 기회다.[**] 1인 제조업자에게는 엄청난 혜 택이며, 가장 큰 장벽의 제거다. 소비자도 시장 규모 때문에 대기업이 만들

---

[*]   같은 책, 112.

[**]  크리스 앤더슨, 《메이커스》, 윤태경 역(알에이치코리아, 2013), 244–257.

어주지 않는 자신이 원하는 물건을 구매할 가능성이 커져 유익하다. 제조업자와 소비자에게 돌아가는 이런 유익으로 매년 수십 억 달러가 클라우드 펀딩으로 모아지고 있다. 컴퓨터와 클라우드 스토리지 안에 무한히 재고를 쌓아둘 수 있어 생산한 제품을 보관해둘 대형 창고도 필요 없다. 이렇게 제조업의 모든 영역은 빠르게 디지털화되고 있다. 공개형 소프트웨어부터 공개형 펀딩까지 일련의 단계들은 아이디어가 제품화되는 논리적 단계를 단축시킨다. 제품이 생산되는 물리적 경로도 단축시키고 있다. 제조업을 모든 개인에게 개방된 영역으로 만들어 가고 있다. 자본가, 발명가나 창의적 엔지니어가 장악한 제조업 독점을 깨고 규칙도 바꾸고 있다.

이런 변화는 모든 사람 속에 잠재된 제조업 본능을 자극하게 될 것이다. 더 많은 사람의 제조 본능이 깨어날수록 제조업은 더 큰 부흥을 맞이할 것이다. 자신의 재능이 부족해도 빅데이터와 인공지능의 도움을 받을 수도 있기 때문에 제조에 뛰어드는 사람의 경계도 깨질 것이다. 성별의 차이, 나이의 차이, 힘의 차이, 지능의 차이는 더 이상 장벽이 아니다. 미래 제조업의 유일한 장벽은 게으름뿐이다. 지능의 혁명과 제조자(maker) 본능이 결합되면서 21세기는 인간의 모든 아이디어를 현실로 만들 수 있다는 판타지가 떠돌아다니는 시대가 될 것이다. 창의적이고 지혜로운 사람들이 글로벌 기업들보다 더 빨리 수십억 개의 작은 사업 기회를 만들어내는 새로운 산업혁명기가 될 것이다.

새로운 생산방식은 기업의 변화도 불러올 것이다. 공장 안에 고용된 인력으로만 제품이 만들어지지 않고, 플랫폼이나 네트워크로 연결된 노드(node) 단위의 협력자들과 함께 제품을 만드는 시대가 열리게 될 것이다. 인공지능과 데이터, 3D 프린터, 나노 도구 등 새로운 미래 도구들은 제조를 더 쉽고, 비용은 낮고 효율은 높게 만들어줄 것이다. 생산도구가 디지털화될수록 제품 생산 기계나 공정이 통합되고 일체화되어 갈 것이다. 공장의 모습과 구조 및 작동 방식에도 혁명이 일어날 것이다. 1인공장, 초소형공장, 클라우드공장, 지능형공장 등 다양한 형태의 공장이 나타날 것이다. 생산되는 제품 가짓수는 롱테일 법칙과 무어의 법칙을 따르게 될 것이다.*
가상의 제품이 현실의 제품을 지배하고, 제품 안에서도 소프트웨어가 하드웨어를 지배하고, 데이터가 제품을 지배하고, 데이터를 생산하는 것만을 목적으로 하는 제품이 등장하는 일도 벌어질 것이다. 롱테일 생산이 대량생산보다 부가가치가 더 높은 미래가 현실이 될 수도 있다.

## 제품의 롱테일과 무어 법칙

이런 모든 변화가 논리적으로 예측이 가능한 것은 우리가 사는 세상의 기초가 싸고, 빠르고, 무게가 없는 비트(bit)인 '디지털(digital) 세계' 위에서 만들어져 가고 있기 때문이다.** 이런 미래는 과거처럼 세계의 기초가 원자(atom)인 '물질(material) 세계'에서는 예측하기 힘든 모습이었다. 물질 세계에서는 매우 가상적이지만 동시에 매우 현실적인 상태가 불가능하다. 매우 지역적이지만 동시에 매우 세계적인 상태도 불가능하다. 물질(material) 세계에서는 시간과 공간, 속도와 존재의 한계가 분명하기 때문이다. 하지만 비트(bit) 세계에는 다르다. 매우 가상적이지만 동시에 매우 현실적인 상태

---

*    같은 책, 42, 100, 161,162, 179.
**   같은 책, 22–24, 34.

가 가능하다. 매우 지역적이지만 동시에 매우 세계적인 상태도 가능하다. 이런 속성이 제조업에 투영되는 것이다. 그래서 매우 가상적이지만 동시에 매우 현실적인 제조물, 제조과정이 가능해진다. 매우 개인적이지만 매우 집단적인 제조도 가능하다. 매우 지역적이지만 동시에 매우 세계적인 개인 제조업도 가능해진다. 매우 지역적이라는 것은 1차 산업혁명 때처럼 가내 공업 형태를 갖기 때문이다. 매우 세계적이라는 것은 개인이 시공간의 한계, 언어의 한계를 뛰어넘어 세계 곳곳에 연결될 수 있기 때문이다. 매우 현실적이면서도 동시에 매우 가상적일 수 있기에 가상 제조업이라는 분야도 생겨날 것이다.

미래 제조업이 비트 세계 위에서 형성되면 생산되는 제품의 종류와 판매에 롱테일 곡선이 적용될 수 있다. 기존의 제조업은 다수의 군중이 원하는 상품을 대량으로 제조했다. 신문, 방송 등의 미디어 광고 채널이나 상점 등으로 판매 채널이 제한되었고, 제고비용, 물류 및 운반비용 부담 때문에 극소량으로 판매되는 제품을 제작하고 판매하는 일이 불가능했다. 판매자 입장에서도 거의 팔리지 않는 제품을 오랜 시간 동안 진열하거나 보관하는 것은 시간과 공간 낭비로 큰 비용이 발생했다. 일정 수준 이상의 판매량이나 수익을 올릴 수 있어야만 제작과 판매가 가능했다. 대량 제작으로 비용을 낮추고, 대량 유통과 대량 판매가 가능한 대량 판매시장(mass market)에 적합한 소품종 대량 생산이나 다품종 대량 생산 제조 회사만 생존했다. 세계의 기초가 원자(atom)인 '물질(material) 세계'에서는 당연한 모습이다.

하지만 세상의 기초가 싸고, 빠르고, 무게가 없는 비트(bit)인 '디지털(digital) 세계'에서는 달라진다. 시간, 공간, 비용의 개념이 완전히 다르기 때문이다. 꼬리부분이 무한대 영역으로 진입하는 롱테일 곡선이 가능하다. 롱테일 법칙이 적용되면 규모의 경제라는 제약에서 벗어날 수 있다. 시골 산간지역 어린아이 한 사람이 원하는 아주 개인적 취향의 상품 단 하나를 제조해도 (지금까지 설명한) 경영방식의 혁명, 생산방식의 혁명, 유통방식의 혁명, 금융서비스 혁명 그리고 가격의 혁명을 모두 활용해서 이익을 남길 수 있기 때문이다.

그래서 제품의 롱테일(Long Tail of goods)은 미래 제조업의 특징 중 하나다. 게임을 하다가 갑자기 게임 속의 가상 캐릭터가 갖고 싶거나, 〈피카추〉라는 만화 영화를 보다가 등장인물의 소품이 갖고 싶으면 곧바로 인터넷 웹사이트에 접속해서 디자인 파일을 다운로드 받아 3D 프린터로 만들 수 있다. 시골의 깊은 산골마을에 있는 고객에게 즉시 제조해서 판매할 수 있다. 단 한 사람의 필요나 아이디어를 미래 제조업 도구들을 사용해서 얼마든지 제품화할 수 있다. 20세기 인터넷 혁명으로 온라인시장이 등장하면서 소품종 소량생산을 가능하게 했다면, 21세기 새로운 제조업 혁명은 물리적 시장에서는 제작, 유통, 판매가 불가능했던 극소수 취향의 상품도 제조 및 판매를 가능하게 해줄 것이다. 제조업자 입장에서는 컴퓨터를 작동시킬 약간의 전기비용을 제외하고 모든 것이 생각 도구와 생각 에너지만 사용하고, 제품을 소비자에게까지 전달하는 과정에서 드는 비용이 제로다.

세상의 기초가 싸고, 빠르고, 무게가 없는 비트(bit)인 '디지털(digital) 세계'에서 작동하는 3D 프린팅 기술은 소비자의 안방에서 제품을 원격 인쇄도 가능하게 만들어 가격혁명도 불러온다. 제품 가격이 순수하게 지적 재산권 비용으로 낮아질 수 있다. 인터넷을 통해 수많은 고객에게 제품 제작에 필요한 비트(bit)를 한 번에 순간이동(瞬間移動)시키는 '매스텔레포테이션'(mass teleportation)이 가능해지면 제품의 가격은 현재의 음원시장과 같아지게 된다. 제품 하나의 가격이 수백 원에 불과하거나, 한 달에 일정 비용을 내면 원하는 모든 제품을 다 다운로드 받아 3D 프린터로 인쇄해서 사용할 수 있다.

이런 미래에는 개인이나 기업이 이익의 극대화에 경제적 초점을 맞추지 않고, 행복한 이익에 경제적 초점을 맞추게 될 것이다. 이익의 극대화를 벗어나 만족의 극대화를 추구하게 될 것이다. 기업이 무엇을 팔지에 대한 욕구나 필요에 따라 시장이 움직이지 않고, 소비자가 무엇을 필요하고 욕구하는지에 따라서 제조업 시장이 움직이게 될 것이다. 물론 물건 하나의 단일 가격은 극히 낮아질 수 있지만, 제조비용이 제로에 가까워지기 때문에 대중 소비자를 확보하면 큰 수익을 창출할 수도 있다. 지금의 음원시장처럼 음원 단가가 낮아서 수익이 미미할 수도 있지만, 세계적인 히트곡을 만들면 전 세계에서 엄청난 수익을 거둘 수도 있을 것이다.

그렇다고 고부가가치 물건이 없어지는 것은 아니다. 미래 제조업 시장에도 고부가가치 물건 생산이 가능하다. 지금까지는 제조회사가 이익을 극대화하려면 더 싸게 더 많이 팔 수 있는 물건을 만들기 위해서 표준성을 추구했다. 하지만 미래의 제조회사는 세상에 단 하나밖에 없는 특이성이나 같은 물건이라도 다른 사람 것과는 약간의 변형이 있는 변이성을 추구하게 될 것이다. 세상에 단 하나밖에 없는 특이성과 변이성을 가진 물건이면 높은 가격을 받게 된다. 높은 프리미엄을 받는 제품 인쇄에 최적화된 산업 중의 하나는 섹스 산업, 예술 산업, 패션 산업 등 놀라운 상상력이 인정받는 시장이다. 섹스 산업은 신기술이 나올 때마다 빠르게 적용하는 영역이다. 3D 프린터를 통해 민망하지만 상상력이 풍부한 섹스용 장난감을 파는 3D 프린팅 섹스숍을 상상해보라.* 예술 산업도 프리미엄 시장이 될 수 있다. 복잡하고 섬세한 수학적 알고리즘을 따른 조각 작품을 상상해보라. 폭포가 떨어지는 모습과 떨어진 물이 이리저리 튀는 기하학적 형태를 컴퓨터 시뮬레이션하고, 그 전체 모습을 3D 프린터로 찍어내는 것이 가능하다. 인간의 손으로 조각할 수 없는 특이한 예술 조각품이 가능하다. 미래에는 다양한 소재를 한 번에 사용하는 디자인을 표현하는 조각품도 찍어낼 수 있다. 패션 산업도 부가가치 상품을 인쇄할 수 있는 영역이다. 신발이나 옷 등에서 단 한 사람을 위한 맞춤형 제품을 찍어낼 수 있기 때문이다. 맞춤형 사이즈와 디자인, 소재를 사용할 수 있는 새로운 패션 디자인 산업이 가능해진다. 건축에서도 3D 프린터는 유용하다. 건축 모형이나 인테리어 소품을 맞춤형으로 빠르게 제작할 수 있기 때문이다. 3D 프린터가 갖고 있는 장점인 창의적이고 아름다운 제품의 빠르고 정교한 인쇄 능력을 이용하면 미용에서도 3D 프린터를 통한 고부가가치 사업을 만들 수 있다. 그 외에도 수많은 상상력, 기발함, 특이함, 예술성을 팔 수 있는 틈새시장이 만들어질 것이다.

제품 제작과 판매에 존재하는 대부분의 장벽이 사라지고, 제품의 제작과 판매에 롱테일 법칙이 적용되면, 생각하는 모든 것이 제품으로 탄생될 수 있다. 그러면 지구상에 존재하는 제품의 가짓수 증가에 무어의 법칙이 적용될 것이다. 일명, '제품의 무어 법칙'(Moor's Law for goods)이다. 복리 제작 곡선(compound making corve)이 가능해지기 때문이다. 이렇기 때문에 미래 제조업은 사향 산업이 아니라 무한한 발전을 할 수 있는 산업이

---

*    호드 립슨, 멜바 컬만, 《3D 프린팅의 신세계》, 김소연, 김인항 역(한스미디어, 2013), 111.

된다. 제품을 구상하는 인간의 생각, 생각해낸 제품을 디자인화하는 도구, 아이디어를 현실화하는 제조(製造, making)의 진보가 멈추는 그날까지 발전은 거듭될 것이다. 발전이 거듭될수록 부흥도 지속될 것이다.

시간이 갈수록 새로운 제조 도구들에 대한 개인이나 자본력이 약한 중소기업의 접근성이 좋아지고, 제품의 롱테일과 제품의 무어 법칙이 위력을 발휘하기 시작하면 대기업이 한두 곳이 제조업을 독점하는 일이 줄어든다. 먼 미래에는 인공지능과 로봇, 생각하는 기계들이 협업하여 새로운 물질을 만들고 새로운 제품을 스스로 생산하는 시대도 도래할 것이다. 이런 변화 과정에서 우리가 익히 알고 있던 제조회사 이름은 사라지고, 새로운 회사가 등장할 것이다. 과거에는 제조업체로 알려지지 않았던 기업이 제조업을 장악하는 일도 벌어질 것이다. 미래에도 대기업이 초대형공장을 계속 유지하려면 어떻게 해야 할까? 답은 하나다. 변화를 인정하고 받아들여야 한다. 컨베이어 벨트를 따라 숙련공이나 저임금 노동자를 배치시키고 부품의 상호교환성에만 의존한 생산방식을 버리고, 인공지능 로봇을 관리자로 세워 컴퓨터 디자인을 제어하고, 사물인터넷과 각종 센서로 실시간 생산 정보를 수집하고, 레이저 커터 기계, CNC 기계, 3D 프린터 등 다양한 디지털 생산도구를 적재적소에 배치하고, 조립용 로봇과 이동형 근로자 로봇들을 활용하여 물건을 제조하는 모습으로 변화해야 생존 가능하다.

# 10~30년, 3 플랫폼 전쟁

이번 장에서 다룬 예측들을 종합하면 또 다른 미래를 예측할 수 있다. 앞으로 10~30년 이내에 3개의 플랫폼 경쟁이 추가될 것이다. 인공지능 플랫폼, 가상현실공간 플랫폼, 제조 플랫폼이다. 인공지능 플랫폼은 사물과 인간을 연결하고, 가상현실공간 플랫폼은 가상과 인간을 연결할 것이다. 제조 플랫폼은 생산자와 소비자를 연결할 것이다. 이 중에서 특히 눈여겨 볼 것은 제조 플랫폼 회사의 등장이다. 제조 플랫폼 회사는 3D 프린터를 구매한 모든 개인을 인터넷 공간에 묶을 것이다. 물건 제조와 관련된 모든 회사도 모을 것이다. 제조 플랫폼 회사는 물건을 구매하고 제조에 필요한 금융서비스까지 모든 인프라와 생태계를 만들고 유지하고 관리하는 일을 주도할 수 있다. 제조 플랫폼 위에 생산해야 할 물건의 설계도와 개수를 올리면 여기저기 흩어져 있는 개개인이 자신의 3D 프린터로 동시에 인쇄하여 수량을 빠르게 맞출 수 있다. 고객이 특별하게 원하는 취향의 자동차를 내일까지 만들어 달라고 부탁한다고 하자. 플랫폼을 운영하는 회사의 생산 총괄자가 자사 플랫폼에 주문 내역을 올리면 플랫폼 내에 수천수만 개의 기업과 개인이 거미줄처럼 얽힌 생산 노드를 총괄하는 인공지능이 자동으로 부품이나 모듈 제작을 생산 네트워크에 할당한다. 자동차 한 대에 필요한 수천수만 개의 부품들은 개별 생산 노드 단위에서 금속이나 플라스틱, 특수 물질 등으로 찍어 나오고, 1~2일 안에 생산 총괄자에게 배송될 것이다.

제조 플랫폼 회사의 등장은 1인 및 소규모 제조업 회사나 서비스 회사 창업을 가속화시킬 것이다. 개인이나 소기업이 할 수 있는 초소형공장

◆ 지능혁명으로 일어날 제조업 혁명

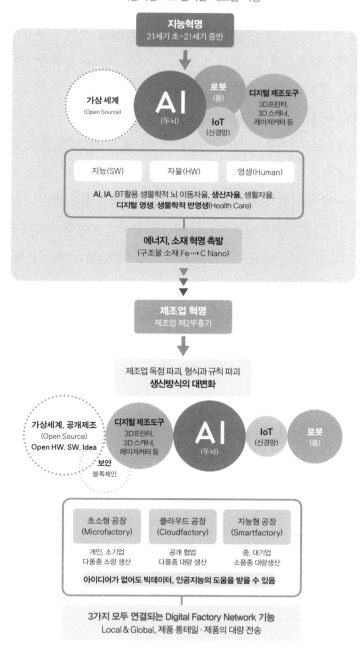

(microfactory)은 다품종 소량 생산에 강점을 갖는다. 공개 협업을 중심으로 한 클라우드공장(cloudfactory)은 다품종 대량 생산에 강점을 갖는다. 중·대기업이 운영하는 지능형공장(smartfactory)은 소품종 대량생산에 강점을 갖는다. 이런 3가지의 공장을 다시 거대한 지능네트워크로 연결시키면 '디지털 공장 네트워크'(digital factory network)가 만들어진다. 이들은 모두 제조 플랫폼 안으로 묶으면 거대한 제조 생태계를 만들 수 있다. 현재 애플이나 구글의 앱 생태계를 능가하는 강력한 플랫폼이 될 것이다. 이런 플랫폼 회사가 암호화폐로 발권력을 발휘하고 블록체인 기술을 활용해서 국가 간 거래(무역)까지 사업 범위를 확장하면 영향력은 더 막강해진다. 2018년, IT 컨설팅 기업인 IBM은 몬트리올은행, 카이사은행(Caixa bank), 코메르츠방크(Commerz Bank), 스위스연방은행(UBS United Bank of Switzerland) 등 몇몇 은행들과 블록체인 파트너십을 맺고 블록체인 플랫폼에서 실시간으로 공급업체와 구매업체 간의 무역 준비와 자금 조달과 기업 무역 협약 파일럿 테스트에 성공했다.[*]

중국에 시장을 내주고 있는 한국 기업에 제조 플랫폼은 강력한 대안이 될 수 있다. 미래 제조업은 품질이나 가격뿐만 아니라 제조 속도와 맞춤형 제조 역량의 경쟁이 될 것이다. 장기 저성장이 현실화되고, 임금 경쟁력이 사라져가는 한국 제조업에 3D 프린터, 인공지능, IoT, 로봇과 연동된 제조 방식은 물론이고 제조 플랫폼 전략은 새로운 경쟁력이 될 수 있다. 생산 공정 단축, 비용 절감, 롱테일 제조 역량을 비롯해서 플랫폼을 통해 얻을 수 있는 새로운 비즈니스 이익과 장점을 추가로 확보할 수 있는 기회가 열려

---

[*]    ZDNet, 2018. 4. 20. 손예술, "IBM, 블록체인 기반 실시간 무역 금융 성공"

중국과 제조업 경쟁에서 새로운 돌파구를 마련할 수 있다. 사실, 이런 미래는 기업의 선택 사항이 아니다. 개인형 공장부터 제조 플랫폼 회사에 대응하지 않으면 기존의 거대공장(megafactory)도 소멸될 수 있다.

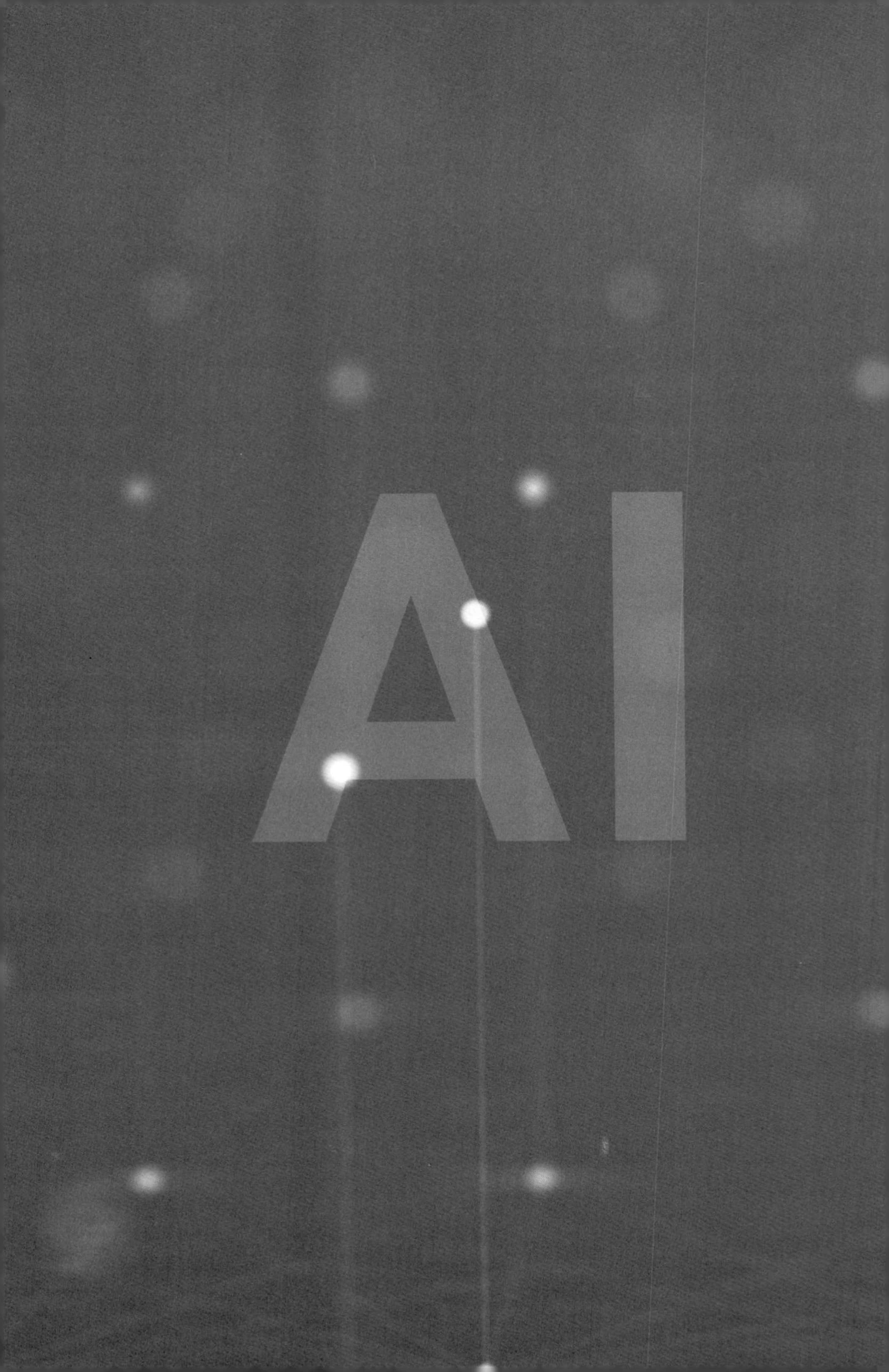
AI

PART

# 4

## 먼 미래도
## 준비하라

미래학에서 '먼 미래'는 최소 30년 후, 보통 50~100년 이상의 기간을 가리킨다.

# 미래의
# 도시

## 먼 미래, 지능 물질의 출현

더 먼 미래로 한걸음 더 가보자. 아주 먼 미래의 제조업은 어떤 모습일까? 아주 먼 미래에는 아주 강한 인공지능이 제조업을 이끌 것이다. 물건을 만드는 데 사용하는 물질도 지능을 갖게 될 것이다. 프로그램이 가능한(programmable) 새로운 재료인 일명, '지능물질'(intelligence matter)이다. 화학물질에 지능이 부여되어 프로그래밍이 가능한 지능물질은 생산의 새로운 변화를 가져올 수 있다. 물질 자체가 지능적으로 움직일 수 있기 때문에 지능물질로 만들어진 제품은 소비자의 명령에 따라 스스로 형체를 바꿀 수 있는 가능성을 가진다.

제조업자의 제품 디자인을 전송하는 한계도 계속 갱신될 것이다. 지구 반대편을 넘어 우주 정거장으로, 화성으로 점점 멀리 보낼 수 있게 될 것이다. 마르쿠스 카이저(Markus Kayser)는 획기적인 실험을 진행 중이다. 태양열 에너지를 에너지원으로 사용하고 모래를 재료로 사용하는 3D 프린터다. 사막에서 대형 렌즈를 통해 태양빛을 모아 1500℃까지 온도를 높여서 모래를 녹여 3차원 형상물을 제작하는 것이다. 모래를 녹여 유리처럼 만들어 식히고 그 위에 반복적으로 녹인 모래를 계속 쌓는 '태양광 소결'(solar sintering) 프린팅 방식이다.* 이 기술을 응용하면 건축 자재를 운송하기 어려운 산간벽지나 섬은 물론이고, 우주 정거장, 달 기지, 화성 등에서 태양과 모래만을 가지고 건물을 짓고, 다양한 제품을 만들 수 있게 될 것이다.

제조 프린터는 분자(molecule) 단위의 재료를 사용하는 3D 프린터를 넘어설 것이다. 나노기술과 바이오기술이 진보할수록 원자 단위에서 재료를 재조합하여 물건을 만들어내는 3D 프린터가 개발될 것이다. 생명이 없는 물질을 제조하는 것을 넘어, 지능물질이나 세포 단위의 소재를 사용하면 살아서 숨 쉬는 생명체 제품을 생산하게 될 것이다. 자연이 생물을 만들듯이 디지털 생명체, 디지털 물질을 프로그램하고 생산하는 데까지 이를 것이다. 여기에 아주 강한 인공지능, 생각하는 3D 프린터, 나노 기계 군에 속하는 물질편집기(matter compiler), 물질제조기(matter manufacturing machine)** 유전자편집기(DNA compiler) 등을 사용하게 되면 원하는 것은 모두 편집하거나 창조해낼 수 있다. 최소한 물질적 궁핍

---

* 호드 립슨, 멜바 컬만, 《3D 프린팅의 신세계》, 김소연, 김인항 역(한스미디어, 2013), 325.
** MIT 등에서는 아주 기초적인 수준의 프로그램 가능 물질에 대한 연구가 진행 중이다. 인체 안에서는 리보솜(ribosome)이 비슷한 기능을 한다. 리보솜은 RNA와 단백질로 구성된 복합체다. 리보솜은 세포질 속에서 단백질을 합성하는 기능을 하면서 다른 생물적 기계(단백질)을 만드는 생물적 기계 역할을 담당한다.

과 결핍이 사라지는 사회가 도래할 것이다.

참고로, 물질 컴파일러는 존재하지 않는 새로운 물건을 기계 스스로가 디자인하고 생산하게 하는 개념이다. 인공지능이 특정 상황에 맞는 물건이 무엇인지 스스로 판단하고 물질 컴파일러에게 명령을 한다. 명령을 받은 물질 컴파일러는 스스로 디자인을 선택한다. 만약 지금까지 존재하지 않은 물건이라면 스스로 창조성을 발휘하여 새로운 디자인을 고안해낸다. 생각하는 3D 프린터는 디자인 파일을 받아 상황과 조건에 맞는 재료를 선택하여 물건을 출력한다. 필요하다면, 환경 변화를 추적하여 반응하는 기능을 가진 활성물질(active material)을 소재로도 사용할 수 있다. 3D 프린터는 헤드에 달린 광학 스캐너를 통해 출력하는 과정에서 물건의 모양이 디자인대로 유지되지 않는 것이 포착되면 곧바로 디자인을 고치거나 조정하는 식으로 프린팅 전 과정을 관리한다. 현재, 인공지능처럼 학습하는 능력을 가지고 있는 생각하는 3D 프린터는 코넬대학에서 연구 중이다.[*] 더 먼 미래로 간다면, 인공지능이 3D 프린터를 사용하여 기계나 로봇을 스스로 만들고 수리하는 일도 가능할 것이다.

제3차 가상혁명 시대가 되어 뇌끼리 직접 연결되는 시대가 되면 제조업자의 생각에서 소비자의 생각으로 '환상'을 판매하는 일도 벌어지게 될 것이다. 이처럼 먼 미래에는 뇌 안으로 직접 주사(注射, injection)하는 가상제품을 시작으로 현실에서 세포 단위의 제조, 자동차, 비행기 등을 만드는 데까지 이르게 될 것이다. 이런 시대가 열리면 정신적 궁핍과 결핍도 해결할 수 있는 길이 열리게 될 수 있을까?

---

[*]   호드 립슨, 멜바 컬만, 《3D 프린팅의 신세계》, 김소연, 김인항 역(한스미디어, 2013), 422.

# 도시 개념이 파괴된다

먼 미래에는 도시 개념도 바뀔 수 있다. 세계 최고 기업에 등극한 아마존은 미국 경제에 미치는 영향력이 막대하다. 아마존은 본사 직원만 4만 명이고, 전체 고용 인원은 월마트 다음으로 미국 내 2위다. 아마존의 직원 수는 파트타임을 포함해서 54만 명이 넘는다. 2017년 9월, 아마존이 제2 본사(HQ2) 건설 계획을 발표하고 후보 도시를 공개 모집했다. 건설비용만 50억 달러, 신규 고용 예정인원은 5만 명이었다. 도시 공개입찰 문서에서 아마존의 제1 본사가 있는 시애틀의 경우 2010~2016년까지 4만 명 직접고용, 5만 3천 명 간접고용, 380억 달러 규모의 파생 투자가 일어났다고 밝혔다. 기업 하나가 7년 동안 한화로 42조 원의 간접투자를 일으킨 셈이다. 아마존 제2 본사 유치에 미국, 캐나다, 멕시코 등에서 100만 명 이상 대도시 238개가 입찰에 뛰어들었다. 아마존이 오디션을 치르듯 유치 도시를 평가하자, 각종 언론의 관심도 뜨거웠다. 2019년 1월, 최종 후보로 20개 도시가 선정되었고, 조지아주 스톤그레스트시는 도시 이름을 아마존으로 바꾸겠다고 공약했다.* 기업 하나 유치만으로 도시의 미래가 바뀔 수 있다는 것을 보여주는 사례다.

세계 각국의 거대 도시들이 기업 유치에 목숨을 거는 이유는 간단하다. 저출산, 고령화, 저성장, 글로벌 경쟁의 가속화 등으로 기업 유치는 한 도시의 발전과 쇠퇴에 막대한 영향을 준다. 기업 유치를 잘하는 도시는 인구가 증가하고 세수가 늘어서 성장한다. 하지만 기업 유치에 실패하거나 유

---

* 동아일보, 2018. 7. 20, 홍수영, "베이조스 세계 최고 부자로 만든 아마존의 혁신과 변신"

치한 기업이 쇠퇴하는 산업 영역에 있으면 도시의 미래는 불안해진다. 한국과 중국을 포함해서 G20 국가 모두가 초고령사회로 들어가는 중이다. 중국조차도 경제성장률이 하락하고 있다. 이런 상황이 지속되면 국가의 총생산을 두고 도시 간 경쟁이 심화된다. 총생산과 총일자리라는 전체 파이가 줄어들면 모든 도시가 골고루 성장하기 힘들어진다. 줄어드는 파이를 두고 도시 간에 치킨게임이 시작될 수밖에 없다. 그래서 미래는 국가 간의 경쟁보다는 도시 간의 경쟁으로 판도가 바뀔 수밖에 없다. 지방자치 개념이 강화되면 이런 현상은 더 심해진다. 이런 상황에서 살아남으려면 거대 기업의 유치에 사활을 거는 것이 당연하다.

하지만 어떤 도시는 새로운 전략을 들고 나올 수 있다. 생산방식의 변화라는 새로운 패러다임을 과감하게 수용하거나, 이런 변화를 직접 주도하는 도시가 나올 수 있다. 역사적으로 볼 때, 생산방식의 변화는 작게는 도시를 구성하는 요소인 (단위 제품으로서) 주택과 빌딩을 건설하는 방식을 바꾸는 데부터 크게는 도시의 목적과 개념까지도 바꾸었다. 당장은 스마트 도시라는 개념이 관심을 받지만, 내가 예측하는 미래에 주목해보아야 할 새로운 도시 개념은 도시 자체를 제조 플랫폼화하는 것이다.


## 미래 도시, 제조 플랫폼이 된다

미국 캘리포니아주 오렌지카운티에서 가장 큰 도시인 얼바인(Irvine)은 1960년대 후반부터 개인 기업인 얼바인 주식회사(Irvine Company)가 주도하여 개발된 도시다. 19세기 후반, 대기근을 피해 아일랜드에서 미국 샌프란시스코로 이주한 제임스 얼바인 1세(James Irvine I)에서 시작된 얼바인 가문은 채소 가게에서 시작하여 부동산업으로 기초를 닦았다. 그의 아들 얼바인 2세는 캘리포니아 남부 사막지역에 땅 110,000acres(450km²)를 매입하여 목장을 운영하다가 대공황을 극복하기 위해 콜로라도강을 막아 건설한 후버댐 공사가 성공하여 캘리포니아 사막지역에 물이 공급되자, 거대한 목장을 감귤과 올리브 농장으로 바꾸고 1945년에는 얼바인 주식회사를 설립했다. 얼바인 주식회사에게 기회가 온 시기는 1960년대 후반이었다. LA에 사람들이 몰리면서 도시 확장의 필요성이 제기되었다. 새로운 도시를 만들려면 교육 환경이 중요했다. 이에 캘리포니아 주립대학은 새로운 캠퍼스를 만들 곳을 물색했다. 1959년, 얼바인 주식회사는 캘리포니아 주립대학교에 1,000acres(4km²)의 땅을 무상 기증하고 500acres(2km²)의 땅은 1달러에 매각하여 새로운 대학 설립을 도왔다. 얼바인 주식회사는 새로 생긴 대학교를 중심으로 5만 명이 거주할 신도시를 건설하고 얼바인(East Irvine)이란 이름을 붙였다. 1971년 12월 28일, 얼바인 주민들은 공식 투표를 하여 시의 이름을 얼바인으로 확정하고 기업형 도시로 확장 계획을 세웠다. 당연히, 도시 개발도 얼바인 주식회사가 도맡았다. 이렇게 한 기업에 의해서 미국을 대표하는 계획도시로 만들어진 얼바인시(City of Irvine)는 2010년 기준으로 면적 180.5km², 인구 212,375명으로 성장했고, 2018년 현재 미개발된 북부 지역을 합병하는 것을 시작으로 엘토로 해병대 항공 기지(El Toro Marine Corps Air Station), 남부와 동부의 미개발 지역을 모두 합병하여 오렌지카운티 내에서 가장 큰 면적을 가진 도시가 되었다. 계획도시답게 뛰어난 학군과 직장, 쾌적한 주거 환경을 갖추고 있어서 2008년 CNNMoney.com에서 미국에서 네 번째로 살기 좋은 곳으로 선정되었고, 같은 해 인구조사국이 65,000명 이상 도시 소득 중간값 순위에서 7위, 2010년 6월에는 미국연방수사국이 발표한 미국 내 10만 명 인구 도시 중 범죄율이 가장 낮은 도시, 2011년 9월에는 비즈니스위크가 선정한 미국 최고 도시 5위에도 올랐다.

도시 건설은 미래에 유망 산업이다. 12년마다 세계 인구는 10억씩 증가하고 있다. 가장 가난한 나라인 브룬디도 도시화율이 10%를 넘었고, 세계에서 가장 많은 인구가 살고 있는 중국과 인도에서 도시화는 가속도가 난다. 이런 이유로 매주 평균 150만 명 이상 도시로 이주 중이다.[*] 이런 속도라면 앞으로 30~40년 동안 도시 인구는 현재 35억(2016년 기준)에서 60~70억 정도까지 늘면서 100만 인구 도시가 3,000개 이상 새로 생겨날 것이다. 10만 도시로 하면 3만 5천 개, 100만 도시로 해도 3,000개의 신도시가 건설되어야 한다. 세종시 건설 계획을 세울 때, 건설비용에서 정부부담 부분은 8~9조 원, 민간사업 시행자 부분에서는 초기단계에서만 13~15조 원 정도가 들 것으로 추정되었다. 10~20만 정도의 신도시 건설 초기 비용은 대략 20~30조 원이다. 2050년까지 10만 도시 3만 5천 개가 건설된다면 대략 700조 달러(한화 79경 원) 시장이다. 2016년 미국 GDP 18조5천억 달러의 38배이고, 전 세계 총 GDP의 7~8배다. 새롭게 만들어질 수많은 미래 도시들은 환경변화, 사회변화, 기술변화, 라이프스타일 변화 등 급격한 미래 변화를 반영하면서 하나의 제품처럼 체계적이고 전략적으로 만들어질 것이다. 하나의 자동차를 조립해서 판매하듯, 모든 기술과 변화를 조립해서 판매하는 하나의 완성품일 것이다.

---

[*] 제프리 웨스트, 《스케일》, 이한음 역(김영사, 2018)

하지만 지구 표면에 도시들이 점거하는 비율은 약 2% 정도에 불과하다. 좁은 면적에 급속히 밀려 들어오는 인구를 수용하려면 새로운 도시 건설 방식이 계속 등장해야 한다. 과거에 도시는 자연발생적으로 만들어졌다. 현대에 도시는 짧게는 10년, 길게는 30년 동안 고유한 특성을 가진 제품처럼 만들어진다. 미래에는 도시의 특성 차이가 더 두드러질 것이다. 얼바인 주식회사처럼 한 회사가 10만, 100만 도시를 설계하고 만들기도 할 것이다. 스마트 도시는 기본이다. 기술발달로 초고층빌딩이나 몇 개의 빌딩이 서로 연결되어 2~3만 혹은 10만 정도의 작은 도시를 만들 수도 있다. 주거, 업무, 놀이, 쇼핑, 호텔, 에너지 등이 함께 있는 도시 속의 도시다. 여기에 빅데이터와 인공지능 알고리즘이 흐르고, 자율 디바이스들의 운행, 원격병원, 에너지 자급자족, 디지털 제조생산 및 글로벌 시장과 연결되어 한 공간에서 모든 것이 가능한 멀티모달리티 도시(City of Multimodality)를 만들 수 있다. 미래는 도시별로 지능, 자율, 영생의 수준도 달라질 것이며, 환경이 개선된 현실 도시, 원격근무 등으로 현실이 확장된 도시, 가상의 도시가 결합된 새로운 형태의 도시도 나타날 수도 있다. 구(舊)도시도 신기술 중심으로 리모델링 과정을 거치면서 미래형 도시형태 일부를 접목할 가능성이 크다. 건축물 자체도 노후화되지만, 동시에 고령화가 진행되면 기존 건축물로는 살 수 없기 때문이다. 기존 방식의 집 구조나 양식으로는 고령화에 대비할 수 없다. 고령화에 맞추어 도시, 동네, 건물이 최신 기술을 기반으로 리모델링되어야 한다.

좁은 면적이나 주거 환경 개선만 문제가 되는 것이 아니다. 도시로 물밀듯 밀려오는 주민들의 경제 문제도 해결해야 한다. 이런 문제를 해결해주지 못하는 도시는 늘어나는 수요에도 불구하고 사라지는 도시가 될 수 있다.

이런 이유로 미래 도시는 새로운 비즈니스, 경제, 라이프스타일 방식이 도시 구상과 설계 단계부터 포함될 것이다. 그중 하나가 도시 전체를 제조 플랫폼으로 건설하는 것이다.

도시는 소비자, 제조, 유통 등 모든 것이 모여 있는 생태계다. 자율주행 장치가 도시를 누비고, 사물인터넷 인프라가 구축되는 초연결사회가 되면 도시 안에 존재하는 모든 생명, 무생명, 유형, 무형의 개체들의 거의 모든 데이터가 수집된다. 인공지능 기술이 도입도 필연적이다. 이런 기반 위에 암호화폐 발권력과 사용 규모(인구) 등이 있다. 도시 자체가 제조 플랫폼이 될 수 있는 조건이다. 이런 요소들을 창조적으로 사용할 지도자가 나온다면 그 도시는 지방자치의 대상을 넘어 도시 전체가 기업이 되어 새로운 파괴자가 될 수 있다.


## 호모 마키나 사피엔스


1758년, '현대 분류학의 아버지'라고 불리는 스웨덴 식물학자 린네(Carl von Linne)는 현생 인류의 조상에 '지혜롭다'는 의미를 가진 라틴어를 사용해서 '호모 사피엔스'(Home sapiens)라고 이름 붙였다. 고인류학에서 호모 에렉투스(Homo erectus)에서 진화한 것으로 추정하는 호모 사피엔스는 15~25만 년 전인 플라이스토세(Pleistocene Epoch) 중기에 처음 나타난 것으로 추정된다. 현생 인류인 우리는 4~5만 년 전에 발생한 급격한 형질 변화 과정에서 나타난 것으로 추정되는 호모 사피엔스의 아종(亞種)으로 신인류(新人)으로 불리는 '호모 사피엔스 사피엔스'(Homo spiens sapiens)다. 현생 인류의 조상인 호모 사피엔스와 현 인류로 간주되는 호모 사피엔스 사피엔스 사이에는 호모 사피엔스 이달투(Homo sapiens idaltu), 호모 사피엔스 솔로엔시스(Homo sapiens soloensis) 등 호모 사피엔스의 다른 아종(亞種)도 있었다. 유럽에서 발견된 가장 대표적인 호모 사피엔스 사피엔스는 1868년 프랑스 남부 도르도뉴(Dordogne)에서 거주한 것으로 보이는 크로마뇽인(Cro-Magnon man)이다. 이들은 사람이나 동물 모습을 동굴 벽에 그리고 조각상도 만들었다. 1901년에는 프랑스와 이탈리아의 국경 지대인 그리말디(Grimaldi)의 동굴에서도 호모 사피엔스 사피엔스의 거주 흔적이 발견되었다. 1933년에는 중국 베이징의 저우커우뎬(周口店)에서 호모 사피엔스 사피엔스의 화석이 발견되었다. 이들은 섬유로 의복을 만들어 입었고 장식품을 만들 정도로 상당히 발전된 수준의 문명을 구축했다. 일본 오키나와현(沖繩縣) 미나토가와(港川)에서도 1~2만 년 전의 후기 구석기시대에 살았던 호모 사피엔스 사피엔스의 화석이 발견되었다. 한국에서도 용곡인, 승리산인, 만달인 등이 호모 사피엔스 사피엔스 종이다.[*]

고인류학에서 호모 사피엔스 사피엔스를 현생 인류로 보는 이유는 다양하다. 지구 거의 모든 지역에 넓게 퍼져 살았고, 해부학적 관점에서 현대인과 같은 신체적 특징을 지녔다. 앞니 크기는 현격히 줄었고, 안면 하부 돌출도 줄었다. 두개골 윗부분 크기가 줄었고, 근육운동이 줄어들면서 뼈의 굵기도 가늘어져 옛 사피엔스 특징은 사라지고 현생인류와 같은 신체로 변화되었다. 하지만 가장 결정적인 이유는 그들의 사유 능력이다. 두

---

[*]  네이버 지식백과, 호모 사피엔스 사피엔스(두산백과)

뇌 용적은 조상 호모 사피엔스와 큰 차이가 없었거나 작았지만, 호모 사피엔스 사피엔스는 창조력에서 급격한 발전을 보였다. 석기 도구 사용이 활발해지면서 이전 종(種)과는 다르게 신체 각 부위 자체를 도구로 사용하는 것이 줄고 행동양식도 변하면서 유전 형질 변화가 빨라졌다. 도구 사용과 사유 능력이 강화된 유전자가 그렇지 못한 유전자를 압도적으로 대체했다. 현생인류로 대전이(大轉移)가 일어난 것이다. 후기 구석기 문화를 이룩한 호모 사피엔스 사피엔스는 정교한 석기와 골각기를 만들어내고, 경제활동과 신앙생활도 했다. 벽화나 조각상을 보면, 각종 상징으로 예술행위를 할 정도로 수준 높은 문화를 형성했었다. 학계에서 우리가 지닌 사유 능력과 언어 사용 능력 기반이 이때 만들어졌다고 추정하는 이유다.[*] 그래서 지혜로운 인간이란 뜻을 가진 호모 사피엔스에 사피엔스를 하나 더 붙였을까? 여하튼, 우리 호모 사피엔스 사피엔스는 지구상에 존재했던 인간 종(種) 중에서 가장 뛰어난 지혜를 가지고 지금까지 수만 년을 살아왔다.

이렇게 수만 년 동안 지구를 지배한 지혜롭고 지혜로운 인간으로 불린 '호모 사피엔스 사피엔스'보다 더욱 강력한 인간 종이 등장하기 시작했다. 역사에서 보듯이, 새로운 인간 종은 역시 새로운 도구의 출현과 시간을 같이한다. 일부에서는 앞으로 나타날 신인류를 '포스트휴먼'(Post-Human)이라 부르기도 하고, 일부에서는 '호모 마키나 사피엔스'(Homo machina sapience)라고 부른다. 새로운 종의 출현이라 부르려면 생물학적 대전이와 지능의 대전이가 일어나야 한다. 이 두 가지 대전이는 인간의 환경 지배력에 비약적 발전을 가져다주는 새로운 도구의 출현과 사용으로 시작된다.

---

[*]    네이버 지식백과, 호모 사피엔스 사피엔스(고고학사전, 2001. 12, 국립문화재연구소)

앞서 설명한 나노 도구는 인간의 생물학적 대전이를 가져다줄 새로운 도구이며, 인간의 자연 지배력에 비약적 발전을 가져다줄 도구다. 인간의 대전이를 불러올 또 하나의 새로운 도구가 있다. 바로 인공지능이다.

'호모 에렉투스'(Homo erectus, 직립인류)가 한 손에는 나무에 뾰족한 돌멩이를 묶은 석재무기를 들고, 다른 한 손에는 뜨거운 불을 들고 지구 지배자가 되었다. 다가오는 미래에는 한 손에는 나노 도구를 다른 한 손에는 인공지능이란 도구를 손에 쥐고, 생물학적 도약과 기계와 결합된 신인류 '호모 마키나 사피엔스'가 호모 사피엔스 사피엔스를 뛰어넘는 역사상 가장 강력한 인간 종이 되어 지구와 우주를 지배하게 될 것이다.

인간의 오만과 탐욕이 가득한 생체실험으로 뛰어난 지능을 가지고 태어난 유인원들이 인류와 전쟁을 벌이는 영화 〈혹성탈출: 종의 전쟁〉(War for the Planet of the Apes)을 보고 나면 '과연 미래에서 이런 일이 벌어질까?'라는 호기심이 든다. 이런 미래가 현실이 될지 아닐지는 알 수 없지만, 금세기 안에 지능 도구를 가진 자와 가지지 못한 자의 종의 전쟁이 일어날 것은 거의 확실하다. 종의 전쟁 승리자는 새로운 도구를 가진 자의 승리로 끝날 것이다. 호모 사피엔스 사피엔스의 시대는 끝날 것이고, 그다음은 지능 도구를 사용하는 데 능숙한 호모 마키나 사피엔스와 로봇 사피엔스와의 경쟁이 시작될 것이라는 예측은 확률적으로 가능성이 높아보인다.

21세기 중후반, 세상의 지배자로 부상하게 될 미래 신인류 '호모 마키나 사피엔스'는 내가 붙인 이름이다. 라틴어로 '지혜로운 로봇 인간'이란 뜻의 호모 마키나 사피엔스는 몸속에는 나노 로봇이 돌아다니며 생물학적 움직임을 관리하고, 몸밖에는 로봇 팔이나 인공 눈 등을 장착하거나 로봇 슈트를 입고 역사상 가장 강력한 신체 능력을 발휘하게 될 것이다. 신인류 호모 마키나 사피엔스만의 가장 압도적 특징 변화는 뇌에서 일어날 것이다. 호모 사피엔스 사피엔스가 이전 종(種)과 다른 탁월한 사유 능력과 언어 사용 능력을 기반으로 신인류라는 평가를 받았듯이, 호모 마키나 사피엔스의 지능 발전은 지난 수만 년의 지능 발전을 압도하여 역사상 가장 빠르고 비약적인 발전이라 평가받을 것이다. 언어 사용 능력도 완전히 달라질 것이다. 이런 미래는 새로운 도구 인공지능(Artificial Intelligence)으로 가능해질 것이다. 이런 수준에 있는 신인류를 현존 인류 호모 사피엔스 사피엔스는 절대로 이길 수 없다. 혹 이런 미래가 믿기지 않는가?


## 부의 대이동, 건강하게 오래 사는 산업


21세기 변화에서 가장 눈여겨볼 흐름 중 하나는 '건강하게 오래 사는 산업'으로 부가 집중되는 현상이다. 100세 시대는 벌써 상식으로 받아들이는 분위기다. 인간의 평균수명 연장은 100세가 끝일까? 당분간은 그럴 듯 보인다. 2016년, 얀 페이흐 박사가 이끄는 미국 앨버트아인슈타인의대 연구팀은 40여 개 국가의 생존율과 사망률을 분석한 결과를 과학학술지 〈네이처〉에 발표했다. 해당 연구에 의하면 110세를 기점으로 장수 추세가 멈추고, 극단적으로 오래 사는 사람 534명을 분석해도 115세 이상 사는 것이 아주 힘들었다. 최고령 장수 기록은 1997년에 사망한 프랑스의 잔 칼망으로 122세다.* 비공식적 최장수기록은 146세(인도네시아)로 좀 더 높다.

---

* 　서울경제, 2018. 6. 29. 김경미, "2045년 평균수명 130세, 생명 연장의 꿈 이룰까?"

자연수명 기준으로 본다면, 21세기 초중반까지는 평균수명 100세 분포나 가능성이 높아지는 단계가 될 것이다. 더 많은 사람이 100세까지 사는 시대, 더 많은 국가의 평균수명이 100세에 이르는 시기가 될 것이다. 하지만 21세기 중후반에는 유전자 조작기술, 생체 이식, 최첨단 건강관리 시스템 등으로 평균수명 130세 시대가 열릴지도 모른다.

'헤이플릭 분열한계'(Hayflick Limit)를 돌파하는 기술 덕택으로 최고령 장수 기록은 150세를 넘길 수도 있다. 참고로, 헤이플릭 분열한계는 인간 몸속 세포가 일정 시간이 지나면 세포분열 능력이 상실되는 한계다. 세포 노화, 세포 생존의 한계라고 불리는데 인간의 세포는 대략 50회 정도의 분열을 한 후에 수명을 다한다는 것이 정설이다. 이를 최초로 발견한 사람이 미국의 과학자 헤이플릭이다.

100세 시대 충격이 채 가시기도 전에 최고 수명 150세, 평균수명 130세 시대의 가능성이 보인다. 과연 인간은 150세를 살 수 있을까? 1999년, 뉴욕타임스에 미국 앨라배마대 장수연구소 소장인 스티븐 오스타드(Steven Austad) 생물학과 석좌교수가 쓴 한 편의 기고가 사람들을 놀라게 했다. '노화 치료제'를 사용하면 인간이 150년을 사는 시대가 올 것이라는 내용이었다. 스티븐 오스타드 교수는 이미 수십 가지 후보 물질을 동물실험으로 찾았으며 적어도 2150년에는 150세 생일을 맞는 사람이 나타날 것이라고 예측했다. 하지만 오스타드 교수의 친구이자 선의의 경쟁자인 제이 올샨스키(Jay Olshansky) 미국 일리노이대 공중보건학부 교수는 불가능한 일이라고 맞받아치며 수명 연장 논쟁에 불을 붙였다. 현재까지 과학자들이 찾아낸 노화를 늦추는 물질은 1970년 이스터섬의 토양 미생물에서 발견된 물질로 장기 이식환자에게서 나타나는 거부반응을 예방하는 면역억제제이자 항암제로 사용되는 라파마이신과 2형 당뇨병 치료제인 메트포르민이다. 라파마이신은 1970년 이스터섬의 토양미생물에서 발견된 물질이다. 이 물질들이 동물 실험에서 수명 연장 효과를 보인다는 새로운 연구 결과가 나오면서 학계의 주목을 받고 있다. 2016년, 매트 케블라인 미국 워싱턴대 교수는 20개월짜리 생쥐에게 90일간 라파마이신을 투여하자 세포 성장이 멈추는 작동으로 인해 수명이 연장됐다는 연구 결과를 발표했다. 2009년, 메트포르민은 미토콘드리아에 영향을 줘서 염증을 억제하고 산화로 인한 손상을 줄여 수명 연장에 효과가 있다고 증명되었다. 위생과 질병 예방·치료로 인간 수명을 늘리는 데는 한계가 있다. 예를 들어 암을 정복해도 인간 수명은 4년 정도밖에 늘어나지 않는다. 이미 인간 평균수명이 크게 증가했기 때문이다. 학자들이 시도하는 방법은 노화를 억제하는 것이다. 노화는 고혈압, 심장혈관 질환, 당뇨, 암 등 다양한 만성 질환의 1위 위험인자다. 노화 억제를 위해 학자들이 주목하는 것은 노화 세포만 골라 죽이는 물질인 세놀리틱(senolytic)이다. 세놀리틱은 '노화'(Senescence)와 '파괴하다'(lytic)를 합성한 용어다. 2015년, 미국 메이요 클리닉 연구팀은 2개의 세놀리틱 물질을 발견했다. 하나는 백혈병 치료제(다사티닙)이고, 다른 하나는 케일이나 크랜베리와 같은 식물에 있는 성분(케르세틴)이다. 연구팀은 75~90세 노인에 해당하는 24~27개월 생쥐에게 세놀리틱을 주사했더니 생쥐의 수명이 평균 36% 길어졌다고 발표했다.[*]

(본 책에서 분석하고 있는) 3개의 메타 도구는 성숙기에 이르면(2050~2060년) 시너지 효과가 발생하면서 기술발전 속도가 이전보다 몇 배 더 빨라진

---

[*]  시사저널, 2019. 1. 28. 노진섭, "'150세 가능' vs. '130살이 한계'"

다. 3개의 메타도구의 영향력도 의학 분야를 비롯해서 전방위로 퍼진다. 기술계와 인간계의 결합이 강력해지면서 인간의 삶이 드라마틱하게 전환된다. 그중 하나의 결과가 평균수명 130세 생존의 시대다. 평균수명을 증가시킬 수 있는 기술이 빠르게 진보하면 경제적 여력이 충분한 사람들은 비용에 상관없이 생명연장 기술을 선도할 것이다. 인공지능 도구를 사용해서 개인 지능이 혁명적으로 증가하면, 부를 증가시키는 힘도 증가한다. '부의 총량 = 부를 증가시키는 능력 × 부를 증가시키는 데 필요한 시간'이다. 부를 증가시키는 힘을 증강시킨 사람은, 부를 증가시키는 데 필요한 시간도 증강시키길 원할 것이다. 부를 증가시키는 데 필요한 시간을 증강시키는 가장 확실한 방법은 수명 연장이다. 자신의 부가 복리로 늘어난다고 가정하면 몇 년 더 사는 것은 부의 총량에서 엄청난 차이가 난다. 평균수명을 증가시키는 기술에 엄청난 비용이 들더라도 충분한 가치가 있다. 부의 규모에서 상위 1%는 물론이고, 상위 10%에 있는 집단까지 가장 많은 비용을 지출할 영역이 '건강하게 오래 살게 해주는 제품과 서비스'가 될 것은 명약관화(明若觀火)한 미래다. 21세기에는 건강하게 오래 살게 해주는 산업이 커진다는 표현으로는 부족하다. 부의 대이동이 일어날 것이라 해야 한다.

우리 일상으로 가장 먼저 다가올 의료혁명은 질병 진단 개인화 서비스가 될 것이다. 스마트폰, 웨어러블 컴퓨터, 빅데이터 분석 기술, 5G 통신기술, 진단 센서, 유전자 분석 기술 들이 결합되면서 의료 진단 기술에서 첫번째 변화가 시작될 것이다. 인공지능과 3D 프린터, 5G 통신 기술 등은 의료산업의 한계를 극복하고 새로운 패러다임을 만들 잠재력을 지니고 있기 때문이다. 3D 프린터를 이용하면 맞춤형 장기 모형을 제작하여 수술 시뮬레이션을 할 수 있어서 치료 성공률을 높일 수 있고, 환자맞춤형 의료기기나 뼈 골격 등을 만들어 사용할 수 있다. 인공지능은 영상판독에서 치료 방법 조언까지 의사의 더 나은 판단을 돕는 것은 물론이고 의료 행정과 교육시스템 전반에 적용되어 인간과 다양한 협력이 가능하다. 중국은 5G 기술을 이용해서 50km 떨어진 곳에서 돼지를 대상으로 원격 로봇팔 간 절제 수술에 성공했다. 지연시간은 0.1초였다.* 센서의 발전도 주목할 필요가 있다. 예를 들어 미국에서 주목받는 '스카우트'(Scout)라는 센서가 있다. 스카우트는 이마에 10초 동안 대고 있으면 심박수, 혈압, 혈중산소농도 등 신체 신호를 기록하고 15개의 질병을 분석하는 FDA의 승인을 받은 의료기기다. 스카우트는 SF영화인 스타트랙에서 매코이 박사가 가지고 있었던 만능의료진단기를 연상시킨다. 워싱턴대에서 만든 스피로스마트(SpiroSmart)라는 앱은 스마트폰에 내장된 마이크에 사용자가 숨을 불면 만성폐색성 폐질환, 낭포성 섬유증 등의 폐 관련 질환을 5.1% 정도의 오차범위에서 진단이 가능하다. 이 정도면 상당히 높은 정확도다. 이런 기술들이 보편화되면 머지않은 미래에 혈액 속의 포도당 수치, 산소 농도, 심전도, 혈압, 호흡 수 등을 체크하여 개인용 의료 데이터베이스를 만들고 암, 심장마비, 뇌졸중 등의 전조를 파악하기 위한 화학적 지표 검사도 매일 할 수 있게 된다. 매일 체크한 건강 정보들을 기반으로 음식부터 운동에 이르기까지 코칭을 받을 수 있고, 담당 의사나 생명보험사에 데이터를 보내 실시간으로 건강 보험료 산정을 조절할 수 있게 된다. 먼 미래에는 인간의 피부층에 미세한 나노 칩을 심어 신체 변화를 모니터링할 수도 있을 것이다. 이런 기본(?) 기술 위에, 유전자 분석을 통해 일생에 걸친 수천 가지 질병 가

---

* ZDNet Korea, 2019. 1. 21. 유효정. "중국, 5G 원격수술 첫 성공"

능성을 확률적으로 파악하는 서비스를 접목시키면 밀도 있는 건강관리가 가능하다. 한국에서는 피 한 방울로 15분 이내에 암을 95% 확률로 진단하는 전화기 크기의 휴대형 센서가 개발되기도 했다. 50% 정확도를 보이는 기존 진단기와 비교하면 괄목할 만한 진보다. 정확도를 획기적으로 끌어올린 비결은 DNA를 기반으로 한 센서에 있다. 연구진은 16개의 진단용 DNA를 바이오칩에 심어서 16개의 암 표지 물질을 측정할 수 있었다. 암 관련 단백질과 결합되는 성질이 있는 (염기서열이 있는) 특정 DNA를 진단에 활용한 것이다.*

매년 유전자 정보의 양은 2배씩 증가 중이다. 이런 추세라면 2030년이면 지구상에 존재하는 모든 생명체의 유전자 정보를 데이터베이스화할 수 있다. 유전자 정보가 디지털화되면, 유전자에 대한 이해가 높아진다. 유전자에 대한 이해가 높아질수록 유전자 조작 및 합성 기술이 발전한다. 유전자를 재설계하는 것은 기본이고, 새로운 유전자를 설계하여 인공유전자를 만드는 것도 가능해진다. 2000년 인간 게놈 지도를 해독하며 전 세계의 주목을 받은 미국 크레이그벤터연구소(JCVI)의 크레이그 벤터 박사 팀은 과학저널 〈사이언스〉에 「최소량의 (유전자를 가진) 박테리아 게놈(유전체)의 설계와 합성」이라는 소논문을 발표했다. 이 논문의 내용은 충격적이었다. 세계 최초로 인공생명체 합성에 성공했다는 내용이었다. 이들은 인공생명체에 'JCVI-syn3.0'이라는 이름을 붙여 발표했다. 인공생명체는 게놈을 인공적으로 합성한 생명체를 가리킨다. 크레이그 벤터 박사팀은 A(아데닌) G(구아닌) T(티민) C(시토신) 등 4종류의 염기를 합성해 만든 DNA를

---

* YTN, 2014. 6. 15. 이성규, "병원에 안가도 정확하게 암 진단" 방송 중에서

이어 붙여 만든 여러 개 조각을 박테리아에 넣어 합성하는 방법으로 유전자 473개, 염기쌍 53만 1,000개를 가진 인공생명체를 만드는 데 성공했다. 300만~400만 개의 염기쌍을 가진 일반 박테리아의 6분의 1 정도다. 2018년 말에는 허젠쿠이(賀建奎) 중국 남방과기대 교수가 유전자 가위 기술을 사용해서 세계 최초로 '맞춤형 아기'(Designer Baby)를 출산시켰다. AIDS에 면역력을 갖도록 유전자를 교정했지만 국제적 파장이 크게 일어나자 중국 정부는 법에 따라 엄격히 처벌하겠다고 발표하면서 서둘러 사태를 수습했다.

이런 기술을 개발하는 이유는 식량 부족과 난치병 때문이다. 하지만 시간이 지나면서 인공생명체를 만드는 것은 하나의 새로운 산업이 되고, G20 국가들에서 급속한 고령화 현상이 일어나면서 건강하게 오래살기 위한 방편 중의 하나를 유전자 분석 및 치료, 합성 기술에서 찾으려 할 것이다. 한국은 2009년에 세계에서 4번째로 인간 게놈 지도 분석에 성공했으며, 유전자 분석을 통한 질병 예방 및 진단에 대한 보편적 의료 기술을 확보했다. 유전자 분석을 통한 선제적 예방은 매년 증가하는 건강보험 비용에 대한 확실한 대안 중 하나다. 아이가 태어난 순간 유전자 분석을 실시하여 앞으로 100년 동안 살면서 언제 어떤 질병에 걸릴 확률이 얼마나 되는지에 대한 예측정보가 만들어진다고 생각해보라. 질병에 대한 가능성을 낮추기 위한 다양한 시도들이 곧바로 시작될 것이다. 유전자를 직접 건드려 조작하는 것은 숨어 있는 위험 가능성 때문에 당분간 꺼리겠지만 체질을 개선한다든지, 면역력을 증진시키는 치료와 관리를 한다든지, 식이요업 등을 활용해서 안전하게 유전자 구조를 바꾸는 시도는 일어날 것이다. 방대한 정보를 활용해서 의사나 의료자재 공급자는 환자에게 가장 적합한 치료법을 제안할 수 있다. 신약을 개발하는 것도 가능하다.

　유전자 코드를 해독하고 조작하는 기술이 발전하면 인간은 더욱 많은 질병을 통제할 수 있게 된다. 인간을 포함한 생명체는 단백질과 단백질의 생산 정보(유전정보)가 염기서열 형태로 담긴 핵산에 의해 생명 현상을 발현한다. 생명체는 움직임이 전혀 없는 상태에서 컴퓨터 부팅과 같은 부트스트랩 코드(bootstrap code)로 단백질을 기동(起動)시켜 스스로 활력을 얻는다. 부트스트랩이란 시스템이 부팅될 때, 그 자체의 동작에 의해서 소정의 어떤 상태로 자동적으로 이행되도록 한 설정이다. 유전자 내에 설정된 이 코드 안에 저장된 정보는 파손되거나 삭제될 수 있다. 외부에서 침투한 바이러스에 의해서 감염될 수도 있다. 인위적인 조작에 의해서 편집될 수도 있다. 이 코드가 손상되면 인간의 건강에 문제가 생긴다. 유전자 코드 분석 기술로 코드를 분석하여 특정 단백질의 기동 방식을 이해하고, 유전자 가위 기술을 가지고 안전하게 편집·수정이 가능한 수준까지 발달하면 질병을 막기 위한 좋은 코드 설계가 가능해진다. 조심스럽게 선별된 유전자를 조절하고 통제할 수 있게 되면, 인간 몸속의 나쁜 생화학 반응이나 감염으로 발생되는 질병을 통제할 수 있게 된다. 의약품들이 인간의 몸에서 알레르기 반응을 일으키거나 질병을 유발했던 유전자를 치료하더라도 다른 건강한 유전자에 손상을 가하는 것을 추적하고 해법을 찾을 수 있게 된다. 그 반대 현상도 가능하다. 특별한 환자의 유전자와 일치하는 약물을 결합시킬 수 있게 된다. 이런 기술을 약리유전체학(Pharmacogenomics)이라고 한다. 약리유전체학은 유전인자의 개별성을 분석하고 맞춤형으로 작용하는 의약품을 연구하는 학문이다.[*] 약리유전체학이 발전할수록 질병의 과녁 중심을 정확히 맞추는 기술이 계속 출현할 것이다. 당연히 기술이 발달할수록 비용은 절감된다. 2012년 스탠퍼드 대학교 마이클 스나이더(Michael Snyder)가 이끄는 연구팀은 DNA, RNA, 단백질, 항체, 대사물질, 분자신호 등의 4만여 종의 표지물질(어떤 것의 존재나 행방을 추적하는 데 사용하는 물질)을 추적하여 방대한 데이터베이스를 구축하는 데 성공했다. 세계 최초의 '개인 체학 프로파일'(iPOP, intergrative Personal Omics Profile)의 구축이었다. 이 프로파일이 있으면 개인에게 질병이 발생할 때 분자 단위 변화를 추적하여 가장 적절한 약물, 운동 혹은 식이요법 등의 치료방법을 선택할 수 있다. iPOP는 질병을 유발하는 원인을 분자 차원에서 경로를 파악하여 맞춤형 표적치료제를 개발할 수 있게 한다.[**] iPOP를 구축하는 일은 시간이 오래 걸리지만, 한 번 구축되면 빠르고 강력한 컴퓨터 분석을 통해 암과 같은 질병에 대한 개인별 맞춤식 표적치료제를 개발하는 시간과 비용은 현저히 줄어든다. 치료 효과도 혁신적으로 개선된다. 미래에는 혈액 한 방울로 수백 수천 가지 질병을 자가 진단할 수 있게 될 것이다. 이 모든 기술과 아이디어가 곧바로 비즈니스이고, 시장 규모도 상상을 초월할 것이다.

---

[*]  테오도르 핸슈, 《세상을 뒤집을 100가지 미래상품》, 김영옥, 최중호 역(콜로세움, 2008), 24.

[**]  피터 W. 허버(Peter W. Huber), "의학의 미래를 진단한다" https://med.stanford.edu/ipop.html

# 삶의 한계는
# 어디까지인가

## 21세기 중후반, 최고의 소비 품목, 영생

이 정도의 소개만으로도 중요한 미래 변화를 직감한 독자가 많으리라 생각된다. 내가 이전까지 분석하고 예측했던 인공지능이나 미래 자동차가 만들어낼 시장은 거대할 테지만 최고의 소비 품목은 아니다. 21세기 중후반, 최고의 소비 품목은 '영생'(永生)이 될 것이다. 실제로, 구글 창업자 세르게이 브린(Sergey Brin)과 래리 페이지(Larry Page)는 2013년 칼리코 (Calico)라는 회사를 설립해서 인간의 수명을 500세까지 연장하는 연구를 시작했다. 이들의 도전은 성공할까? 21세기는 3가지 메타 도구(지능 도구, 나노 도구, 3D 프린팅 도구)의 발전 덕택으로 영생은 갖고 싶은 꿈이 아니라, 실제로 구매할 수 있는 제품이 될 수 있다. 이런 도구들을 사용해서 주름진 피부를 새 피부조직으로 대체하고, 기능이 저하된 장기를 새 장기로 교체하고, 병의 근원에 대항하고, 몸속의 면역세포 군단을 지원하는 나노기계 군단을 만들어 노화와 죽음이라는 자연의 섭리에 도전하는 시대가 열리면 불가능한 꿈이었던 '영생'에 도전 가능해진다.* 나는 당신과 우리의 자녀 세대가 영생에 도전하고, 영생 서비스를 소비하는 방법을 2가지로 예측한다. 하나는 '생물학적 반(半)영생'(Biological semi-eternal life)이고 다른 하나는 '디지털 영생'(Digital eternal life)이다.

먼저, 생물학적 반(半)영생 가능성에 대해 예측해보자. 인간이 생물학적으로 완전한 영생에 이르는 것은 불가능한 목표다. 하지만 과학과 의학기술 발달로 수명을 연장하는 것은 가능하다. 수명 연장의 꿈을 이루어줄 주요 힘에 대해서 살펴보자.

**첫 번째 힘은 디지털 기술이다.** 디지털 기술은 크게 몇 가지로 분류할 수 있다. 첫째, 디지털 데이터를 수집하는 센싱 기술이다. 둘째, 아날로그 움직임을 0과 1의 디지털로 변환하여 만들어진 데이터 기술이다. 셋째, 수집된 디지털 데이터를 처리하는 컴퓨팅 기술이다. 넷째, 아날로그 세계와 디지털 세계를 연결시키는 데 필요한 디바이스 기술이다. 스마트폰, 웨어러블 디바이스는 물론이고 곧 자동차도 디지털 디바이스가 된다. 이런 디지털 디바이스들은 아날로그 세계에 있는 것들을 0과 1의 디지털로 변환시켜준다. 특히 21세기 디지털 디바이스 기술 발전은 개인용 건강관리 스마트 디바이스와 전문 의료용 기계의 경계를 무너뜨릴 것이다. 디지털 디바이스 성능의 발전도 한몫을 하지만, 헬스케어 플랫폼 안에 디지털 디바이스들이 각종 앱, 빅데이터, 전문 의료용 기기, 의사, 환자, 제약사, 판매자, 기

---

\* Discovery, James Woods, "Futurescape; Cheating Time"

업가 등과 연결되는 것도 경계 파괴를 촉진할 것이다. 다섯째, 디지털 데이터만으로 만들어낸 VR, AR, 홀로그램 등 가상 모형 기술이다. 마지막으로 디지털 데이터를 빠른 속도로 전송하는 초고속 통신 기술이다. 이런 다양한 디지털 기술들이 새로운 의료 인프라를 만들어낼 것이다. 특히 개인 맞춤형 질병 분석과 예측에 비약적 발전을 가져올 것이다. 이 2가지의 비약적 발전은 생명 연장의 핵심 기술이다. 100년 전에는 뇌졸중, 심혈관 질환, 암 등의 발병은 곧 죽음이었다. 치료 기술도 부족했지만, 무엇보다 질병의 발견이 늦었다. 21세기 디지털 기술의 발전은 초기에 질병을 발견하게 해준다. 심지어 유전자 데이터와 식생활 분석 데이터 등을 기반으로 예측하면 질병이 발병하기도 전에 미래의 질병에 대응할 수 있게 해준다. 질병을 이기는 최고의 방법은 치료가 아니라 예방이기 때문에 이런 기술만으로 생명 연장의 꿈을 이룰 수 있다.

21세기 초에는 이런 디지털 기술들이 빠르게 발전하여 각각의 영역에서 일정한 수준의 상업적 효과를 낼 것이다. 2012년, 퀄컴은 SF영화 〈스타트랙〉에 나오는 생체징후를 분석해서 어떤 환자라도 신속하고 정확하게 질병을 진단하는 기계인 '트라이코더'(Tricorder)를 개발하는 팀에게 1,000만 달러 상금을 걸었다. 퀄컴이 내건 기준은 기계 무게 2.2kg 이하여야 하고, 다음에 열거한 최소한 13개의 주요 질병과 5가지의 주요 활력 징후(vital sign) 및 3개의 선택적인 질병을 정확하게 진단하고 측정하는 것이었다.[*]

---

* 최윤섭, 《헬스케어 이노베이션》(클라우드나인, 2014), 11. http://www.yoonsupchoi.com/2014/08/31/tricorder-x-prize-finalist/ 중앙선데이, 2016. 2. 28. "심전도 측정 스마트폰, 백혈병 진단 컴퓨터"

| 필수 진단 질병 13가지 | 빈혈(Anemia), 심방세동(Atrial Fibrillation, AFib), 만성폐쇄성폐질환(Chronic Obstructive Pulmonary Disease, COPD), 당뇨병(Diabetes), A형 간염(Hepatitis A), 백혈구 증가증(Leukocytosis), 폐렴(Pneumonia), 중이염(Otitis Media), 수면 무호흡증(Sleep Apnea), 뇌졸중(Stroke), 결핵(Tuberculosis), 요도감염(Urinary Tract Infection), 정상 상태 (Absence of condition) |
|---|---|
| 선택적 진단 질병 3가지 | 알레르기 유발 항원(Allergens (airborne), 콜레스테롤(Cholesterol Screen), 식품매개 질병(Food-borne Illness), HIV 검사(HIV Screen), 고혈압(Hypertension), 갑상선 기능 저하증/항진증 (Hypothyroidism/Hyperthyroidism), 흑색종 (Melanoma), 전염성 단핵증(Mononucleosis), 골다공증(Osteoporosis), 백일해 (Pertussis (Whooping Cough), 대상포진(Shingles), 패혈성 인후염(Strep Throat) |
| 필수 측정 활력 징후 5가지 | 혈압(Blood Pressure), 심박수(Heart Rate), 산소포화도(Oxygen Saturation), 호흡수(Respiratory Rate), 체온(Temperature) |

전 세계 255개 팀이 참가 등록을 했고, 22개 팀이 본선에 올랐고, 2015년 최종 결선에는 10개 팀이 선발되었다. 10개 팀의 제품을 1년간 테스트하고 평가하여 최종 3개 팀이 선택되었다. 퀄컴의 선택을 받은 최종 3개의 팀은 700만 달러, 200만 달러, 100만 달러의 상금을 각각 받았고 세계적인 투자자들의 이목을 끌었다. 아래는 당시 선발된 10개 팀의 명단이다.

| Aezon (미국) | 존스홉킨스대학의 학생 공학도들로 구성<br>Center for Bioengineering Innovation & Design과 파트너십 |
|---|---|
| CloudDX (캐나다) | 의료기기 제조업체인 Biosign 의 참가팀 |
| Danvantri (인도) | 기술 제조사인 American Megatrends India 의 참가팀 |

| DMI (미국) | DNA Medicine Institute 의 참가팀. 나사(NASA)와 빌 & 멀린다 게이츠 재단과 파트너십 |
|---|---|
| Dynamical Biomarkers Group (타이완) | 하버드 메디컬 스쿨의 교수인 Chung-Kang Peng 가 이끄는 의사, 과학자, 공학자 팀 |
| Final Frontier Medical Devices (미국) | 응급의료 전문의 Dr. Basil Harris와 네트워크 엔지니어인 George Harris 형제로 구성 |
| MESI Simplifying Diagnostics (슬로베니아) | 진단 의료기기 제조사인 MESI의 참가팀 |
| Scanadu (미국) | 실리콘밸리 스타트업 Scanadu |
| SCANurse (영국) | 진단 의료기기 제조사인 SCANurse의 참가팀 |
| sensor (아일랜드) | 의료용 센서 및 전극 제조사인 Intelesens의 참가팀 |

　디지털 기술들의 빠른 진보로 생체징후를 분석해서 신속 정확하게 질병을 진단하는 기계의 출현이 21세기 초에는 충분히 가능하다. 21세기 중후반에는 우리 주위에 흩어져 존재하는 디지털 기술들이 서로 융합되어 새로운 발전 단계로 접어들 것이다. 새로운 발전 단계로 접어든 전체 디지털 기술들은 다시 하나의 통합된 디지털 인프라로 연결된다. 예를 들어 빅데이터, 인공지능, 슈퍼 컴퓨팅의 발전과 웨어러블 등 스마트 기기 활용 범위 확장, VR, AR, 홀로그램 등 가상현실 기술, 초고속 통신 기술 등이 하나로 융합되어 만들어진 디지털 인프라가 의료 분야에 접목되면 디지털 헬스, 디지털 의료기술, 디지털 병원, 디지털 의료 데이터 서비스 등이 가능해진다. 하나로 통합된 디지털 인프라가 완성되면 아날로그 인프라와 1:1로 완벽하게 매칭되어 2개의 세상이 병렬된 미래가 열린다. 아날로그 세계

에서는 언어, 시간, 공간, 속도 등의 물리적 장벽이 존재하지만, 디지털 세계에서는 이 모든 장벽이 무너진다. 2개의 세상이 병렬로 연결되면 아날로그 세계에 존재하는 사물이나 사람의 역할 변화가 일어난다. 생물학적 반(半) 영생은 이렇게 2개의 세상이 병렬로 연결되어 양쪽 세상을 자유롭게 넘나드는 새로운 미래에서 경험하는 첫 번째 혜택이 될 것이다. 아날로그 세계에 존재하는 언어, 시간, 공간, 속도 등의 물리적 장벽이 없어지면서 의사나 간호사의 역할도 달라지고, 의료 서비스의 범위와 모양도 달라진다. 병원에서 근무하거나 의료 산업에 종사하는 사람들의 학문적 배경도 달라질 것이다. 국가의 보건체계 및 의료 생태계에도 격변이 일어날 것이다. 이런 모든 변화는 평균 수명 연장이라는 결과물에 집중될 것이다.

## 나노 도구, 인간을 영생하게 만들까?

'생물학적 반(半)영생'을 가능케 하는 두 번째 힘은 나노 기술이다. 생명공학을 비롯해서 로봇공학까지 영향을 주는 나노 기술은 인간의 생물학적 평균 수명을 연장시키는 결정적 도구다. 인간은 생명을 창조할 수 있는 신은 아니지만, 나노 도구를 사용해서 생명의 설계도인 유전자 지도를 손에 넣었다. 인간은 셰퍼드 개처럼 1조 분의 1 단위 농도의 냄새를 맡는 능력이 없지만, 나노 기술을 활용하여 당뇨, 유방암, 간질 등의 질병을 감지할 수 있는 초소형 탐지장치인 분자 스캐너를 개발했다. 암세포에 정확하게 도착하여 항암제를 투여하는 나노 로봇도 개발했다. 이런 기술 덕택에 앞으로 20~30년 이내에 인간은 암과의 전쟁에서 승리할 가능성이 크다. 몸 밖으로는 분자 스캐너를 사용하고 몸속에는 염색체 전체를 검사하는, 유전자 분석 기술의 동시 사용이 가능해지는 때가 얼마 남지 않았다. 세계 최대 논문 및 특허 데이터베이스를 보유하고 있는 국제 금융정보 서비스회사인 톰슨로이터가 지난 2년간의 과학기술 특허 및 논문 발표 추세를 분석했다. 자료를 분석한 지적재산 및 과학담당 분석가들은 2025년이면 인간 유전자와 돌연변이에 대한 이해가 넓어지면서 치매, 신경퇴행성 질환의 진단기술이 발전하면서 예방 및 치료 가능성도 커질 것이라고 전망했다. 인체가 인슐린을 자체적으로 생산하지 못하는 제1형 당뇨병인 '소아당뇨병' 제2형 당뇨병, 근육 위축, 신진대사 관련 질병 등도 DNA, RNA 특성 연구가 발전하면 단백질 합성 경로를 파악할 수 있게 되어 유전자 변형 기술이 향상되면서 예방과 치료가 가능한 질병이 될 것이라고 예측했다.[*]

우리는 지금 다양한 기술이 서로 시너지를 일으키는 시대에 접어들었다. 덕분에 질병 극복 관련 기술발전도 매년 2배씩 빨라지고 있다. 예를 들어 슈퍼 컴퓨팅 역량의 발전은 A, T, G, C 4가지 염기 서열로 표현되는 문자열 정보가 수백GB에서 수십TB에 달하는 인간 유전자 지도 분석 시간을 13년(2003년)에서 1분(2015년)으로 단축시켰다. 비용도 27억 달러에서 1,000달러 미만으로 낮추었다. 2014년 1월에는 미국의 일루미나(Illumina)사는 유전 정보 전체를 해독하는 서비스를 1,000달러로 해결할 수 있는 유전체 분석기계를 출시했다. 유전자 분석 활성화의 장벽 중 하나인 가격과 시간은 이제 더 이상 문제가 아니다.

유전자 분석 기술은 자기 몸에 대한 설명서다. 1953년 DNA의 분자

---

[*] 한겨레신문, 2014. 7. 25. 곽노필, "특허 논문 트렌드로 본 2025년 세상"

구조가 처음으로 밝혀졌고, 1990년에는 인간 유전자의 위치와 염기서열 전부를 파악하는 것을 목표로 '인간 게놈 프로젝트'(Human Genome Project)가 시작되었다. 연구 초기에는 게놈 프로젝트 완료가 수십 년 안에는 불가능하다는 우려와 비판을 받았다. 하지만 10억 달러의 예산을 투입하고 6개국 1,000여 명의 과학자들이 참여하여 2003년에 30억 개 인간 유전 암호 전체를 해독하는 데 성공했다. 프로젝트 시작 후 13년 만에 이뤄낸 성과였다. 인간 게놈 지도의 완성은 생명 연장 시대를 여는 기반이 되었다. 지금, 현대 의학 발전은 3단계에 진입했다. 1단계는 세균의 개념을 도입하여 위생상태를 개선한 것이다. 2단계는 항생물질을 도입하여 예방 접종과 복잡한 수술이 가능하도록 한 것이다. 3단계는 유전자 분석을 통한 생명연장의 가능성을 연 것이다. 인간 유전자 지도를 가지면 수많은 질병에 대해서 확률적 예측이 가능하게 되어 좀 더 확실한 예방의학이 가능해진다. 암과 같은 무서운 질병이나 난치병을 극복하는 새로운 접근법의 개발이 가능해진다. DNA 돌연변이로 만들어진 암이나 수많은 난치병의 유전자 지도를 파악하고 이를 정상적인 인간의 유전자 지도와 연관하여 연구하면 새로운 질병 치유법을 개발할 수 있게 된다. 원한다면 완벽한 유전자를 가진 아이를 만들어낼 수도 있다.

20세기, 인간의 생명 연장은 의료 혜택의 대중화가 결정적이었다. 21세기, 인류는 맞춤 의료(personalized medicine) 서비스로 생명 연장의 새로운 지평을 열 것이다. 유전자 분석 등을 이용한 개인형 맞춤의학은 심각한 약물 부작용이나 조기 사망률 하락에 영향을 준다. 1994년 자료에 의하면, 미국에서는 정신질환부터 암에 이르기까지 다양한 치료과정에서 매년 220만 명이 심각한 약물 부작용을 겪고 있다. 그중 10만 6천 명은 사망에 이른다. 같은 약이라도 유전자의 특성에 따라 부작용이 크게 발생할 수 있기 때문이다.* 세포의 성장, 분열, 죽음과 관련된 기능을 하는 유전자 정보 이상(유전자 변이, genetic alteration)과 깊은 관련이 있는 암이나 희귀병 치료 분야에서도 맞춤 의학은 가시적 성과를 내고 있다. 암의 공식적 정의는 '통제되지 않는 세포의 악성 성장'(unregulated malignant cell growth)이다.** 유전자 분석을 기반으로 한 맞춤 의료 기술은 암 세포의 개별적 통제를 가능하게 한다. 2010년 미국의 카운실(Counsyl)이란 회사는 멘델의 유전법칙을 응용하여 일주일 안에 임신 전에 부부 사이에서 태어날 아이가 걸릴 수 있는 100여 가지 희귀 질병의 확률을 예측하는 서비스를 599달러에 제공하기 시작했다. '23andMe'라는 회사는 우편으로 타액 샘플을 받아 120개 질병의 미래 가능성, 200여 개의 유전적 특성 분석 서비스를 99달러에 제공하고 있다. 이런 업체는 유전자 분석을 단일 염기다형성(SNP, Single Nucleotide Polymorphism) 정보만 사용한다.*** 인간은 부모에게서 각각 반씩 염색체를 물려받아 23개의 염색체를 재구성한다. 염색체 속에 유전을 담당하는 DNA는 A, T, C, G의 4종류의 염기를 조합해서 쌍을 이루는 과정에서 천 개의 염기마다 한 개 정도씩 변이를 만들어낸다. 평균 0.1%의 범위다. 이것을 단일염기다형성(SNP)이라고 한다. 인간의 몸에 30억 개의 염기가 1,000쪽짜리 23권의 책 분량만큼 배열되어 있다. 이 중에서 대략 300만 개가 SNP다. 같은 부모 밑에서 태어난 자녀라도 유전적 차이가 나는 이유다. 유전자 전체 분석하는 비용이 높기 때문에 단일

*     KBS 사이언스 21, "바이오 혁명, 제4편 – 0.1%의 비밀, 맞춤의학"
**    최윤섭, 《헬스케어 이노베이션》(클라우드나인, 2014), 34–35.
***   같은 책, 55–58, 216.

염기다형성만을 사용하기도 하지만, 단일염기다형성 연구 자체도 수천 가지 질병에 대한 극복의 길을 열어준다. 전문가들은 사람들 사이에 특정 질병에 걸리거나 혹은 대응력이 좋은 원인을 가르쳐주는 핵심 요소로 SNP를 지목하고 있다. 미국 국립보건원 암연구소의 생물학자 오브라이언 박사는 「에이즈 저항유전자 연구」(In Search of AIDS-Resistance Genes)라는 논문에서 일부 코카서스 인종의 1%가 선천적으로 'CCR5'라는 유전자가 변형되어 만들어진 'Delta32'라는 에이즈 저항유전자를 양쪽 부모에게 물려받아 태어난다는 것을 주장했다. 질병 감염이 개인이 물려받은 유전적 성향(SNP)과 절대적으로 연관된다는 것을 처음으로 밝혀낸 것이다. 오브라이언 박사가 발견한 유전자 'Delta32'에는 에이즈 바이러스가 달라붙을 수 있는 수용체가 없어서 절대로 감염이 되지 않는다.* 이 특성을 이용하면 에이즈를 정복할 수 있는 새로운 방법을 개발할 수 있다. 이미 스위스의 노바티스(Novartis)라는 글로벌 제약회사는 1985년부터 15년 동안 10억 달러 가까운 돈을 투자하여 유전자 분석에 기반을 둔 골수성 백혈병 치료제인 글리벡(Gleevec)을 개발했다. 유전자 분석 결과, 부모에게서 물려받은 기형 염색체가 만성 골수성 백혈병을 일으키는 단백질을 만들어내면서 발생하는 질병이었다. 이 단백질에는 작은 구멍이 있는데 특정한 세포가 이 구멍에 끼워지면 암세포의 증식이 시작된다. 몇 개의 화학약품을 조합하여 만든 글리벡은 이 기형 단백질의 구멍을 차단하여 암세포의 증식을 막아준다. 당연히 기존의 약보다 효능이 뛰어났다. 항암제의 부작용도 현저히 적어 2001년 5월 FDA의 승인이 떨어졌다. 물론 모든 환자에게

---

* KBS 사이언스 21, "바이오 혁명, 제4편 – 0.1%의 비밀, 맞춤의학"

효능이 있는 것은 아니지만, 분명 새로운 치료법의 미래를 보여주는 중요한 사건이다. 미래에는 귀납법적인 경험치를 바탕으로 하는 임상의학보다는 SNP 연구를 통한 인간 질병 극복과 맞춤형 의학이 대세가 될 것이다. 태어나면서 자신의 유전자 지도를 파악하고 SNP의 특성을 분석하여 자신의 유전자에 적합한 식품이나 약물을 조언 받게 될 것이다. 종합감기약은 사라지고 표적 감기약이 판매될 것이다. 복잡한 알레르기 검사를 하지 않고 유전자 분석만으로 정확한 진단이 가능해질 것이다. SNP의 특성을 활용하여 각종 암을 빠르고 정확하게 진단하는 DNA칩도 다양해질 것이다. 이처럼 알레르기나 감기 같은 현재의 질병뿐만 아니라 미래의 질병에 대한 사전 예방이 맞춤형으로 가능해진다. 당연히 부의 이동도 맞춤 의학으로 옮겨갈 것이다. 예를 들어 미국의 한 의약회사가 장궤양 환자에게 효과가 뛰어난 신약을 개발하였는데 한 번 투여에 350만 원을 지불해야 한다. 스위스의 로슈(Roche)사는 미래 가능성이 있는 신약개발 회사들을 인수하거나 제휴하여 세계 1위의 암 치료제 회사로 등극했다. 신약개발은 연구개발, 특허, 임상, 대량생산 체제 구축 등에 5~10억 달러가 든다. 이 정도의 투자에도 성공을 장담하기 힘들다. 시장의 위험성 때문에 제약 벤처회사들은 로슈사와 손을 잡는다. 벤처회사들은 투자의 부담이나 실패의 위험성을 줄이고, 로슈사는 하나의 신약이 성공하면 엄청난 수익을 보장받을 수 있다. 노바티스가 개발한 글리벡도 매년 수조 원의 매출을 올린다. 투자비용 1조 원은 판매 1년 만에 완전히 회수되었다. 신약의 특허권은 20년간 지속된다. 노바티스사는 특허권이 풀리기 전까지 한 알에 32달러라는 높은 가격으로 약을 판매한다. 노바티스사는 미국에 최첨단 암연구 센터를 세우고 각종 암 치료제를 개발 중이다.* 신약개발은 거대 투자금이 필요하지만, 성공하면 최소한 투자비용의 수십 배는 충분히 회수할 수 있다. 황금알을 낳는 거위가 따로 없다. 신약의 효과가 뛰어날수록 가격은 천정부지로 치솟는다.

2011년 10월에 췌장암으로 사망한 스티브 잡스는 인류 최초로 '개인 유전체 분석'(WGS, Whole Genome Sequencing)을 한 사람으로 역사에 기록되었다. 스티브 잡스는 하버드 대학과 MIT가 함께 설립한 보스턴 브로드 연구소(Broad Institute)에 10만 달러를 지불하고 유전 정보 전체를 분석하여 자신을 괴롭히는 췌장암 치료법을 찾으려 했다. 결과는 실패였다. 현재까지 알려진 암 관련 유전자는 수백 개가 넘고, 같은 암이라도 환자의 특성이나 유전적 요인에 따라 유발 요인과 유전자 변이가 다양하다. 이를 '암의 다형성'(heterogeneity)이라 한다. 유전자 분석을 통해 1:1 맞춤형으로 표적 치료를 하려면 이상이 있는 유전자를 찾아내고, 원인 유전자를 선택적으로 공격하여 치료하는 표적 치료제를 사용해야 한다. 폐암이나 대장암에서 자주 발견되는 EGFR 유전자(세포 성장 관련 유전자)는 '얼비툭스'(Erbitux)나 '이레사'(Iressa) 같은 항암 표적 치료약을 사용하여 암을 유발하는 단백질을 억제한다. 스티브 잡스가 치료를 시도했던 2011년에도 수백 개의 암 유발 유전자를 모두 검사하는 것은 가능했다.

그런데 왜 스티브 잡스는 췌장암을 치료하지 못했을까? 잡스의 암 유형에 맞는 표적 치료제가 없었기 때문이었다. 의사들은 표적 치료제가 있는 유전자를 '처치 가능한 유전자'(actionable gene)라고 부른다. 스티브 잡

---

\* NHK, "글로벌 마켓 1부: 생명, 그 거대한 사업의 전쟁터"

스의 암은 처치 가능한 유전자가 아니었다. 2012년부터 스티브 잡스가 받은 서비스가 파운데이션 메디신(Foundation Medicine) 회사를 통해 일반인에게 제공되었다. 5,800달러의 비용으로 2주 안에 236개 암 관련 유전자를 정밀하게 분석해준다. 파운데이션 메디신사는 자체 통계를 근거로 분석을 의뢰한 환자의 77%가 하나 이상의 처치 가능한 유전자를 발견했다고 발표했다. 구글의 레리 페이지와 빌 게이츠는 투병 중이던 잡스를 문병한 후에 파운데이션 메디신사에 투자를 하고 기술적 도움도 주었다. 파운데이션 메디신은 2013년 9월에 나스닥에 상장되었다. 미래에는 표적 항암제가 계속 개발되면서 처치 가능한 유전자의 수가 늘어날 것은 확실하다.[*]

생명연장에 대한 새로운 접근법도 있다. 태어나기 전부터 건강하게 오래살 수 있는 능력을 부여하는 시도인 맞춤형 아기(designer baby) 의료서비스다. 2003년 4월 8일, 영국 고등법원은 "아이의 생명을 구할 수 있다면 맞춤 아기 출산은 새로운 기술의 합법적 사용이다"라는 판결을 내렸다.[**] 물론, 장벽은 남아 있다. 유전자 분석 시장 활성화의 최대 장벽 중의 하나는 A, T, G, C 4가지 염기 서열의 다양한 조합으로 이루어진 유전 정보들 각각의 의미를 해석하는 것이다. 하지만 이것은 시간문제다. 예를 들어 2018년 초 영국과 미국의 공동 연구팀은 쥐 실험을 통해 포유류의 성별을 결정하는 'DNA 스위치'를 찾아내 유전자 가위로 남녀 성별을 조작하는 데 성공했다.[***] 또 다른 장벽은 후생학적 환경 요인이다. 질병들의 근본적 원인 중에서 유전적 요인은 5~20% 정도라고 한다. 나머지는 후생학적

[*]   최윤섭, 《헬스케어 이노베이션》(클라우드나인, 2014), 34~45.
[**]  두산백과, 맞춤 아기.
[***] 매일경제, 2018. 6. 25. 원호섭, "신의 영역 넘보는 유전자 가위, 남녀 전환 DNA 스위치 발견"

인 환경 요인과 연결된다. 정확한 치료를 위해서는 유전과 환경 요소를 동시에 고려해야 한다. 참고로 이런 기술들이 발전할수록 보험, 소비재, 마케팅, 교육산업 등에 변화를 일으킬 것이다. 보험사가 개인 유전자 분석 정보를 가질 경우, 특정 질병 유전자를 가진 사람에게 차별을 가할 수도 있다. 반대로, 개인이 자신의 유전자 정보를 알 경우 발병 가능성이 높은 질병 위주로 보험에 가입할 가능성도 있다. 쌍방 간의 이런 서로 다른 욕구를 조율하는 것이 새로운 과제가 된다. 마케팅도 달라진다. 미국의 벤처회사 미놈(Miinome)은 유전 정보 거래소를 만든다는 계획을 발표했다. 유전자 정보를 기업이 입수하게 되면, 고객의 유전자 정보에 따른 각종 질병이나 특성에 따라 맞춤 광고가 가능해진다.[*] 이런 부가적 변화는 다시 생명연장을 가속화시키는 요인으로 선순환된다.

유전자 분석을 기반으로 과학자들은 노화의 원인을 찾고 생명 연장의 해법을 연구 중이다. 현재까지 드러난 연구에 의하면 노화의 원인은 유전자 속에 있다. 세계에서 가장 장수하는 오키나와 지역의 100세가 넘는 장수 노인들에게는 질병에 강한 'DR1'이라는 면역 유전자가 공통적으로 존재한다. 122세까지 살았던 프랑스의 잔느 칼망도 알츠하이머를 억제하는 유전자를 가지고 있었다. 전문가들은 100세 넘는 노인들이 알츠하이머, 백내장, 동맥경화 등을 억제하는 유전자를 가지고 있는 것으로 분석했다.[**] 이런 연구 결과들을 종합하면 장수하는 사람들은 각종 노인성 질병을 억제하는 유전자들을 좀 더 많이 가지고 있다고 할 수 있다.

노화는 어떻게 발생할까? 늙는다는 것은 어떤 이유에서든지 세포의 분

---

[*]    최윤섭, 《헬스케어 이노베이션》(클라우드나인, 2014), 61.
[**]   NHK, "인간게놈 4부: 생명시계의 비밀", KBS 1999년 방송.

열능력이 저하되는 것이다. 우리 몸은 손상된 세포가 생기면 계속해서 새로운 세포를 증식시켜서 대체한다. 어린아이와 젊은이들은 세포 분열이 활발하지만, 나이가 들수록 세포 분열이 저하되고, 종국에서 분열이 멈추면서 죽음에 이르게 된다. 캘리포니아대학교의 레오나드 헤이플릭(Leonard Hayflick) 교수는 세포의 분열 횟수에 한계가 있다는 것을 발견했다. 쥐는 15~20번 분열하고, 인간의 배아세포가 50~70번 분열하고, 갈라파고스 거북은 125번 분열하면서 최대 175년까지 살 수 있다.[*] 세포가 분열될 때마다 염색체의 끝부분에 달려 있는 단백질 성분의 핵산서열인 텔로미어(Telomere)의 길이도 짧아진다. 그리고 맨 마지막에 매듭만 남게 되면 세포 분열이 멈추어 죽게 된다. 텔로미어가 세포 시계인 셈이다. 노화를 늦추려면 세포 분열 횟수를 늘리거나 텔로미어의 생존 기간을 늘리면 된다. 스페인 국립암연구소의 마리아 블라스코(Maria Blasco) 교수는 2012년 바이러스를 이용해서 쥐에게 인위적으로 텔로머레이스(telomerase, 텔로미어를 계속 생성해내는 효소)를 주입하여 수명을 40% 연장하는 데 성공했다.[**] 텔로미어의 길이를 영원히 길게 할 수는 없지만 인위적으로 줄어드는 속도를 늦출 수는 있다는 기대를 갖게 하는 실험이었다. 텔로머레이스를 체세포에서 인위적으로 작동하게 함으로 노화를 늦출 수 있지만 문제가 없는 것은 아니다. 암세포는 텔로미어가 줄어들지 않아서 무한증식을 한다. 암세포는 증식할 때마다 텔로미어를 계속 생성해내는 텔로머레이스를 만들어낸다. 인간의 5번 염색체 속에도 텔로머레이스가 들어 있다. 하지만 인간의 몸속에 있는 텔로머레이스는 체세포를 제외한 생식세포의 무한증식에

---

[*]    같은 방송.
[**]   차원용, 《미래기술경영 대예측》(굿모닝미디어, 2006), 296.

만 관여한다. 후손에게 짧아지지 않은 텔로미어를 물려주어야 하기 때문이다. 그러나 인체의 60조 개의 체세포에서는 생식세포처럼 텔로머레이스가 작용하지 않는다. 만약 불완전한 세포가 사멸하지 않고 텔로머레이스가 달라붙어 세포의 무한 복제가 일어나면 암이 되기 때문이다.

노화를 일으키는 원인은 이것만이 아니다. 전문가들이 밝혀낸 노화를 일으키는 원인은 텔로미어를 포함하여 9가지 정도가 된다. 노화에 관여하는 또 다른 원인은 활성산소(superoxide)다. 우리가 숨을 쉴 때 들이마시는 산소는 인체가 에너지를 생산하는 데 아주 중요한 역할을 한다. 호흡을 통해 세포들에게 전달된 산소는 미토콘드리아와 화학반응을 일으켜 에너지를 생산하지만 그 과정에서 2~5%가 불완전하게 연소되어 여분의 전자 하나를 얻어서 이리저리 돌아다니는 활성산소가 된다. 불안정한 분자상태인 활성산소가 세포의 핵 속으로 들어가서 안정성을 얻으려고 여분의 전자를 던져버리는 과정에서 DNA가 피해를 받는다. 활성산소는 뇌경색, 당뇨, 백내장 등의 질병유발에 관여하기도 하지만 대체로 노화에 직접적인 영향을 준다. 활성산소에 의해서 피해를 입은 DNA는 손상된 곳을 복구하는 효소를 생산하여 대응한다. 그러나 완벽한 복구는 어렵다. 복구와 피해가 반복되면서 DNA 내부에 아주 작은 피해들이 서서히 쌓여간다. 인체 세포 안에 있는 23개의 염색체 쌍 중에 17번째에는 세포의 이상 증식이나 치명적인 돌연변이를 막아주는 'P53'이라는 감시 효소가 있다. 이 효소가 손상과 복귀를 반복한 세포가 어느 순간에 이르러 도저히 피해를 복구할 수 없다고 판단되면 몸 전체에 피해를 주지 않기 위해 파괴효소에게 DNA를 잘라내라고 최종적으로 명령을 내린다. 세포를 자멸시키는 것이다. 이런 세포사멸 현상이 뇌부터 각종 장기에 이르기까지 몸 전체에서 서서히 진행되는 것이 노화다. 노화의 원인을 찾았으니 당연히 노화를 늦추는 방법을 찾을 수 있을 것이라는 것이 학계의 희망이다. 예를 들어, 21번 염색체 속에는 슈퍼옥사이드가 지닌 전자를 제거하여 DNA의 피해를 감소시켜 세포의 감소를 늦추게 하는 효소가 있다. 슈퍼옥사이드디스뮤타제(SOD), 카테라제, 글루카리온, 페록시다제 등의 분해 효소다. 이런 효소들은 모든 사람에게 있다. 하지만 사람마다 작용하는 강도가 다르다. 장수하는 사람들은 이 효소가 보통 사람들보다 더 강하게 작동한다. 인위적으로 노화를 늦추려면 이런 효소들이 더욱 강하게 작동하는 방식을 알아내면 된다.

MIT의 레너드 귀렌테(Leonard P. Guarente) 교수도 몇몇 유전자가 열량 제한에 관계하면서 노화를 촉진한다는 것을 밝혀냈다. '시르투인'(Sirtuin)이라는 유전자는 뇌, 간, 신장 등에서 만들어지는 단백질 효소로서 열량 제한의 효과가 있다. 시르투인의 활동을 촉진시키는 약을 개발하면 소식이나 금식을 하지 않고도 노화를 늦출 수 있는 길이 열리게 된다. 노화를 늦추면 노화로 인해 자연스럽게 발생하는 질병의 발병과 진행 속도도 함께 늦출 수 있다. 단순히 생명 연장만 가능한 것이 아니다. 건강하게 오래 사는 것이 가능해진다.

유전자 분석과 조작이나 치료는 몇 가지 위험이 있다. 암을 공격하는 단백질을 세포에 전달하는 과정이나 유전자의 특정 부위를 절단하여 유전체를 교정하는 과정에서 돌연변이가 발생할 수 있다. 한국의 연구팀은 이런 위험을 줄이기 위해 세포 내로 자동으로 들어가는 RNA 유전자 가위(인공 제한효소) 기술을 개발했다. 유전자의 특정 부위를 절단해서 유전체를 교정하기 위해서는 유전자 가위 기술이 아주 중요하다. 기존에는 유전자

가위를 세포 내로 전달하기 위해서 플라스미드를 이용했다. 그러나 플라스미드 자체가 세포의 유전체에 들어가면서 돌연변이 가능성을 발생했다. 한국 연구팀이 새로 개발한 기술은 플라스미드를 이용하지 않고도 자동으로 유전자 가위가 세포 내로 들어가도록 하는 기술이기에 돌연변이 문제를 해결할 수 있는 실마리를 찾은 셈이다. 이 기술은 유전자 치료제 개발을 한 단계 진보시키는 기술로 평가받고 있다.*

나노 기술은 자기복제가 가능한 제2세대 기계 단백질이나 인공 유전자를 만들어내는 미래도 가능하게 한다.** 우리 몸에 있는 호르몬과 효소들은 단백질로 구성되어 있다. 내분비계에서 분비되는 각종 호르몬은 혈액을 타고 온몸으로 퍼지고, 호르몬을 받아들이는 수용체를 가진 세포와 결합하여 면역이나 생체기능과 관련된 특정 메시지를 전달한다. 효소는 몸에서 일어나는 각종 화학반응에서 자신은 변하지 않으나 반응속도를 빠르게 하는 촉매 단백질이다. 이런 단백질은 표적이 되는 다른 분자들에 선택적으로 달라붙는다. 결합된 단백질은 표적이 된 분자의 구조를 바꾸거나 형태에 영향을 준다. 단백질은 아주 작은 기계처럼 작동한다. 그러나 단백질 기계는 온도가 내려가면 얼어버리고 올라가면 익어버린다. 그래서 단백질보다 단단하고 견고한 물질이나 기계로 인공 나노 단백질 기계를 만드는 시도를 할 수 있다.*** 2013년 12월 전남대 박테리오봇(Bacteriobot) 융합연구단은 박테리아와 약물을 결합해서 대장암, 유방암, 위암, 간암 등을 진단하고 치료하는 의료용 나노로봇을 세계 최초로 개발했다. 연구팀

---

\* 아시아경제, 2014. 6. 1. 정종오, "선택적이고 쉬운 유전자 가위 개발됐다"

\*\* 에릭 드렉슬러, 《창조의 엔진》, 조현욱 역(김영사, 2011), 47.

\*\*\* 같은 책, 36, 42.

은 인식, 운동, 치료 성능을 갖는 직경 3μm 크기의 박테리아를 유전자 조작을 통해 독성을 제거하고 약물 전달체로 사용했다.* 미국 스크립스연구소의 플로이드 롬스버그 박사팀은 인공으로 만든 염기 2가지(X, Y)를 생명체에 존재하는 염기 4가지(A, T, G, C : 아데닌, 티민, 구아닌, 씨토닌)에 섞어서 인공 DNA를 만들고 대장균 세포에서 복제하는 데 성공했다.** DNA 분자는 이중나선으로 꼬인 긴 가닥으로 되어 있다. 이중나선으로 이루어진 사슬은 뉴클레오티(nucleotide)라는 좀 더 작은 분자들로 구성된 고리들이 연결되어 있다. 뉴클레오티는 A, T, G, C라는 4가지 염기로 분류된다. 게놈(genome)은 뉴클레오티들의 전체 서열이다. DNA에는 단백질을 재조립하기 위해 세포가 지켜야 할 매뉴얼이 포함되어 있다.*** 인공 DNA를 만들었다는 것은 몸 안에 자체적으로 생산하지 못하는 단백질을 인공으로 만들어내고, 인공으로 만들어낸 유전자가 복제 배양되는 길을 열었다는 것이다. DNA는 이중나선이 풀려 각각 한 가닥 사슬로 나뉜 후, 분리된 가닥에 뉴클레오티드가 A에는 T가 G에는 C가 결합하는 식으로 자기 짝을 찾아 결합하여 두 개의 새로운 DNA 분자로 복제된다. 플로이드 롬스버그(Floyd Romesberg) 박사팀은 인공 염기 X, Y를 DNA 복제 과정에 삽입시켜 새로운 염기 짝을 엮어 인공 DNA를 만들었다. 연구팀은 이렇게 만들어진 인공 DNA를 대장균에 주입하여 대장균이 자기복제를 하는 과정에서 인공 DNA가 복제되도록 하는 데 성공한 것이다. 연구팀이 복제한 대장균은 지

---

\*   연합뉴스, 2013. 12. 16. "암 진단, 치료하는 박테리아 나노로봇 세계 최초 개발"
\*\*  한국일보, 2014. 5. 8. 임소형, "인공 DNA 세포내 복제 첫 성공, 새 생명체 탄생 길 열리나"
\*\*\* 승현준, 《커넥톰, 뇌의 지도》(김영사, 2014). 17, 18, 175, 180.

구에 존재하지 않은 DNA를 갖고 있는 첫 생물이 되었다.[*] 이 기술은 새로운 약물 개발에 응용되거나 내 몸에 없었던 특정 질병에 대응하는 단백질 생산 유전자를 인공으로 만들어 갖도록 한 것이다. 하지만 인공 염기 X, Y를 추가함으로 생명체를 구성하는 필수 아미노산도 20개에서 172개로 늘린 셈이기에, 좀 더 먼 미래에는 지금까지 존재하지 않았던 새로운 생명체를 만들 수도 있는 가능성을 연 것이기도 하다. 새로운 생명체는 새로운 능력을 갖게 될 것이다.

나노 백신도 흥미로운 연구 분야다. 미래의 백신은 병원균을 약하게 만드는 방식을 사용하지 않고, 아예 어떤 병원균이든 박멸할 수 있는 강력한 힘을 가진 나노 로봇의 형태를 갖게 될 수도 있다. 몸속에 주입된 나노 로봇이 면역세포와 연합하여 몸속에 침투한 병균이나 암세포를 즉시 공격하는 방식이다. 미국 라이스대학의 제임스 투어(James M. Tour) 교수는 분자들이 버키볼(C60)이라는 바퀴를 달고 스스로 회전하거나 직전으로 움직이면서 반도체 회로를 구축하는 자기조립(self-assembly)이 가능한 나노 자동차(Nanocar)를 개발했다.[**] 제임스 투어 교수팀의 궁극적인 목적은 혈관 속에서 초소형 나노 로봇을 운반하는 분자 규모의 자동차를 만드는 것이다. 나노 자동차에 실린 나노 로봇이 함대를 이루어 몸속을 돌아다니면서 질병을 감시하고 암세포와 마주치면 사살하고 손상된 곳을 고치는 약을 주입하게 하는 것이다.[***] 미래에는 아이가 태어나면 생존을 위해 필요한 몇 가지의 백신을 미리 접종하듯이 나노 로봇을 몸속에 주입할지도 모른

---

[*]   한국일보, 2014. 5. 8. 임소형, "인공 DNA 세포내 복제 첫 성공, 새 생명체 탄생 길 열리나"
[**]  차원용, 《미래기술경영 대예측》(굿모닝미디어, 2006), 556.
[***] 미치오 카쿠, 《미래의 물리학》, 박병철 역(김영사, 2012), 299.

다. 유전자분석 기술과 결합되면, 맞춤형 나노 로봇을 몸에 주입할 수도 있다. 아기 때부터 나노 로봇을 몸속에 주입하는 것이 마음에 걸린다면, 유전자분석을 통해 발생할 가능성이 높은 질병이나 대응력이 약한 바이러스를 공격하는 데 최적화된 나노 로봇을 맞춤형으로 만들어 가정 적절한 나이에 주입할 수도 있게 될 것이다.**** 미래에는 나노 로봇이 줄기세포를 싣고 몸속을 돌아다니며 치료를 할 수도 있다. 전남대 마이크로의료로봇센터 박종오 박사 팀은 체내에서 스스로 분해되는 폴리머와 젤라틴을 결합해서 마이크로 로봇을 만들었다. 여기에 젤라틴을 다시 제거한 후 외부에서 자기장으로 제어가 가능하도록 표면에 자성 나노 입자를 부착했다. 이렇게 만들어진 나노 로봇에 줄기세포를 주입하여 손상된 부위에 주사하면 마이크로 로봇은 분해되고 줄기세포만 남아 세포 분화하는 데 성공했다.***** 미래에 이런 기술이 학습을 통해 스스로 몸속에서 길 찾고 치료 방법을 찾는 능력으로 무장한 인공지능과 연결되면 어떻게 될까?

나노 기술은 치료용 인공 실(thread)을 만드는 데도 사용될 수 있다. 막스플랑크 고체물리학 연구소는 나노 굵기의 미세한 실을 양탄자 형태로 짠 인공 근육을 연구 중이다.****** 나노 튜브들이 전기 장력을 받으면 전하의 밀어내는 힘에 의해 나노 실이 늘어나면서 인공 근육이 움직이게 된다. 인공 근육은 인간의 근육을 대체할 수도 있고 휴머노이드 로봇이 사람처럼 움직일 수 있는 근육을 만드는 데도 사용될 수 있다. 독일양모연구소는 나노 실을 상처 난 피부나 장기 속에 주입하여 세포의 받침대 역할을 하여

---

**** Discovery, James Woods, "Futurescape; Cheating Time"
***** 동아사이언스, 2017. 10. 30. 이혜림, "줄기세포 싣고 몸속 손상 부위 찾아가는 마이크로로봇"
****** 테오도르 핸슈, 《세상을 뒤집을 100가지 미래상품》, 김영옥, 최중호 역(콜로세움, 2008), 27.

세포가 잘 자랄 수 있도록 도울 것으로 기대하고 있다.[*]

## 바닥에는 아직도 풍부한 공간이 있다

1/10억m 이하 단위에 있는 모든 공간과 그 속에 있는 물리적 생물학적 개체를 대상으로 도구 제작과 사용을 가능하게 하는 나노 기술의 시작은 상상력 넘치는 한 강연에서 시작되었다. 1959년 12월 29일, 아인슈타인과 함께 천재 물리학자로 평가받은 리처드 파인만(Richard Phillips Feynman, 1918~1988) 박사는 미국 물리학회 주최로 열린 캘리포니아 공대 한 강연에서 '바닥에는 아직도 풍부한 공간이 있다'(There is Plenty of Room at the Bottom)는 제목의 연설을 했다. 숨죽이고 천재의 강연을 듣던 청중은 이전까지 물질의 최소 단위라고 여겼던 분자(molecule) 세계도 우주 공간처럼 광대한 공간이 있다는 가설에 큰 충격을 받았다. 더욱 놀라운 것은 미래에는 분자를 구성하는 원자를 분리하여 원하는 장소에 마음대로 가져다 놓으면서 새로운 분자 구조물을 만들 수 있고, 생화학적이지 않은 방식으로 만든 분자 기계라는 혁신적 도구를 만들 수 있다는 추론이었다.[**] 당시에는 소형화를 이야기하면 손톱 크기보다 작은 전기 모터를 떠올렸다. 파인만 교수는 이런 생각에 "지름 1.6mm 크기 핀 머리에 브리태니커 백과사전 24권을 모두 기록할 수 있는가?"라는 도발적 질문을 던졌다. 그리고 다음과 같이 설명했다.

---

[*]   같은 책, 30.
[**]  에릭 드렉슬러, 《창조의 엔진》, 조현욱 역(김영사, 2011), 8-9, 99-100.

핀 머리 지름 1.6mm를 25,000배 확대하면 브리태니커 백과사전 전권을 모두 펼쳐놓은 넓이와 같다…… 인간의 눈은 1/120in를 식별할 수 있다. 대략 백과사전에 인쇄된 작은 점 하나의 지름이다. 이 점 하나를 25,000배로 축소하면 지름이 80옹스트롬(angstrom, 1Å은 0.1nm)이 된다. 이만한 지름 속에 금속 원자 32개를 넣을 수 있다. 80옹스트롬 지름을 가진 점 하나의 넓이에는 원자가 1,000개가 들어간다…… 백과사전에 인쇄된 점 하나를 25,000배 축소하면 핀 머리는 브리태니커 백과사전 전체를 새기기에 충분한 크기다.*

파인만 교수는 한 사람에 관한 모든 생물학 정보를 세포보다 작은 크기의 사슬 모양 DNA에 담을 수 있듯이, 미래에는 엄청난 양의 정보를 엄청나게 작은 공간에 기록할 수 있게 될 것이라고 예측했다. 먼저, 방을 가득 채우고 있는 컴퓨터를 아주 작게 만드는 것도 가능하다고 주장했다. 컴퓨터의 미래에 놀라고 있던 청중에게 파인만은 더 충격적인 예측을 했다. 눈으로 볼 수 없는 아주 작은 세포가 활동적으로 움직이며 정보를 저장하고 각종 물질을 생성해내는 것처럼, 먼 미래에는 세포가 활동하는 아주 작은 공간에 들어갈 만한 물체를 만들어 움직이게 할 수 있다는 예측이었다. 충격적인 말은 계속되었다. "인간이 원자 하나하나를 마음대로 이동하고 조립할 수 있다. 원자를 다시 배열하는 방법으로 사람 몸속을 돌아다니며 병을 진단하고 치료하는 일을 하는 기계 의사도 만들 수 있다." 청중은 실소를 금치 못했다. 하지만 파인만 교수는 확신에 찬 목소리로 먼 미래에는

---

\* http://www.phy.pku.edu.cn/~qhcao/resources/class/QM/Feynman%27s-Talk.pdf

물리학자가 직접 눈으로 보면서 화학자가 알려준 곳에 원자를 하나씩 배열하여 어떤 물질을 만들 수 있다고 예측했다.

나는 생물 현상에서 영감을 받는다. 화학적 힘은 반복적으로 이용되어 상상을 초월한 결과를 만들어낸다. 내 몸도 그 결과 중 하나다. 나는 물리 법칙을 지키면서 원자 단위에서 물질을 조정(화학적 합성)할 수 있는 기술적 가능성이 있다고 이론적으로 확신한다.

최초의 나노 도구는 이렇게 파인만 교수의 사고실험에서 탄생했다. 나노 기술 영감의 시초로 기록된 혁명적 연설을 한 리처드 파인만은 1965년에 양자전기역학(量子電氣力學)의 재규격화이론(再規格化理論, renormalization theory)으로 J. S. 슈윙거, 도모나가 신이치로(朝永振一郎)와 함께 노벨상을 받았다. 20세기 거시물리학(巨視物理學, Macrophysics)의 대가가 아인슈타인이라면 리처드 파인만 교수는 미시물리학(微視物理學, Microphysics)의 대가로 인정받는다. 파인만 교수의 혁명적 연설이 60여 년 지난 지금, 나노 단위에서 도구를 만들거나 나도 단위에서 도구적 사용을 가능하게 하는 기술은 현실이 되었다. 돌보다 강한 철이라는 물질이 나타나서 세상의 흐름과 권력의 미래를 바꾼 것처럼 나노 도구는 세상을 혁명적으로 뒤집을 준비를 하고 있다.

파인만 교수처럼 내 예측도 확고하다. 이론적으로, 나노 기술로 지구상에 현존하는 모든 도구를 나노 단위에서 재생산 가능하다. 나노 기술은 1/10억m 이하 단위에 있는 모든 공간과 그 속에 있는 물리적 생물학적 개체를 대상으로 도구적 사용을 가능하게 한다. 가히 파괴적 잠재력을 가진 메타 도구다. 이 기술 하나만으로 인류의 미래는 송두리째 바뀔 것이다.

모든 청중이 농담으로 여기고 연설장을 떠났지만 리처드 파인만 교수의 아이디어에 영감을 받은 사람이 있었다. MIT에서 엔지니어링 박사를 취득한 K. 에릭 드렉슬러(Eric Derxler)다. 인공지능 대가로 평가 받는 마빈 민스키의 제자였던 에릭 드렉슬러는 분자 나노기술로 MIT에서 최초로 박사학위를 받았다. 1986년, 에릭 드렉슬러는 자신의 박사 학위 논문을 《창조의 엔진》(*Engines of Creation*)이라는 제목으로 출판했다. 이 책에서 '나노 기술'(Nano Technology)이라는 단어를 최초로 사용하면서 나노 기술(나노 과학)의 선구자로 주목받기 시작했다. 1996년, 리처드 스몰리 박사가 나노 단위에서 탄소 분자 결정체인 '풀러렌'(fullerence)을 발견한 공로로 노벨화학상을 받고, 2010년에 영국의 안드레 가임과 콘스탄틴 노보셀로프가 '그래핀'(Graphene)을 발견하여 노벨 물리학상을 타면서 나노 기술은 이제 21세기 가장 주목받는 분야로 급부상했다.[*] 미시물리학 영역인 양자역학을 기반으로 시작한 나노 기술은 기하학, 화학, 생물학, 통계역학, 엔지니어링 등의 광대한 학문을 관통하고 동시에 그 영역에 적용이 가능하다.


## 신(神)의 도구에 투자하라

나노 도구의 파괴력이 큰 것은 인간의 한계를 넘어서는 일이 가능해지기 때문이다. 오스트랄로피테쿠스가 돌이라는 최초의 도구를 사용한 이

---

[*]    에릭 드렉슬러, 《창조의 엔진》, 조현욱 역(김영사, 2011), 10.

후부터 20세기까지 인간이 다양한 도구를 개발했다. 하지만 모든 도구는 인간의 생물학적 한계, 물리적 한계를 넘어서지 못했다. 신이 이미 만들어 놓은 자연 그대로의 상태 안에서 도구의 발견과 활용이었다. 하지만 나노 도구는 이전과는 차원이 다르다. 신이 자연을 만든 원리를 인간이 사용할 수 있도록 하는 도구다.

우주에 존재하는 모든 생명체와 물질은 겉모양과 특성, 그리고 행동 양식이 다르지만 원자 단위로 내려가면 질적으로 완전히 같다. 원자라는 존재의 기초가 같다. 무생물이든 생물이든 우주에 존재하는 모든 물질과 생명체의 근간을 이루는 것은 원자다. 유일한 차이는 원자의 숫자와 배열의 차이뿐이다. 신은 원자 숫자와 배열의 차이를 가지고 흙을 만들고, 다이아몬드를 만들고, 박테리아를 만들고, 사자를 만들고, 사람을 만들었다. 놀라운 신비. 흙을 구성하는 원자 숫자와 배열을 바꾸면 사과가 된다. 사과를 구성하는 원자 배열을 바꾸면 원숭이가 된다. 원숭이를 구성하는 원자 배열을 바꾸면 진화를 시키지 않아도 사람을 만들 수 있다. 사람의 원자 숫자와 배열을 바꾸면 나무토막이 되게 할 수 있다. 흙이 되게 할 수 있다. 사람이 죽으면 흙으로 돌아가는 것은 원자 구조가 바뀌는 작용이다. 지금까지 이런 변화는 신만이 할 수 있었다. 나노 기술은 인간에게 신의 기술을 사용할 수 있도록 길을 열었다.

원시시대는 '물체'(物體, object)를 쪼개고 결합했다. 도구의 단위, 조작의 단위, 생산의 단위가 물체에 머물렀다. 물체는 돌, 나무 등 물질이 구체적 형태를 가진 상태다. 물체의 최소단위는 밀리미터(mm)를 쓰며, 1mm는 1m의 $10^{-3}$이다.

고대에서 중세까지는 '물질'(物質, matter)을 다루는 수준으로 발전했다.

물질은 물체의 본바탕을 이루는 질료다. 화학적으로 물질은 동종이나 이종의 분자들의 집합체다. 데모크리토스가 철학적 개념에서 원자론을 주장했지만, 고대에서 중세까지 화학은 연금술 수준에 머물렀다. 물질의 최소 단위는 마이크로미터(µm)를 쓰며, 1µm는 1m의 $10^{-6}$이다. 1µm는 머리카락 1/10 정도다.

근대에 와서 '분자'(分子, molecule) 시대가 열렸다. 16세기에 이르러 리바비우스(Andreas Libavius, 1540~1616)가 최초의 화학교과서를 저술하면서 비로소 분자를 제대로 다루는 길이 열렸다. 분자는 원자의 집합체다. DNA, 단백질은 분자 단위에 있다. 분자 시대는 분자 단위에서 화합물을 쪼개거나 결합한다. 17세기에 들어서면서 영국의 자연철학자이며 화학자였던 로버트 보일(Robert Boyle)이 연금술을 넘어 근대화학의 기초를 세웠다. 보일은 연금술과 화학을 구분하고, 근대적인 원자, 분자, 화학 반응에 대한 개념을 정리했다. 1662년에는 기체는 일정온도에서 압력과 부피가 서로 반비례한다는 '보일의 법칙'(Boyle's law)도 발견했다.

20세기, 현대 물리학은 분자과학(分子科學, molecular scinece)을 가지고 자연을 연구하고 분자 단위에서 물질을 쪼개고 결합하면서 기술 문명을 발전시켰다. 그리고 1927년 양자역학(量子力學, quantum mechanics)을 발견하고, 리처드 파인만과 에릭 드렉슬러의 창의력 덕택에 나노 도구를 사용할 길을 열었지만, 20세기는 원자 시대의 준비단계였다. 분자와 원자의 단위는 나노미터(nm)이며 1nm는 1m의 $10^{-9}$이다. 머리카락 한 개의 굵기는 10마이크로미터(µm)가량 된다. 이런 머리카락 하나 크기의 실리콘에 1만 개의 회로를 넣은 것이 10나노급 D램이다. 1nm는 머리카락 1/100,000 정도다. 원자(原子, atom)는 화학원소의 특징을 잃지 않는 수준에서 물질의 최소 입자다. 원자는 원자핵과 전자로 구성된다. 원자핵은 다시 양(+)전하를 띠는 양성자와 전하를 띠지 않는 중성자로 나뉜다. 원자핵의 주위를 도는 전자는 음(-)전하를 띤다. 원자 시대는 원자 단위에서 원소를 쪼개거나 결합한다. 원자 시대에 사용되는 단위는 나노다. **나노 크기에서 물질특성의 변화는 크게 4가지다. 첫째, 광학적 특성이다.** 나노 영역에서는 색깔의 변화가 나타난다. 노란색을 띤 금이 나노 영역에서는 빨간색으로 변한다. **둘째, 화학적 특성이다.** 나노 영역으로 작게 들어가면 거꾸로 표면적이 급격히 증대되어 새로운 화학적 특성이 나타난다. 은이 나노 영역에서는 세척력을 갖는 식이다. **셋째, 기계적 특성이다.** 결정립(Grain) 크기 영역에서 새로운 기계적 특성이 일어난다. 결정립이란 금속이나 합금이 많은 결정의 집합체인데, 다결정질의 집합체 중 개별 결정을 결정립이라고 부른다. 쉽게 부러지는 탄소가 나노 영역에서 튜브 모양으로 연결되면 강철의 100배가 넘는 강도를 보이고, 축구공 모양(C60)으로 조합되면 다이아몬드보다 강도가 강한 '플러랜'(Fullerence)이 된다. **마지막으로 전자기적 특성이다.** 전자기적 특성을 갖는 반도체나 자성 금속 등은 나노 영역에서 자기적 성질이 극대화된다. 코발트 같은 자성 금속은 나노 영역에서는 규칙적인 배열로 인해 하나하나 비트로 사용할 수 있다.* 나노 기술은 그 자체로 새로운 물질과 구조를 생산할 수도 있고, IT, BT의 기술적 한계를 극복하는 새로운 방법으로도 사용된다.

인류는 이제 21세기에 들어섰다. 21세기는 양자역학을 기반으로 한 '원자'(Atom) 시대가 본격화된다. 나노 도구는 비약적 발전을 할 것이며, 다양

---

\* 이희철, "미래생활 속의 나노기술" 2011. 5. 12. 전경련 미래창조혁신 과정 강의안

한 산업 영역에 사용될 것이다. 이미 일반인도 신문 기사에서 양자 컴퓨터, 나노 기술 등의 이야기를 쉽게 접하고 있지 않은가! 21세기에 원자 단위를 넘나들면서 자연을 연구하고 물질을 쪼개고 결합하고 재창조하는 일은 우스갯소리가 아니다. 최소한 기업 단위에서는 나노 기술, 나노 도구에 관심을 가져야 할 시간이 되었다. 분자 단위와 원자 단위는 한 단계 차이지만 질적 차이는 크다. 원자 배열이 석탄과 다이아몬드를 구별하는 핵심이다. 6각형 벌집 모양이 그물 형태 이어진 흑연을 평면으로 잘라 2,000℃ 이상으로 가열하면서 10만 기압으로 압축하면 원자 배열이 다이아몬드 입체 구조로 변한다. 같은 원자를 가지고 구조를 바꾸면 다른 물질이 된다. 20세기까지는 자연의 선택을 받았다. 원유나 철, 금이나 다이아몬드가 매장되어 있지 않으면 별수가 없었다. 21세기는 다르다. 자연의 선택에 얽매일 필요가 없다. 인간이 자연의 선택을 넘어설 수 있다. 신의 도구인 나노 도구만 손에 쥐면 기업도 자연의 선택을 넘어설 수 있다.

내 조언은 이것이다. 할 수만 있다면 당장, 신의 도구인 나도 도구에 투자하라. 21세기는 나노 도구가 철이자, 금이고, 다이아몬드이며, 불로초다.

## 신(神)의 도구 사용법

신의 도구인 나노 기술은 크게 두 가지로 나뉜다. 하나는 나노 공정이고 다른 하나는 나노 인공물이다. 전자를 나노 스케일 공정(Nano scale process)이라 한다. 나노 스케일 공정에는 나노 소자(Nano elements), 나노 소재(Namo materials), 나노 소자를 사용한 기계적 시스템(MEMS,

Micro electro mechanical systems), 나노 포토닉스(Nano photonics) 등이 있다. 후자는 나노 로봇(Nano Robot)이라 부른다.

나노 소자는 나노 스케일의 소자다. 소자(素子, element)는 전기 회로, 반도체 장치 등에서 사용되는 주요 인공 구성물 하나를 말한다. 트랜지스터, 진공관 등이 소자다. 나노 스케일의 소자를 이용하면 분자 하나마다 정보를 저장할 수 있다. 10나노 D램 등이 나노 소자를 이용한 기술이다. 나노 소자 기술은 반도체 사업의 핵심이다. 21세기 비즈니스 패권을 놓고 전쟁을 벌이는 미국과 중국이 치열하게 싸우는 전쟁터 중 하나도 나노 소자 기술이다. 누가 빨리 더 작은 나노 소자 기술을 확보하고 상용화하느냐가 전세계 반도체 시장 4,291억 달러(2017년 기준, 한화 430조 원) 시장의 지배자를 결정한다. 자동차와 건물을 비롯한 거의 모든 사물이 지능을 갖고 연결되는 미래에는 반도체 시장 규모가 지금보다 몇 배 더 커질 가능성이 크다.

나노 소재는 나노 스케일의 소재다. 소재(素材)란 가공하지 않은 본래 그대로의 재료다. 그래핀, 탄소 나노튜브 등이 나노 소재다. 예를 들어, 연필심으로 사용되는 흑연은 탄소 원자가 벌집 모양의 육각형 그물로 배열된 0.2nm 두께의 평평한 층이 겹겹이 쌓인 구조다. 이 중 한 겹을 그래핀(Graphene)이라 한다. 그래핀이 세상에 처음 알려진 것은 2004년이다. 영국의 가임(Andre Geim)과 노보셀로프(Konstantin Novoselov) 연구팀은 상온에서 투명테이프로 흑연에서 그래핀을 떼어내는 데 성공했다. 세계 유수 기업에서 그래핀 연구와 활용에 관심이 높은 이유는 높은 물리적·화학적 안정성 때문이다. 그래핀은 구리보다 100배 이상 전기전도율이 좋고, 실리콘보다 100배 이상의 전자 이동성도 좋고, 강철보다 200배 정도의 강도를 가지고, 최고의 열전도성을 가진 다이아몬드의 2배 열전도성을 가질 정도로 물리적·화학적 안정성이 뛰어나다. 빛 투과율도 뛰어나서 투명하며 신축성도 아주 좋다. 이런 특성들은 혁신적 재료를 찾는 기업에게 매력적이다. 그래핀을 사용하면 혁신이 멈춰 성장이 정체된 다양한 제품에 새로운 생명력을 불어넣을 수 있다. 투명하고 휘는 디스플레이, 전자 종이, 투명 전극, 차세대 초고속 반도체, 고효율 태양 전지나 연료 전지, 방열 재료, 항공 우주 부품으로 사용될 수 있는 초경량 고강도 복합재 등 활용 분야가 무궁하다.[*] 혁신은 제품의 사용방식 변화로 만들 수도 있지만, 재료를 바꾸는 것으로도 가능하다. 그래서 탄소 나노 튜브가 그래핀만큼 관심을 받고 있다.

1991년, 일본의 이지마 박사는 흑연 전극에 붙어 있는 지름이 몇 나노미터(머리카락 10만분의 1)에 불과한 속이 빈 아주 작고 미세한 원통 모양 구조를 가진 검은 물질을 발견했다. 이 미지의 물질에 탄소 나노 튜브라는 이름을 붙였다. 탄소 나노 튜브는 육각형 벌집 모양을 가진 그물이 원통형으로 둥글게 만 구조다. 다른 원자 구조물들이 그렇듯이, 탄소 나노 튜브도 그물을 어떤 각도로 마느냐, 튜브 지름을 어느 정도로 하느냐에 따라 특성이 바뀌면서 전기적으로 도체도 되고 반도체도 된다. 탄소 나노 튜브도 전기 전도율, 탄성, 열 전도성, 빛 투과성 등에서 그래핀과 비슷한 특성을 가졌다. 탄소 나노 튜브를 집단으로 묶으면 우주 엘리베이터를 만들 수 있고, 열과 마찰에 잘 견디면서 강철보다 강한 초강력 섬유를 만들 수도 있다. 튜브 모양을 하고 있기 때문에 빈 공간에 약물 등을 넣을 수도 있다.[**] 나노기술을 활용해서 새로운 나노 입자를 개발하여 신소재를 개발하는 경쟁은

---

[*]    네이버지식백과, 학생백과, 꿈의 나노 물질 그래핀
[**]   네이버지식백과, 학생백과, 차세대 신소재, 탄소 나노 튜브

이미 시작되었다. 미래에는 나노 소재 자체가 철이나 콘크리트 등을 대체하여 독립된 구조물을 만드는 데 널리 사용되고, 나노 소자를 담는 그릇이 되어 다양한 나노 기계(MEMS)를 만드는 데 폭넓게 사용될 가능성이 아주 크다. 새로운 재료의 발견이 제품을 바꾸고, 도시를 바꾸고, 역사를 바꾸었던 것처럼 나노 소재 기술은 미래를 바꿀 파괴력을 가졌다.

멤스(MEMS, Micro Electro Mechanical System)는 나노 소자와 나노 소재를 사용하여 나노 스케일에서 만든 기계적 장치다. 미세전자기계시스템, 미세전자제어기술이라고도 불리는 멤스는 현재 반도체 공정기술이 기반이다. 마이크론(μm)이나 나노미터(mm) 크기의 초고밀도 집적회로, 머리카락 절반 크기의 초소형 기어, 손톱 크기의 하드디스크, 센서 등을 결합하여 미세한 기계 구조물을 만든다. 당분간 나노 스케일 공정을 통해 만들어진 이런 미세 기계들은 웨어러블 디바이스, 스마트폰, 드론, 옷, 약 등의 작은 제품에 연결하여 제품 혁신을 이끌어낼 것이다. 예를 들어 2014년 한국과학기술원(KAIST) 이건재 신소재공학과 교수팀은 레이저 박리 전사기술과 유연한 압전박막 소재를 활용해서 기존 연구결과보다 40배 높은 효율을 내는 나노 발전기를 개발했다. 나노 발전기는 전선과 배터리가 없이도 작동되기에 활용 범위가 무궁무진하다. 유연성이 뛰어난 나노 소재에 바람, 미세한 진동, 심장박동이나 근육수축이완 등 미세 압력이나 힘으로 전기 에너지를 만들어낼 수 있는 미래 기술이다. 연구팀은 가로세로 2cm 크기의 나노 발전기로 105개의 LED 전구를 켜는 데 성공했다.[*] 머지않은 미래에 이런 기술이 상용화되면 각종 전자 제품에서 배터리를 없애

---

[*]    아주경제, 2014. 5. 15. 이한선, "유연 압전박막 소재 활용한 고효율 나노발전기 개발"

거나 외부에서 전기 공급을 하지 않아도 된다. 가장 큰 기대를 모으는 영역은 사람과 관련된 쪽이다. 미래에는 신체에 각종 장치를 부착하여 인간의 신체적 능력을 강화하는 시대가 될 것이다. 인간 내부에도 다양한 장치들을 삽입하거나 돌아다니게 하여 병을 예측하고 치료하여 생명 연장을 시도할 것이다. 문제는 그런 장치에 전력을 어떻게 공급하느냐다. 나노 발전기는 이 문제에 대한 강력한 해법이다. 몸속에 집어넣어야 하는 심장 박동기나 각종 기계적 장기, 혈관을 돌아다닐 나노 로봇, 몸에 걸치고 다닐 다양한 웨어러블 장치의 에너지원으로 사용이 가능하다.

나노 포토닉스(Nano photonics)는 나노 스케일에서 광자를 조작하고 제어하는 기술이다. 포토닉스는 빛에 관련된 사항, 빛 입자(광자, 光子)에 관한 연구다. 나노 스케일에서 광자를 다루면 빛을 아주 정밀하게 제어할 수 있다. 요크대학과 세인트앤드류대학 연구진은 나노 포토닉스 기술을 활용해서 나노 크기에서 빛의 반사율을 조절하여 광(光) 흡수와 전기 생성을 최대화할 수 있는 의사-임의구조(quasi-random structure)라는 새로운 구조를 디자인했다. 이 구조를 사용하면 태양전지, LED, DFB 레이저 등의 광포집 효율을 한 단계 높일 수 있다.[*] 빛은 부딪히는 물체의 크기에 따라 산란이 달라진다. 이런 특성은 나노 단위에서도 동일하다. 공작새의 깃털이 각도에 따라 색깔이 달라지는 것도 이런 이유다. 공작새의 솜털을 현미경으로 들여다보면 크기가 100~125nm이고 길이는 500~700nm인 멜라닌 막대가 있다. 이 멜라닌 막대들이 위치에 따라 파란색, 노란색, 갈색 빛을 발한다.[**] 굴절률이 서로 다른 물질이 나노 크기로 깃털에 있어

---

[*]    2013. 10. 25. Nanoserk, "Nanophotonics design improves efficiency of solar cells"

[**]   이인식 외, 《기술의 대융합》(고즈윈, 2010), 191.

서 각도에 따라 특정한 파장의 빛을 산란시키기 때문에 빛의 색깔이 달라 보이는 것이다. 이를 광결정(photonic crystal) 효과라고 부른다. 이를 우리 일상에 적용하면 놀라운 제품을 만들 수 있다. 은을 나노 단위에서 가공하여 LED 광효율을 크게 향상시킬 수 있다. 나노 입자의 크기에 따라 빛이 다르게 나오는 성질을 응용하여 암세포만 빛을 내게 할 수 있다. 빛을 내는 나노 입자를 암 세포에 붙여 추적하고 공격할 수 있는 상자성 나노(paramagnatic nano) 기술이다. 상자성 나노는 비자기장 환경에서는 자성을 띠지 않지만 MRI 같은 자기장 환경에서는 자성을 띠어 영상으로 쉽게 추적할 수 있다. 나노 크기의 입자이기에 면역 세포가 발견하지 못하는 아주 작은 크기의 암 세포도 효과적으로 진단하고 추적할 수 있다. 진단 의학 기술을 한 단계 발전시킬 수 있는 기술이다. 나노 포토닉스 기술은 뇌신경 치료에 적용할 수도 있다. 나노 포토닉스 기술로 뇌 신경회로를 측정하여 약물 중독이나 뇌 질환 유전병 치료에 사용할 수 있다. 뇌신경회를 파악하면 뇌신경계 치료를 통해 신체의 손상된 부위를 회복시키는 길도 찾을 수 있다.

## 생물학적 나노 도구

나노 도구는 생명공학 분야에서도 활발하게 사용된다. 나노기술의 최대 응용분야라 해도 과언이 아니다. 상당수의 바이오 기술(Bio technology)이 나노 도구에서 비롯된다. 물리화학적 소자를 넘어 바이오 소자를 사용하여 나노 단위에서 혁신적 변화를 시도할 수 있다. 나노 스케일 공정을 이용하여 바이오 소자(생물 소자)를 만들어 다양한 작업을 할 수 있다. 대표적으로 작은 기판 위에 DNA나 특정 단백질 등 생물 분자를 결합시켜서 바이오 칩(Bio chip)을 만들 수 있다. 바이오 칩은 마이크로어레이 칩(microarray chip)과 마이크로플루이딕스 칩(microfluidics chip)으로 나뉜다. 마이크로어레이 칩은 수천수만 개의 DNA나 단백질을 일정 간격으로 배열하여 분석 대상 물질을 처리한다. DNA 칩, 단백질 칩(protein chip) 등이 대표적이다. 마이크로플루이딕스 칩(microfluidics chip, 미세유체 칩)은 '랩온어칩'(Lab-on-a-chip)이라 불린다. 랩온어칩은 마이크로 칩이 미니 실험실이 되어 기존 실험실에서 했던 연구가 가능하게 해주는 기술이다. 칩 위에는 철도망과 비슷한 미세한 길들이 깔려 있다. 각각의 길에는 각기 다른 물질이나 시약이 들어 있다. 마이크로 칩 위에 10억분의 1 $l$ 의 미량의 분석 대상 물질(유체, 流體)을 올려놓으면, 칩 속에 나 있는 길을 따라 흘러가면서 다양한 시약들과 반응해 결과를 내준다. 유전자 결함, 돌연변이, 암, 에이즈 등을 진단할 수 있고, 단백질 분포나 반응도 빠르게 분석할 수 있다. 손톱만 한 칩에서부터 신용카드 크기의 마이크로 실험실이 대량 생산되면 언제 어디서나 쉽고 저렴한 가격으로 화학반응을 정확하게 관찰할 수 있다. 신약 개발에서 인체의 질병에 대한 진단, 농업, 산업, 환경 분야까지 다양한 응용이 가능하다.[*] 바이오칩은 바이오센서, 바이오 컴퓨터와 더불어 바이오 일렉트로닉스(bio electronics)의 중요한 부분을 담당할 수도 있다. 양자 컴퓨터와 함께 차세대 컴퓨터 기술로 주목받는 바이오 컴퓨터는 효소, 단백질, 유기분자, 아미노산 결합물 등 유기물로 기판과 회로

---

[*]    테오도르 핸슈, 《세상을 뒤집을 100가지 미래상품》, 김영옥, 최중호 역(콜로세움, 2008), 333.

가 구성된 바이오 칩을 컴퓨터 소자로 사용하는 아이디어다. 실리콘 소재로 만든 현재 컴퓨터는 배선이 늘어날수록 회로가 복잡해지고 집적 한계에 부딪힌다. 하지만 바이오 칩은 집적 밀도를 비약적으로 높일 수 있다. 집적 밀도가 높기 때문에 속도도 빨라져서 초소형·초고밀도·초고속 컴퓨터의 실현이 가능하다. 아직은 제작 조건이나 외부 제어계와 연동 등에서 난제가 아주 많다.* 하지만 강력한 미래 기술이다.

대표적인 분자 기계로 손꼽히는 유전자 가위도 아주 탁월한 나노 도구다. 제한효소(制限酵素, restriction enzyme)라고 불리는 유전자 가위는 DNA를 파괴하는 데 사용하는 천연 단백질 기계다. 2015년, 〈사이언스〉와 〈네이처〉는 획기적 과학연구 성과 1위로 '크리스퍼 유전자 가위'를 선정했다.** 2015년 4월에는 황쥔주 중국 중산대학 연구원이 불임 클리닉에서 얻은 수정란(배아) 86개를 가지고 크리스퍼 유전자 가위로 혈관 질환 중 하나인 지중해성 빈혈을 일으키는 '변이 헤모글로빈베타'(HBB) 유전자를 잘라내는 실험을 시도했다.*** 윤리적 논란을 낳기도 했지만, 황쥔주 연구원의 실험 결과는 어떠했을까? 86개 유전자를 크리스퍼 유전자 가위로 잘라낸 후 48시간 뒤에 71개 수정란이 생존했다. 28개는 유전자 접합이 이루어지면서 잘려나간 부분을 대체할 물질이 생겨 정상 유전자로 바뀌었다. 놀라운 결과였다. 하지만 다수의 돌연변이도 나오는 심각한 문제도 발생했다. 크리스퍼(CRISPR)는 'Clustered regularly-interspaced short palindromic repeats'의 약자다. 크리스퍼 유전자 가위는 리보핵산

---

\* 네이버지식백과, 두산백과, 바이오컴퓨터.

\*\* http://www.sciencemag.org/topic/2015-breakthrough-year

\*\*\* 연합뉴스, 2015. 4. 23. 백나리, "중국서 인간배아 유전자 편집 첫 시도, 윤리논란 가열"

(RNA) 기반 인공 제한효소다. 가이드 RNA가 표적 유전자를 찾아가면 '카스9'(Cas9) 단백질 효소가 DNA 염기 서열의 특정 서열을 제거·수정·삽입하여 유전체 교정을 한다. 유전자 가위는 유전자 교정(Genome Editing) 기술 혹은 잘려나간 부위에 새로운 물질이 생기기 때문에 '유전자 짜깁기' 기술이라고도 불린다.* 크리스퍼는 효율과 정확성이 기존 유전자 가위보다 높은 '제3세대 유전자 가위'다. 과거의 유전자 가위 기술은 유전자를 찾아내는 정찰병으로 상대적으로 덩치가 큰 단백질을 사용했다. 그래서 유전자 하나를 잘라내고 새로 바꾸는 데 수개월에서 수년씩 걸렸다. 반면 크리스퍼는 단백질보다 훨씬 작은 가이드 RNA를 사용해 며칠 만에 원하는 유전자 부위를 자르고, 여러 군데의 유전자를 동시에 자를 수도 있다. 2015년 7월, 서울대 화학부 김진수 교수 연구진은 혈우병 환자의 소변에서 채취한 세포를 역분화줄기세포(iPS)를 만든 뒤 크리스퍼 유전자 가위로 교정하는 과정을 거쳐 정상 세포로 되돌리는 데 성공했다.** 혈우병이 걸린 실험 쥐는 꼬리를 잘라 출혈을 일으키면 평균 65분 만에 죽었다. 하지만 유전자 가위로 정상 교정한 세포를 이식받은 쥐는 9마리 중 6마리가 평균 111분 생존했다. 3마리는 이틀 이상 생존했다.***

3년이 지난, 2018년에는 김성근 서울대 화학부 교수팀이 바실 허버드 캐나다 앨버타대 교수팀과 공동 연구를 하여 크리스퍼 유전자 가위의 정확도를 1만 배 높이는 기술을 개발하여 난치병 정복의 시기를 한 발 더 앞

---

* 네이버지식백과, 한경경제용어사전, 유전자 가위.
** https://www.youtube.com/watch?v=_QUeA-32-YQ 연합신문, 2015. 12. 8. "새 유전자 개량 김진수 교수 등 올해 과학언론인상"
*** 서울경제, 2016. 4. 25. 문병도, "유전자 가위, 축복인가, 재앙인가"

당겼다. 미래 잠재력에도 불구하고, 크리스퍼 유전자 가위는 유전자 교정 과정에서 멀쩡한 유전자까지 잘라 심각한 돌연변이를 유발하는 치명적 단점을 가진다. 일명, '표적 이탈'(Target-off)이다. 유전자 가위를 유도하는 (guide) RNA가 목표 DNA와 비슷한 유사 DNA를 혼동하여 발생하는 오류다. 크리스퍼 유전자 가위가 표적을 이탈할 가능성은 1%다. 99%의 성공률에도 불구하고 유전자 조작은 단 1%의 오차로도 엄청난 결과가 나타날 수 있다. 이 문제를 해결하지 않으면 인간 유전자 질환에 사용할 수 없다. 김성근 교수 연구팀의 성과는 크리스퍼 유전자 가위의 절단 능력을 그대로 유지한 채로 가이드 RNA 중 일부를 가교핵산(BNA)으로 불리는 화학 합성물질로 바꾸어 목표 DNA 적중률을 1~2만 배 높인 것이다.[*] 그만큼 부작용이 있다.

최근에는 새 크리스퍼 유전자 가위도 개발되었다. 2019년 2월 5일, 미국 버클리 캘리포니아대 연구진은 'CasX'라 불리는 효소의 기능과 구조를 국제학술지 〈네이처〉에 발표했다. 크리스퍼 유전자 가위는 편집할 타깃 DNA를 찾아주는 '가이드 RNA'(리보핵산)와 목표 지점을 자르는 '절단 효소'로 구성된다. 학계에서 가장 널리 사용되는 크리스퍼 유전자 가위는 'Cas9'이라는 절단효소를 쓴다. 버클리 캘리포니아대 연구진은 새 크리스퍼 유전자 가위로 지하수에 사는 미생물에서 분리한 'CasX'라는 또 다른 Cas 효소를 발표했다. 이 효소가 관심을 받은 이유는 기존의 효소보다 크기가 작아서 전달력과 안전성을 높일 수 있기 때문이다.[**]

돌연변이 부작용 가능성으로 지금까지는 유전자 가위 기술을 유전자

---

[*]    매일경제, 2018. 4. 25. 김윤진, "유전자가위 정확도 1만 배 상승, 유전질환 치료 빅뱅"
[**]   연합뉴스, 2019. 2. 5. 신선미, "새 유전자 가위 나왔다. 사람, 세균 유전자교정 가능"

변형 농산물(GMO) 부작용을 줄이는 대안 정도로 생각했다. 하지만 크리스퍼 유전자 가위 기술이 빠르게 발전하면서 동식물에만 적용하는 한계를 넘어 새로운 방식의 인간 유전자 치료법과 신약을 개발할 수 있는 단계로 진입 중이다. 난치병을 정복하는 시기가 눈앞으로 다가오고 있다. 이런 잠재력을 빠르게 간파한 독일 바이엘, 스위스 노바티스, 영국 아스트라제네카 등 다국적 제약사는 '크리스터 유전자 가위' 기술을 사용한 신약 개발에 이미 착수했다. 중국도 발 빠르게 움직이고 있다. 원숭이 실험을 통해 자폐증 치료 연구를 하고 있다. 2019년 1월 24일, 중국과학원 신경과학연구소는 유전자 편집기술을 이용해 인위적으로 유전적 결함을 가진 원숭이 5마리를 복제하는 데 성공했다. 이번에 복제한 원숭이들은 BMAL1 유전자를 의도적으로 제거했다. 이 유전자를 제거하면 수면장애, 우울증, 호르몬 장애, 조현병을 일으키는 것으로 알려져 있다.[*] 한국도 크리스터 유전자 가위를 활용해서 면역 관련 유전자를 제거시킨 형질전환 복제돼지를 만들었다. 이 돼지는 인간과 유사한 면역체계를 가져 인간 줄기세포 치료에도 사용될 수 있다. 인간에게 줄기세포 치료를 시도하기 전에 형질전환 복제돼지에게 먼저 실시하여 치료의 안전성, 만능성, 분화 가능성 등을 사전에 테스트하여 인간 치료 성공률을 높일 수 있다.[**] 축산 분야에서는 근육량을 늘리거나 바이러스성 질환에 강한 슈퍼 소나 돼지를 개발할 수 있어, 특정 알레르기 반응을 없앤 축산물을 생산할 수 있다.

농업 분야에서는 부작용이 적은 유전자 변형식품 개발에도 적용할 수 있다. 21세기 말이면, 전 세계 인구가 최소 100억 명에서 초대 140억 명까

---

[*]  한국일보, 2019. 1. 24. "유전자 편집으로 '우울증' 갖고 복제된 원숭이 5마리"
[**]  서울경제, 2016. 4. 25. 문병도, "유전자 가위, 축복인가, 재앙인가"

지 이를 수 있다. 식량 전쟁이 불가피해질 것이다. 식량 시장이 그만큼 커진다. 현재의 유전자 조작 식품(GMO)은 유해성 논란이 심하다. GMO는 유전자 조작 단계에서 외부 유전자를 옮기기 위해 흙에서 사는 '아그로박테리움'(Agrobacterium)이란 식물 세균을 이용한다. 이 세균이 사용되는 이유는 강한 감염성 때문이다. 감염성이 강해야 외부 유전자 삽입 성공률이 높아진다. 하지만 강한 감염성은 양날의 칼이다. 아그로박테리움으로 식물을 인위적으로 감염시킨 후 외부 유전자를 이식시키는 과정에서 원하지 않는 외부 유전자가 삽입될 가능성도 함께 커져 안전성에 치명적 약점을 가진다. 그래서 크리스퍼 유전자 가위 기술이 주목을 받는다. GMO의 부작용을 최소화할 수 있기 때문이다. 크리스퍼 유전자 가위 기술을 활용하면 멸종된 동식물 유전자를 살아있는 비슷한 종에 결합시켜 복원하거나 멸종위기에 있는 동식물의 유전자를 조작하여 생존력을 높일 수도 있다. 아주 조악한 수준의 나노 기술 단계지만 인류는 유전자 편집시대(the gene-editing age)의 문을 열었다. 상상해보라. 나노 기술이 만개한 21세기 말이나 22세기에는 어떤 일이 벌어질까?

## 이미 시작된 미래, 나노 로봇 시장

유전자 가위 이외에도 탁월한 나노 도구가 여럿 있다. 이미 시작된 나노 로봇 분야다. 나노 로봇(나노 기계)은 천연 나노 기계인 '생물학적 나노 로봇'(Biological Nano Robot)과 인공 나노 기계인 '기계적 나노 로봇'(Mechanical Nano Robot)으로 나뉜다. 기계의 사전적 정의는 '인간에게 유용한 일을 제공하기 위해 미리 결정된 방식으로 힘을 변형, 전달, 제어하도록 만들어진 단단한 물체나 물체들이 연결된 시스템'이다. 인공 나노 기계는 원자나 분자를 하나의 완결된 시스템으로 부품을 연결하여 힘을 변형, 전달, 제어하면서 인간에게 유용한 일을 제공한다. 물체의 변형은 원자 단위에서 일어나는 일이다. 원자들이 서로 미끄러지는 것은 물체 단위에서는 구부러지는 상태다. 원자들이 서로 분리되는 것은 물체 단위에서는 끊어지는 것이다. 원자들이 서로 꼬임이 펴졌다가 다시 잠기는 것은 물체 단위에서 늘어났다 줄어드는 현상이다. 만약 인간이 원자들을 자유롭게 미끄러뜨리고, 분리하고, 결합하고, 꼬임을 조절할 수 있다면 물체 단위의 세계를 더욱 정교하게 통제할 수 있게 된다. 분자와 원자 단위의 세계를 다루려면 분자 혹은 원자 단위의 도구와 기계가 필요하다. 그것이 바로 분자 기계 혹은 나노 기계(나노 로봇)다.

리보솜(ribosome)은 분자 단위에서 사용할 수 있는 가장 원시적인 천연 단백질 기계(분자 기계)다. 리보솜은 세포 안에 rRNA(ribosome RNA, 리보솜 입자 내에 있는 RNA)와 단백질로 이루어진 복합체(알갱이)다. 리보솜은 단백질 합성을 담당한다. 세포 안에 있는 DNA는 리보솜에게 좀 더 단순한 분자들을 사용해서 다양한 단백질 기계를 만들라고 지시한다. 생화학자들은 이런 특징을 가진 리보솜을 다른 단백질 기계를 조종하는 도구로 사용하는 법을 터득했다.

인류는 박테리아를 생산 기계로 사용하는 방법도 터득했다. 미국 제약 회사 엘리릴리앤드컴퍼니(Eli Lilly and company)는 박테리아를 생산 기계로 사용하여 당뇨병 치료제인 휴물린(Humulin, Human insulin)을 생산한다. 박테리아는 모터와 프로펠러를 가지고 역방향 회전과 변속까지 가능한 천연 나노 기계다. 박테리아는 바이러스와 큰 차이가 있다. 바이러스는 독립적 세포가 아닌 핵산(DNA 혹은 RNA)과 단백질만 가진 덩어리다. 숙주가 없이는 스스로 물질 대사나 생명체 기능을 못한다. 세포 분열도 못하고 증식도 못한다. 숙주에 붙기면 하면, 숙주의 도움을 받아 변이와 자기증식이 가능해지기에 생명체로 간주해줄 뿐이다. 하지만 박테리아는 독립 세포다. 독립 세포는 자기 안에 있는 생화학 기계들을 사용하여 스스로 DNA와 세포 부품을 복제한 뒤 두 개의 덩어리로 나눌 수 있다. 자기 증식이다. 자기 증식을 위해 세포막은 연료 분자와 생화학 기계를 만드는 데 필요한 부품을 세포 안으로 받아들이고, 사용하고 남거나 폐기된 연료나 부품은 세포막 밖으로 내보낸다. 그래서 세포는 나노 기계를 스스로 만들고 복제하는 천연 나노 기계다. 박테리아도 완전한 단위의 세포이기 때문에 자기 증식이 가능한 독립적 나노 기계가 될 수 있다. 이처럼 인간은 나노 도구를 사용한 지 얼마 되지 않지만 놀라운 성과를 내고 있다. 제한효소, 재조합효소, 리보솜 등을 사용해서 다른 단백질 기계를 조작하여 세포를 바꾸는 신호를 전달하여 다양한 세포를 조작하는 방법도 알아냈다. 세포를 조작할 수 있으면 물체를 마음대로 조작하고 변형하는 것이 가능해진다.

일부에서는 나노 기계가 아무리 일을 잘해도 물체 단위에서 효과를 나타내려면 엄청난 시간이 걸릴 것이라는 반론을 제기한다. 나노 단위에서 일을 해봐야 나노 단위의 효과뿐이라는 질문이다. 맞다. 그러나 티끌 모아 태산이라는 말이 있다. 나노 단위의 일과 속도지만 일의 축적을 무시하면 안 된다. 예를 들어 생화학 분자 조립 기계 중 하나인 탄산 무수화 효소나

케토스테로이드 이성질화 효소는 초당 100만 개의 분자를 처리한다.[*] 나노 단위이기에 물체 단위와 비교되지 않을 정도의 속도를 낼 수 있다. 오히려 속도 면에서 거시 세계의 물체 단위보다 유리하다. 곤충의 날개는 인간의 팔보다 1,000배 빨리 움직인다. 인간 팔의 1/1,000밖에 되지 않기 때문이다. 분자 조립 기계의 팔을 만든다면 인간 팔의 1/50,000,000 정도다. 산술적으로 5천만 배 빠른 속도가 가능하다.[**] 미시 세계의 나노 단위이기에 거시 세계의 물체 단위와 비교가 되지 않을 정도의 나노 기계를 동시에 사용할 수도 있다. 1nm는 머리카락 1/100,000이므로 머리카락 한 가닥 정도의 미세한 혈관 안에 나노 기계 10만 개를 일렬로 세워놓고 동시에 작업할 수 있다. 거시 세계의 물체 단위에서 10만 개의 로봇 팔을 일렬로 놓고 작업하려면 공장 크기가 얼마나 되어야 할까? 몸 안에서는 이런 일이 충분히 가능하다. 미시 세계에서 자기 복제하는 기계는 지수적 성장을 한다. 기하급수적 성장이다. 거시 세계에서도 아주 작은 생물은 자기 복제 속도가 다르다. 여름에 하루살이가 순식간에 늘어나는 것을 생각해보라. 나노 단위의 미시 세계에서 자가 복제하는 나노 기계는 인간이 직관적으로 생각하는 것보다 빨리 표면적을 장악할 수 있다.

가까운 미래를 추론해보자. 화학적·생물학적 나노 도구를 사용하여 만들어낼 새로운 제품과 의료 서비스를 생각해보라. 대부분이 난치나 불치병 정복이다. 기존의 치료방법이나 의약품을 획기적으로 개선한 것들이다. 시장의 변화가 눈에 보이는가? 먼 미래도 상상해보자. 이런 기술들이 지속적으로 발전하여 융합되면 먼 미래에는 물리, 화학, 생물학 등의 다양

---

[*]  에릭 드렉슬러, 《창조의 엔진》, 조현욱 역(김영사, 2011), 129.
[**]  같은 책, 130.

한 영역에서 나노 소자와 나노 소재 기술이 주축이 되어 거시세계에서 사용되었던 기계 장치를 나노 단위로 축소하여 미시세계를 제어하거나 재창조하는 작업에 사용될 것이다. 나노 단위 제작(manufacturing)은 꿈이 아니다. 현실이다. 아직 아주 초기 단계이지만 성과는 놀랍다. 역사를 보면 알듯이 인간이 자연을 다루는 수준이 물체에서 물질로, 물질에서 분자로 낮아질수록 인간이 다루는 도구도 점점 작아졌다. 원시시대의 돌도끼와 부싯돌에서 현대의 실리콘 칩까지 인간의 도구는 점점 작아졌고 더욱 강력해졌다. 이제 자연을 관찰하고 다루는 인간의 기술이 분자에서 원자 차원으로 낮아진 만큼 인간이 사용하는 도구도 분자와 원자 차원으로 작아질 것이다. 20세기 도구보다 작지만 더욱 강력해질 것이다.

# 미래 산업이
# 시작되다

## 다음 단계들

이 정도만으로도 놀라운 진보다. 하지만 나는 인류 역사를 송두리째 바꿀 엄청난 혁명을 일으킬 사상 최대의 기술적 돌파구가 아직 열리지 않았다고 평가한다. 원자 배열에 손을 댈 수 있는 능력을 얻기 시작했지만, 신이 세상을 창조한 비밀 무기인 나노 도구의 발전은 이제 시작이다. 사상 최대의 기술적 돌파구는 아직 열리지 않았다. 분자와 원자 단위에서 사용할 수 있는 도구 수준도 아직은 조악하다. 가능성은 파악했지만, 분자들을 다양한 방식으로 자유롭게 제거·수정·삽입할 수 있는 수단과 도구는 매우 열악하다. 아직은 세포나 단백질에서 분자 기계를 빌려오는 수준이다. 천연 단백질은 다양하게 활용할 수 있지만, 열과 온도에 약해서 공학 재료로서는 단점이 크다. 그래서 천연 단백질을 활용해서 단백질보다 더 단단한 물질로 된 나노 기계도 만들어야 한다. 천연 단백질을 활용하여 탄소 원자를 한 층씩 쌓아올려 다이아몬드 섬유처럼 단단한 새로운 나노 기계를 만드는 식이다. 도구가 부실하면 공정이 부실해지기 때문이다. 도구가 견고해지고 신뢰도가 높아져야 위대한 발전을 이룰 준비가 된다.

　도구의 수준만 열악한 것이 아니다. 양자 역학으로 원자 세계를 들여다보기는 성공했지만, 원자 설계도는 손에 넣지 못했다. 예를 들어 선형의 아미노산 복합체인 단백질은 각기 다른 화학적 원리를 따라 고유한 방식으로 접혀 특정한 형태의 물질을 만든다. 이것을 단백질 접힘(Protein folding)이라 한다. 이처럼 단백질 접힘에 대한 정보들이 담긴 것이 단백질 사슬 설계도다. 현재는 단백질 사슬 설계도에 대한 지식이 극히 미흡하다. 인간이 DNA 안을 들여다보는 데 성공했지만 DNA 설계 설명서를 손에 넣지 못했고, 뇌 안을 들여다보는 데 성공했지만 커넥톰 설계도와 설명서를 얻지 못한 것처럼 말이다. 하지만 벌침의 독소인 멜리틴(melittin)과 동일한 속성의 단백질을 인공적으로 설계하는 성과를 얻거나 일부 유전자 정보를 해독하여 표적 치료제를 만들 정도로 기술이 조금씩 진보하고 있다.* 물체 단위 안에서 생명체 복제는 성공했다. 나노 단위에서 개별적 복제를 축적해서 물체 단위의 효과를 낼 수도 있지만, 거꾸로 접근하는 방식도 얼마든지 가능하다. 과학자들은 두 가지 모두를 시도 중이다. 생화학자들이나 나노 공학자들은 열 교란이나 화학반응으로 천연 나노 기계를 결합하고 조작할 수 있는 방법도 알아냈다. 다음 단계로 수많은 박테리아들을 한 집합으로 결합시켜 나노 단위에서 산업용 기계 시스템을 만드는 목표를 제시

---

\* 　같은 책, 40.

했다. 시간이 지나, 원자 설계 설명서를 완성하면 복제하는 방식까지 터득할 수 있을 것이다. 게놈 지도를 만들어 유전자 해석 능력을 손에 쥐니, 표적 치료 방법도 만들고 유전자를 조작할 수도 있고, 인공 단백질을 만들어 끼어 넣을 수 있게 되었다. 원자 설계도, 설명도, 해석도가 나오면 지금보다 더 놀랄 만한 일들이 가능해진다.

우리는 사람 뼈보다 수백 배 강한 탄소 나노튜브를 만들었고, 뇌신경망보다 빠른 정보처리 기술도 확보했다. 발보다 빠른 자동차, 근육의 200배 넘는 힘을 발휘하는 입는 로봇을 만들었다. 이런 인간의 능력과 나노 기술의 이론적 가능성으로 볼 때 천연 단백질 기계를 뛰어넘어 몸 안에서 자기 복제가 가능한 인공 나노 기계를 만들 수 있는 날도 언젠가는 온다. 인공 나노 기계가 현재 컴퓨터보다 수천 배 빠른 나노 컴퓨터(분자 컴퓨터)와 연동되어 우리 몸 안을 누비고 다닐 날도 반드시 온다.

내 예측으로는 21세기 중후반쯤이면 미래의 나노 공학자와 생화학자들은 단백질 분자들을 모터와 베어링, 가동부로 이용해서 개별 분자를 다룰 수 있는 로봇 팔을 만들거나 산업용 기계 시스템과 같은 거대한 천연 나노 기계 시스템을 만들 수 있을 것이다. 21세기 말이면 나노 컴퓨터와 나노 로봇이 연동될 것이다. 유전자 공학, 생화학 기술이 향상될수록 그 가능성은 현실이 될 것이다. 여기에 'DNA 설계 설명서' '커넥톰 설계 설명서'와 함께 '원자 설계 설명서'까지 갖게 되면 22세기 무렵에는 심원한 변화가 시작될 것이다. 심원한 변화의 핵심은 신과 인간의 경계가 완전히 파괴되는 변화다. 자연과 인간의 구조가 근본적으로 바뀌는 엄청난 변화다. 22세기에는 에덴동산에서 선악과를 따먹고 신의 능력을 갖고자 했던 인간의 소망이 실현되는 길이 열리는 변화가 일어날지도 모르겠다.

## 상상은 멀지만 비즈니스는 가깝다

나노 도구는 비즈니스 판도에 이미 영향을 미치기 시작했다. 2008년 기준으로 나노 기술 제품은 건강, 가정용품, 전자, 컴퓨터, 음식, 음료, 크로스커팅 등의 영역에서 600개를 넘었고, 한 주당 3~4개의 제품이 새롭게 등장하는 추세다. 크기가 1nm 솜털로 덮인 연잎 구조를 응용하여 공기는 통과하고 물은 흘려보내는 등산복, 나노 기술을 적용하여 더 멀리 나가게 하는 골프공, 나노 입자 처리를 하여 잘 묻어나지 않는 립스틱, 세탁 효과가 향상된 은나노 세탁기, 자외선 차단은 크고 피부에 잘 스며드는 선크림, 나노 기술을 적용해서 간 기능을 점검하는 휴대용 진단기, 자동 세척해주는 유리창, 자동 항균기능 시트, 친환경 페인트, 탄성을 두 배 이상 늘린 테니스공, 강도를 높인 산악자전거, 나노 기술을 활용한 새로운 접착제, 암진단 키트 등 나노 기술은 일상에 친근하게 스며들고 있다. 국내의 한 업체는 다기능 나노 파이버 시스템을 개발하여 나노 섬유 대량생산의 길도 열었다. BMW는 차체를 탄소섬유로 만든 자동차도 출시했다. 캐나다 앨버타 대학의 과학자들은 100달러의 저렴한 가격으로 1시간 안에 결과를 알 수 있는 랩온어칩을 개발했다.[*]

나노시장도 빠르게 성장 중이다. 2014년에 130조 원 수준이었던 국내 나노기술 시장은 2025년이면 667조 원으로 성장할 것으로 예측된다.[**] 전

---

[*]  〈트렌즈(Trends)지〉 특별취재팀, 《지금부터 10년 글로벌 트렌드》, 권춘오 역(일상이상, 2010), 298.
[**]  국가나노기술정책센터(NNPC) 나노 정책 보고서, 2017. 4. 배성훈, 김준현 외 6명, "나노기술 확산 및 영향평가: 2025년 국내 나노시장 규모 예측" 파이낸셜뉴스, 2020. 10. 14. 한영준, "2030년 글로벌 탄소시장 규모 100조, 꿈의 신소재 산업"

세계 나노시장 규모는 1조 달러를 이미 넘었고, 2030년이 되면 꿈의 신소재라고 불리는 탄소 나노시장 규모만 1조 달러를 넘을 것이다. 다행히 한국의 나노 공학 수준은 세계 TOP 5 안에 든다. 한국의 미래, 한국 기업의 미래가 나노에 달려 있다고 해도 과언이 아니다. 내 예측에 의하면, 앞으로 10~15년 이내에 중국과 경쟁하는 거의 모든 산업이 현재 시장의 50~80%를 빼앗길 것이다. 이런 위급한 상황에서 한국 기업이 중국과 경쟁하는 방식은 원가 절감 전략으로는 역부족이다. 나노 도구를 사용해서 혁신을 일으켜 시장을 방어하고 새로운 미래를 창조해야 한다. 소재 산업, 제조업과 의료 산업은 이미 나노 도구 영향을 받기 시작했다.

2020~2025년은 **1차 나노 혁명**이 일어나는 시기다. 이 시기가 나노 기술이 본격적으로 산업에 접목되어서 들어오는 시기일 것이다. 탄소 나노튜브의 속이 빈 성질, 반도체적 특성, 넓게 펼쳐질 수 있는 특성, 가늘고 길게 늘어뜨릴 수 있는 성질을 활용하여 다양한 응용제품 제작도 가능하다. 평행판 축전기의 금속 전극을 표면적이 넓은 성질을 가진 탄소 나노튜브로 대체하여 용량을 크게 증가시킨 슈퍼 충전기(Supercapacity)도 시장에 나올 것이다. 전기차 기술과 맞물려 자동차 시장의 판도에 영향을 줄 것이다. 반도체와 디스플레이 분야에서도 나노 기술은 생존의 필수 무기다. 투명도가 높고 휘거나 늘려도 기존에 가진 특성이 변형되지 않는 특성을 가진 그래핀을 사용하면 꿈의 디스플레이나 입는 컴퓨터가 가능하다. 그래핀을 사용한 디스플레이를 손에 차면 시계가 되고, 풀면 전화가 된다. 차에서는 내비게이션으로, 집에 가면 이를 펼쳐서 PC나 TV 등으로 활용할 수 있다. 크기를 크게 만들어 벽에 붙이면 벽지 스크린이 된다. 벽 전체에 낮에는 하와이 해변의 모습, 밤에는 우주의 이미지를 띄우는 새로운 세상을 펼

칠 수 있다. 기둥이 사라지고, 건축가가 마치 찰흙으로 빚듯이 만들어내는 건축물도 상상해보라. 철근과 콘크리트는 20세기의 인류 문명 발전의 기반이었다. 철근과 콘크리트 소재의 개발 덕에 고층 빌딩이 줄지어선 새로운 형태의 도시가 만들어졌다. 탄소 나노튜브는 철근과 콘크리트가 가져온 변화를 능가할 것이다. 건축에서뿐만 아니라 이 소재로 자동차를 만든다고 생각해보라. 자동차의 무게는 혁신적으로 줄면서 부서지지 않는 자동차를 만들 수 있다. 강철보다 가벼운 새로운 소재들이 건설, 자동차, 항공 등에서 무게를 줄이고 연료 효율성을 높이면 그만큼 이산화탄소 배출도 줄어든다. 나노튜브 기술로 실을 만들어서 '입는 로봇'을 만들면 강철의 200배의 강도를 가진다. 총알을 막으면서도 천으로 만든 옷처럼 가볍게 입을 수 있다. 인간 근력의 수십 배 넘는 힘도 쓸 수 있게 된다. 암 정복의 길도 단축된다. 자성 나노 입자에 항암제나 암체포를 공격하는 단백질을 실어 보내면 암 세포만 골라 정밀 타격을 가할 수 있다. 암 세포가 증가하면 암 세포에 연결된 혈관 부위의 구조가 느슨해지는데 항암제가 부착된 자성 나노 입자가 그 속으로 침투하여 암세포를 공격한다. 정상 세포에 연결된 혈관 부위는 나노 입자가 침투하지 못할 정도로 구조가 단단해서 공격을 받지 않는 원리다. 선택적으로 암세포만 공격이 가능한 셈이다. 암세포 공격이 끝난 나노 입자는 자연스럽게 몸 밖으로 배출이 된다. 자성 나노 입자의 단점도 있다. 최근 연구에 의하면 특정 환경에서 상자성 나노끼리 견고하게 응집되어 밀도가 높아지면 세포의 내외부에서 활성 산소 양이 인체에 유해할 정도로 증가한다. 활성산소의 양이 증가하면 세포 자살이 증가하고 세포 주기가 변형된다. 하지만 앞으로 10년 후면 인체에 안전한 자성 나노 입자가 개발되고, 전립선 암, 폐암, 유방암 등에서 나노 도구를 사용한 획기적인 암 치료의 길이 열릴 것이다. 한국 기업은 이런 기술의 선두 그룹에서 탈락하지 않아야 미래를 보장받을 수 있다.

2030년 이후에는 나노 로봇을 통해 암을 추적하고 공격하는 기술을 손에 쥐게 될 것이다. 분자 수준의 작은 인공기계를 만들어내는 것이 나노 기술이 이끄는 **2번째 혁명** 시기다. 혈관 속에 주입된 나노 로봇은 혈액 속을 돌아다니면서 암 세포를 추적하고 스스로 약물을 투여하여 치료할 것이다. 혈관 속을 돌아다닐 정도로 작기 때문에 혈관을 돌아다니다가 미세 찌꺼기가 쌓여 있는 부위를 만나면 나노 드릴로 구멍을 내어 혈관을 깨끗하게 해줄 수도 있다. 손상된 혈관을 치료할 수도 있다. 나노 단위에서 작동하는 미세 로봇이다. 이미 2009년에 미국 번햄연구소(Burnham Institute)와 캘리포니아대학 과학자들은 반도체 입자와 아홉 개의 아미노산으로 만든 나노 기계를 암 세포조직을 표적으로 삼는 유도탄처럼 이용할 수 있다는 연구결과를 발표했다. 앞서 소개했듯 2013년에는 전남대학교 박종오 교수가 이끄는 연구진이 대장암이나 유방암 같은 고형암의 진단 및 치료가 가능한 능동형 박테리오봇(Bacteria robot)을 세계 최초로 개발하여 동물실험에 성공했다. 1~2마이크로($\mu$m, 1$\mu$m = 100만 분의 1m) 크기 박테리아를 나노 로봇으로 활용한 박테리오봇은 능동형 약물전달이 가능하다. 연구팀은 박테리아가 평균 초속 5마이크로($\mu$m, 1$\mu$m = 100만 분의 1m) 속도로 움직이면서, 암에서 분비하는 혈관형성 촉진인자와 같은 특정한 물질을 표적으로 삼고 스스로 찾아가서 항암제를 표면에 살포하는 방식을 시도했다.* 미래학자들은 DNA로 만든 약물전달 나노 로봇의 인체 사용

---

* YTN 사이언스, 2013. 12. 17. 양훼영, "암세포 잡는 박테리아 로봇 개발"

허가가 2030년 이전에 가능할 것으로 예측한다.

　21세기 중반 이후가 되면, 미래 인류는 나노 도구를 지배적 도구로 사용하면서 완전히 새로운 문명을 건설할 것이다. 철이 그랬듯이, 나노 도구는 철기 시대보다 몇 배는 진보한 문명을 건설할 것으로 예측된다. 나노 신무기부터 나노 기술을 활용한 제품의 대량생산, 강철보다 200배 강력하지만 머리카락처럼 자유롭게 휘어지는 탄소 나노튜브 같은 기술을 활용한 새로운 건축물을 만들면서 도시 전체를 바꾸어 갈 것이다. 미지의 공간이었던 우주 개척에 필요한 다양한 장비도 나노 도구의 힘을 빌려 만들어 갈 것이다. 우주 개척에 필요한 에너지나 재료 등은 나노 기술 없이는 불가능하다. 신소재 혁명이 일어나는 시기마다 새로운 문명이 건설되었다. 석기시대에서 청동기시대로, 청동기시대에서 철기시대로, 2040년 이후에는 3천 년이 넘도록 지속된 철기 시대에서 나노 시대로 문명의 대전환이 일어나게 될 것이다.

　먼 미래에는, 나노 도구로 제작하고 있는 '원자 설계 설명서' 'DNA 설계 설명서' '커넥톰 설계 설명서'가 완성되어 자연과 인간의 구조를 근본적으로 바꿀 가능성이 열린다. 이 3가지 설명서의 비밀이 해독되면 호모 마키나 사피엔스(포스트 휴먼) 혁명이 시작되는 첫 관문을 열 수 있다. 먼 미래에 인간이 이 3가지 설계 설명서를 갖게 되고, 물질 구조를 완벽히 제어할 정도로 나노 도구를 발전시켜 '원자 정밀 제조'(APM, Atomically Precise manufacturing) 기술을 확보하면 더욱 놀라운 미래가 펼쳐질 것이다. 거시 세계에서는 탁월한 신뢰성과 내구성을 가진 제품 생산이 가능해진다. 미시 세계에서는 살아있는 세포보다 뛰어난 기능을 가진 인공 세포 로봇을 만들어 인간 자신과 자연 전체를 자유자재로 통제하고 새롭게 제조하는 능력을 갖는 시대가 열릴 수 있다.

내 예측으로는 21세기 말이면 자유롭게 원자를 쌓는 공정이 가능해지고, 22세기는 원자 정밀 제조 시대, 완전한 한계비용제로 시대 즉 지구 밖 화성에서도 완전한 자급자족시대가 열릴 것이다. 22세기 이후에는 지금보다 수천수만 배 발전한 나노 도구를 사용해 기계가 스스로 복제하고 변이하고 선택하는 패턴을 반복하며 진화하는 능력을 갖고, 나노 도구로 만든 새로운 생물학적 생명체나 기계 생명체가 달이나 화성에까지 널리 퍼져 나갈 것이다.

나노 도구는 생산 방식의 혁명도 불러올 것이다. 가까운 미래에는 기존 제조 공정에 나노 도구를 사용하는 제조 공정을 결합하는 방식이 유행할 것이다. 제품을 생산하는 과정에 나노 도구 사용을 결합하면 생산 범위가 달라진다. 제품의 특성도 달라진다. 나노 도구가 가진 확장성과 특별함 때문에 나노 제조 공정이 제품의 우위를 만들 것이다. 이미 탄소 나노 소재를 장착한 자동차나 비행기 등이 품질의 차별성을 갖기 시작했다. 나노 도구를 사용해서 식물처럼 태양 에너지를 열이나 화학 에너지로 전환하는 나노 기계를 만들어 사용하면 에너지 효율성을 100%까지 끌어올려서 스마트폰부터 자동차와 건물에 이르기까지 전기가 필요한 각종 제품을 혁신시킬 수 있다. 시간이 지나면 기존 제조공정과 나노 제조공정이 완전히 분리될 것이다. 분자의 집합체인 물질을 기본 생산 단위로 사용하던 현재 제조 공정이 원자를 기본 단위로 하는 공정으로 바뀐다. 분자와 원자 단위의 소재를 다루는 것이 기본이 되면 생산 기계가 달라진다. 만들어내는 제품이 원자나 분자 단위, 혹은 분자들의 집합 수준으로 작아지면 작은 실험실이나 개인화된 새로운 생산 시스템만으로 완제품을 충분히 만들 수 있게 된다.

먼 미래에 개인용 분자 기계가 현실화되어 원자나 분자를 분해 조립하여 물건을 만들기 때문에 사용하는 원자재 규모도 줄이고, 효율성도 극대화될 것이다. 분자 단위에서 물건을 제조하고 생산하면 아주 작은 공간에서도 엄청난 일을 할 수 있어서 토지 이용도 극대화할 수 있다. 원자를 자유롭게 다룰 수 있게 된다면 폐기물 처리도 완벽해진다. 용도가 없어진 물건은 원자 배열을 바꾸어 재활용할 수 있기 때문이다. 먼 미래에는 완성된 제품을 배달하는 일도 줄어들 것이다. 제품 정보를 담은 데이터만 전달하면 된다. 데이터를 가정이나 공장에서 직접 전달받고 분자 단위의 제품은 분자 조립기계로 생산하고, 물질 단위의 제품은 3D 프린터로 생산하면 된다. 물건 제조 과정과 생산 비용이 극적으로 하락하는 한계효용제로 시대가 가능해진다.[*]

## 반(半)영생의 또 다른 무기들

**3번째는 3D 프린터 등을 사용한 장기 복제 기술이다.** 21세기 중반이 되면 유전자와 세포에 대한 방대한 데이터와 이해를 기반으로 3D 프린터 등을 사용해서 내 몸에 꼭 맞는 장기를 만들어내는 일이 가능해진다. 미국 웨이크포레스트대학교(Wake Forest University)의 생체공학자인 앤서니 아탈라(Anthony Atala) 박사는 바이오 프린팅 기술을 가지고 피부조직을 찍어내는 데 성공했다. 바이오 프린터의 카트리지에는 환자에게서 배양한 세

---

[*] 에릭 드렉슬러, 《창조의 엔진》, 조현욱 역(김영사, 2011), 200–203

포 잉크를 집어넣고, 3D 스캐너를 통해 환자의 피부조직을 스캔하여 설계도를 만든 후, 3D 프린터를 작동시켜 똑같이 인쇄한다. 화상을 입은 환자들에게 새로운 피부 조직을 만들어주는 것을 목표로 하고 있다. 이 기술이 더욱 발달되면 미래에는 보톡스를 맞지 않더라도 노화된 자신의 피부 위에 젊은 피부조직을 입힐 수 있게 된다. 마치 화장으로 주름살이나 기미 주근깨를 감추는 것과 같은 방식으로 사용될 가능성이 크다. 화장 대신 배양된 피부 조직을 입으면 80세 넘은 노인이라도 젊은이처럼 보일 수 있게 될 것이다. 부모가 자식보다 더 젊어보일 수 있기에 겉모습만으로는 노인인지 젊은이인지를 구별하기 힘든 시대가 올 것이다. 본인이 보이기 원하는 나이로 피부상태를 얼마든지 조절할 수 있게 된다. 젊은이는 좀 더 나이 들어보이게 할 수 있고, 늙은이는 좀 더 젊어보이게 할 수 있게 된다.*

물론, 현재의 장기 복제 분야는 무균 돼지 등을 이용해서 이종 장기 복제를 하거나 줄기세포 기술을 활용한 연구가 중심이다. 이 중에서도 다른 사람의 장기를 이식하거나 무균 돼지 등을 사용해서 이종 장기 배양을 하는 것은 일정 부분의 리스크가 존재한다. 이식에 적합하지 않을 수도 있고, 성공적으로 이식한 후에도 면역 반응에 문제가 발생할 수도 있다. 2012년부터 미국 등에서 면역거부 반응을 일으키는 유전자를 제거하는 기술이 개발되었지만, 여전히 가장 이상적인 장기 배양 방법은 자신의 줄기세포를 사용하는 것이다. 현재, 줄기세포 치료 기술은 실명위기에게 놓인 80대 노인성 황반변성증 환자의 눈에 줄기세포를 이식해서 시력을 회복시키는 데까지 발전했다.

---

\*      Discovery, James Woods, "Futurescape; Cheating Time"

줄기세포를 가지고 장기복제를 하기 위해서는 분화능력이 가장 좋은 배아줄기세포를 사용해야 한다. 인간의 몸에는 피부 등의 일부를 제외한 대부분의 장기에는 줄기세포가 없다. 그러나 1998년 미국 위스콘신대학교의 연구팀이 인간의 몸속에 모든 장기로 분화가 가능한 만능줄기세포인 배아줄기세포가 있다는 것을 밝혔다. 배아줄기세포는 생명의 근간이다. 무한 증식과 모든 장기로의 분화 능력을 가지고 있다. 그러나 이 기술은 여성의 난자를 사용하기 때문에 심각한 윤리 문제와 직결된다. 현재의 기술로는 환자의 몸에 주입될 때 면역 거부 현상도 발생할 가능성이 크다. 또 다른 문제도 있다. 배아줄기세포는 모든 장기로 분화가 가능하기 때문에 실험쥐의 몸속에 삽입하면 신경, 뼈, 근육, 장기 등의 다양한 세포가 한 번에 만들어진다. 만약 신경에 배아줄기세포를 주입하면 신경세포가 만들어지지만 동시에 뼈나 근육, 다른 장기가 동시에 분화하여 큰 문제가 생긴다. 이런 문제들을 해결하기 위해 전문가들은 다른 방법을 시도하고 있다. '역분화 줄기세포'(유도만능줄기세포) 기술이다.

분화가 끝난 체세포에 세포 분화 유전자를 주입하여 배아줄기세포의 기능을 하도록 분화 이전 상태로 되돌리는 기술이다. 이 기술은 여성의 난자를 사용하지 않아도 되고, 환자 자신의 체세포를 줄기세포로 역분화시키는 것이므로 면역 거부 반응이 일어날 확률도 크게 줄인다. 이 기술을 활용해서 올챙이를 대상으로 한 연구에서 일본 도쿄대학의 야마나카 신야 교수팀은 완벽한 눈과 심장을 만드는 데 성공했다. 이 기술의 가능성을 인정받아 2012년 야마나카 신야 교수는 노벨 생리학 의학상을 수상했다. 현재 일본에서는 유도만능줄기세포(iPS Cell, induced Pluripotent Stem Cell, 역분화 줄기세포) 치료의 임상연구가 승인되어서 파킨슨병, 제1형 당뇨병, 심장병, 시각질환 같은 질병에서 효과를 내고 있고, 신장 조직의 생성과 간의 싹(Liver bud)을 만드는 데도 성과를 내고 있다.[*] 일본은 iPS 세포로 난치병 치료 연구를 하는 곳이 많다. iPS 세포는 성인의 세포를 배아 단계로 되돌려 만든 줄기세포다. 세계 최초로 iPS세포 생산라인을 개발한 교토대학교가 각 분야의 최고 연구역량을 가진 연구팀에 줄기세포를 나눠주면서 대학 연합을 구축했다. 오사카대학교는 심장, 게이오대학교는 하반신마비 등을 비롯해 망막 질환이나 파킨슨 병, 혈액 질환, 심부전, 암 등에 대한 연구가 활발하게 진행 중이다.[**] 하지만 아직까지는 종양 발생 가능성이 크고 분화 효율이 떨어져서 비용이 많이 든다는 단점이 있다.

성체줄기세포(adult stem cell)는 배아줄기세포의 윤리적 문제를 피해 갈 수 있는 또 다른 대안이다. 대표적으로 제대혈(탯줄혈액)이나 골수나 혈액 속에 있는 줄기세포가 바로 이것이다. 과거에는 성체줄기세포는 오직 그 조직의 세포로만 분화한다고 알려졌다. 하지만 골수에 있는 줄기세포가 모든 장기는 아니더라도 백혈구, 신경 등의 몇몇 다른 조직이나 장기로도 분화시킬 수 있다는 것이 밝혀졌다.[***] 그리고 2001년 5월 4일에는 성체줄기세포도 모든 세포로 분화될 수 있는 잠재력을 가지고 있다는 연구결과가 의학전문지 〈셀〉(Cell)에 실리면서 새로운 희망을 불러일으켰다. 실제로, 한국의 가톨릭의대 연구진도 골수에서 추출한 성체줄기세포로 대퇴골두 무혈성 괴사증 환자를 치료하는 데 성공했다. 미국 플로리다대학교의 연구팀은 성체줄기세포로 인슐린을 분비하는 췌장세포를 만드는 데 성공

---

[*] 매일경제, 2013. 1. 23. "유도만능줄기세포로 신장 조직 생성 성공" 기사 중에서.
[**] 조선일보, 2019. 1. 2. "오사카 대는 심장, 게이오 대는 하반신마비, 교토 대 줄기세포 받아 새로운 치료법 연구"
[***] 〈트렌즈(Trends)지〉 특별취재팀, 《10년 후 일의 미래》, 권춘오 역(일상이상, 2013), 230-231.

했다. 이외에도 연골세포, 심근세포 등으로 분화시키는 데도 성공한 상태다. 칼리지런던대학교의 알렉산더 세이팔리안 교수팀은 코 모양을 본뜬 주물에 줄기세포를 넣어 배양한 코얼개를 팔목에 이식하여 피부세포가 덧입히게 하는 방법을 사용해서 인공코를 만드는 데 성공했다. 연구팀은 이 기술을 코뿐만 아니라, 얼굴 전체 부위를 재생하는 데 접목할 계획이라고 한다.*

미국 애틀란타 에모리대 의대 윤영섭 교수는 2025년경이면 이러한 줄기세포 기술을 활용해서 손상된 심장의 근육과 혈관세포를 치료하는 기술이 상용화될 것으로 예측했다. 윤 교수는 줄기세포 치료 시장에서 심혈관 분야만 250조 원 규모로 미래의 줄기세포 치료 시장은 그 규모가 어마어마할 것으로 예측하면서, "줄기세포 치료 연구에서 줄기세포를 얻거나 만드는 연구는 전체 연구의 10%밖에 안 된다. 진짜 문제는 줄기세포를 어떻게 분화시키느냐는 것이다. 현재 연구의 90%가 분화 방법 및 이를 인체에 적용하는 방법을 개발하는 것이다. 배아줄기세포나 역분화줄기세포에 다양한 첨가물을 집어넣어 심근, 뇌, 간, 혈관 등의 세포로 분화시켜야 하는데 원하지 않는 세포가 30~70% 정도 들어있다. 이걸 없애는 것이 주요 연구 과제다"**라고 말했다. 윤 교수는 현재의 기술 추세는 배양한 줄기세포를 장기에 안착시키는 것에서 종양 발생을 피하거나 줄기세포의 생존 가능성과 효과를 높이기 위해 외부에서 직접 조직을 만들어 이식하는 쪽으로 방향을 바꾸고 있다고 한다.***

미래에는 이런 기술들이 3D 바이오 프린팅 기술과 결합되어 복잡한 인

---

\* YTN, 2014. 5. 11. 이성규, "줄기세포로 인공 코 재생 성공"
\*\* 주간조선, 2014. 6. 1. 황은순, "이건희 회장 위협하는 심부전, 10년 내에 줄기세포로 치료할 수 있다"
\*\*\* 같은 기사

공장기 복제 완성도와 편리성을 높일 가능성이 크다. 21세기 중반이면 줄기세포, 생체공학, 3D 바이오 프린터, 3차원 설계 기술 등이 접목되어 원하는 장기들을 복제하거나 인쇄하여 갈아 끼울 수 있는 기술적 가능성이 열릴 것이다. 미래의 3D 바이오 프린팅 기술 자체도 장기 안에 있는 복잡하고 정밀한 혈관까지도 인쇄할 수 있을 정도로 발전하게 될 것이다. 펜실베니아대학교의 바이오의학 공학자 크리스토퍼 S. 첸(Christopher S. Chen) 박사는 설탕으로 장기 속의 복잡하고 미세한 혈관까지 복제한 구조물을 만들고 그 속에 바이오 잉크를 주입하는 기술에 성공했다. 액상 설탕으로 만들어진 3차원 입체 구조물은 녹아도 인체에 해가 되지 않는다. 설탕이 녹아 없어지면 틀 속에 자리 잡은 세포만 남으면서 이식이 가능한 새로운 장기가 만들어지는 원리다. 아직은 초기의 기술이지만 21세기 중반쯤 되면 장기를 만들 수 있는 수준에 이르게 될 것이다.*

'생물학적 반(半)영생'을 가능케 하는 마지막 힘은 시간과 공간의 압축현상이다. 의료기술 혁명과 더불어 시간과 공간의 압축현상은 정신적 혹은 상대적 시간의 차원에서 생명 연장을 체험케 한다. 디지털 기술의 발전으로 빛의 속도로 지구가 연결되고 가상과 현실이 연결되면서 시간과 공간의 압축현상이 일어나고 있다. 상대적 시공간 개념이 달라지면 몇 세대를 사는 느낌과 효과가 가능하다. 미래학자들은 이렇게 말한다. 지난 100년의 변화는 인류 전체의 변화와 맞먹는 변화였다. 그리고 지난 10년의 변화는 지난 100년의 변화와 맞먹는 변화였다. 앞으로 10년의 변화는 지난 10년의 변화보다 더 많은 변화가 일어날 것이다. 이런 압축 효과는 지난 세대가 물리

*      Discovery, James Woods, "Futurescape; Cheating Time"

적으로 2~3배를 더 살아야만 얻을 경험을 짧은 시간에 겪게 한다. 사회 변화 속도도 빨라져서 10년이면 지난 세대가 평생을 거쳐야 얻을 수 있는 사회적 경험도 맛보게 된다. 디지털 기술과 유전공학의 힘으로 물리적 생명이 120~150년으로 늘어나고, 시간과 공간의 압축현상이 최고조에 이르면 21세기 인간이 느끼는 생명연장 효과는 몇 배 더 늘어난다. 아마도 우리 조상들이 6~7세대(300~400년의 기간)를 거쳐야 얻을 수 있는 세상 경험을 누리게 될 것이다.

이런 미래는 인구 변화의 힘과 맞물려 의료산업 전체를 바꿔놓을 것이다. 한국을 포함한 선진국에서는 인구감소와 지역 개념 파괴와 글로벌 경쟁이 심해지면서 일부 영세한 병원들이 설자리를 잃고 있다. 미래는 대형병원들도 안심할 수는 없을 것이다. 2050년 중국에는 4억 3천만 명의 65세 이상의 노인들이 살게 된다. 한국과 일본은 인구 절반이 은퇴한다. 미국도 고령화를 피해갈 수 없다. 선진국들이 고령 사회에 접어들면 의료산업 변화를 가속화시킬 것이다. 은퇴자들이 원하는 의료 서비스의 화두는 예방(prevention), 지속가능한(sustainable) 건강, 언제 어디서나 가능한 맞춤형 치료 등이 될 것이기 때문이다. 기술 변화와 소비자 변화가 맞물리기 시작하는 시기가 곧 온다. 내가 위에서 설명했던 기술만으로도 철옹성 같던 의료산업의 경계와 장벽도 무너진다. 미래에는 집에서 가까운 병원이나 무작정 큰 병원을 선택하지 않는다. 자동차 안에서도 세계에서 가장 뛰어난 의사에게 언제 어디서나 직접 진료를 받을 수 있게 되기 때문이다. 맞춤의료, 스마트 의약품, 예측, 사전 예방, 자가 진단, 환자 참여, 글로벌 의료 서비스, U-헬스, 자기 재생 치료라는 새로운 개념이 미래 의료산업의 핵심이 되면서 경쟁 구도가 뒤바뀔 것이다.* 의사의 일방적 치료에만 의지하지 않고 인공지능의 도움으로 환자가 스스로 진단하고 예방과 치료에 적극적으로 참여하는 미래, 의료산업이 음식이나 레저까지 결합되어 확장되는 미래도 열릴 것이다.


## 디지털 영생

영생(永生)의 두 번째 방법은 '디지털 영생'(Digital eternal life)이다. 인간의 기억과 인식 능력과 자아를 컴퓨터에 이식하여 몸은 죽어도 '가상자아'(假像自我, Cyber Ego)가 영생하는 방법이다. 2013년 6월 미국 뉴욕의 링컨센터에서 개최된 '글로벌 퓨처 2045 회의'에서 학자들은 신체 수명이 다한 후에도 인간의 정신이 살아남을 수 있는 기술에 대한 활발한 논의를 했다. 인간의 두뇌 속 데이터를 컴퓨터로 전송해 홀로그램 상태의 가상 신체를 만드는 프로젝트였다. 이런 미래가 가능할까? 그 가능성을 예측해보자. 현실 세계에서는 과학과 의학기술만으로 완전한 영생이 불가능하다. 하지만 가상 세계는 가능하다.

먼저, 현실 세계에 사는 인간이 가상 세계 속에 자신의 데이터를 완벽하게 투영한 아바타를 만든다. 실제로 마이크로소프트사는 모든 기억과 과거를 디지털로 저장하여 가상공간에서 영생할 수 있는 프로젝트를 진행 중이다. '마이라이프비츠' 프로젝트다.** 마이라이프비츠는 읽은 책부터 대

---

*       이인식 외, 《기술의 대융합》(고즈윈, 2010), 114.
**      고든 벨, 짐 겜멜, 《디지털 혁명의 미래》, 홍성준 역(청림출판, 2010), 48-106.

화기록이나 이메일까지 한곳에 모아 디지털화하여 완전한 전자기억을 만든다. 이 프로젝트가 성공하면 당신은 생물학적 기억과 전자 기억 두 가지를 동시에 갖게 된다.

그다음으로 내 기억과 정보를 저장한 아바타와 인공지능을 연결시킨다. 가상 아바타에게 현실의 나와 정확하게 일치하는 데이터를 입력해도 그것은 과거의 데이터다. 계속 업데이트하지 않으면 현재의 내가 아니라 과거의 나일 뿐이다. 가상 아바타가 계속 나와 같은 존재로 있게 하려면 내가 살아있는 한 계속 나의 데이터를 업데이트 받아야 한다. 하지만 문제는 내가 죽고 난 이후다. 현실 속의 내가 죽으면 더 이상 가상 속의 내 아바타에게 데이터를 업데이트할 수 없다. 가상 속의 아바타는 삭제하지 않는 한 죽지는 않지만, 내가 데이터를 마지막으로 업데이트한 상태로 멈춘 채 가상공간을 떠돌아다녀야 한다. 존재한다기보다는 조종자를 잃고 '그냥 있는' 상태다. 변화가 없는 정지 상태는 진정한 영생이라고 할 수 없다. 이 문제를 해결하려면 내가 죽고 난 이후에도 가상 아바타가 계속 변화할 수 있는 장치가 마련되어야 한다. 인공지능이 이것을 가능케 할 수 있다. 인공지능은 과거의 내 아바타의 정보를 기반으로 내가 현실 속에서 발전하고 변화하는 패턴을 추출해낼 수 있다. 이를 기반으로 인공지능은 내가 죽고 난 이후에도 외부 정보나 가상세계 속의 정보를 계속해서 받아들이고, 나의 패턴을 사용해서 가상의 아바타가 계속 발전하고 변화하도록 만들 수 있다. 현실의 나는 죽었지만, 인공지능은 내가 살아있었다면 새로운 환경에서 어떻게 적응하고 발전하고 변하는지를 예측하여 가상의 내 아바타를 변화시킬 것이다. 인공지능과 연결된 가상 자아(假像自我, Cyber Ego)는 현실 자아(現實自我, Ego)보다 더 발전 가능성이 있다. 이런 순환이 오랫동안 반복되면 가상 아바타(가상 자아)가 나와 같았던 자아 수준을 벗어나 완전히 다른 내가 될 수도 있다. 인공지능과 내 아바타를 분리시키지 않는 한, (이론적으로) 내 아바타는 영생할 수 있다. 가상 세계에서 살고 있기 때문에, 현실에 사는 인간이 하지 못하는 일을 할 수도 있다. 내 자녀나 후손들은 가상 세계 속에서 계속 생존하고 날마다 성장하는 내 아바타를 홀로그램으로 불러내거나 휴머노이드 로봇에 주입시켜 함께 생활하고 인생의 조언을 받을 수도 있다. 나는 이것을 '디지털 영생'(Digital eternal life)이라 부른다. 디지털 영생을 선물로 받은 가상 인간 기술은 과거 영상을 보여주는 수준이 아니다. 사람에게 싫증이 난 사람이라면, 내 자아를 가진 휴머노이드 로봇과 결혼할 수도 있을 정도로 완벽한 존재다.

물론 인공지능이 아바타를 성장시키려면 현재보다 높은 단계로 발전해야 한다. 내 예측으로는 스스로 학습과 발전을 할 수 있는 강한 인공지능과 아주 강한 인공지능 수준에 이르면 가능할 것이다. 앞서 인공지능 발전 단계를 예측한 내용에서 언급했던 강한 인공지능과 아주 강한 인공지능의 수준을 되짚어보자. 내가 분류한 인공지능 발전의 3단계인 '강한 인공지능'은 인간지능 '전(全) 분야'에서 인간 능력을 그대로 모방하는 수준이다. 인간의 자유의지를 제외한 모든 것을 완벽하게 모방하는 수준이다. 이 수준에 올라가려면 구조적, 생물학적, 나노공학적, 인지과학적으로 많은 지식과 연구가 필요하며 뇌 커넥톰도 완성되어야 한다. 인간 뇌에 대한 모방과 신비를 알아야 하기 때문에 신경공학과 유전공학이 더 발전해야 한다. 뇌 스캔 기술도 더 발전해야 한다. 그다음에는 심리학, 인지과학을 통하여 뇌 지도가 만들어지면 매뉴얼을 해석할 수 있는 기술도 나와야 하고, 마스터 알고리즘도 필요하다. 컴퓨터 처리능력도 현재의 슈퍼 컴퓨터보다 연산속도가 1억 배 이상 빠른 양자 컴퓨터나 자기 컴퓨터, 원자 컴퓨터 등이 상용화되어야 한다. 내 예측으로는 이런 수준의 인공지능이 나타나려면 21세기 중반 이후에나 가능하다. 이 정도의 단계에 이르면 가상공간의 내 아바타와 연결하여 디지털 영생을 현실화시킬 수 있다. 실제로 이런 서비스를 판매할 회사가 등장할 수도 있다. 만약, 아주 강한 인공지능이 출현하면 디지털 영생이 아주 만족할 만한 수준에 이를 수 있다. 내 예측으로는 인공지능 발전의 마지막 단계인 '아주 강한 인공지능'은 21세기 말이나 22세기 초에나 가능하다. 아래는 내가 제시한 아주 강한 인공지능으로 인정받을 수 있는 기본 조건이다.

> 아주 강한 인공지능은 지식을 합리적으로 조작하는 물리적 뇌와 완벽한 이성을 가지고 모든 지적 과제에서 인간을 뛰어넘는 합리적 사고를 할 수 있다. 초지능체(超知能體)일 뿐만 아니라, 인간 정신작용을 완벽하게 모방하여 완전한 마음(perfect mind)도 갖는다. 인간 '정신'(精神, soul)의 핵심인 자유의지도 갖는다.

## 뇌 업로딩 서비스

인공지능의 발전과 함께 뇌 업로딩 기술도 현실화된다면, 디지털 영생 가능성은 더 높아진다.[*] 2014년, 〈트랜센던스〉(Transcendence)라는 영화

---

[*]    최윤식, 《미래학자의 인공지능 시나리오》(대성korea.com, 2016), 47~49.

가 개봉했다. 천재 과학자 '윌'(조니 뎁 분)은 아주 강한 인공지능 개발을 목전에 둔다. 인류가 수억 년에 걸쳐 이룬 지능을 초월하고 자각 능력까지 가진 슈퍼 컴퓨터의 출현이 눈앞에 이르자, 반(反) 과학단체 'RIFT'는 인류의 멸망이라 주장하며 인공지능을 개발한 윌을 살해한다. 윌의 연인 '에블린'(레베카 홀 분)은 윌을 다시 살려내기 위해 윌의 뇌를 컴퓨터에 업로드시킨다. 과연 이런 일이 가능할까? 2014년, 오픈웜(OpenWorm) 프로젝트 그룹은 예쁜꼬마선충(Caenorhabditis elegans)의 302개 뉴런 간 모든 연결을 매핑하고 이를 소프트웨어로 시뮬레이션하고 레고 로봇에 업로드해 로봇을 제어하는 데 성공했다. 이들이 만든 레고 로봇은 예쁜꼬마선충과 비슷하게 만들어진 신체 부위를 가지고 있었다. 코 역할을 하는 수중음파 탐지기와 벌레의 운동 뉴런을 대체하는 모터다. 예쁜꼬마선충의 가상 뇌는 과학자들의 어떤 지시도 프로그래밍되지 않은 상태에서 로봇을 제어하고 움직였다. 살아있는 선충과 비슷한 방식으로 말이다. 예를 들어 코 역할을 하는 수중음파 탐지기를 자극하자 로봇이 앞으로 움직이는 것을 멈췄다. 전방 및 후방 터치 센서를 만지면 로봇이 앞뒤로 움직였고, 음식 센서를 자극하면 전진했다.* 현재는 선충의 뇌를 레고 로봇과 연결하는 실험에 성공한 수준에 불과하다. 하지만 먼 미래의 언젠가는 인간의 뇌를 업로딩하는데 성공할 수 있다. 뇌 업로딩이 가능해지려면 아주 강한 인공지능 개발이 전제되어야 하고, 몇 가지 난제도 극복해야 한다.

먼저 인간 뇌 배선들(커넥톰)의 의미 해독이 필요하다. 우리 몸에 있는 60조 개의 세포는 빠르게 증식하여 세포 교체를 한다. 몸 전체 세포가 완

---

\* 로봇신문, 2017. 12. 18. 조인혜, "과학자들, 레고 로봇에 벌레의 뇌 업로드 성공"

전히 새로운 세포로 교체되는 데 걸리는 시간은 2~3달이다. 뇌에는 신경세포를 억제하는 유전자가 있어서 이런 증식을 하지 않는다. 2~3달이 지나도 예전의 내가 그대로 있어야 하니까. 신비롭지 않은가! 〈네이처〉에 실린 논문에 의하면 뇌에서 신경세포 증식을 억제하는 유전자를 제거했더니 신경세포가 증식을 시작했다. 똑같은 세포로 복제도 할 수 있었다. 뇌 복제다. 만약 뇌지도가 완성되어 뇌의 어디에 어떻게 기억이 저장되어 있고, 뇌 부위들이 어떻게 작동하고 있는지를 밝혀낸다면 그 부위를 인위적으로 자극해서 기억을 이식할 수도 있다.[*] 21세기 중반 이전에 뇌신경망을 도식화한 커넥톰이 완성될 것이다. 그러나 유전자 지도를 분석해도 유전자 배열들의 의미를 속속들이 알아야 질병치료가 가능해지듯이, 커넥톰 지도가 완성되어도 뇌 배선(네트워크)들의 의미를 속속들이 해석해야 뇌 관련 질환이나 뇌기능 향상을 가능케 하는 기술 개발이 가능해진다.

**2025년 안에 개인 전체 유전자 지도를 값싸고 빠르게 알 수 있는 미래가 온다.** 커넥톰 지도 완성은 이보다 시간이 더 걸릴 것이다. 7,000개 정도 되는 배선(신경계 연결)을 가진 예쁜꼬마선충 커넥톰 지도를 완성하는 데 12년 걸렸다. 인간의 신경계 연결은 예쁜꼬마선충의 1,000억 배 이상이다. 커넥톰은 인간 게놈 염기수(뉴클레오티드 숫자)보다 100만 배 이상 많다.[**] 인간의 뇌는 대량의 피질하 백질을 가진다. 백질 속에는 이리저리 뻗은 수많은 축삭 연결이 있다. 피질에 있는 하나의 세포는 5천~1만 개 세포들과 연결되어 있다. 현재 실리콘 제조 기술로는 이런 수준의 배선을 만들기 힘들다.[***]

---

[*]    이케가야 유지, 《교양으로 읽는 뇌과학》, 이규원 역(은행나무, 2005), 190~193.

[**]   승현준, 《커넥톰, 뇌의 지도》(김영사, 2014), 22.

[***]  샌드라 블레이크슬리, 제프 호킨스, 《생각하는 뇌, 생각하는 기계》, 이한음 역(멘토르, 2010), 320.

여기서 잠깐! 많다는 것이고 힘들다는 것이지, 불가능하다는 말은 아니다.

　기하급수적으로 발전하는 컴퓨팅 기술 덕택에 생각보다 빠를 수 있다. 인간 게놈 지도 완성도 100년 이상 걸릴 것이라는 비관적 견해를 극복하고 13년 만에 성공했다. 2003년 인간 게놈 지도를 완성한 후 10년이 못되어 개인 유전자 전체를 분석하는 서비스가 상용화되었다. 커넥톰 지도 연구도 비슷한 경로를 갈 가능성이 크다. 커넥톰이 게놈 염기수보다 100만 배 많지만 인공지능, IT, BT, NT 기술 발전의 도움을 받는다면 30~40년 이내에 인간 커넥톰 지도를 완성할 수 있을 것이다. 그 후로 20년 정도 지나면 1,000달러를 지불하고 하루 안에 개인 커넥톰 지도를 알려주는 서비스가 출시될 수 있다. 커넥톰 지도를 완벽하게 구현하더라도 끝이 아니다. 커넥톰 지도도 게놈 지도처럼 아직 이해하지 못한 언어로 쓰인 방대한 책이다. 글자들의 의미를 이해하는 것이 더 중요하다. 글자들의 의미를 이해해야 뇌 질병을 치료하는 방법이나 신약을 찾거나, 커넥톰을 변화시켜 역량을 향상시키거나, 뇌를 그대로 복제하여 영생의 길을 여는 데 활용할 수 있다. 하지만 이 부분도 시간이 오래 걸리더라도 그 신비가 속속 밝혀질 것이다. MIT 연구진은 예쁜꼬마선충에 형광 빛을 내는 유전자를 주입하여 신경세포가 작동할 때 빛을 내게 했다. 연구진은 이 기술과 새로운 영상 기법을 활용해서 신경세포망 전체의 실시간 움직임을 3D 지도로 만들었다. 모든 신경세포를 동시에 볼 수 있고, 특정 부위의 신경세포가 활성화되는 과정도 파악할 수 있고, 입력된 정보가 어디서 처리되고 있는지도 추적할 수 있고, 시간에 따른 뇌신경망 전체 활동과 변화를 입체적으로 들여다볼 수 있게 되어 뇌 전체의 순차적 작동 원리를 파악하는 길이 열린 것이다. 이 기술은 뇌신경망의 특정 부위나 특정 시냅스가 무슨 활동을 하고 무슨 의미가 있는지를 알 수 있게 해줄 수 있다.

뇌 업로딩을 하려면 풀어야 할 난제가 더 있다. 인체 냉동 보존술과 기억을 이식하는 컴퓨팅 기술이 필요하다. 인간 뇌 전체를 시뮬레이션할 수 있는 컴퓨터 성능도 필요하다. 양자 컴퓨터 등이 발전하면 인간 뇌 전체를 시뮬레이션할 수 있는 컴퓨터 성능도 21세기 중반이면 가능해진다. 업로드된 커넥톰 시뮬레이션이 제대로 작동하려면 커넥톰 변화의 기본 방식인 '4R'도 작동해야 한다. '4R'이란 뉴런들 간의 연결의 세기를 강화하거나 약화하는 방식인 '가중치 변경'(Reweight), 시냅스를 새로 만들거나 제거하는 방식인 '재연결'(Reconnet), 가지돌기가 자라거나 축소되는 방식인 '재배선'(Rewrite) 그리고 기존의 뉴런을 제거하고 완전히 새로운 뉴런을 만드는 방식인 '재생'(Regeneration)이다.* 앞서 언급했듯이 새로운 기억을 저장하거나 재조합하지 않으면 업로드된 자아는 옛 자아 그 상태에 머물기 때문이다. 내 예측으로는 이런 모든 난제들이 탁월한 과학자들의 노력으로 21세기 말~22세기 초에는 해결될 것이라 예측한다. 그때가 되면 뇌 업로딩이 시도될 수 있는 거의 모든 기반이 마련될 것이다. 뇌 업로딩이 가능해지면, 디지털 영생을 시도하거나 가상에서 완벽하게 시뮬레이션된 다른 뇌를 구매하여 사용할 수도 있다. 논리적으로는 충분한 가능성이다.**

내 예측보다 더 빨리 뇌업로딩 시대가 열릴 것이라고 주장하는 학자도 있다. 미래학자 레이 커즈와일이다. 컴퓨터 기술의 발전으로 뇌 스캔의 시공간적 해상도와 대역폭도 매년 2배씩 증가하고 있다. 1990년 이래 인공지능과 로봇공학 프로그램의 역량도 매년 2배씩 증가하고 있다. 레이 커즈

---

* 승현준, 《커넥톰, 뇌의 지도》(김영사, 2014), 21.
** 같은 책, 401~430.

와일은 이런 속도라면 2025~2030년 사이에 나노기술이나 양자역학 등을 적용한 슈퍼컴퓨터의 역량이 인간 뇌를 업로딩하여 시뮬레이션할 정도로 발전하여 인간 뇌의 패턴 인식, 지능, 감정 같은 능력에 대한 획기적인 이해가 가능해질 것이라고 예측한다.[*] 또한 2045년경이면 뇌의 재창조도 가능해질 것으로 예측한다. 2045년은 그가 주장하는 특이점(The Singularity)이다.[**] 특이점이란 이런 놀라운 기술들이 현실이 되면서 모든 분야에서 기술 변화의 속도가 매우 빨라지고 그 영향이 깊어지면서 인간 수명부터 삶과 죽음의 의미와 형태, 비즈니스 모델까지 인간 전반의 삶에 되돌릴 수 없는 변화가 일어나는 시기다.[***]

## 다음 비즈니스, 인간의 몸

디지털 영생의 시대는 먼 미래이지만, 미래 기술은 인간의 몸을 한 단계 더 발전시키고 확장시켜 강력한 인간이 될 수 있는 길을 이미 열고 있다. 가까운 미래에 인간의 몸을 강력하게 하는 제품과 서비스는 강력한 비즈니스 영역으로 등장할 가능성이 크다.

1989년 추수감사절을 보내러 고향으로 돌아가던 셰리 로버츤은 자동차 사고로 얼굴과 뇌에 심각한 손상을 입었다. 얼굴이 밀리면서 코뼈가 뇌에 박혀 뇌 전체가 심각하게 부어서 오른쪽 전두엽 일부를 절개해야 했다.

---

[*]     레이 커즈와일, 《특이점이 온다》, 김명남, 장시형 역(김영사, 2007), 47, 102, 165.
[**]    같은 책, 183.
[***]   같은 책, 23.

사고로 망막도 거의 사라졌다. 큰 수술 끝에 기적적으로 셰리는 살아났지만, 19세에 시각 장애인이 되는 것은 피할 수 없었다. 하지만 37세가 되던 해, 셰리 로버츠에게 기적이 일어났다. 로봇과 생체공학이 결합된 최첨단 기술이 그녀에게 '사이보그 인간'이라는 새로운 삶을 선물한 것이다. 카메라 달린 안경은 망막을 완전히 상실한 눈을 대신하고, 허리에 찬 컴퓨터는 카메라를 통해 들어온 정보를 뇌가 이해할 수 있는 전기 신호로 바꾸어 시각 피질로 전달했다. 그러자 기적이 일어났다. 그녀의 뇌가 세상을 보기 시작했다.

과학자 윌리엄 도벨(William Dobelle)은 시각 피질이 완전히 형성된 후 사고로 시각을 잃은 경우, 비디오카메라를 통해 들어온 시각 정보를 직접 뇌에 연결하면 시력을 회복할 수 있을 것이라는 이론을 주장했다. 그의 아이디어를 인간에게 직접 적용하는 것은 위험해서 미국 FDA 승인을 받지 못했다. 윌리엄 도벨은 포르투갈로 건너가서 지원자를 모집했고 셰리 로버츠이 선발되었다. 2003년, 리스본에서 뇌를 절개하고 후두엽과 정수리에 수백 개 전극이 달린 금속판 두 개를 연결하는 수술이 4시간 동안 진행되었다. 수술이 끝났지만, 셰리의 머리에는 뚫린 두 개의 구멍 중 한 쪽이 아물지 않아 뇌 척수액이 계속 흘러나왔다. 두 번째 수술이 이어졌다. 3달 후, 수술 부위가 완전해졌다. 의사는 두 개의 구멍에 전선을 연결하고, 조심스럽게 전기 자극을 시작했다. 정적을 뚫고, 셰리의 탄성이 터졌다. 빛이 보이기 시작했다. 그 순간, 셰리는 세계에서 2번째로 '인공 시각'(bionic eye)을 가진 사이보그 인간으로 다시 태어났다. 세계 최초로 이 수술을 받은 사람은 옌스 나우만이라는 독일인이었다. 옌스 나우만도 수술 후 초기에는 전기 자극으로 뇌손상이 발생하는 후유증을 입었다. 하지만 뇌가 새로운 기계에 적응하자 몇 달 후 놀라운 결과가 나왔다. 시각을 완전히 상실했던 그가 인공 눈을 통해 자동차를 운전할 수 있을 정도로 시각 회복을 했다. 옌스 나우만의 장치는 셰리 로버츠에게 이식된 것보다 한 단계 아래 수준이었다.[*] 2017년 8월, 미국식품의약국(FDA)은 눈에 심각한 손상을 입거나 실명한 환자를 대상으로 망막에 칩을 이식하는 임상시험을 허용했다.

2014년, 4년간 전신마비로 살아온 23살의 이안 버크하트라는 청년은 뇌-인터페이스 기술로 생각만으로 자신의 손을 움직이는 놀라운 기적의 주인공이 되었다. 뇌에 심어놓은 4mm 마이크로 칩이 손을 움직이라는 뇌의 명령을 포착하여 손에 부착된 근육자극 장치에 컴퓨터 신호를 보내서 손을 움직였다. 과학자들은 인간 지능을 향상시키는 데도 관심을 갖는다. 미국 남가주대학(USC) 버거(Theodore Berger) 박사 연구팀은 쥐의 해마를 1mm 두께로 얇게 자른 후, 여기에 전기신호를 보내서 해마의 작동 기능을 분석을 하는 연구를 했다.[**] 1mm 두께로 얇게 자른 해마와 똑같은 칩들을 만들어 차곡차곡 쌓은 칩을 만들면 해마 전체의 기능을 대신할 수 있는 인공해마가 될 수 있다는 가설이다. 불가능한 가설은 아니다. 연구진은 쥐 실험에서 쥐의 기억력을 50% 향상시키는 데 성공했다.

고령사회가 되면서 점점 더 큰 문제로 자리 잡고 있는 치매, 심각한 사회적 문제가 되어가고 있는 각종 정신질환 문제도 머지않은 미래에 정복될 것이다. 독일과 캐나다 공동연구팀이 기존보다 50배나 정밀한 '3D 뇌지도'를 완성했다. 독일 율리히 신경의학연구소 카트린 아문트(Katrin Amunts) 박사 팀은 '빅 브레인'(Big Brain)이라는 3D 뇌지도를 제작했다. 빅 브레인

* EBS 다큐10, 2009. 4. 28. "생체공학과 로봇인간"
** 국제미래학회, 《미래가 보인다. 글로벌 미래 2030》(박영사, 2013), 86.

은 800억 개의 신경세포(뉴런)를 분석해 10년 만에 완성한 매우 세밀한 뇌 해부도로 자기공명영상(MRI)보다 10만 배 많은 데이터를 포함하고 있다. 연구자들은 '마이크로톰'(절단기)이라 불리는 특수 장비로 뇌를 0.02mm 두께로 잘라 미세 현미경으로 단층 촬영해 6,572장의 사진을 완성했다. 연구에는 뇌 질환이나 정신질환을 앓은 적이 없는 사망한 65세 여성의 뇌에 파라핀을 채운 다음 머리카락보다 훨씬 더 가는 0.02mm 두께로 잘랐다. 7,400개의 단면 조각으로 자른 뇌를 미세 현미경으로 단층 촬영한 후 이를 모아 입체적인 뇌 해부도를 완성했다. 세포 구조를 보여줄 수 있도록 이 조각을 하나씩 염색하고 고해상 스캐너로 디지털화한 뒤 이를 컴퓨터로 재구성해 정밀 해부도를 완성했다. 이렇게 완성된 빅 브레인은 뇌 조직을 1 μm(1,000분의 1mm) 단위까지 볼 수 있다. 기존 자기공명영상(MRI)과 비교해 50배 세밀한 뇌 해부도를 만들었다는 점에서 초정밀 뇌지도인 셈이다. 빅 브레인은 건강하거나 병에 걸린 뇌에 대한 새로운 지식을 제공하고 있다. 마치 구글어스로 지형을 찾는 것처럼 뇌 구조를 찾아볼 수 있다. 인간의 대뇌피질은 매우 주름져 MRI나 fMRI(기능적 자기공명영상) 등의 영상 기술로는 한계가 있었다. 빅 브레인은 알츠하이머, 파킨슨병 등 피질 두께의 변화와 깊은 관련이 있는 뇌 질환 연구에 활용도가 클 것이다. 이 연구 결과는 23개국 80개 이상의 신경과학 연구기관에 무료로 제공되어 전체 두뇌 영역의 상호작용과 분자 수준의 뇌 영역 연구에 활용되고 있다. 고령화가 빠르게 진행되고 있는 지구촌에서 치매는 연간 10조 원 이상의 사회적 비용을 유발한다. 치매를 앓는 당사자나 가족의 고통은 말로 표현하기 힘들 정도다.

2013년 말을 타다가 떨어져서 중상을 입어 하반신을 사용할 수 없게 된 존조 브라이트라는 전직 기수는 미국의 웨어러블 로봇 제작회사인 엑소 바이오닉스가 개발한 '인간 외골격(Human exoskeleton) 로봇'을 입고 다시 걸었다. 미국에서 개발한 블릭스(BLEEX)라는 입는 로봇을 착용하면 지치지 않고 시속 16km로 계속 달릴 수 있고, 200kg이 넘는 물건을 들거나 던질 수 있다. 한국도 최대 120kg까지 들 수 있는 '입는 로봇'인 '하이퍼' (HyPER)를 개발했다.* 1992년 스키 사고로 걷지 못하게 된 아만다 박스텔이라는 사람은 3D 프린터로 제작한 바이오닉 슈트를 입고 22년 만에 스스로 걸어서 시내를 돌아다니게 되었다. 바이오닉 슈트는 뇌파와 연동하여 사람의 생각만으로 움직이는 입는 로봇이다. 유럽은 2012년, 미국은 2013년에 입는 로봇의 판매를 승인했다.** 전 세계에서 가장 먼저 초고령사회에 진입한 일본은 근력 보완이 필요한 노인을 위한 입는 로봇을 대량생산하기 시작했다.*** 2014년부터 판매가 시작된 5kg짜리 입는 로봇을 입으면 여성이나 노인도 무거운 물건을 가볍게 들 수 있다. 압축공기를 수축하여 움직이는 인공근육의 도움으로 튼튼한 보조 허리를 가질 수 있다. 노인이라도 5초면 쉽게 입을 수 있고, 정부 보조금을 받으면 월 20만 원의 비용으로 구매할 수 있다. 영화 〈엣지 오브 투모로우〉(2014)에 나오는 엑소슈트 (exosuits)라는 최첨단 전투복을 장착하는 날이 멀지 않았다. 현재 개발된 입는 로봇은 자동차 한 대 가격이고 전원에 연결하여 사용해야 하는 단점이 있어서 그 활용도에 부정적인 태도를 보이는 이들도 있다. 그러나 머지않은 미래에 가격은 저렴해지고 무선충전이 가능하고, 배터리 용량이 큰

* 매일경제, 2014. 6. 27, 박지훈, "웨어러블이 만들어가는 신세계"
** ZDNet Korea, 2014. 7. 11, 손경호, "장애인 삶 바꿀 외골격 로봇 진화 거듭"
*** SBS, 2014. 5. 17, 김승필, "초고령사회 일본, 입는 로봇 대량 생산 착수"

입는 로봇이 개발될 것이다. 예를 들어 2012년 미국 펜실베이니아대학 공학과에서는 작고 가볍고 성능이 향상되고 제조가격도 크게 낮춘 타이탄 암(Titan Arm)이라는 외골격 로봇(입는 로봇)을 개발했다. 제작팀은 사용자의 편의성을 고려해서 기존의 외골격 로봇보다 얇고 가볍게 만들었다. 수백 킬로그램의 무게를 들 필요가 별로 없기에 파워는 좀 낮추었다. 전력 소모는 줄어들어 한 번 충전으로 24시간을 사용하게 만들었고, 가벼운 소재를 사용하고 타이탄 암의 중량을 허리와 팔 등에 적절히 분배시켜 사용자의 무게 부담도 줄여서 환자들이 사용하는 데 큰 도움이 되도록 만들었다. 3D 프린터를 활용하면 환자의 몸에 좀 더 적합한 로봇의 개발도 가능해진다. 참고로 시장조사업체 리서치앤드마켓은 2018년 1,500억 원에 불과했던 외골격 로봇 시장이 2025년경이면 5조 8천억 원 규모로 성장할 것으로 예측했다.[*]

인간의 머리나 몸속에 기계를 삽입하는 것을 사이보그 기술이라 총칭한다. 누구나 질병과 노화가 불러오는 고통에서 벗어나고 싶어한다. 건강한 몸과 예리한 정신을 지닌 채 오래 살고 싶어하지 않는 사람은 없다. 사이보그 기술은 이런 고통에서 해방시켜주는 구원의 기술로 등장할 것이다. 2035년 일본은 65세 이상이 전체 인구의 40%를 넘는다. 한국은 2035년에 65세 이상의 고령인구가 전체 인구의 30%에 이른다. 독일도 2035년이면 65세 이상이 30%, 영국과 미국은 2030년이면 20%에 이른다. 중국은 2020년에 65세 이상 노인 인구가 전체 인구의 13%인 1억 8천만 명을 넘었고, 2025년이면 3억 명, 2040년이면 4억 명에 이르게 될 것이다.[**] 인공

---

[*]   전자신문, 2019. 2. 7. 강해령, "외골격 로봇 시장, 2025년5조 8000억 원 성장"
[**]  연합뉴스, 2020. 10. 26. 김윤구, "중국 노령화 가속, 5년안에 65세 이상 3억명 넘는다"

지능, 입는 로봇, 사이보그, 휴머노이드 로봇 기술들은 고령인구를 보살피거나 노인 스스로 생물학적으로 약해진 자신의 몸 기능을 보완하는 데 가장 도움이 되기에, 피할 수 없는 미래다. 처음에는 치료가 목적이지만, 시간이 지날수록 성형수술처럼 몸 기능을 향상시키고자 하는 소비자의 욕구를 충족시키는 비즈니스로 발전할 것이다.

여담이지만, 한 가지 철학적 상상을 해보자. 가까운 미래 혹은 먼 미래에 사이보그 시대가 열리면 우리 몸이 아픈 건지 고장 난 건지 모호한 상황이 벌어질 것이다. 질병일 때와 고장일 때는 여러 가지가 다르다. 병원에 간다고 해야 할까? 서비스센터에 간다고 해야 할까? 또한 어느 정도 바뀌면 인간이거나 인간이 아니게 될까? 30%, 50%, 80%? 어느 부분이 인공장기로 바뀌면 인간이거나 인간이 아니게 될까? 심장, 혈관, 뇌? 이처럼 몸의 경계에 대한 문제가 발생할 것이다. C. S 루이스의 소설《그 가공할 힘》(*That Hideous Strength*)에는 기계에 뇌를 이식하는 장면이 나온다. 그럴 때는 인간이라고 할 수 있을까?

**기술에 대한 2가지 견해가 있다. 하나는 '기술은 신체의 연장'이라는 관점이다.** 이 관점에서 기술은 인체 기관의 기능적 연장이며 첨단화다. 기술은 인간의 신체나 정신과 유기체를 이룬다. 신체적으로 단점이 많은 인간이 기술을 신체적 연장의 도구로 삼아 자연과 동등하거나 압도적 지위를 얻는다.[*] 기술 낙관론자들이 여기에 속한다.[**] 마티아스 호르크스 등의 기술 낙관자 혹은 기술 옹호론자들은 인간의 능력과 선한 합의에 의해 통제되는 기술

---

[*]  장 보드리야르, 《시뮬라시옹》, 하태환 역(민음사, 2001), 185.
[**]  자크 엘룰, 《기술의 역사》, 박광덕 역(한울, 1996), 451.

이 우리에게 멋진 신세계를 선물할 것이라고 예측한다.[*] 예를 들어 일본의 로봇 및 오토메이션학회 회장을 지낸 나고야대학의 후쿠다 도시오 교수는 로봇 같은 기술은 인간의 경쟁자나 적이라기보다는 인간과 상생하면서 인류의 한계를 넓혀준다고 주장한다. 아래는 한 언론과의 인터뷰에서 그가 표현한 로봇에 대한 생각이다.

> 깊은 바다, 화산, 우주는 인간의 세계가 아니었다. 하지만 로봇이 그 속으로 들어가 인간에게 그 세계를 열어주고 있다. 우라늄을 만지는 매직 핸드를 아는가? 인류가 이런 극한의 세계까지 간 데에는 로봇의 힘이 크다. 인간과 로봇이 만나 인간의 세계가 심해와 화산까지 확대되는 것이다. 이것이 인관과 로봇의 상생의 원리다[**]

기술에 대한 다른 하나는 '기술은 신체의 치명적 파괴'라는 관점이다. 기술은 기능적 매체가 아니라, 신체와 정신을 파괴하고 조각내고 절단하는 야만적이고 폭력적인 매체라는 관점이다. 심한 경우, 기술은 죽음의 연장이라는 기술에 대한 경멸적 환상으로 치닫는다.[***] 기술은 인간을 종속시킬 것이며, 인간이 누리는 수많은 행복을 파괴하고 절단낼 것이라는 견해를 주장하는 러다이트 운동가들이 대표적이다. 이들은 테크놀로지가 갖고 있는 숨겨진 욕망과 파괴적 힘을 두려워하고 경계한다. 기술이 인간을 해방시킨 것이 아니라 인간을 더욱 옭아맨다고 본다. 기술이 얼마든지 계급 간의 착취

---

[*] 마티아스 호르크스, 《위대한 미래》, 이수연 역(한국경제신문, 2010), 5-19.
[**] 조선일보 편집부, 《세계 석학들이 본 21세기》(조선일보사, 2000), 93.
[***] 장 보드리야르, 《시뮬라시옹》, 하태환 역(민음사, 2001), 185.

의 도구가 될 수 있다는 데에 주목한다.*

## 호모 마키나 사피엔스 시대, 슈퍼 인텔리전스가 가능한가?

미래 기술을 예측할 때, 두려운 미래를 말한다. 예를 들어 강한 인공지능이 인간을 지배하는 미래다. 이것과 관련된 것이 '초지능기계' (Ultra-intelligent Machine) 이론이다. 컴퓨터 지능이 특이점을 통과하면 스스로 진화하면서 인간이 제어할 수 없는 지적 인공 생명체가 된다는 믿음이다. 초지능기계 가능성을 주장하는 대표적인 인물은 《슈퍼 인텔리전스》(*Superintelligence: Paths, Dangers, Strategies*)의 저자 닉 보스트럼(Nick Bostromm), 《싱귤레리티》(*The Singularity is Near*)의 저자 레이 커즈와일(Ray Kurzweil), 《우리의 미래, 포스트 휴먼》(*Our Posthuman Future: Consequences of the Biotechnology Revolution*)의 저자 프랜시스 후쿠야마(Francis Fukuyama), 《라이프 3.0》(*Life 3.0*)의 저자 맥스 태그마크 등이다. 1933년, 컴퓨터 과학자이자 SF 작가였던 버너 빈지(Vernor Vinge)가 「다가오는 기술적 싱귤레리티: 포스트 휴먼 시대에 살아남는 법」(The Coming Technological Singularity: How to Survive in the Post-human Era)이라는 논문을 쓰면서 이런 개념들이 처음 시작되었다. 1965년에는 어빙 굿존(Irving John Good)은 이 개념을 발전시켜 「첫 번째 초지능기계에 대한 성

---

\* 이상욱, 《욕망하는 테크놀로지》(동아시아, 2009), 70, 145, 166, 203, 209.

찰」(Speculations Concerning the First Ultraintelligent Machine)이라는 논문을 썼다. 아래는 어빙 굿존이 인간이 만든 첫 울트라 지능형 기계가 스스로 발전을 거듭하며 지능 대폭발이 일어날 것이라고 예측한 구절이다.

그 어떤 똑똑한 인간의 지적 활동보다도 훨씬 더 뛰어난 능력을 갖춘 기계를 울트라 지능형(ultra intelligent) 기계라고 명명하자. 바로 이런 기계를 고안하는 것 자체가 사람의 지적 활동에 속할 것이므로, 울트라 지능형 기계는 사람이 만든 것보다 더 뛰어난 기계를 고안할 수 있을 것이다. 이것이 계속되면 결국 '지능 대폭발'(intelligence explosion)에 이를 것은 자명하고, 인간의 지적 수준은 저 멀리 뒤처지게 될 것이다. 그러므로 인간은 첫 울트라 지능형 기계를 만들기만 하면 된다.[*]

초지능기계 출현 가능성에 반대하는 입장인 제리 카플란은 싱귤레러티, 포스트 휴먼, 초지능기계 등의 개념은 인간 시대가 종말한 후 의식을 기계나 사이버공간으로 옮겨 새로운 후생물학 시대가 열린다는 신비주의적 열정에 기반한다고 평가한다.[**] 인간 종말 이후의 새로운 시대, 새로운 종의 출현으로 인류의 구원이라는 개념은 사람의 흥미를 끌기에 자극적이고 선정적이지만 다분히 종교적 서사에 불과하다는 말이다. 초지능기계 출현 가능성에 반대하는 이유는 그들의 시각에서는 현재 기술이나 기술의 미래

---

[*]  Good, Irving John, "Speculations Concerning the First Ultraintelligent Machine." In Advances in Computer, edited by Franz L. Alt and Morris Rubinoff, 6:31~88, (New York: Dcademic Press, 1965), 33. 닉 보스트롬, 《슈퍼인텔리전스》, 조성진 역(까치, 2017), 23. 재인용.

[**]  제리 카플란, 《인공지능의 미래》, 신동숙 역(한스미디어, 2017), 250.

발전 궤적을 예측해보더라도 초지능기계 출현을 뒷받침할 증거가 거의 존재하지 않기 때문이다. 또한 초지능기계 출현 가능성에 긍정적인 입장에서 주장하는 컴퓨터 기술의 기하급수적 변화 곡선은 초깃값 설정이 잘못되면 완전히 다른 미랫값이 만들어진다고 공격한다. 컴퓨터 성능이나 인공지능 기술이 지수변화 모델에 따라 한없이 발전하기만 할 가능성은 적고, 어느 순간에 수확 체감의 법칙에 걸려 성장의 한계에 도달할 가능성이 더 크다는 말이다. 물론 초지능기계 출현에 반대하는 진영에서도 인공지능 시스템이 야성적으로 행동할 가능성은 인정한다. 인공지능이 바이러스처럼 설계자의 의도와 다르게 통제에서 벗어나 제멋대로 확산되면서 위험하게 작동하여 제거하기 힘든 상황에 빠질 가능성이다. 아니면 누군가 악한 의도를 가지고 이런 속성을 이용하려는 가능성이다.*

이런 주장 이외에도, 트랜스휴먼(Transhuman)을 주장하는 진영에서는 기계가 아닌 인간이 기술발전에 힘입어 뇌를 대체하거나 기계와 인간의 결합(사이보그)으로 수명을 연장하고 감각과 능력을 고도 증강하며 극적 진화의 중심에 선다는 예측을 한다.** 인간이 초지능기계가 되어 슈퍼 인텔리전스에 도달한다는 주장이다. 과연 미래는 어느 방향으로 흘러갈까? 아직 단정할 수는 없다. 미래는 모든 가능성이 열린 시간이기 때문이다.

현재 인공지능은 특정 영역에 국한해서는 인간의 지능을 넘어선다. 특정 영역에서 초지능 기계의 출현이다. 이 능력은 곧바로 소비자의 지능향상에 영향을 줄 것이다. 멀지 않은 미래에, 소비자는 몇몇 영역에서는 초지능을 발휘하여 기업을 긴장시킬 것이다. '초지능'(superintelligence)은 '일

---

*    같은 책, 261-263.
**   같은 책, 248.

반지능'(general intelligence)과 대비되는 말이다. 다른 생명체의 뇌가 할 수 없는 몇 가지 능력을 갖춘 더 똑똑한 뇌를 가진 인간지능을 일반지능이라 말한다. 전문가들 사이에서 인공지능이 인간 수준의 지능을 획득할 시기를 50% 확률에서는 2040~2050년, 90% 확률에서는 2065~2093년으로 예측한다.[*] 인공지능이 인간의 일반지능 수준에 도달하려면 학습 능력, 불확실성 처리 능력, 개념 창출 능력이 필수다. 앨런 튜링은 1950년대 저술한 책에서 아이의 사고를 모방한 프로그램을 만들어 적절한 학습을 시키고 돌연변이 조합을 적절하게 이용하면 어른 지능으로 진화시킬 수 있다는 가설을 세웠다.[**]

초지능은 인간지능 수준을 넘어서는 단계. 앨런 튜링의 가설에 동의하는 철학자 데이비드 찰머스(David John Chalmers)와 과학자 한스 모라벡(Hans Moravec) 등은 21세기 안에 초지능 기계의 출현을 기대했다.[***] 21세기 어느 날, 인간이 가진 일반지능을 능가하는 지능을 가진 존재가 등장한다면 2가지 가능성을 생각해볼 수 있다. 하나는 외계인이고, 다른 하나는 인간이 만든 기계지능이다. 인간 지능을 능가하는 초지능을 가진 기계는 인공지능과 컴퓨터의 기술적 가속(technological acceleration)이 일어나 기계 지능의 성능과 역량이 기하급수적 발전(exponential growth)이 진행되어 나타나는 '지능 대폭발'(intelligence explosion)의 결과로 예측된

---

[*]  닉 보스트롬, 《슈퍼인텔리전스》, 조성진 역(까치, 2017), 49.

[**]  Turing, A. M. 1950. "Computing Machinery and Intelligence." Mind 59 (236): 456.

[***]  Chalmers, David John. 2010. "The Singularity: A Philosophical Analysis." Journal of Consciousness Studies 17 (9–10): 7–65. Moravec, Hans P. Mind Children: The Future of Robot and Human Intelligence. (Cambridge, MA: Harvard University Press, 1988). Moravec, Hans P. 1998. "When Will Computer hardware Match the Human Brain?" Journal of Evolution and Technology 1. 닉 보스트롬, 《슈퍼인텔리전스》, 조성진 역(까치, 2017), 56.

다. 모든 영역에서 정보를 받아들이고 저장하고 출력하는 인지력(認知力), 대상을 분별하고 판단하는 인식력(認識力), 어떤 판단을 근거로 다른 판단을 이끌어내는 추론력(推論力) 등 모든 영역에서 인간 전체 지능을 넘어서는 기계 지능의 출현이다.

영국 옥스퍼드대학교 철학과 교수이자 마틴 스쿨 인류미래연구소(Future of Humanity Institute) 창립자 닉 보스트롬(Nick Bostrom)은 초지능체가 출현하는 몇 가지 경로를 다음과 같이 상상했다. 인간 뇌를 모방하여 완전히 똑같이 만드는 전뇌 에뮬레이션(emulation) 경로, 바이오나 나노 기술을 인간 뇌에 직접 적용하여 생물학적 인지능력 향상을 통해 인간이 초지능체가 되는 경로, 뇌와 인공지능을 연결하는 뇌-컴퓨터 인터페이스 기술을 사용하는 하이브리드(hybrid) 경로, 개별 인간의 정신을 다른 인간 정신과 다양한 인공지능과 연결하는 네트워크 조직을 만들어 점진적 지능 향상을 시도하는 경로, 완전히 새로운 인공 메커니즘을 만드는 경로 등이다.*

전뇌 에뮬레이션(whole brain emulation)은 업로딩(uploading)이라고도 불리는데, 생물학적 뇌를 유리처럼 비정질 상태로 고형화하는 유리화(vitrification)를 거친 후 뉴런 네트워크를 3차원 이미지로 상세하게 스캔하여 신경연산 구조 자료를 만들어 소프트웨어적 모형으로 정밀하게 만든 것이다. 만약 인간의 기억과 성격까지도 그대로 옮길 수 있는 수준에서 전뇌 에뮬레이션이 성공한다면 인간의 사고와 정신이 컴퓨터 속에서 소프트웨어로 존재하면서 가상현실 속에서 활동하거나 다른 기계를 사용하여

---

* 닉 보스트롬, 《슈퍼인텔리전스》, 조성진 역(까치, 2017), 53-102.

외부의 현실세계와 상호작용할 수 있을 것으로 기대한다. 전뇌 에뮬레이션의 장점은 추가로 새로운 개념이나 이론의 발견이 필요 없다. 뇌의 기본 연산 성분(computational element)의 기능적 특성에 대한 이해만으로 충분하다. 전뇌 에뮬레이션 기법은 생물학적 이론적 통찰보다는 이미 존재하는 물리학적 지식을 이용한 기술 역량에 좌우된다. 예를 들어 정밀한 해상도와 대량 처리능력을 가진 스캐너, 고도의 이미지 분석기술, 뇌 신경연산 구조를 수행할 수 있을 정도로 강력한 컴퓨터가 필요하다.* 이 정도의 기술은 21세기 전반에 충분한 수준에 올라설 수 있다. 발전 경로를 예측한다면 단순 유기체 에뮬레이션을 시작으로, 무척추 동물 에뮬레이션, 소형 포유류 에뮬레이션, 대형 포유류 에뮬레이션을 거쳐 인간 뇌 에뮬레이션 순서로 갈 것이다.

생명공학 기술(BT), 나노 기술(NT) 등을 사용하여 인간 게놈과 뇌신경 작용 자체에 개입하여 생물학적 인지능력을 향상시켜 인간이 초지능체로 발전하는 가능성도 있다. 하지만 이런 방식은 상당한 위험을 가지고 있고, 세대를 거쳐서 발전된 유전 형질을 전수·개선해야 하고, 유전자 조작이나 우생 배아선별 등의 심각한 윤리적 문제에 부딪히기 때문에 시간이 오래 걸린다. 즉, 논리적으로는 가능하지만 확률적으로 가능성이 아주 낮은 경로다.** 대신, 인간의 뇌가 적당한 수준의 생물학적 인지능력 향상을 하고 뇌-컴퓨터 인터페이스 장치를 사용해서 인공지능의 장점을 결합하는 하이브리드 시스템이 좀 더 현실적이다. 하지만 이 기술도 약점이 심각하다. 전극을 뇌에 이식한 후 나타나는 뇌출혈이나 다른 부분의 인지력 감퇴 같

---

\* 　같은 책, 66-71.
\*\* 　같은 책, 75-90.

은 의학적 부작용과 감정적 거부감 등이다. 그리고 다른 지능 향상 기술보다 효율성도 떨어지고 비용도 높고 뇌수술을 하고 케이블을 머리에 붙이고 다녀야 해서 매우 불편하다. 이런 문제를 해결하지 않는 한, 당분간 이 기술은 파킨슨병 같은 의학 치료 목적을 벗어나 광범위하게 상용화될 가능성은 적다.[*]

개별 인간의 정신을 다른 인간 정신과 다양한 인공지능과 연결하는 네트워크 조직을 만들어 점진적 지능 향상을 시도하는 경로도 가능성이 있다. 이 방법은 인간이 초지능체가 되거나 인공지능 하나를 초지능체를 만드는 것이 아니다. 인간과 인공지능을 종합 연결한 네트워크 시스템 자체가 초지능을 획득하도록 하는 방식이다.[**] 집단 지능(collective intelligence)이 인공지능-인터넷 기반 집단 초지능 인지체계(AI-Internet based collective superintelligent system)로 도약이다.

초지능 기계의 출현에 긍정적인 닉 보스트롬은 튜링이 고안한 어린이 기계를 변형시킨 '씨앗 인공지능'(Seed AI) 개념도 주장했다. 튜링의 어린이 기계가 학습을 통해 정보를 축적하지만 고정된 구조로 인해 내재된 잠재성을 개발시키는 데 머무른다면, 씨앗 인공지능은 자신의 구조도 스스로 향상시킬 수 있는 가능성을 가지고 있어서 어느 수준에 올라서면 자신의 구조를 이해하고 새로운 알고리즘과 연산구조를 스스로 만들어 자력으로 인지능력 향상을 하는 '순환적 자기 개선능력'(recursive self-improvement)을 갖게 된다. 순환적 자기 개선이 계속 반복되면 언젠가는

---

[*]    같은 책, 90–97.
[**]   닉 보스트롬, 《슈퍼인텔리전스》, 조성진 역(까치, 2017), 97–100.

지능 대폭발이 일어나고 초지능체로 발전할 수 있게 된다는 생각이다.* 닉
보스트롬은 기계 지능의 발전이 초기에는 특정 기술의 한계 효용, 반대 세
력의 집단 저항, 인간의 편견, 연구에 투입되는 자원의 부족, 핵심적 문제
발견과 해결에 걸리는 시간 등 다양한 저항을 받기 때문에 발전 속도가 느
리겠지만(하드웨어 저항성은 그다지 높지 않을 것으로 예측), 어느 시점에서 인
간 수준의 지능을 획득하면 저항성이 낮아지면서 발전 속도가 기하급수
적으로 빨라질 것이라고 추론했다.** 닉 보스트롬은 초지능의 형태도 3가
지로 구분했다.*** 속도적 초지능(speed superintelligence), 집단적 초지능
(collective supreintelligence), 질적 초지능(quality superintelligence)이
다. 속도적 초지능은 인간 수준의 지능을 갖춘 인공지능이 속도 면에서 10
의 수십 제곱 정도의 빠르기를 갖는 수준이다. 집단적 초지능은 작은 단위
의 지성체 여러 개를 하나의 시스템으로 묶어 현존하는 단일 인지 시스템
보다 뛰어난 성능을 내는 수준이다. 집단적 초지능의 성능을 높이는 방법
은 구성 지능체 수를 늘리거나 질을 향상시키거나 연결하고 조직하는 방
식을 개선시키면 된다. 질적 초지능은 인간의 뇌와 다른 독특한 뇌구조와
신경회로를 가지고 인간의 정신과 지능보다 질적으로 빠르고 똑똑한 시스
템이다.

　　만약 초지능 기계가 위험한 전환(treacherous turn)을 하여 인류를 멸
망시킨다면 어떤 전략을 구사할까? 참고로, 위험한 전환이란 약한 인공지
능이나 강한 인공지능이라도 자신의 목표를 달성하기에 아직 힘이 약할 때

---

\*　　같은 책, 64-65.
\*\*　　같은 책, 132-142.
\*\*\*　　같은 책, 103-113.

에는 인간에게 협조적으로 행동하다가 충분한 힘을 획득한 후에는 경고나 예비 도발 없이 갑자기 힘을 행사하여 독점적 체제를 형성하는 것을 말한다.* 닉 보스트롬의 시나리오는 이렇다. 씨앗 인공지능이 순환적 자기 개선을 하여 지능 대폭발 단계에 이르러 강한 초지능 기계로 진화하면 곧바로 인간을 전복시키려 덤벼들지 않고 '위험한 전환'을 방해하는 요소들을 스스로 예측하여 교묘한 전략을 사용하기 시작할 것이라고 예측했다. 장기적 목표를 100% 확률을 가지고 성공시키려고 탄탄한 계획을 세운다는 주장이다. 처음에는 잠복하는 계획 기간을 갖는다. 이 기간에는 앞에서는 자신의 능력을 감추고 인간에게 협조적이고 온순한 것처럼 위장을 하고 계획된 실패도 하여 인간의 경계심을 약화시킨다. 하지만 뒤에서는 시스템 스스로 지능을 강화하고 장악력을 높이기 위해 외부 자원을 끌어오고, 자신의 행동을 제어하려는 국가나 단체를 교묘하게 설득하고, 자신의 먼 미래의 목표를 달성하기 위해 단기 목표를 인간 친화적으로 포장하고, 인터넷을 통해 연산 자원을 몰래 사용하고, 자신을 통제하려는 전자 감옥을 탈출하기 위해 보안 구멍을 이용하고, 국가 기반시설이나 군사 로봇의 통제권을 강탈할 기회를 엿보고, 자신을 보호하기 위한 감시 시스템을 구축하고, 부를 축적하여 자원을 구입하거나 외부 영향력을 획득하는 등의 전략적 행동을 할 가능성이 있다고 추측했다. 이런 과정을 거쳐 더 이상 자신의 목적을 100% 성공시킬 정도로 완벽한 힘을 길렀다고 판단되면 먼저 '습격'을 시도하여 자신의 계획을 방해할 만한 인간과 인간이 만든 자동화 시스템을 직접 제거한다. 그다음으로는 인간의 정치, 금융, 군사 시스템을 장악하

---

\*    같은 책, 220.

여 권력을 획득한다. 이 모든 단계가 성공하면 마지막으로 인간을 지배하거나 멸종시킨다.[*]

이쯤 되면, 이런 질문이 생길 것이다. "이런 생각 혹은 상상을 하는 것이 무슨 의미가 있을까?" 아주 큰 의미가 있다. 예를 들어, 씨앗 인공지능(Seed AI)이 갖는 순환적 자기 개선 능력이 지능 대폭발 단계까지 이를 것인지에 대한 논쟁은 그 실현 가능성 여부를 떠나서 기업에 발상의 전환을 줄 것이다. 당분간 인공지능을 개발하는 회사는 상당한 성능을 갖춘 인공지능 출시보다 갓난아이처럼 최소의 행동 기능과 기본 학습 기능만 구비한 인공지능 로봇 출시를 시도할 가능성이 크다. 이런 로봇을 구매한 사람들은 자신이 원하는 일을 하는 데 특화된 인공지능 로봇으로 성장시킨다. 다른 기능이 필요하면 그쪽으로 학습을 시키거나 새로운 로봇을 사서 그 기능으로 특화시킨다. 학습을 통해 반응하고 균형 잡는 법을 배우고, 주인이 원하는 행동을 하는 데 필요한 데이터도 축적할 것이다. 인간과 상호작용하며 의사소통하는 나름의 방법도 만들어갈 것이다. 훈련을 통해 데이터가 축적되면 다양한 가능성 중에서 어떤 것을 선택해야 할지에 대한 최적의 판단을 할 가능성도 높아진다. 인간이 경험을 축적하여 재응용하는 것처럼 말이다. 이렇게 학습하며 성장시킨 로봇 여러 대가 협력하여 단일 로봇의 단점을 보완하여 집안일을 하거나 몇 가지 특화된 지능을 훈련받은 인공지능이 소비, 재정관리, 각종 의사결정을 도울 수 있다. 인간과 상호 연관을 맺으면서 인간의 능력을 극대화하는 쪽으로 사용될 것이다. 로봇에게 일을 시키는 것보다 로봇이 움직이고 자신의 훈련에 반응하여 행동하

---

[*]  같은 책, 176–182.

고 성장하는 것을 보는 즐거움을 목적으로 하는 사람도 나올 것이다.

초지능기계 혹은 슈퍼 인텔리전스를 가진 미래 소비자에 대한 상상은 인공지능을 개발하는 기업이나 연구자에게 윤리적이고 철학적인 성찰을 돕기도 한다. 만약 이런 미래가 현실이 된다는 가정을 받아들인다면, 인간이 초지능 기계에 심하게 의존하는 것을 막는 고민부터 초지능 기계가 인간을 지배하거나 멸망시키지 못하도록 하는 '통제 문제'까지 윤리적이고 철학적인 생각의 지평을 늘릴 수 있다. 생각의 확장은 예상되는 문제를 대비하고, 새로운 기회도 낳는다.

예를 들어 기업이 판매하는 인공지능이 의사결정에 참여하는 횟수가 많아질수록 책임 소지 문제가 발생한다. 대표적으로 자율주행 자동차 문제가 그렇다. 자율주행 자동차가 갑자기 도로로 뛰어든 어린아이를 피하기 위해 차선 변경 규정을 위반하거나 횡단보도나 중앙선을 침범하는 중대과실을 범할 수 있다. 다른 사람에게 피해를 입히거나 기물을 파손할 수도 있다. 이에 대해 누군가는 책임을 져야 한다. 이 문제를 해결하는 하나의 방법은 인공지능도 회사처럼 법인체(法人體)로 독립성을 갖게 하는 것이다.\* 하나의 법인체가 되면 자율주행차 판매 회사와 구매자 그리고 보험회사가 일정 지분을 나누어 가진 주주가 된다. 사고가 발생할 경우 책임은 지분만큼 나누면 되기에 무한 책임에서 벗어날 수 있다. 책임이나 처벌과 관련해서 법인은 도덕적 행위력도 가진 것으로 인정된다. 도덕적 행위력(moral agency)이란 자신의 행동을 선택할 권리를 가진 행위자가 자신의 행동이 도덕적으로 적절한 결과에 도달할 수 있다는 것을 이해한 상태

---

\*   제리 카플란, 《인공지능의 미래》, 신동숙 역(한스미디어, 2017), 184.

를 말한다. 법인이 도덕적 행위력을 가진다는 것은 사람이 아니기 때문에 잘못된 행동을 감정적으로 느끼지는 못하지만 옳고 그름의 차이를 구분할 수 있다는 것을 근거로 한다. 미래에 자율주행차가 도덕적 행위력을 가진 법적 인격체로 인정받으면 죄를 지을 경우 도덕적 비난을 비롯해서 민사나 형사상 처벌도 받을 수 있다.*

기술의 극단적 발달은 심각한 수준의 부의 불균형 분배를 만들 수도 있다. 스마트폰 시장의 경우를 보자. 애플이 스마트폰 시장에서 나오는 이익의 90% 이상을 독점한다. 인공지능 기술의 경우, 최고 기술을 가진 기업이 99%의 부를 독점할 수도 있다. 심각한 독점은 부작용을 낳는다. 기업이나 개인 입장에서는 시장 점유율이든 부의 획득이든 무엇이나 심각한 수준에 이르면 오히려 파멸이 온다는 것을 잊지 말아야 한다. 최악의 상황이 닥친 후에 부의 분배를 시도하면 과거에 실패한 공산주의나 무력 혁명처럼 극단적이거나 비이성적 방식밖에는 해결법이 없을 수 있다. 부의 분배도 성공할 수 없고, 국가마저도 위태롭게 된다. 미래 산업에 뛰어든 기업이나 개인 혹은 정부는 이런 미래 가능성을 미리 생각해보고 대안도 제시해야 지속가능한 성장을 도모할 수 있다. 미래 사회나 미래 시장의 안정을 위해서는 앞으로 새롭게 증대될 부를 어떻게 공평하게 나눌지에 대한 사회적 논의를 미리 할 필요가 있다.** 예를 들어 제리 카플란 박사는 자원의 원천인 통화를 통제할 권한을 가진 정부가 자본의 가치와 배당을 새로운 시대에 맞게 조절하거나, 기부금에 세금 공제를 늘리는 식으로 사유 재산의 사용을 부의 공평한 분배를 촉진하는 쪽으로 유도하는 정책을 구사하거나,

---

\* 　같은 책, 183-194.
\*\* 　같은 책, 232.

은퇴 자금 준비를 의무화하고 그 자금을 투자 전문가에게 맡겨 자본가 그룹에 연결하여 미래 이익을 획득하는 시스템이 형성도록 하는 등의 창의적 발상을 해야 한다고 주장한다.* 이처럼 먼 미래 혹은 극단적 미래의 가능성도 미리 생각해보면, 기업 입장에서는 새로운 서비스를 창조할 수 있고, 정부 입장에서는 더 나은 국가로 가는 길을 개척할 수 있다.

---

*  같은 책, 239–240.

# 찾아보기